KB161268

잡동산이　現代史
雜同散異　현대사

전우용 지음

잡동산이 현대사

– 전우용의 근현대 한국 박물지

3 정치·경제

전우용 지음

2023년 12월 8일 초판 1쇄 발행
2024년 1월 31일 초판 3쇄 발행

펴낸이 한철희 | **펴낸곳** 돌베개 | **등록** 1979년 8월 25일 제406-2003-000018호
주소 (10881) 경기도 파주시 회동길 77-20 (문발동)
전화 (031) 955-5020 | **팩스** (031) 955-5050
홈페이지 www.dolbegae.co.kr | **전자우편** book@dolbegae.co.kr
블로그 blog.naver.com/imdol79 | **인스타그램** @dolbegae79 | **페이스북** /dolbegae

편집 하명성
표지디자인 김민해 | **본문디자인** 이은정·이연경
마케팅 심찬식·고운성·김영수·한광재 | **제작·관리** 윤국중·이수민·한누리 | **인쇄·제본** 영신사

ⓒ 전우용, 2023

ISBN 979-11-92836-44-7 (04910)
      979-11-92836-41-6 (세트)

잡동산이 現代史
雜同散異 현대사

---

3 정치·경제

전우용의 근현대 한국 박물지

돌베개

차례

1장   # 다스리고 통제하다

2장

개발하고 융통하다

4장

교류하고 나아가다

1.

30년 전쯤 나는 50개 이상의 전화번호를 늘 기억했다. 누구에게 전화를 걸어야겠다고 생각하면 바로 번호가 떠올랐다. 그러나 지금은 112, 119 등 비상 전화번호를 제외하면 서너 개 정도밖에 기억나지 않는다. 휴대전화기에 전화번호부가 내장되어 있기 때문이다. 저 시절에는 대중가요 노랫말도 수백 개를 외웠다. 하지만 지금은 그 대다수가 기억에서 사라졌다. 요즘엔 노래방 아닌 곳에서 노래 부를 일이 거의 없고, 노래방 기기는 친절하게도 가사를 화면에다 보여준다. 또 저 시절에는 지도책 한 권만 갖고도 처음 가는 목적지까지 자동차를 운전하는 데 아무런 문제가 없었다. 그러나 지금은 내비게이션 없는 초행길 운전에 엄두가 나지 않는다. 내 지적 능력이나 판단력의 저하가 온전히 저 물건들 탓이라고만은 할 수 없겠으나, 저 물건들 때문에 기억하려는 의지나 이해하려는 의지가 감퇴한 것은 부인할 수 없다.

물론 물건 탓으로 떠넘길 일만 일어나지는 않았다. 내 생애 후반기 30년 동안에 이동한 거리는 전반기 30년 동안 이동한 거리의 100배를 훌쩍 뛰어넘는다. 자동차를 일상적으로 운전하고 가끔씩 비행기를 탈 수 있었던 덕이다. 자기 전에 이불 폈다가 일어나서 이불 개는 습관도 침대를 들여놓은 뒤 사라졌다. 전기밥솥, 냉장고, 세탁기,

진공청소기 등이 삶을 얼마나 편리하게 해주었는지에 관해서 일일이 늘어놓는 것은 지면 낭비다. 어렸을 적에는 몇 차례 몸에 고약膏藥을 붙여야 했으나 어른이 된 뒤에는 상처가 덧나 곪은 기억이 없다. 비누, 샴푸, 세면대, 샤워기 등이 늘 몸 가까이에 있는 덕이다. 요즘엔 30년 전이었다면 존재조차 알지 못했을 사람들과도 수시로 소통한다. 인터넷과 연결된 컴퓨터나 스마트폰이 서로 모르는 사람들끼리 어울릴 수 있도록 '사회관계망'을 만들어준 덕이다. 그뿐인가, 이 물건들은 세상의 거의 모든 정보와 소식을 실시간으로 알려준다. 사람을 만드는 건 습관이라고들 하는데, 내가 아침에 눈을 떠서 밤에 잠자리에 들 때까지 매일 반복하는 습관적 행동들은 모두 물건들과 상호작용하는 일이다. 내가 사용하는 물건들 중에 내가 직접 만든 것은 거의 없으나 그 물건들이 지금의 나를 만들었다.

돌이켜보면, 내가 살면서 행복감이라고 해야 할지 그저 '잔잔한 흥분'이라고 해야 할지 모를 감정을 느꼈을 때는 주로 새로운 물건들과 조우하던 때였다. 나는 지금도 기억한다. 집에 라디오가 처음 들어왔을 때 그 작은 나무상자 안에 사람들이 숨어 있다는 말을 믿었던 천진함을. 집에 선풍기가 처음 들어왔을 때 온 얼굴을 간지럽혔던 바람의 청량함을. 집에 TV가 처음 들어왔을 때 이웃집 아주머니의 눈총에서 해방되었다는 생각에 벅차올랐던 마음을. 내 책상에 컴퓨터가 처음 놓였을 때 도스 명령어를 외우느라 밤을 꼬박 지새웠던 열정을. 20세기 중반 이후에 태어난 사람들은 대개 나와 비슷한 시점에 새로운 물건들과 조우하며 인생을 보냈을 터이다. 그래서 물건들은 역사적 시대구분의 지표 구실도 한다. 이미 현대적 물건들이 다 갖춰진 집에서 태어나 자란 지금의 젊은 세대는, 물건들에 의해 인간이 바뀌는 경험에 대한 감수성이 낮을 수밖에 없다.

2.

  120년 전과 지금을 비교하면, 한반도의 인구는 세 배 이상, 한국인의 평균 수명은 두 배 가까이 늘었다. 한국인의 평균 키는 10 센티미터 이상, 평균 몸무게도 10킬로그램 이상 늘었다. 저 시절 사람들의 반 이상은 나이 40에 할아버지 할머니가 되었으나, 지금 한국에서는 39세까지가 공인된 '청년'이다. 현대 한국의 거리에서는 얼굴 얽은 사람, 이 빠진 채 다니는 사람을 볼 수 없다. 백발白髮을 그대로 둔 채 다니는 사람도 보기 어렵다. 저 시절 사람들과 비교하자면, 현대인은 오래 사는 사람이자 큰 사람이고 더디 늙는 사람이며 나이가 들어도 늙지 않은 것처럼 사는 사람이다. 현대인은 자기 생활공간 주변에서 오염물질과 악취를 몰아내는 데 성공했고, 숱한 의약품과 건강식품으로 질병을 피했으며, 취미로든 의무감으로든 운동으로 몸을 가꾼다. 옛날 사람들은 장수長壽를 '신의 축복'으로 여겼지만, 현대인들은 각자의 노력과 과학의 도움으로 이룰 수 있는 것이라고 믿는다.

  저 시절 사람들은 날이 밝으면 밖에 나가 일하고 날이 저물면 집에 돌아와 쉬었으나, 요즘 사람들은 전등 덕에 밤을 낮 삼아 일하거나 논다. 현대인은 늘 '시간 없다'고 불평을 늘어놓지만, 실제로는 저 시절 사람들보다 세 배 이상 많은 시간을 소비한다. 당연히 한 사람이 평생 동안 소비하는 음식물의 양도 세 배 이상 늘었다. 음식물 쓰레기는 그보다 훨씬 더 많이 늘었다. 다 먹지 않고 버리는 음식물이 많기 때문이다. 음식물 쓰레기는 그나마 적은 편이다. 사용가치가 소멸하지 않은 온갖 종류의 물건이 버려진다. 현대인은 쓰레기를 양산量産하는 인간이다. 물론 쓰레기 이전에 물건이 있었다. 근대와 현대는 대량생산의 시대이고, 끊임없는 기술혁신이 그를 뒷받침했다.

  지난 한 세기 동안 한반도에서 생산된 나사못은 한반도에 사는 개미 전체의 숫자보다 많을 것이다. 현대인은 저 시절 사람들보다 100배 이상 많은 물건을 소유하고 사용한다. 그 물건들은 소유자와 사용자에게 '자기 다루는 법'을 배우라고 강요한다. 현대인들이 구입하는 물건들에는 대개 '사용설명서'나 '복용법'이 따라붙는다. 현대인은 '새로운 물건 다루는 법'을 평생 배워야 하는 사람이다. 달리 말하자면, 현대는 물건이 인간을 가르치는 시대다. 현대인은 물건과 기계의 작동방식에 적응하면서 스스로 기계와 닮아가는 사람이다. 요즘 '기계의 인간화'를 걱정하는 사람이 늘어나는 것은, 이미 인간이 상당한 정도로 기계화했기 때문이다.

3.
　　나는 2008년부터 국립민속박물관, 서울역사박물관 등 여러 박물관의 의뢰를 받아 근현대 유물 평가위원으로 활동했다. 현장에서 만난 '오래된 물건'들은 지난 한두 세기 동안 한국에서 전개된 역사의 말 없는 증인들이었다. 그 물건들 하나하나가 한 시대에서 다른 시대로 넘어가는 가교 역할을 했다. '전등이 없는 시대에서 있는 시대로', '자동차가 없는 시대에서 있는 시대로', '냉장고가 없는 시대에서 있는 시대로' 등. 이런 물건들은 사람들의 삶을 바꿨을 뿐 아니라, 그들의 의식과 욕망, 가치관까지 바꿨다. 150년 전 사람 다수에게는 '이밥에 고깃국'이 평생소원이었고, '하늘을 나는 것'은 꿈에서나 실현할 수 있는 망상이었으나, 현대인에게는 옛사람들의 소원 거의 모두가 '이미 실현된' 일이다. 오늘날에는 한국의 어지간한 서민들도 120년 전 황제 고종보다 더 많은 음식, 더 많은 의복, 더 효과적인 의약품을 소비한다. 그들 대다수는 고종을 둘러싸고 있던 물질세계 안에서 사흘도 버티지 못할 것이 분명하다. 현대인이 타임머신을 타고 19세기 초로 돌아가 정약용을 만난다면, 그와 정신세계를 공유할 수는 있겠지만 물질세계는 결코 공유할 수 없을 것이다.

그런데 소원을 성취한 사람들은 결코 만족하지 않았다. 오히려 물질세계가 팽창하는 만큼, 물질에 대한 욕망도 커졌다. 탐욕을 경계하고 청빈淸貧을 강조하는 어떤 계몽도 물질을 향해 끓어오르는 사람들의 욕망을 잠재우지 못했다. 사람의 정신은 타인의 정신보다는 자기를 둘러싼 물질세계에 더 많이 영향받는 법이다. 오늘날의 세상은 더 많은 물건을 만들어 팔아 부자가 되려는 사람들, 더 많은 물건을 소비하는 것으로 자기가 부자라는 사실을 입증하려는 사람들로 가득 차 있다. 인간이 '욕망의 주체'로서 자기 정체성을 분명히 한 시대, 욕망의 한계가 끝없이 커지는 시대가 현대다. 그런 변화 추이를 반영하여 물질에 대한 욕망을 실현하는 공간인 시장도 계속 팽창하고 있다. 150년 전 사람들은 기껏 닷새에 한 번 정도 '시장 생활'을 경험할 수 있었으나, 현대인들은 손바닥 안의 스마트폰에 시장을 담고 산다. '시장주의적 인간형'이 늘어날 수밖에 없다. 이런 변화 속에서 사는 인류가 만들어낼 미래를 가늠해보는 것이 이 책의 목적이다.

4.

2014년 초여름, 『한겨레』에서 원고지 5매 분량의 지면을 내줄 테니 매주 칼럼을 한 꼭지씩 써달라는 요청이 왔다. 5년간 그 지면을 통해 현대인의 삶과 의식을 바꾼 물건 281종에 관한 아주 거친 스케치를 소개했다. 연재를 마친 후 스케치를 완성하는 작업에 매달렸다. 애초에 밑그림을 잘못 그린 꼭지를 발견할 때면 낯이 화끈거렸다. 늘 그랬지만, 책을 세상에 내보내는 지금도 이 작업이 만족스럽지는 않다. 독자 여러분의 질정叱正을 바란다.

책의 상품성을 따지지 않고 기꺼이 출판을 맡아주신 돌베개 한철희 사장님께 감사드린다. 원고 분량이 많아 세 권으로 분책한 상황에서도 편집에 일관성을 지켜준 김진구, 한광재, 하명성 세 분 편집자에게도 고마운 마음을 전한다. 이제 노년을 향해 함께 걸어가야 할 아내 인애에게는 늘 고맙고 미안하다.

2023년 10월 24일
전우용

다스리고
통제하다

정치·경제

태극기

1. 사물이
된
국가

애국심, 애향심, 애사심 같은 말은 자주들 쓰지만, 애가심이라는 말은 없다. 가족은 사랑하지 않아도 되기 때문이 아니라 그 반대다. 제 가족을 사랑하는 것은 사람의 본성이지만 다른 것들에 대한 사랑은 억지로 끌어내야 한다. 오히려 세상에서 제일 미운 인간을 하나 꼽으라면 열에 아홉은 자기 나라, 자기 동네, 자기 회사 사람을 지목하게 마련이다. 소속감을 느끼는 것과 그 집단 또는 집단의 구성원들을 사랑하는 것은 다른 문제다. 그러니 볼 수도 만질 수도 없는 집단에 대한 사랑을 이끌어내기란 쉬운 일이 아니다. 국가를 볼 수 있는 그림, 만질 수 있는 사물로 전환시킨 것이 국기다. 국기는 국가에 대한 모호한 관념을 구체적 행위로 표현할 수 있게 해준다.

전근대 국가는 신민臣民에게 군주 개인에 대한 '충'忠을 요구했으나 근대 국가는 국민에게 국민공동체에 대한 애정愛情을 요구한다. 그러나 실체가 모호한 대상에 대해 특별한 감정을 키우고 표현하기란 쉽지 않은 일이다. 사물화事物化한 국가인 국기는 바로 이 어려움을 해소해준다. 근대 국가는 보이지 않는 신神이 신물神物을 통해 자신의 실존을 증거해온 방식을 채용하여 국가 표상을 만들었고, 종교의례의 구성 요소들을 선별하여 국민의례를 만들었다. 근대 국가의 국민은 종교의례와 유사한 국민의례를 반복하면서, 국가의 실존을 의식하고 국가를 종교적 대상으로 숭배한다.

먼 옛날부터 '기'旗의 일차적 용도는 풍향과 풍속을 측정하는 것이었다. 신이 자연 현상을 주관한다고 믿었던 고대인들은 깃발에 신물의 지위를 부여했다. 깃발은 특히 바람의 영향을 많이 받는 행위, 즉전투와 항해에 필수적인 신물이었다. 배의 돛대 꼭대기에 깃발을 단것은 실용성 때문이었다. 전쟁터에서 기는 풍향과 풍속을 측정하고병사들의 진퇴를 지휘하며, 승리와 정복을 알리는 도구였다. 이런용도로 인해 기는 자연스레 지휘권(통치권)과 소속의 표지가 되었다.깃발 표면에는 색깔, 글자, 그림 등을 넣을 수 있었기 때문에, 표지물로서도 적격이었다.

유럽에서는 십자군 전쟁과 대항해시대를 거치면서 국가 간 접촉이 빈번해졌고, 이에 따라 부대나 선박 단위를 넘어서는 국가 단위의 단일 표지가 필요하게 되었다. 현존 국기 중 가장 먼저 제정된 것으로 알려진 영국의 유니언잭은 잉글랜드, 스코틀랜드, 아일랜드 삼국의 십자가 깃발들을 하나로 묶은 것으로서 1803년에 완성되었다.삼국이 각각 사용한 십자 무늬 깃발의 연원은 서기 11세기로까지 거슬러 올라간다. 현행 미국 성조기는 1960년에 완성되었으며, 그 원형의 제작 시점은 1777년으로까지 거슬러 올라간다. 근대 국민국가의 형성과 국기의 출현은 단일한 역사 과정이었다.

1883년 조선 국기가 제정된 것도 다른 나라와 접촉할 때 국적을표시할 필요가 생겼기 때문이다. 처음 조선 사절단을 태우고 일본으로 가던 선박 메이지마루明治丸 마스트와 도쿄의 수신사 숙소에 게양되었던 태극기는 이후 주로 조선 국적 선박임을 표시하는 용도로사용되었다. 그런데 태극기의 양식에 대한 규정이 없었고, 태극기를제조해 파는 상점도 없었다. 흰 바탕에 태극과 사패가 있는 깃발이면 모두 태극기로 간주되었다.

태극기는 1897년 대한제국 선포 이후에야 엄밀한 규격에 따라 제작, 보급되었는데, 여기에는 다른 나라들에서처럼 주로 재정적·상업적 동기가 작용했다. 1899년 11월 선세船稅 징수를 목적으로 설치된 관선과管船課가 전국의 모든 국적 선박을 등록하기 시작했다. 등록된 선박에는 그 크기와 납세액에 따라 대중소大中小로 구분된 태극기를 나눠주었다. 국기의 양식과 규격도 관선과에서 정했다. 태극기를 분실하거나 훼손하면 선주가 다시 구입해서 다시 달아야 했다.

갑오개혁 이후 태극기는 '소속'만이 아니라 어떤 '의미'까지 표시하는 물건으로 바뀌기 시작했다. 1896년 9월 고종 탄신일을 맞아 제물포에 정박한 각국 군함들이 태극기를 게양하고 예포를 쏘는 의식을 거행했다. 『독립신문』은 이를 두고 "조선 사람들은 자기 나라 임금의 탄신이언마는 국기도 달 줄 모르고 남이 예포를 놓아도 답례할 줄도 모른다"라고 한탄했다. 이듬해 4월 전 우의정 정범조가 사망하자 서울의 각국 공관은 '국기를 낮추어' 조의를 표시했다. 국기에 경축과 조의를 표시하는 용도가 있다는 사실을 한국인들에게 가르친 셈이다.

국기의 용도는 주로 미국인 선교사들이 확장했다. 미국인들은 자기들이 전 세계에서 가장 국기를 사랑한다고 자부한다. 미국은 이민자들의 나라였기에, 미국 시민이 되려는 사람들에게 자기 모국母國보다 미국을 더 사랑하겠다는 다짐을 받아야 했다. 국기는 이런 '충성맹세'에 유용한 도구였다. 19세기 중반의 남북전쟁도 미국인들의 국기에 대한 태도에 중대한 영향을 미쳤다. 전쟁에서 패한 남군 출신자들은 성조기에 경례함으로써 북군의 승리를 승인하고 새 국기를 만들었던 남군의 과오를 반성하는 '뜻'을 표했다. 경례법은 모자를 벗어 오른손에 들고 모자 창을 왼쪽 어깨에 대는 것이었다. 미국 학생들에게는 1887년부터 국기에 대한 경례가 의무화했다. 이때 학생들의 국기에 대한 경례법은 오른손으로 자기 이마와 왼쪽 가슴을 친 뒤 "우리는 하나님과 우리나라에, 우리의 머리와 가슴을 바칩니다"We give our heads, and our hearts, to God, and our country!라고 말한 다음, 손바닥을 아래로 한 채 오른팔을 들어 "하나의 나라, 하나의 언어, 하나의 깃발"One Country, one Language, one Flag!이라고 외치는 것이었다. 이 경례법은 곧 군대식 거수경례를 하고 그 손을 국기를 향해 쭉 뻗은 다음 국기에 대한 맹세를 외우는 것으로 변경되었고 1890년대 중반까지 미국 전역에 보급되었다. 반 세기쯤 뒤 독일의 나치가 이와 비슷한 경례법을 채택하자, 1941년에는 오른손을 왼쪽 가슴에 대는 것으로 바뀌었다. 국기에 대한 경례도 여러 차례 바뀌었다.

미국인 선교사들은 한국인 기독교도와 학생들에게 국기를 대하는 미국식 태도를 가르쳤다. 『독립신문』이 한국인들의 무례를 한탄한 이듬해 고종 탄신일에, 한국인들이 처음으로 국기를 앞세운 미국 기독교식 의례를 행했다. 국기를 높이 들고 대동강 건너 사각 대청에 모인 평양 기독교도 300여 명은 국기 아래에서 기도한 뒤 함께 〈독립가〉를 불렀다. 국기와 기도, 노래 제창으로 구성된 국민의례의 맹아가 출현한 것이다.

국기가 국가와 군주에 대한 충성심을 배양할 수 있는 도구라는 사실을 알았기 때문인지, 아니면 단지 문명국의 관례를 본받기 위함이었는지, 이 무렵부터 한국인들만 모이는 국가 행사에서도 국기가 사용되기 시작했다. 1897년 1월 15일, 고종 즉위 기념일인 경흥절慶興節을 맞아 각 관청이 일제히 국기를 내걸었다. 이해 10월 12일 고종의 황제 즉위 행렬은 태극기가 이끌었다. 이후 황실과 국가의 경축일마다 각 관청과 학교, 시전市廛에 태극기를 걸고 황제가 행차할 때마다 국기를 앞세우는 것이 관행으로 자리 잡았다. 독립협회는 회합

때마다 국기를 내걸었고, 1899년 보부상들의 원유회園遊會 행렬도 태극기를 앞세웠다.

국기 사용이 늘어나자 태극기를 제조하는 회사도 생겼다. 당시의 관행에 비추어 보면, 태극기 제조권도 전현직 관료들이 만든 회사가 독점했을 것이다. 태극기 제조회사는 '국경일'을 판로 확대의 기회로 삼았다. 1900년경부터 국경일에는 시전들에도 국기게양을 의무화했다. 국경일이면 순검들이 시전 거리를 돌아다니며 태극기 게양을 독려·강요하는 일이 매년 반복되었다. 1905년 만수성절萬壽聖節(고종의 생일)을 앞두고는 순검들이 시전 거리를 돌아다니며 이번 경축일부터는 국기를 두 개씩 달아야 하니 더 사라고 강매하는 일까지 벌어졌다. 당시 태극기 한 장의 가격은 50냥이었다. 하지만 당일이 되자, 순검들은 국기를 두 개씩 게양할 필요가 없으니 하나는 내리라고 요구했다.

황실과 국가에 경사스러운 날을 맞아 국기를 내거는 행위를 반복하면서, 또 국기로 뒤덮인 대로변을 보면서, 사람들은 국가의 경사를 축하하는 '한마음'을 느낄 수 있었다. 그 마음이 곧 충군애국忠君愛國하는 마음이었다. 국기에 한마음을 이끌어내는 효용이 있다는 사실이 입증되자, 국기는 단체나 집단의 동일성을 확보, 유지하는 도구의 기능을 겸하기 시작했다. 많은 사람이 모이는 행사장에는 어김없이 국기가 걸렸으며, 학교 연합 운동회도 국기 앞에서 열렸다. 국가 기구 외부에 있는 민간단체 회원과 학교 학생들은 국기를 통해 자신들의 동일성을 확인하는 동시에, 자기 집단이 국가와 직결되어 있음을 감지할 수 있었다. 국기라는 단일 표상을 활용하여 국가는 비非국가 기구들을 국가의 일부로 편입시켰다.

1900년에는 수기手旗가 등장했다. 이해 4월 20일, 태조 고황제 영정 봉안식이 거행될 때 황제가 행차할 길 연도에 서울과 철원 봉화의 보부상 수백 명이 각기 손에 국기를 들고 늘어섰다. 그들이 각자 손에 든 국기를 흔드는 것은 '개인'으로서 국가와 직접 대면하는 행위였다. 1907년 이후에는 황제나 황후가 행차할 때 각급 학교 학생들은 물론 일반 군민郡民들까지 국기를 들고 연도에 도열하는 것이 관행화했다.

그런데 태극기는 국가의 표상이었으나 황제의 표상은 아니었다. 나라가 황제의 소유물이었으니, 국기의 위격位格도 황제보다 낮았다. 이 무렵의 사람들은 행사가 끝나면 으레 국기 앞에서 축수祝壽를 했다. 오래 살라고 기원하는 것을 축수라고 하는데, 영어의 'Long live the king'(왕이여 오래 사소서)도 축수다. 한자 문화권에서는 축수에도 등급이 있었다. 황제에게는 만년 살라고 만세萬歲, 왕과 대비 등에게는 천년 살라고 천세千歲, 보통 사람에게는 백년만 살라고 '백수百壽를 누리십시오'라고 인사하는 게 법도였다. 조선시대까지는 우리나라에서 만세의 축수를 받을 수 있는 사람이 없었다. 한국인들은 대한제국 선포 후 비로소 만세를 부를 수 있게 되었는데, 그 대상은 황제 고종뿐이었다. 그래서 "황제폐하를 위하여 만세를 부르고, 황태자 전하와 이천만 동포와 태극기를 위하여 천세를 부르는 것"이 당대의 '국민의례'였다. 태극기는 국가, 이천만 동포, 황태자와 동급이었고, 황제보다는 아래였다. 주권자인 황제는 자기 소유물인 국가의 표상에 경례할 이유가 없었다.

을사늑약 이후 국가가 존망의 위기에 처한 상황에서, 계몽 지식인들은 한편으로 황제 없는 나라를 상상하면서 국가의 표상인 국기를 더 애틋하고 절절한 사랑의 대상으로 만들려 했다. 1907년 3월 미국에서 귀국한 안창호는 서울 의무균명학교에서 미국인들의 국기 사랑에 대해 연설했다. "미국 각종 학교에서는 애국사상으로 매일 수업 전에 국기에 예배하고 애국가를 부르는 것을 보았은즉, 그 개명

건국법정대학 학도병 서명문 태극기. 등록문화재 392호. 오늘날의 한국인들에게 태극기는 '경배의 대상'이기도 하고, 손에 들고 흔드는 물건이기도 하며, 옷을 만들어 입는 재료이기도 하다. 민간인이 국기에 경례하는 나라는 미국, 한국, 브라질 등 몇 나라밖에 없다. 태극기는 종교적 신성성과 세속적 친근함을 함께 갖춘 물건이다. 그것이 바로 현대 국가의 이미지이다.

모범은 사람으로 하여금 감격케 한다. 그러므로 우리나라 학교들도 이제부터 시행하자." 이 학교는 바로 배기창가례拜旗唱歌禮(국기에 절하고 노래 부르는 의례)를 채택했다. 학교 조회와 국민의례의 원형이 형성된 것이다. 하지만 국기에 절한다고 나라를 구할 수는 없었다. 나라를 구해야 국기를 살릴 수 있다는 건 누구나 아는 일이었다. 이런 절박감으로 인해 태극기는 사랑과 존숭의 대상을 넘어 한국인 각자가 목숨을 걸고서라도 지켜야 할 절대적인 것이 되었다. 1909년, 안중근은 자기 왼손 무명지를 자르고 그 피로 태극기에 '대한독립' 넉자를 썼다.

1910년 8월 29일 이후, 한반도에서 태극기는 공식적으로 자취를 감췄다. 태극기는 숨어서 보거나 마음에 떠올려야 하는 철학적 의미의 표상이 되었다. 조선인들에게는 태극기를 그려 소장하는 것도 죄였다. 1919년 3·1운동은 이 죄 아닌 죄의 굴레에서 벗어나려는 의지의 표현이었다. 사람들은 종이나 천에 직접 태극기를 그려 손에 들고 거리로 뛰쳐나왔다. 만세시위는 미국에서 시작된 '국기 축제'와 비슷한 양상을 보였다. 1892년, 미국의 국기 제조업체들은 크리스토퍼 콜럼버스의 아메리카 대륙 발견 400주년을 기념하는 국기 축제를 기획했다. 어떤 사람들은 대형 국기를 맞들고, 또 어떤 사람들은 각자 수기를 들고 행진한 이 행사는 공전空前의 성공을 거두었다. 국기 축제는 곧 전 세계로 확산했다. 제1차 세계대전이 발발한 1914년, 일본군이 산둥반도의 독일군을 공격해 승리를 거두자 서울에서도 일본인들이 국기(즉 일장기) 축제를 벌였다. 이에 대해 『매일신보』는 "일본 사람들은 미친 듯 취한 듯 만세를 부르며 여러 학생들은 만세 만세 만만세로 이에 화답을 하여 국기의 바다를 이루었다"라고 보도했다. 그 장면을 지켜보면서 많은 조선인이 '우리도 저들처럼 태극기를 들고 만세를 부르며 미친 듯 취한 듯 행진하고 싶다'고 생각했을 것이다.

3·1운동은 대한제국의 국기였던 태극기를 민족의 깃발로 소생시켰다. 3·1운동 이후 상하이에서 수립된 임시정부는 국호를 대한제국에서 대한민국으로 바꿨다. 국체를 바꿀 때는 국기도 바꾸는 것이 세계의 관례였으나, 임시정부 요인들은 국기를 바꿀 수 없었다. 독립을 선언할 때 흔들었던 국기요, 민족의 피가 스민 국기였기 때문이다. 1919년 9월, 러시아령 임시정부와 통합하여 재발족한 상하이의 대한민국 임시정부는 매일 아침 집무 시작 전에 태극기 앞에서 집합식을 거행했다. 9월 20일 임시의정원 개원식은 1907년 안창호가 의무균명학교에서 제안했던 '배기창가례'로 시작했다. 내무총장 안창호의 제안이었을 이 '의례'는 이후 임시의정원의 공식 의례가

되었다.

1920년 3월 1일, 3·1운동 1주년 기념일을 맞아 상하이의 교민들은 이른 아침부터 집집마다 태극기를 게양하여 독립선언 1주년을 축하하고 독립국가의 국민임을 알렸다. 이날 오후 2시 상하이의 올림픽대극장에서는 대한민국 임시정부 주최 '대한독립선언 기념식'이 열렸다. 행사는 태극기 게양식으로 시작되었는데, 『독립신문』은 그 광경을 이렇게 묘사했다.

> 미리 무대의 정면 음악대 지휘대 위에 세운 붉은 실로 감은 깃봉 끝에 약 12~13척 평방의 태극기를 다는 것이니 깃봉 끝 활차를 통하여 긴 줄을 매어 이동휘 총리의 선도로 각 총장과 김가진, 박은식 두 원로가 줄을 당기고 각 단체의 대표로 김원경, 안정근, 이광수, 신익희, 선우혁 제씨가 기를 받들어 애국가 소리 중에 점점 천천히 태극기가 잡아당기는 줄을 따라 깃봉으로 올라갈 제, 처음에 기의 한끝이 보이고 다음에 한 괘卦가 보이고, 다음에 태극의 일부가 번쩍 보일 제 사람들의 애국가 소리는 목이 메이고 700명 대한 자녀의 두 뺨에는 뜨거운 눈물이 흘러내리다. 애국가가 다 끝나고 태극기가 깃봉의 정상에 다 오를 때 사람들 사이에서 목 놓아 우는 소리가 나고 따라서 흐느끼는 소리가 장내場內에 가득 차 형언할 수 없는 비장한 광경을 이루다. 일동은 피눈물을 삼키면서 국기를 향하여 최경례最敬禮를 행했다.

태극기는 피눈물을 흘리며 우러러보고 최경례를 바쳐야 하는 기가 되었다. 그런데 주권자가 황제였던 제국帝國과는 달리, 민국民國의 주권은 국민에게 있다. 주권자가 자기 주권의 대상물, 또는 소유물의 표상에 경례하는 것은 앞뒤가 맞지 않는 일이었다. 임시정부 각료와 의정원 의원들은 국민의 종복이었기에 국기에 경례해야 마땅했다. 하지만 일반 국민은 국기에 경례하는 것이 비례非禮였다. 그러나 태극기를 보는 것만으로도 감격스러운 마당에, 그 위상을 따지는 것은 정신적 사치였다. 그들은 제국에서 민국으로 국체가 변경되면 국가와 국민 간 관계도 달라진다는 점을 미처 생각하지 못했다. 그들에게 국가와 민족은 국민 개개인, 민족 구성원 개개인 위에 서는 초월적 존재였다.

다만 태극기 도상圖像의 의미에 대해서는 새로운 해석이 필요했다. 1919년 11월 김두봉은 상해 청년당 주최로 열린 기원절(개천절) 기념 강연회에서 "태극의 푸른색은 자유와 힘, 붉은색은 평등과 사랑을 표시함이니 이 둘은 우리 민족의 전통적 국민성이라. 힘 있는 곳에 자유가 있고 사랑이 있는 곳에 평등이 있나니 이 둘은 서로 붙어 떨어질 수 없는 자이므로 원 안의 곡선으로 서로 끌어안게 하니라. 자유와 평등의 양대 이상을 기초로 삼은 우리 민족의 영광은 세계 사방에 퍼져야 할지니, 사괘는 이를 표시함이라"라고 연설했다. 그는 태극기 문양에 새 의미를 부여함으로써, 태극기와 민국 이념 사이의 부조화를 해소했다.

1921년 8월 15일, 대한민국 임시정부는 '관리 선서조례'를 제정했다. 이 조례에 따라 새로 임시정부에 취직하는 사람은 각부 장관이 보는 앞에서 국기를 향해 선서해야 했다. 1942년 6월 29일, 임시정부는 "국기에 대한 설명이 다단하고 제도가 일치하지 못한" 상황을 시정하기 위해 '국기양식 일치안'을 만들었는데, 이것이 현행 태극기이다.

1945년 8월 15일 일본 천황이 항복을 선언함과 동시에, 조선 사회를 지탱했던 행정 체계와 가치 체계가 일시에 붕괴했다. 해방은 맞았지만 아직 그들을 하나로 묶어줄 국가의 정체는 뚜렷하지 않았다. 국가의 정체가 모호한 상황에서 그 표상들도 부유浮游할 수밖에 없었다. 태극기에 부채의식을 지닌 사람이 있었던 반면, 그것을 본 적조차 없는 사람도 있었다. 하지만 어쨌거나 한국인들을 하나로 묶어줄 단일 표상은 필요했다. 당장은 태극기 말고 다른 대안이 없었다. 그런데 공교롭게도 그때까지 태극기를 단일 표상으로 지켜온 것은 대한민국 임시정부와 미주의 교민단체들뿐이었다. 김구와 이승만이 각각 그들을 대표했다. 태극기에 정통성을 부여하는 문제는 이들 정치세력의 기득권을 인정하는 문제와 중첩되었다.

감격과 흥분이 가라앉은 뒤, 새 국기를 제정하자고 주장하는 사람들이 나타났다. 피눈물을 흘리며 태극기를 우러르던 사람들과는 달리, 태극기에 익숙하지 않은 사람들에게 그 도상은 중세와 봉건의 잔재를 의미할 뿐이었다. 1945년 12월 7일, 임시정부 내무부장 신익희는 국기, 국호, 국가 문제에 대해 "우리의 독립이 광복인 이상 다소 결함이 있더라도 정식 결정되기까지에는 그것을 그대로 쓰는 수밖에 없다"고 말했다. 군정청도 태극기에 힘을 실어주었다. 1945년 11월, 군정청 학무국은 태극기의 형식을 공포하여 사실상의 국기로 인정했다. 또 신탁통치 문제로 한국 사회가 좌우로 분열하기 시작한 1946년 1월 15일에는 군정청 청사에 태극기를 처음으로 게양했다.

국기 문제는 대한민국 헌법을 제정하는 과정에서 다시 논의되었다. 1948년 7월 1일 헌법안 제2회 독회에서, 헌법 제2조에 '국기는 태극기로 함'이라는 조항을 삽입하자는 서면 수정 동의가 제출되었으나 부결되었다. 일반 국민은 물론 제헌의원 다수도 태극기를 국기로 확정하는 데에 유보적이었다. 이로써 일단 국기와 국가國歌 조항이 없는 헌법이 만들어졌다. 게다가 정작 대통령 이승만은 태극기가 국기로 적합하지 않다고 생각했다. 1949년 1월 15일, 이승만은 "대한민국이 국제연합의 승인을 얻은 것을 계기로 국기를 새로 제정함으로써 신생 조국을 훌륭한 독립국가로 키워나갈 국민의 청신한 기분을 배양"하자며 문교부에 새 국기 제정에 관해 연구하라고 지시했다. 이에 따라 문교부 산하에 국기시정위원회가 조직되었는데, 이들은 새 국기의 제정은 남북통일 때까지 보류하고 잠정적으로 태극기의 제식만을 분명히 하기로 했다. 이들은 당시 사용되던 여러 양식의 태극기를 검토한 끝에, 1942년 대한민국 임시정부에서 제정한 '국기양식 일치안'에 따르기로 결정했다. 이 결정에 따라 1949년 10월 15일자 문교부 고시 제2호로 국기제작법이 공포되었다. 이것이 '대한민국 국기법'이 제정된 2014년까지 태극기에 대한 최고 수준의 법적 규정이었다.

정부 수립이 목전에 다가오자, 일부 기독교인이 '국기와 국민의 관계'에 대해 문제를 던지기 시작했다. 그들은 국기에 대해 경례하는 것을 우상 숭배로 해석했다. 1948년 7월, 인천 제일교회 목사 이기혁이 『기독교공보』에 「국기 최경례에 대하여 국회 제위에게 드림」이라는 글을 기고했다. 요지는 "국기란 국가의 표호票號일 뿐이다. 상인이 자기 상점 상표를 보고 절하지 않으며 학생이 자기 학교 교표를 보고 절하지 않는 것이 정당하다면, 국민이 국기를 보고 절하지 않는 것도 잘못일 리 없다. 일정 시대에 일장기를 향하여 마지못해 허리를 굽히고 코웃음 치면서 허식에 굴복하던 그 모양을 이제 다시 행할 필요가 없다"는 것이었다. 이 문제는 국회에서도 논란거리가 되었다. 국회의원 최운교는 "이런 비애국자와는 목숨을 걸고 항쟁하겠다"며 격분을 표시했다. 당시 한국인 대다수는 일제강점기에 동방요배, 신사참배에 순응했던 기독교인들이 해방 후 태극기에 배례하지 않겠다고 나서는 것은 몰염치하다고 생각했다. 그러나 기독교인들의 태도는 강경했다. 그들은 국기 경례는 "왜정의 잔재"이며 선열에 대한 묵도는 묵념으로 대체해야 한다고 주장했다. 이런 와중에 1949년 5월 파주 봉일천 국민학교에서 기독교인 교장에게 교육받은 학생 42명이 조회 때 국기에 대한 경례를 거부하다가 비기독교도인 신임 교장에게 집단 퇴학 당하는 사건이 일어났다.

감리교 신자였던 대통령 이승만은 국회의장 취임 선서에서도, 대통령 취임 선서에서도 하나님에게 선서한 바 있었다. 그의 정서는 다른 기독교인들과 같았지만, 미국인들도 국기에 경례하고 맹세까지 한다는 사실을 알고 있었다. 이승만은 기독교인들을 달래기 위해 절충점을 찾았다. 1950년 4월 25일 국무회의는 "국기에 대해 허리를 굽히는 것은 일제식이고 우상숭배에 가까우므로, 그를 다만 국기에 대해 주목하면서 부동자세로 차렷 한 후에 오른손을 왼편 가슴 심장 위에 대는 것"으로 바꿨다. 각종 의식 때의 묵도는 폐지했다. 이후 이승만 정권기 내내 3·1절과 6·25 관련 행사 때 말고는 모든 국민 의례가 국기에 대한 미국식 경례와 애국가 봉창만으로 진행되었다.

북한 정권이 새 국기를 제정한 뒤 태극기에는 반공反共의 상징성이 부가되었고, 이 상징성은 한국전쟁을 거치면서 극대화했다. 1910년 이래 태극기의 적은 일장기였으나 분단 이후로는 북한의 인공기로 바뀌었다. 태극기는 반공국가의 표상이 되었다. 하지만 태극기의 위상이 공고하지는 않았다. 정치적 격변기마다, 태극기는 중국 고대의 철학서인 『주역』에서 유래한 것이기에 현대 국가의 표상으로는 적절치 않다는 비판이 제기되었다. 4·19 직후와 1964년, 그리고 1967년에 각각 국기 개정론이 활발히 개진되었다. 1967년 서울대 교수 김원룡은 "태극기만 보면 점占집이 연상된다"며 모욕적 언사도 서슴지 않았다. 이 무렵 박정희 정권은 국기 개정을 진지하게 고려했다.

그러나 1972년 유신헌법 공포를 전후하여, 정부는 일본 군국주의의 국기관을 전면 부활시켰다. 한국인의 역사, 전통, 정신과 무관한 일장기도 한국인의 정신을 동원하는 데 유용했는데, 조선시대의 국기가 문제될 이유는 없었다. 1971년 3월 1일, 정부는 모든 공연장에서 '애국가영화'를 상영하라고 지시했다. 영화가 상영되는 중에 관객은 모두 자리에서 일어나 국기에 경례해야 했다. 1972년 6월에는 현충일에 국기게양 성적이 나빴다고 면장 다섯 명이 해임 경고를 받았다. 1972년 8월 9일, 문교부는 '국기에 대한 맹세'를 제정하여 각급 학교의 모든 행사에서 교직원과 학생들이 암송하게 했다. 이로써 황국신민의 서사가 붙었던 일제 말의 국민의례 양식이 부활했다. 1978년 10월 1일부터는 매일 오후 6시의 국기 강하식 방송을 의무화했다. 옥내외의 모든 국민은 애국가가 울리는 동안 국기가 있는 곳이나 애국가가 흘러나오는 곳을 향해 차렷 자세로 서 있어야 했다.

1987년 민주화 이후 태극기에 대한 군국주의적 열정은 다시 가라앉았다. 거리의 국기하강식과 극장의 애국가영화 상영이 차례로 중지되었고, 국기에 대한 맹세도 개정되었다. 2002년 월드컵을 계기로 국기에 대한 경건주의적 태도도 극적으로 약해졌다. 이에 앞서 정부는 양말이나 속옷은 제외한다는 단서하에 태극기 문양을 상업적 용도로 사용할 수 있도록 허가했다. 하지만 막상 월드컵 대회가 시작되자, 사람들은 얼굴에 태극 문양을 그리거나 태극기 도안으로 비키니 같은 옷을 만들어 입고 거리로 나왔다.

태극기에는 그것이 지내온 역사만큼이나 많은 이념적·정신적 요소들이 묻어 있다. 그래서 지금도 태극기는 여러 정치적 성향이 싸우는 전쟁터이다. 태극기와 성조기를 함께 들고 나와 '좌파 척결'을 외치는 세칭 '태극기부대'가 있는가 하면, 안중근의 태극기를 '토착왜구 척결'의 표상으로 삼는 사람들도 있다. 2021년 대통령 선거 출마를 선언한 어떤 사람은 가족들만의 사적 모임에서도 국기에 대한 경례를 하고 애국가를 4절까지 부른다고 자랑했다. 그의 일가는 일본 군국주의 시절과 군사독재 시절의 국기에 대한 태도를 보존한 셈이다. 어느 경우든, 한국인들은 주권자라기보다는 신민에 가까운 태도로 국기를 대한다. 왕조시대에 제정된 국기를 공화국이 된 뒤에도 그대로 쓰는 유일한 나라이기 때문일 것이다.

2. 일상에서
    만나는
    국가

의정부·종친부 등의 부府, 홍문관·예문관 등의 관館, 이조·병조 등의 조曹, 승정원·훈련원 등의 원院, 평시서·혜민서 등의 서署, 비변사·준천사 등의 사司, 제용감·전의감 등의 감監, 선혜청·포도청 등의 청廳, 내자시·내섬시 등의 시寺. 조선시대 관청 이름들이다. 서로 다른 계보를 가진 관청들이어서, 이름만으로는 그 규모를 알기 어렵다. 여러 채의 건물을 가진 것도 있었고, 작은 건물 하나에 입주한 것도 있었다. 여러 건물로 구성된 관청일 경우, 중앙부에 특별히 크게 지은 건물이 본청이었다. 시설의 이름표라고 할 수 있는 현액은 본청 건물 처마 밑에 달린다. 오늘날에는 관청뿐 아니라 기업과 학교 숭에도 집합 건물로 이루어진 시설이 적지 않다. 넓은 부지 위에 여러 건물이 들어차 있는 시설에 들어갔을 때, 본청 또는 본관을 찾는 방법은 무엇일까? 현관 앞에 국기게양대가 있는 건물을 찾으면 된다.

우리나라에서는 1897년 대한제국 선포 이후 국기가 백성의 충군애국忠君愛國하는 마음을 고취하기 위한 상징물로 이용되기 시작했다. 이 무렵부터 각 관청과 상점 등은 국경일이면 정문 옆에 국기를 게양했으나, 국기를 매단 장대를 사용했을 뿐 고정된 게양대는 없었다. 관청 정문 옆에 국기를 매다는 봉棒을 설치하고 국기(당시에는 일장기)를 상시 게양하는 관행은 일제의 한국 강점 직후에 시작되었다.

하지만 건물 앞에 콘크리트나 벽돌로 단을 쌓고 그 위에 깃봉을 상시 고정시키는 국기계양대는 1930년대 이후에야 만들어졌다.

일본인들은 일본의 혼魂을 담은 일장기는 일본인의 혼을 지닌 사람에게나 어울린다고 생각했다. 조선총독부는 조선인을 국민이되 국민이 아닌 사람으로 취급했다. 일제는 '민도民度가 낮은' 조선인들, 또는 일본 통치에 불만을 품은 조선인들에게 일장기를 맡기는 것은 위험하다고 판단했다. 그들은 한국을 강점한 뒤에도 오랫동안, 한국인들에게 국기(일장기) 계양을 요구하지 않았다. 3·1운동 직후에는 한국인들이 일부러 일장기를 훼손하는 일도 빈번히 일어났다. 이런 형편에 일제 관헌이 늘 감시하기 어려운 곳에까지 국기계양대를 만드는 것은 무의미한 일이었다.

1931년 만주사변을 도발한 일제는 조선인을 명실상부한 '일본 국민'으로 만들어 침략전쟁에 동원할 필요를 느꼈다. 일장기에 대한 조선인의 태도를 변화시킬 수 있느냐 여부가 국민화의 성패를 가르는 요건이었다. 1932년 1월, 조선총독부 정무총감은 "조선에서는 종래 왕왕 국기계양을 태만히 하는 경향이 있다"며 '국기계양에 힘쓰는 일에 관한 건'을 각도에 통첩했다. 경성부는 그 즉시 국기계양에 대한 정동町洞 총대 간담회를 열었다. 참석자들은 '국기계양의 대운동'을 일으키기로 결의하고, 다음과 같은 실행사항을 결정했다.

① 부府 관계 각 학교를 통하여 생도(아동)의 가정에 격려 권유할 것
② 정동총대, 방면위원을 통하여 격려할 것
③ 경찰관을 통하여 독려할 것
④ 민회民會, 청년단, 재향군인회 기타 교화단체를 통하여 장려할 것

권유, 격려, 독려, 장려 등의 표현을 썼지만 사실상 '강제력'을 발

1940년대의 국기게양식 한복을 차려입은 사람들이 예배에 참석해 신물을 대하는 자세로 게양대 위로 올라가는 일장기를 우러러보고 있다. 중세 사회에서 성물이 차지했던 지위는, 현대 국가에서 국기로 이양되었다. 더불어 국기게양대도 옛날의 신단이나 제단과 같은 위상을 확보했다. 출처: 『사진으로 보는 한국백년』

동하겠다는 의미였다. 때를 같이하여 대일본국기선양회 조선본부의 활동이 본격화했고, 관제 언론의 국기게양 홍보도 활발해졌다. 1932년 4월부터 전국의 보통학교(조선인이 다니던 초등학교)들에 국기게양대가 설치되기 시작했다. 중일전쟁 한 해 전인 1936년 5월, 정무총감은 '국기게양에 힘쓰는 일에 관한 건'을 다시 통첩했다. 이번 통첩의 주목적은 마을마다 국기게양대를 설치하는 것이었다.

학교, 마을, 직장마다 국기게양대가 설치된 뒤인 1939년 1월, 국기게양대를 신격화하는 운동이 시작되었다. 1월 26일 새벽, 중병에 걸려 혼수상태에 빠져 있던 72세의 노인 이원하가 간병하던 부인이 잠깐 조는 사이에 실종됐다. 그의 시체는 400미터쯤 떨어진 국기게양대 밑에서 발견됐다. 『매일신보』는 그의 죽음에 대해 이렇게 보도했다.

(국기게양대 밑에서) 동방東方을 향하여 정좌하고 궁성을 요배한 후 그대로 영면永眠하였다는 사실은 씨의 열렬한 평소의 애국열이 무너져가는 육체를 무의식 중에 국기게양대 앞에까지 운반하여 동쪽 하늘을 요배하고 최후의 기력을 가다듬지 못하여 그대로 승천한 바라고 추측할 수 있어 씨의 70여 년간 날아오르던 애국열은 임종에까지 발로되었으니 이와 같은 열정은 사실 애국적 열정가인 이원하 씨가 아니면 찾을 수 없는 바이나 국가 비상시의 총후수호銃後守護에 매진하고 있는 근일 반도인으로서 이와 같은 애국적 열정가가 있음은 반도 인사 전반의 명예라고 하지 않을 수 없으며…

　신문기사라기보다는 소설이라 해야 할 이 기사로 말미암아 이원하는 일약 애국적 조선인의 상징이 되었다. 보도가 나간 다음 날, 총독부 학무국은 이원하 이야기를 보통학교 교과서에 신기로 결정했다. 그의 집은 애국적 조선인 청년 학도들의 답사지가 되었으며, 그를 기리는 추도회가 개최되었다. 그는 기념비로, 동상으로, 영화로 거듭났으며, 이해 6월 8일에는 총독 미나미 지로南次郎가 그의 집을 직접 방문했다. '애국옹愛國翁 이원하'에 관한 서사와 추모 방식은 후일 '반공소년 이승복'에게로 이어졌다. 조선인들에게 일장기는 일본의 혼이 담긴 신神이고 국기게양대는 '천황폐하의 어전'이 되었다. 학교의 국기게양대는 건물 앞에 세울 수밖에 없었으나, 마을 단위의 국기게양대는 사람들이 서쪽에 모여 설 수 있도록 배치했다. 일본 천황이 있는 동쪽을 향해 절하는 '동방요배'는 사실상 국기게양대에 절하는 것과 마찬가지였다.
　국기게양대를 신격화하여 사람들의 애국심을 강제로 고취하는 전체주의적 통치 전술은 유신 말기인 1978년에 부활했다. 매일 저녁 5

시 또는 6시에 국기게양대가 있는 시설에서 국기하강식을 거행하면, 거리를 지나던 사람들도 멈춰 서서 국기게양대가 있을 법한 곳을 향해 선 후 보이지도 않는 국기를 향해 경례해야 했다. 보이지 않는 신을 향해 경배하는 이 의무적 의례는 1987년 민주화운동 승리 이후에야 폐지됐다. 오늘날 국기게양대는 관청, 기업, 학교 등 단위 시설들마다 있지만, 그 앞을 어전이라고 생각하는 사람은 없다. 아주 특별한 때가 아니면 국기게양식이나 하강식 같은 행사도 하지 않는다. 그럼에도 국기게양대 앞은 여전히 가장 공식적인 장소이며, 개인들이 국가와 대면하는 곳이다.

위문편지

3. 국가에 감사하는
국민을 양성한
교재

얼굴도 이름도 모르는 국군 아저씨께.

안녕하십니까? 저는 서울 ○○국민학교 ○학년 ○반 ○○
○이라고 합니다. 오늘도 호시탐탐 남침의 기회만을 노리는
간악한 북괴군으로부터 나라를 지키기 위해 얼마나 고생이
많으십니까? 국군 아저씨께서 밤낮을 가리지 않고 애써주
시는 덕택에 저는 후방에서 안심하고 학업에 열중하고 있습
니다. 우리나라 국민들이 자유를 누리고 사는 것도 모두 국
군 아저씨 덕분입니다. 저도 빨리 자라서 아저씨처럼 용감
한 군인이 되겠습니다. 드릴 말씀은 많사오나 바쁘신 줄 알
기에 이만 줄입니다.

1980년대 말까지, 초등학생 대다수에게는 군인들에게 보내는 위
문편지가 생애 첫 편지였다. 게다가 이름도 얼굴도 모르는 사람에게
딱히 할 말이 있을 리 없었다. 그런 아이들이 편지지 한 장을 다 채
우라는 과제를 이행하기는 쉽지 않았다.

본래 '위문'慰問이란 불행한 일을 겪은 지인知人에게 직접 위로의
뜻을 전하고 안부를 묻는 행위를 말한다. 부모나 자식을 잃은 친지
에게, 화재나 수해를 당한 친척에게, 중병에 걸려 앓아 누운 지인에
게, 그들의 슬픔과 억울함에 공감을 표시하고 역경을 극복할 용기를

39

북돋워주는 게 위문이었다. 위로의 내용은 구체적이어야 했고, 상황에 따라 다른 극복 방안을 조언해야 했다. 얼굴도 이름도 모르는 추상적 인간에게는 실질적인 위로와 도움을 줄 방도가 없다. 조선시대에도 왕이 화재를 당한 시전상인들을 위문하는 일은 있었으나, 이때에도 고관高官을 보내 직접 만나서 위로하게 했다.

구체적 개인이 추상적 집단에게 위문편지를 보낼 수 있게 된 것은 근대적 우편제도와 매스미디어 덕이었다. 1920년대에는 저명인사가 수재민이나 중국에서 박해받는 재만在滿 한인 등에게 보내는 편지체 형식의 위로문이 종종 신문지면에 실렸다. 친일 모리배 민원식을 처단한 양근환 의사는 일본 내 감옥에 있으면서 수재를 당한 동포들에게 위문편지를 썼다. 물론 이 위문편지의 수신인은 신문사였다.

1937년 일본이 중일전쟁을 도발하자, 조선총독부와 일본군은 실명의 다수와 익명의 다수를 직접 연결했다. 군국軍國 일체 관념에 기초한 일본 군국주의는 군에 보내는 위문편지를 국가에 대한 충성서약과 동일시했다. 위문편지는 군軍과 국國을 동일시하는 관념을 배양하는 수단이었다. 학생들은 수업 중에 전방의 군인들에게 위문편지를 썼고, 군인들은 이를 받아 읽었으며, 언론은 이 사실을 대중에게 알렸다. 1937년 12월 11일, 부산의 아동 3만여 명이 일본 해군에 위문편지를 보냈다. 며칠 뒤, 17세 된 경상북도 영양군 조선인 군수의 아들이 또래 열네 명을 규합하여 '국방소년단'을 조직하고, 피로 그린 일장기와 피로 쓴 '장문의 위문편지' 두 통을 영양경찰서에 맡겼다. 1940년 초, 중국 북부 지역에 주둔한 일본군 리토鯉登 부대장은 미나미 조선총독에게 '조선 어린이들의 위문편지가 수효도 많고 눈물 없이는 읽을 수 없는 내용이라 이를 읽은 일본군의 사기가 더욱 높아가고 있다'는 내용의 편지를 보냈다. 당연히 이 편지 내용은 신문지상에 공개되었다.

전국의 모든 학생이 얼굴도 이름도 모르는 전선戰線의 일본군 앞으로 써야 했던 위문편지는 해방과 동시에 사라졌다. 하지만 특정 상황이 재현되면 특정 관행도 소생하기 마련이다. 정부 수립 후 지리산, 덕유산 등 산악지대에서 국군과 좌익 무장 부대들 사이에 치열한 전투가 벌어지던 1949년 초여름, 학생들의 위문편지 쓰기가 부활했다. 그해 7월 12일, 육군본부 정훈감실은 '위문편지는 형식이나 체제를 자유로 하되 육군본부에까지 봉하지 말고 보내주시고, 될 수 있는 대로 회답을 볼 수 있도록 보내는 사람의 주소와 성명을 쓰시고 받아볼 사람은 낯모르는 군인인 줄만 생각하실 것'이라는 내용의 '위문편지 작성 요령'을 공표했다. 위문편지는 '사전 검열 대상'임을 분명히 한 셈이다. 검열받는 편지에는 진심이 담기지 않는 법이다.

압록강 전선까지 진출했던 국군과 미군이 중국군의 개입으로 후퇴하여 흥남에서 뱃길로 철수 중이던 1950년 12월 21일, 육군본부 정훈감은 한층 구체적으로 '위문편지 쓰는 요령'을 공표했다. '내용은 최고도의 적개심과 승리의 신념을 가지고 일선장병으로 하여금 뒤를 돌아볼 마음이 없게 할 것. 여동생이 오빠에게, 또는 어머니가 자식에게 보내는 형식을 취할 것.'

전쟁 중 위문편지 쓰기 과제는 여자 고등학생들에게 집중되었다. 그러다 보니 위문편지와 관련해 전설 같은 얘기들도 돌아다녔다. 위문편지를 계기로 군인과 여학생이 펜팔을 맺었다가 나중에 결혼까지 했다는 설이 대표적이었다. 신문들은 "전방의 군인들은 위문편지 읽는 게 유일한 낙인데, 편지가 너무 적게 와서 열 명 앞에 한 통도 돌아가지 않는다. 그 때문에 위문편지를 서로 차지하려고 장병들끼리 싸우기도 한다"며 위문편지를 독려하기도 했다. 휴전 이후에도 '위문편지 쓰기'는 학생들의 의무였고, 1959년부터는 각 시도 교육위원회 소관으로 넘어갔다. 국민학교 5학년부터 고등학생에 이르기

한국전쟁 중 전선에서 위문편지를 읽으며 미소짓는 군인 위문편지 쓰기는 '군인에 대한 감사'와 국가에 대한 감사'를 일체화하는 훈련이었다. 병사는 웃고 있지만, 편지 쓴 당사자도 즐거운 마음이었는지는 의문이다. '강요된 감사 표시'에는 진심이 담기지 않는 법이다.

까지 모든 학생에게는 겨울방학 직전에 위문편지 쓰기가 필수 과제로 부과되었다. 문교부가 학생들에게 과제로 부과되던 억지 위문편지를 폐지하기로 결정한 것은 1989년의 일이다. 하지만 학생회 자율의 위문편지는 그 이후에도 계속 교육적 권장사항이었다.

이름도 얼굴도 모르는 국군 아저씨는 인격화한 국가다. 형이나 오빠뻘인 사병士兵들에게 쓴 '군인 아저씨'라는 호칭은 군인으로 대표되는 국가에 '믿음직하며 의지할 만하다'는 이미지를 부여했다. 국가는 국민을 위해 불철주야 노력하는 이들을 통해 자기 실존을 증명한다. 일본 제국주의가 심어놓은 군국 일체의 관념은 아시아태평양

전쟁 이후 일본보다 한국에서 더 적당한 생존 환경을 찾았다. 위문 편지의 진정한 목적은 읽는 사람을 위로하는 게 아니라 쓰는 사람을 교화하는 것이었다. 위문편지는 국가에 감사하는 국민을 양성해온 교구이자 교재다.

4. 한민족의
    단일
    표상

간도협약 100주년인 2009년을 앞두고, 국회의원 몇 명과 유력 언론사가 연대하여 협약 무효화 운동을 벌였다. 일단 체결된 조약은 100년이 넘으면 되돌릴 수 없으니, 일본이 한민족의 의사와 무관하게 정한 국경선을 재설정하자는 취지였다. 그들은 간도가 본래 우리 땅이었는데 한국 통감 이토 히로부미가 만주의 철도 이권을 얻는 대가로 중국에 넘겨주었으며, 그때 그어진 한중 국경선이 지금까지 계속 이어진다고 믿었다. 그러나 그들의 믿음과는 달리, 북한과 중국 사이의 국경선은 간도협약 때 그어진 상태 그대로가 아니었다. 북한과 중국은 이미 1962년에 간도협약을 무효로 하고 새로 조중변계조약을 체결하여 국경선을 다시 그은 바 있다. 간도협약 무효화 운동은 국회의원과 언론인들조차도 이를 전혀 몰랐다는 사실만 드러낸 한바탕의 코미디였을 뿐이다.

한국인들의 마음속에 '간도는 우리 땅'이라는 생각이 폭넓게 자리잡은 데에는 그곳이 고구려의 고토故土였다는 점, 대한제국 시절 한때 정부 관리가 파견되었다는 점 등의 실증적 이유가 있으나, '민족의 영산靈山'인 백두산은 온전히 우리 땅이며, 그래야 한다는 생각도 작용했다. 우선 백두산 주변이 전부 우리 땅이었는데 북한이 한국전쟁 참전에 대한 보답으로 백두산 주변 땅 4분의 3을 중국에 넘겨주었다는 견해의 사실 여부부터 살펴보자.

7세기 중반 고구려가 망한 이후 조선이 건국할 때까지, 백두산이 우리 땅이라고 생각한 사람은 거의 없었다. 발해는 현대의 우리에게 자기 강역에 관한 문자 기록을 전해주지 않았다. 고려시대에 백두산은 '야인野人의 땅'에 속했다. 백두산 주변은 세종 대 4군 6진을 개척한 이후 다시 우리 강토疆土에 편입되었다. 얼마 뒤, 젊은 장군 남이는 4군을 맡아 다스리면서 "백두산의 돌은 칼을 갈아 다하고, 두만강의 물은 말을 먹여 없어졌도다"白頭山石磨刀盡 豆滿江波飮馬無라는 시를 지었다. 여기에서 백두산과 두만강은 변방邊方 또는 땅끝이라는 지리적 위치를 나타내는 기표記標였다. 그에게도 다른 조선 사람들에게도, 백두산은 새로 개척한 영토의 북쪽 끝에 있는 산이었을 뿐이다. 다만 풍수가들 중에 백두산을 한반도 모든 산의 조종祖宗으로 생각하는 사람이 있는 정도였다.

백두산, 특히 그 정상부에 대한 조야朝野의 관심은 1712년 백두산 기슭에 정계비를 세울 때 고조되었다. 중국 대륙에 명나라가 들어서고 뒤이어 한반도에 조선이 건국되었을 때에는 두 나라 사이에 국경에 대한 명시적 합의가 없었다. 백두산에서 발원하는 압록강과 두만강 이북 일대는 양국 어디에도 속하지 않은 땅처럼 취급되었다. 명나라는 동북방 끝에 있는 땅에는 별 관심을 기울이지 않았다. 조선이 백두산 주변의 여진족을 공격하여 4군 6진을 개척한 것도 명나라와는 무관한 문제였다. 그런데 여진족이 청淸을 세운 뒤 사정이 달라졌다. 조선과 여진족 사이의 경계이던 선이 조선과 중국 사이의 경계선으로 바뀐 것이다. 하지만 청나라는 병자호란으로 조선을 복속시키고도 국경을 바꾸자고 하지 않았다. 그들의 관심은 한반도가 아니라 광활한 대륙에 있었다. 그 시점에는 조선 사람들도 국경선을 명확히 해야 한다고 생각하지 않았다.

땅 위에 분명하게 선을 긋고 그를 지도에 표시해야 한다는 생각은 기본적으로 '근대적 사유'였다. 게다가 청나라는 북만주 일대를 봉금지封禁地로 지정하여 사람의 거주를 금했기 때문에, 조선 사람이 살며 조선 병사가 지키는 지역과 청나라 사람이 살며 청나라 병사가 지키는 지역 사이에는 상당히 넓은 전이轉移지대가 있었다. 당시 사람들은 그 전이지대의 어떤 지점들을 굳이 선線으로 이어야 할 이유를 알지 못했다. 그랬던 사람들이 갑작스럽게 국경선을 정확히 긋기로 한 것은 서양 세력과 접촉하면서 '근대적 사유'에 영향을 받았기 때문이다.

1689년 청나라와 러시아 사이에 '네르친스크 조약'이 체결되었다. 청나라가 맺은 최초의 근대적(유럽적) 국경 조약이었다. 이 조약의 결과 중 하나는 청나라 황제와 관료들의 의식 속에 '국경을 명확히 하려는 의지'를 심은 것이었다. 네르친스크 조약 체결로부터 23년이 지난 1712년 초, 청나라는 조선에 공문을 보내 국경을 확정하자고 요구했다. 그해 2월 26일 청나라 오라총관烏喇摠管 목극등穆克登이 수하들을 거느리고 의주에 도착했다. 조선 정부도 한성부 우윤右尹 박권을 접반사로 임명하여 의주에 보냈다. 현지 안내는 철산부사 허량이 맡았다. 의주에서 합류한 일행은 압록강 상류 쪽으로 백두산 정상을 향해 걸어가며 주변을 살폈고, 청나라 화원畵員은 미리 준비해온 지도 위에 이것저것 그려 넣었다. 백두산 기슭에서부터 산길이 험해지자 박권은 빠지고 허량이 목극등을 상대했다.

일행은 천지天池 가까운 곳에 도착해서 물이 잠류潛流하는 구간을 만났다. 천지를 한 바퀴 돌아 내려오는 길에도 잠류 구간이 있었다. 한동안 걷다가 물이 다시 지표로 솟아오른 지점을 발견한 목극등은 거기에서 시작된 물줄기가 토문강이 되었다가 두만강으로 흘러 들어가리라고 예단했다. 목극등은 물길을 따라 걷지 않고 의주 쪽으로 발길을 돌리면서 허량에게 후속 조치를 지시했다. 물이 잠류하는 구간에 목책과 토축을 쌓고, 물길이 시작되는 곳에 '서쪽은 압록강, 동쪽은 토문강을 양국의 경계로 한다'는 글자를 새긴 비석을 세우라는 것이었다.

철산부사 허량은 사람들에게 자재를 준비하라고 시키고 물길을 따라 걸어가 보았다. 그런데 그 물도 송화강으로 흘러들었다. 그는 의주로 달려가 목극등에게 이 사실을 알리고 토축과 목책을 설치할 선을 다시 정해달라고 요청했다. 하지만 목극등은 못 들은 척했다. 허량은 고심 끝에 목극등과 박권이 합의한 선이 두만강이니, 그 선에 표시하기로 결정했다. 그는 애초 목극등이 지정한 선보다 남쪽에 있는 잠류 구간에 토축과 목책을 쌓게 했다. 그런데 다 쌓고 나서 보니 이 물줄기 역시 송화강으로 흘러드는 것이 아닌가! 이미 쌓아 놓은 걸 헐고 다시 쌓는 건 보통 일이 아니었다. 게다가 엄밀히 따지면 토축과 목책 선을 자기 마음대로 정한 것이나 마찬가지였다. 책임지기 어려운 일을 저질렀지만, 조정에 사실대로 보고하는 수밖에 없었다. 조정에서는 허량을 체포하여 심문한 뒤에 그의 잘못만은 아니라고 판단하여 용서했다. 다만 청에 바로 보고할 것이냐를 둘러싸곤 논란이 벌어졌다. 이 문제를 그냥 넘기면 심각한 문제가 생길 수 있다고 걱정한 사람이 있었고, 모르는 척 덮어두자고 주장한 사람도 있었다. 논쟁은 해를 넘기도록 계속되었으나, 결론은 나지 않았다.

이듬해 공교롭게도 목극등이 칙사로 서울에 왔다. 접반사가 사실을 다시 알렸으나 그는 못 들은 체했다. 이 사실이 공문서로 본국에 전달되면 목이 달아날 수 있는 일이었다. 칙사의 의중을 눈치챈 조선 정부도 그냥 덮어두었다. 칙사가 보고하지 않으니, 청나라 황제도 모를 수밖에 없었다. 이로써 백두산 천지 주변은 영유권을 모호하게 남겨둔 채로 압록강과 두만강을 잇는 선이 국경선으로 확정되었다. 확정이라기보다는 '재확인'이라고 하는 편이 나을 것이다. 압록강과 두만강이 발원하는 백두산 천지는 조·청 양국兩國이 공유하는 산정호수였지만, 사람은 누구나 자기 기준에서 세상을 보는 법이다. 조선 사람들 관점에서는 압록강과 두만강이 '경계선상에 있는 강'이 아니라 '우리나라 강'이었다. 백두산 천지도 마찬가지였다. 백두산 남쪽이 우리 땅이라는 생각은 우리나라가 백두산으로부터 시작된다는 생각으로 이어졌다. 청나라 사람들에게 백두산은 변경의 여러 산 중 하나였으나, 조선 사람들에게는 '영토가 시작되는 산'이었다. 그런 만큼 두 나라 사람들의 의식에서 점하는 백두산의 위상은 달랐다.

물론 백두산을 '우리 땅'으로 인식하는 것과 직접 가서 보는 것은 다른 문제였다. 백두산은 조선 북방을 지키는 국토의 진산鎭山이었으나, 유배형에 처해진 중죄인이나 군병軍兵이 아니라면 굳이 가서 볼 이유가 없는 산이었다. 조선 땅에서 가장 높다는 사실은 알면서도 어떻게 생겼는지는 모르는 산을 상상하는 건 장님이 코끼리를 상상하는 것과 같은 일이었다.

일본의 도쿠가와 막부가 에도(현재의 도쿄)에 치소治所를 둔 이후, 조선통신사도 거기까지 가야 했다. 조선통신사 일행이 에도에서 만난 일본인들은 정상부에 눈이 쌓인 후지산의 웅장한 모습을 자랑하곤 했다. 조선에는 이렇게 신령한 산이 없지 않느냐며 위세를 부리는 그들에게 조선인의 자존심을 세우는 방법은 "우리나라에도 백두산이 있다"라고 하는 것뿐이었다. 물론 조선통신사 일행에게도 '높고 크다' 말고는 백두산을 달리 설명할 방도가 없었다.

백두산은 1880년대 중반부터 다시 여러 차례 조야의 관심거리로 떠올랐다. 숙종 때 모호하게 처리하고 넘어갔던 백두산 천지 주변의 국경 획정劃定 문제 때문이었다. 주차조선총리교섭통상사의駐箚朝鮮總理交涉通商事宜라는 거창한 직함을 지닌 위안스카이袁世凱가 조선총독처럼 행세하던 1885년, 이중하를 대표로 한 조선 관리들과 덕옥德玉을 대표로 한 청국 관리들 사이에 국경회담이 열렸다. 이때의 조청朝淸 관계도 병자호란 직후와 별로 다르지 않았으나, 조선 관리들은 상국上國 대표들 앞에서 기개를 꺾지 않았다. 조선 대표 이중하는 정계비에 써 있는 대로 송화강 동쪽이 전부 우리 땅이라고 주장했고, 청나라 대표 덕옥은 비석에 새겨진 토문강은 두만강을 잘못 기록한 것이라고 우겼다. 결국 회담은 결렬되었고, 2년 뒤인 1887년에 다시 열렸다. 이번에도 조선 대표가 된 이중하는 2년 전의 주장을 철회하고 두만강의 최북단 지류인 홍토수를 국경선으로 삼자고 제안했다. 반면 청 측은 최남단 지류인 홍단수를 제시했다. 조선 측이 완강히 거부하자, 그들은 홍단수 북쪽의 석을수 안으로 후퇴했다. 이 상태에서 회담은 또 결렬되었다.

대한제국 선포 후인 1899년 '한청통상조약'이 체결되었다. 이 조약은 조선/대한제국이 외국과 맺은 최초의 평등조약이었으나, 조약문에는 국경을 명시하지 못했다. 하지만 적어도 백두산의 남쪽이 대한제국의 영토라는 사실은 누구도 부인할 수 없었다. 이듬해인 1900년, 청나라에서 의화단 운동이 일어나자 간도 거주 교민들은 대한제국 정부에 군대를 파견해서라도 자기들을 보호해달라고 요청했다. 일부는 한 걸음 더 나아가 이참에 고구려의 옛 땅을 수복하자고 제안하기도 했다. 1901년 2월, 대한제국 정부는 일단 함경북도와 간도 사이에 경무서를 설치했고, 8월에는 이범윤을 북간도 시찰원으로 파견하여 현지 상황을 조사한 뒤 적절한 대응책을 강구하게 했다.

간도가 사실상 무정부 상태임을 확인한 이범윤은 상당히 파격적인 보고서를 작성했다. 첫째, 내외에 간도가 대한제국의 영토임을 선포하라. 둘째, 간도 거주민을 보호하기 위해 시급히 진위대鎭衛隊(대한제국의 지방군)를 파견하라. 보고서를 검토한 정부는 1903년 8월

11일, 이범윤을 북간도 관리로 임명하여 간도에 상주하게 했다. 이범윤은 간도를 대한제국의 실질적인 영토로 편입하기 위한 행정 업무를 개시했다. 그는 간도 내 한인들의 호구를 면밀히 조사하여 조세租稅를 부과하는 한편, 사포대私砲隊라는 민병대를 조직하여 군사력까지 갖추었다.

청 정부는 주한 청국 공사를 통해 대한제국 정부에 항의하고 관리를 철수시키라고 요구했다. 하지만 대한제국 정부는 그 요구에 즉각 응대하지 않았다. 러일전쟁 발발 넉 달 뒤인 1904년 6월, 대한제국 정부는 청과 다시 국경 협상에 나섰다. 일단 외교적 분쟁 상태를 종결시키는 것이 우선이라는 생각이 양측 대표의 의식을 지배했고, 회담은 아무것도 결정하지 않기를 결정하는 것으로 끝났다. 이때 체결된 '한청변계선후장정'韓淸邊界善後章程은 "양국의 경계는 백두산정계비가 증명하는 것이지만, 먼저 관원을 파견하여 실상을 조사한 이후에야 확정할 수 있다. 그 이전에는 종전처럼 토문강을 사이에 두고 각지를 지키며 몰래 넘어가지 않도록 한다"고 규정했다.

이범윤을 북간도에 파견하기 몇 달 전, 고종은 "천자天子만이 천하의 명산대천에 제사를 지낼 수 있는데, 대한제국은 아직 오악五嶽, 오진五鎭, 사해四海, 사독四瀆을 정비하지 못했다"라며 의정부에 속히 제도를 정비하라고 명했다. 의정부는 이에 삼각산, 금강산, 지리산, 묘향산, 백두산을 5악으로, 백악산, 오대산, 속리산, 구월산, 장백산(함경북도 경성군에 있는 산. 백두산이 아니다)을 5진으로, 동해, 남해, 서해, 북해(함경북도 나남항 주변)를 4해로, 낙동강, 한강, 패강(대동강), 용흥강을 4독으로 각각 지정했다. 이때의 백두산은 오악 중 하나로 영산에 해당하기는 했으나, 나라를 대표하는 민족의 상징은 아니었다. 왕조차 가서 볼 수 없는 산이 모두의 영산이 될 수는 없었다.

을사늑약 후인 1906년 10월, 대한제국 정부는 이토 히로부미에게 간도에 거주하는 한국인의 생명과 재산을 보호해달라고 요청했고, 그는 간도를 덤으로 확보할 요량으로 이 요청을 수락했다. 1907년 8월 통감부는 용정龍井에 간도 파출소를 설치하는 한편, 간도의 가상 경계선을 설정하고 청국 정부에 만약 간도의 행정에 간섭한다면 무력으로 대응하겠다고 선포했다. '가상 경계선'이라고 한 것은 그 지역은 '간도'間島라는 이름과 달리 섬이 아니었고, 경계를 명확히 할 수 있는 지형지물도 없었기 때문이다. 이때부터 1909년까지, 일본이 제작한 한국 지도에는 간도가 빠짐없이 한국 영토로 표시되었다. 1909년 초가을, 청일 양국 정부는 간도 문제를 포함한 현안의 일괄 타결을 모색했다. 일본은 간도 땅보다는 다른 이권利權이 낫다고 판단했고, 청은 이권은 지킬 수 없으니 땅만이라도 찾아야겠다고 생각했다. 서로 접점을 찾은 양측은 1909년 9월 4일, 이른바 '간도협약'을 체결하여 국경을 확정했다. 국경선은 1880년대 이래 청이 일관되게 주장해온 석을수로 정해졌다. 이후 백두산 천지는 일본제국과 중화민국 사이의 국경선이 되었다.

간도협약 체결을 전후한 시점에 수많은 한국인이 백두산을 바라보며 압록강과 두만강을 건너 만주와 연해주로 망명했다. 서울의 권문세족들은 삼각산과 백악, 남산을 보고 고향을 떠올렸으나, 만주로 망명한 독립운동가들에게는 백두산이 고향 땅의 기표였다. 독립군들은 "나가 나가 압록강 건너 백두산 넘어가자"라고 노래하며 국권 회복의 그날을 고대했다. 1913년경, 안창호는 윤치호가 1896년에 지은 애국가의 첫 소절 "성자신손 오백년은 우리 황실이요"를 "동해물과 백두산이 마르고 닳도록"으로 개사했다. 현행 애국가 가사와 거의 같은 이 노래는 1919년 대한민국 임시정부의 공식 국가로 채택되었다. 이로써 백두산은 우리나라 국가에 가장 먼저 등장하는 산이자 민족의 표상이 되었다. 참고로 애국가 가사에 들어 있는 두 번

함경북도 경원의 한청 정계비 1914년 촬영. 국립중앙박물관. 나라는 분단되었으나, 백두산은 통합된 민족의 단일 표상이다. 하지만 한국인들은 일본인들이 후지산 전체를 그리는 것처럼 백두산 전체를 그리지 못한다. 천지뿐 아니라 백두산 전체를 대표하는 이미지가 만들어져야, 그 '표상성'이 공고해질 것이다.

째 산은 남산이며, 강은 하나도 없다. 대한민국 임시정부와 독립군 부대들에서 중요한 역할을 했던 대종교도들은 단군과 백두산을 의식적으로 연결시켰고, 그런 생각을 해외 동포들과 공유하려 애썼다. 그들의 노력에 힘입어 백두산은 해외 동포들에게 고향을 상징하는 기표를 넘어, 민족의 시원始原과 결부된 상징이 되었다.

1949년 국공내전에서 승리한 중국공산당은 중화인민공화국을 선포하는 동시에 과거 일본과 맺은 일체의 조약이 무효임을 선언했다. 간도협약도 이때 당연히 무효가 됐다. 한국전쟁 휴전 10년쯤 뒤, 조선민주주의인민공화국 정부와 중화인민공화국 정부 사이에 '조중변계조약'朝中邊界條約이 체결되었다. 간도협약은 이미 무효였기 때문에 논의는 원점, 즉 대한제국 시대의 쟁점에서 출발했다. 이때 중국 총리 저우언라이周恩來는 조선이 전쟁의 참화에서 갓 벗어났으니 선물이라 생각하고 중국이 양보하자고 했다. 중국과 북한의 국경선은 1887년 대한제국 정부가 주장했던 홍토수로 결정되었다. 현재 북한과 중국 사이의 국경선은 일제강점기 조선과 중국 사이의 국경선보다 북쪽에 그어져 있다. 당연히 백두산 전체가 북한 땅은 아니지만, 북한 정권은 김일성 직계 가족을 '백두혈통'이라고 부른다. 대종교도들이 백두산을 단군의 탄신지로 비정한 것과 같은 맥락이다.

단군조선 이래 현대에 이르기까지 백두산은 우리 민족의 기원지이자 성산聖山이며 영산靈山이라고 믿는 사람이 많지만, 백두산이 한 민족의 대표 상징으로 자리 잡은 지는 이제 겨우 100년 정도 지났을 뿐이다. 하지만 백두산은 아직도 상당히 모호한 표상이다. 일본인들이 자기네 영산이라고 주장하는 후지산에는 대표 이미지가 있으나 한국인 절대다수는 백두산을 그리지 못한다. 한국인이라면 누구나 그 이미지를 선명히 떠올릴 수 있게 되어야, 백두산이 명실상부한 민족 공통의 표상이 될 수 있을 것이다.

5.　꽃과 민족성을
　　등치시킨
　　현대사

　　서울 정도 600년을 4년 앞둔 1990년, 서울시는 '남산 제모습 찾기 사업'을 시작했다. 일제강점과 해방, 전쟁을 거치면서 이런저런 이유로 훼손된 남산의 경관을 일제강점기 이전의 모습으로 되돌리려는 사업이었다. 남산에 있던 외인아파트를 폭파, 철거하고 수도방위사령부가 이전한 부지에 한옥마을을 조성하며 그 안에 서울 600년 타임캡슐을 묻는 일 등이 진행되었다. 사업 추진 과정에서 일제강점기 일본인들이 조선신궁 참배로參拜路 주변에 심어놓은 수백 그루의 벚나무들을 베어버리자는 제안이 나왔다. 애국가 가사에 '남산 위에 저 소나무'라는 구절이 있는 이유는 조선시대 남산의 지배 수종樹種이 소나무였기 때문인데, 일본인들이 한국인의 기상氣像을 꺾고 서울을 '일본식'으로 개조하기 위해 벚나무를 심었으니 그것들부터 베어버려야 남산의 제모습을 찾을 수 있다는 주장이었다. 서울시 산하 각 위원회에서는 심각한 논의 끝에 벚나무를 베는 대신 소나무를 많이 심기로 결정했다.

　　이보다 9년 전인 1981년, 정부는 일제가 공원으로 개조했던 창경궁을 복원하기로 하고 경내에 있던 수백 그루의 벚나무를 과천 서울대공원과 여의도 윤중제에 옮겨 심었다. 일본인들은 1909년 순종에게 즐길 거리를 만들어준다는 명목으로 창경궁 내 건조물을 대부분 철거하고, 그 경내에 동물원, 식물원, 박물원을 설치했다가 1911

년에 일반 시민용 위락지로 개방하면서 명칭도 창경원으로 격하시켰다. 이때 벚나무 1800그루도 심었다. 이후 '창경원 밤 벚꽃놀이'는 서울시민들의 대표적 봄놀이가 되었다. 처음에는 일본인들만의 놀이였으나, 이윽고 조선인들도 이 놀이문화에 빠져들었다. 1983년까지도 벚꽃 피는 봄의 밤마다 창경원 주변은 인산인해를 이루었다.

많은 한국인의 오해와는 달리, 벚꽃은 일본의 국화國花가 아니다. 절대다수 일본인이 천황가天皇家의 상징인 국화菊花와 별도로 벚꽃을 '일본 민족성의 상징'으로 인식하기 시작한 지도 그리 오래되지 않았다. 민족을 통합할 수 있는 가시적 상징을 찾으려는 지적知的 욕구는 대체로 이민족과 접촉하는 과정에서 고조되는 법이다. 이른바 '서세동점'西勢東漸 상황에서 천황을 정점으로 하는 전체주의 체제가 수립된 메이지유신 무렵, 일본의 일부 지식인은 벚꽃에서 새 국가체제가 요구하는 신민臣民의 덕목을 발견했다. 일본 민족은 한꺼번에 아름답게 피었다가 한꺼번에 흩날리며 지는 벚꽃처럼 살다가 죽어야 한다는 담론이 급속히 확산했다. 메이지유신 이후의 일본은 침략전쟁을 통해 '발전'했다. 청일전쟁, 러일전쟁, 중일전쟁, 태평양전쟁으로 이어지는 침략전쟁 과정에서 수많은 일본의 젊은이가 목숨을 잃었다. 그들의 죽음은 꽃처럼 흩어진다는 뜻의 '산화'散花로 표현되었다. 한꺼번에 떨어지며 산산이 흩어지는 꽃은 벚꽃뿐이다. 이 표현은 한국어에도 스며들었다. 오늘날까지도 전투 중 사망한 사람들은 흔히 '산화한 영령'으로 표현된다. 사람이 목숨을 잃는 것과 꽃이 나무에서 떨어지는 것 사이에 유비類比를 설정하는 방식은 군국주의적이거나 국가주의적이다. 꽃이 피었다가 지는 것은 나무의 자연스런 생명 활동이지만, 사람이 전쟁터에서 죽는 것은 온당한 '국가 이성'의 결과가 아니다.

일제강점기 일본인들은 한반도 산야에 수많은 벚나무를 심었다.

1950년대의 창경원 벚꽃놀이 메이지유신 전후 벚꽃을 '일본 민족의 상징'으로 만든 일본인들은 한국을 식민지화하면서 수많은 벚나무를 한반도에 옮겨 심었다. 한국인들도 벚꽃을 '일본 정신의 상징'으로 인정했다. 하지만 반일 민족주의가 여전한 오늘날의 한국에서도, 봄이면 벚꽃길 주변이 인파로 뒤덮인다. 식물에 무슨 민족성이 있겠는가? 벚나무에는 자국민에게 벚꽃처럼 살다 죽으라고 가르친 군국주의적 상징 조작의 역사가 새겨졌을 뿐이다.

특히 도시에 만들어진 공원들은 봄이면 모두 '사쿠라색'으로 물들었다. 조선총독부는 1932년 서울 송월동에 경성측후소를 지으면서 마당에 벚나무를 심었다. 그때부터 지금껏, 이 벚나무에서 꽃이 피는 날이 공식적인 서울의 '벚꽃 개화일'이며, 사람들이 체감하는 '봄의 시작'이다. 벚나무는 한국인들이 한반도를 '근역'槿域, 즉 '무궁화의 땅'으로 인식하는 데에도 영향을 미쳤다. 대한제국이 공인한 '나라 문양'은 오얏꽃(이화李花)이었으나, 20세기에 접어들어 오얏꽃을 '황실 상징'으로, 무궁화를 '나라꽃'으로 삼으려는 사람이 늘어나기 시작했다. 윤치호는 자신이 배재학당 방학예식가로 지은 노래의 후렴구를 1908년에 "무궁화 삼천리 화려강산"으로 바꿨고, 1910년에는 순종 황제조차도 우리나라를 '근역'으로 호칭했다. 식민지화 이후에는 남궁억 등이 무궁화 문양 보급 운동을 벌였으며, 1917년에는 오세창이 조선 서화書畵에 대한 통사를 탈고하여 『근역서화징』槿域書畵

徵이라는 제목을 붙였다. 1921년에는 차미리사가 근화여학교를 설립했다. 조선인들이 무궁화 문양을 '애국심의 상징'으로 사용하는 것은 용납하지 않았던 일본인들도, 조선을 '근역'으로 부르는 데에는 동의했다. 그들은 무궁화가 조선인의 '민족성'과 닮았다고 주장했다. "꽃이 오래가기는 하나 벌레가 많이 끼는 것이 굴욕을 견디며 살기를 탐하는 것과 같다"고.

물론 한반도의 벚꽃이 모두 식민지화 전후 일본인들에 의해 식재된 것은 아니다. 당장 일본이 자랑하는 '왕벚꽃나무'의 원산지가 제주도라는 식물학적 견해가 있다. 조선 후기부터 최근까지 서울 근교의 벚꽃 명승지로 우이동이 유명했는데, 이곳의 벚나무는 조선 정조대 홍문관과 예문관 대제학을 지낸 홍양호가 심은 것이다. 그는 1764년 일본에 가는 통신사 일행에게 부탁해 벚나무 묘목을 구했다. 그랬다 하더라도 우리나라 산야와 거리에 벚나무가 흔해진 것은 한 세기 남짓밖에 안 된 일이다.

벚나무는 미국산 아카시 나무와 더불어 한국의 자연경관을 바꾼 대표적 수종이다. 근래엔 한국에서도 봄마다 전국 곳곳이 벚꽃놀이 인파로 붐빈다. 지방자치단체들은 앞다투어 가로수들을 벚나무로 교체한다. 그러면서도 때때로 벚꽃에서 '왜색'倭色을 감지할 정도로 한국인들의 벚꽃에 대한 감정은 양가적이다. 하지만 나무와 꽃에 무슨 이념이나 민족성이 있겠는가? 그런 게 있다고 생각하는 사람의 마음이 있을 뿐.

6.　　민주주의 시대의
　　　낙점판

　　재야의 인재를 가려 뽑아(선選) 조정에 들이는(거擧) 것이 '선거'選擧다. 시험을 쳐서 뽑는 것이 '과거'科擧고, 믿을 만한 사람의 추천을 받아 뽑는 것이 '천거'薦擧다. 어떤 사람을 어떤 방식으로 뽑아 어디에 쓸지 결정하는 것이 '선거권'이었으니, 이것이 곧 주권이다. 전제군주국에서 선거권은 왕과 그에게 위임받은 고위 관료만이 행사할 수 있었다. 고려시대 과거제가 시행되기 전에는 모든 관직이 천거로 채워졌다. 어떤 관직이 비었을 때 귀족 가문들이 자기네 자제를 추천하면, 왕이 그들 중에서 골라 임명하는 식이었다. 과거제 시행 이후에도 천거는 과거와 병행되었다. 공신功臣이나 고위 관료의 자제에게 버슬을 주는 음서제蔭敍制가 천거였다. 다만 천거로 임명된 자는 과거로 임명된 자와 동등한 대우를 받지 못했다. 승진에 한도가 있었고, 요직도 얻을 수 없었다. 그래서 천거로 벼슬한 뒤에 과거를 보는 사람이 많았다. 과거제도가 문란해진 조선 말기에는 여러 학자가 천거 등용문을 넓히자는 '과거제도 개혁론'을 제시했다. 일례로 반계 유형원은 일종의 연대 보증 천거제를 제시했다. 천거로 관직에 오른 사람이 무능하거나 비행을 저지르면, 추천인까지 함께 처벌하는 제도였다.

　　시험으로 인재를 선발하는 과거제가 천거제보다 '객관적'이기는 했으나, 그 객관성마저 뒤틀어버릴 수 있는 게 권력이다. 경거세족京

居世族이니 경화벌열京華閥閱이니 하는 말이 생긴 18세기부터, 과거제는 세도가 자제들에게 일방적으로 유리한 방식으로 운영되었다. 출제자와 감독자와 응시자가 친척 관계인 경우가 많았으니, 사전에 시험 문제를 빼돌리거나 응시자가 답안지에 특별한 표시를 하는 건 일반적이었다. 서울 유생들만 알 수 있는 서울의 현상에 대해, 서울 유생들만 배울 수 있는 문체文體로 글을 쓰라는 시제試製가 붙는 일도 흔했다. 19세기의 세도가들은, 아예 거추장스런 절차를 다 무시하고 대리인에게 맡겼다.

> 임오년(1882) 봄 민영목 판서의 조카가 진사회시進士會試를 칠 터인데, 민판서의 생각은 아무리 (문제를) 알고 하는 과거라도 그 답지의 문필文筆은 아름답게 차리고 싶은데 글은 자기(민영목)가 지으려니와 글씨는 연전年前에 여성부원군(민치록) 묘비를 쓴 지운영의 재주를 빌리고 싶으나 본래 이 사람과 교류가 없는 고로 그 뜻을 이인우에게 말하니 이李가 답하기를, 시생侍生이 이 사람과 절친할 뿐 아니라 이 사람이 대감의 선비 아끼는 풍모를 앙모하여 일차 찾아뵐 의향이 있어 상의하면 반드시 이룰 길이 있으니 염려치 마소서라고 했다.
> — 윤효정, 『한말비사』에서

지운영은 지석영의 형으로 대과大科에 응시할 수 없는 중인이었다. 스스로 시문서화詩文書畵의 극치를 이룬 사절四節이라고 주장했는데, 후일 어떤 사람이 선광치혜禪狂痴慧의 사절四節을 더해 '팔절'八節이라는 별명을 붙였다. '도통했는지 미쳤는지 바보인지 지혜로운지 알 수 없다'는 뜻이다. 글도 남이 짓고 글씨도 남이 써서 미리 답안지를 만들어 제출하는 과거로 인재를 선발할 수는 없었다. 이런 과거는 '무식한 지배자'를 만드는 데에만 쓸모가 있었다.

과거제는 1894년 갑오개혁으로 폐지되었고, 천거제와 과거제를 결합한 새 관리 임용 방식이 만들어졌다. 먼저 중앙과 지방의 관리들이 '서울과 시골의 귀한 사람과 천한 사람을 따질 것 없이 품행이 단정하고 재주와 기술이 있고 겸하여 시무時務를 아는 사람을 진지하게 선발하고 그 사람의 직업, 성명, 나이, 본적, 거주지를 자세히 기록하여 추천서를 발급하고 전고국銓考局에 보내 재능에 따라 시험 보일 것'을 청한다(「선거조례」). 추천받은 사람들은 전고국에서 시행하는 시험에 합격해야 했는데 보통시험 과목은 국문國文, 한문漢文, 글자 쓰기, 산술, 국내 정사政事, 외국 사정, 국내 사정, 외무 관계의 여덟 가지였고, 이 밖에 특기자를 뽑는 특별시험이 있었다. 하지만 추천서에 적힌 추천자 이름과 응시자의 성적 중 어느 것이 임용에 더 큰 영향을 미쳤는지는 알기 어렵다.

과거제 폐지 이후 관리들의 등급도 일본식으로 조정됐다. 대군주/황제가 직접 임명하는 관리는 칙임관勅任官, 칙임관이 대군주/황제에게 상주上奏하고 윤허를 받아 임명하는 관리는 주임관奏任官, 각 부서의 장長이 자기 판단에 따라 임명하는 관리는 판임관判任官이라고 했다. 1~2품이 칙임관, 3~6품이 주임관, 7~9품이 판임관이었다. 갑오개혁 이후 관직에 첫발을 내디디려는 사람은 시험을 쳐야 했지만, 그전부터 관리였던 사람에게는 시험이 필요 없었다. 승진에 필요한 것은 상급자의 추천뿐이었다. 이 점에서는 과거제 폐지 이전이나 이후나 다를 바 없었다.

우리나라에서는 1898년에 '투표 선거' 제안이 처음 나왔다. 두 차례의 만민공동회로 세력을 과시한 독립협회는 이어 의회 설립 운동을 벌였고, 이해 11월 고종은 다음과 같은 '중추원中樞院 관제' 개정안을 재가했다.

제1조 중추원은 아래에 열거한 사항을 심사하고 의정議定하는 처소로 함.

(1) 법률, 칙령의 제정과 폐지 혹은 개정하는 것에 관한 사항.

(2) 의정부에서 토의를 거쳐 임금에게 상주하는 일체 사항.

(3) 칙령에 따라 의정부에 문의하는 사항.

(4) 의정부에서 임시 건의하는 것에 대하여 문의하는 사항.

(5) 중추원에서 임시 건의하는 사항.

(6) 백성들이 의견을 올리는 사항.

제2조 중추원의 직원은 의장 1인, 부의장 1인, 의관議官 50인, 참서관參書官 2인, 주사主事 4인으로 정한다.

제3조 의장은 대황제 폐하가 글로 칙수勅授하고, 부의장은 중추원에서 공천에 따라 폐하가 칙수하며, 의관은 그 절반은 정부에서 나라에 공로가 있었던 사람을 회의에서 상주하여 추천하고 그 절반은 인민협회人民協會 중에서 27세 이상되는 사람이 정치, 법률, 학식에 통달한 자를 투표해서 선거할 것이다.

제4조 의장은 칙임관 1등이고, 부의장은 칙임관 2등이며, 의관은 주임관인데 등급을 주는 것은 없고 임기는 각각 12개월로 정할 것이다. 단 의관은 임기가 차기 한 달 전에 후임 의관을 미리 뽑을 것이다. 참서관은 주임관이고 주사는 판임관이니 등급을 주는 것은 일반 관리와 같이 할 것이다.

여기에서 인민협회란 독립협회를 의미한다. 투표란 추천인 수를 확인하는 절차이니, 투표 선거는 천거 방법 중 하나다. 의원의 절반만 투표로 선출되는데다가 독립협회 회원들만 선거권과 피선거권을 갖는 극히 제한적인 선거였으나, 이조차 실행되지 못했다. 중추원 개원을 앞두고 이 기구가 전제군주권을 제한하고 공화제 혁명의 근거지가 될 것이라고 의심한 고종은 독립협회를 해산시키고 '중추원 관제' 개정을 취소했다. 대한제국 시기에는 이후 '인민이 투표로 선출하는 대표'에 관한 논의가 다시 진전되지 못했다.

1919년 3월, 한민족은 '이천만 민중의 성충誠忠'을 합하여 독립을 선언했다. 선언의 주체가 민중이니, 제국帝國을 복구할 이유는 없었다. 민주공화국을 세우려면 정부와 의회를 구성해야 했다. 4월 11일, 상하이에 모인 독립운동가들이 국호를 대한민국으로 정하고 「대한민국 임시헌장」을 공포했다.

> 제1조 대한민국은 민주공화제로 함.
> 제2조 대한민국은 임시정부가 임시의정원의 결의에 의하야 이를 통치함.
> 제3조 대한민국의 인민은 남녀 귀천 급 빈부의 계급이 무하고 일체 평등임.

영국에서 가난한 노동자가 선거권을 갖게 된 것은 1928년의 일이었고, 그나마 여성의 참정권은 제한되었다. 프랑스 여성들은 1949년에야 투표권을 가질 수 있었다. 대한민국의 '평등선거' 천명은 세계사적으로도 선구적이었다. 하지만 영토 전역이 점령당한 상태에서 전 민족의 투표는 불가능했다. 투표권은 상하이 거주 독립운동가와 교민들만이 행사할 수 있었다. 남의 땅에서, 서로 아는 사람들끼리 추천하고 추천받는 일에 벽보를 만들어 붙일 이유는 없었다.

3·1운동 이후 식민지의 민심을 수습할 필요가 있다고 판단한 조

선총독부는 1920년부터 허울뿐이기는 하지만 지방자치를 실시했다. 도시에는 부府협의회를, 도道 단위에는 도협의회를 일종의 대의기구 代議機構로 설치했으나, 의원들에게 실질적인 권한은 주지 않았다. 그 래도 조선 말기의 공명첩空名帖에 관한 기억이 있었기에, 제 돈 들여 의원이 되려는 자는 적지 않았다. 게다가 '경성부협의회 의원' 등의 글자를 새겨 넣은 명함은, 관리들을 상대하는 데에도 상당한 도움이 되었다. 총독부는 연간 5원 이상의 세금을 내는 25세 이상의 남자에 게만 투표권을 주었으며, 조선인의 경우 대략 1퍼센트 정도가 이에 해당했다.

후보자가 자신을 알리기 위해 벽보를 만들어 거리에 붙이는 행위 는 1920년대 말에 시작된 것으로 추정된다. 1929년에 선거벽보 훼 손 사건이 발생했는데, 경찰은 어떤 법을 적용해 범인을 처벌해야 할지 몰랐다. 1930년에는 『매일신보』가 일본 총선거에서 사용된 선 거벽보들을 모아 '선거포스터 전람회'를 열기도 했다. 전람회 개최 취 지는 '경성 3만 부민으로 하여금 총선거 기분을 여지없이 맛보게 하 는 것'이었다. 당시 전시된 포스터 중에는 "명치明治 대정大正 시대는 돈 가진 자의 세상이었으나, 소화昭和 시대는 노동하는 자의 세상으 로" 등의 '불온한' 내용을 담은 것도 있었다. 투표권이 없는 사람들에 게 선거 기분을 맛보게 한 정치적 의도가 무엇인지는 알기 어렵다.

1948년 국회와 정부가 수립되면서 한국 성인 모두가 평등한 선거 권을 갖게 됐고 선거 벽보도 공보公報가 됐다. 최초의 선거 벽보에는 입후보자의 번호를 작대기 수로 표시했다. 글자와 숫자를 모르는 사 람들에게는 후보의 이름이나 경력 사항, 공약 등은 무의미했다. 선 거 벽보를 자기에게 고무신이나 막걸리 준 후보의 얼굴과 '작대기 수'를 확인하는 용도로만 이용하는 사람이 많았다. 다른 민주국가 시민들이 지난한 투쟁을 통해 평등·보통·직접·비밀 투표권을 얻었

1948년 5·10 총선거 기표소에 후보자들의 사진과 경력, 번호를 써넣은 벽보가 붙어 있다. 재야의 인재를 선발하여 조정에 들이는 것이 '선거'다. 본래 군주의 고유 권한이었으나, 민주주의 국가에서는 '민'民의 권한이 되었다. 하지만 선거벽보와 평판에 의지하여 인재를 고르는 일은 본디 쉽지 않았고, 인재를 고르는 민의 안목도 높았다고 보기는 어렵다. 출처: 중앙선거관리위원회

던 데 반해, 대다수 한국인은 이를 독립에 따라붙은 '덤' 정도로 생각했다. '덤'은 싸구려인 게 상례다. 지난 70년간, 선거 때마다 수많은 선거벽보가 전국 골목골목에 나붙었다. 왕조시대 군주는 이조吏曹에서 올린 승진 대상자 명단을 보고 적임자라고 판단한 사람의 이름 옆에 점을 찍었는데, 이를 낙점落點이라고 했다. 민주주의 시대 '민'民은 선거 벽보를 보고 마음으로 낙점한다. 이 기간 중 선거벽보의 질은 계속 높아졌고 제작 단가도 올랐으나, 투표권의 가치는 전혀 높아진 것 같지 않다. 그를 신발 한 켤레 값 정도로도 여기지 않는 유권자가 여전히 많으니 말이다.

7. 현대판
종들의
표지

　　한자 자전字典에서 '武'(무) 자를 찾으면 '호반 무'라고 씌어 있다. 이 글자의 뜻이 '호반'이라는 것인데, '하늘 천天', '충성 충忠' 등의 예를 통해 보자면, 호반은 순우리말이거나 아주 쉬운 한자어여야 할 터이나, 지금은 일상에서 전혀 쓰지 않는 단어다. 호반은 도대체 무슨 뜻일까? 옛날에는 문관을 동반東班, 무관을 서반西班이라 하여 각각 왕의 자리를 기준으로 동쪽과 서쪽에 시립하게 했고, 이 둘을 합쳐 양반兩班이라 했다. 문무文武를 동서東西로 나누어 배치한 데에는 나름의 철학적 원칙이 있었다.

　　유교에서는 인의예지신仁義禮智信을 사람이 지켜야 할 다섯 가지 도리로 보고 이를 오상五常이라 했다. 맹자가 규정한 인의예지仁義禮智의 사단四端에 신信이 추가된 것은 한나라 때의 일이었다. 오상은 음양오행설과 결합하여 각각 동서남북중의 방위를 점하고, 목금화수토의 다섯 원기元氣와 통한다. 여기에서 오상 각각의 성격이 규정된다. 맹자에 따르면 인仁의 단서는 '측은지심'惻隱之心이니 불쌍히 여기는 마음이고, 이해하려는 마음이며, 가급적 용서하려는 마음이다. 이는 곧 왕도王道의 근본이며 문신文臣의 도리였다. 반면 의義의 단서는 '수오지심'羞惡之心이니 성내는 마음이고, 미워하는 마음이며, 용서하지 않으려는 마음이다. 이는 패도覇道의 배경이자 무신武臣의 덕목이었다. 인仁과 문文은 사람을 살리고자 하는 것이니 계절로는 봄이요, 방위로는 동쪽이었다. 의義와 무武는 죄인을 죽이려 드는 것이니 계절로는 가을이요, 방위로는 서쪽이었다.

문관과 무관을 구분하는 표지는 또 있었다. 문반의 관복 가슴 부위에는 학을 수놓은 흉배를 붙였으므로 학반鶴班이라고 했고, 무반 관복에는 호랑이를 수놓은 흉배를 붙였으므로 호반虎班이라고 했다. 문관이 추구할 바는 고고孤高함이요, 무관이 추구할 바는 용맹勇猛함이라고 보았기 때문이다. 문무에 따라 관복 흉배에 학과 호랑이를 수놓는 관행은 명나라 때에 생겼다. 참고로 황제와 왕의 흉배 문양은 용龍이었다. 호반이란 무관武官이라는 뜻이었으니 '호반 무'라는 설명은 동어반복에 불과했다. 하지만 당대 사람들은 호반이 무슨 뜻인지 직관적으로 알았다.

의복이나 모자 등에 수를 놓거나 목재나 금속재의 작은 물건을 달아 소속과 직위를 표시하는 관행이 언제부터 시작되었는지는 알 수 없다. 다만 영국인들이 '본인의 소속이나 취향 등을 나타내기 위해 의복에 부착하는 작은 표지', 특히 '남의 종이나 추종자들이 충성을 표시하기 위해 부착한 작은 표지'들을 배지badge라고 부르기 시작한 것은 1520년대부터라고 한다.

우리나라에서는 1920년대 중반부터 '뱃지' '빳지' 등의 단어가 사용되었지만, 이에 해당하는 물건들은 1890년대부터 휘장徽章이나 기장記章이라는 이름으로 출현했다. 1895년 조선 정부는 갑신정변으로 중단되었던 우편사무를 재개하면서 체전부遞傳夫들에게 우체기장을 달게 했다. 흉배는 권위의 상징이었으나 우체기장은 그저 소속과 직무의 상징일 뿐이었다. 하지만 대한제국 선포 이후 관리들이 양복을 입게 되면서, 기장은 흉배의 권위를 물려받았다.

고종은 1895년 단발령 선포와 동시에 단발하고 양복을 입음으로써 만백성의 모범이 되고자 했으나, 수천 년 된 관습을 일거에 바꿀

역대 대한민국 국회의원 금배지 금광 소유주로 국회의원이 된 사람이 기념으로 금을 기부하자, 그걸로 배지를 만들어 모든 국회의원에게 돌린 것이 대한민국 국회의원 금배지의 기원이다. 오늘날 금배지는 국회의원과 동의어로 쓰인다. 가운데에 나라 국國 문양을 넣은 무궁화 모양의 배지가 국민의 종이라는 직위를 의미한다는 인식이 확산해야, 국회의원들을 제대로 부릴 수 있을 것이다.

수는 없었다. 메이지 유신 이후 일본 신新정부의 관료들이 천황을 신격화함으로써 자기들의 권위를 세우려 했던 것과는 달리, 조선의 세가世家 후예들은 왕의 지시라고 해서 무조건 따르지 않았다. 군대가 서양식으로 개편되었기 때문에 무관은 양복을 입어야 했으나, 문관은 구식 관복과 양복 중에서 선택할 수 있었다. 문관의 복장을 양복으로 통일하는 법령은 1900년에 제정되었다. 양복에는 당연히 흉배를 달 수 없었다.

문관복장규칙이 제정되기 한 해 전인 1899년, 대한제국 정부는 일본 중의원 의원 오미와 초오베三輪長兵衛에게 금으로 정2품 기장을 만들어 지급했다. 같은 해에 제정된 '표훈원 관제'와 이듬해 제정된 '훈장조례'는 훈장과 기장에 관한 규정을 명문화했다. 1905년에는 재한 일본인 의사 단체인 동인회同仁會가 '찬조원'들에게 휘장과 기념품을 지급했으며, 1907년부터는 각 학교 학생들의 모자에도 모

表帽標가 부착되었다. 이해 휘문의숙에서는 1등 한 학생에게 상부에는 교기敎旗, 하부에는 오얏꽃 문양을 새긴 은제銀製 휘장을 지급했는데, 오늘날의 기준에서는 '은배지'라고 할 만한 것이었다.

1920년대 중반부터는 훈장이나 기장의 아래 등급에 해당하는 의복 부착형 표지를 '뱃지' 또는 '빳지'라고 부르기 시작했다. 한국 국회의원들은 1954년 개원한 제3대 국회부터 금배지를 달기 시작했다. 금광을 소유한 자유당 정명선 의원이 당선자들에게 배지를 만들어주라고 금을 기부한 데에서 비롯했는데, 이후 국회의원 권위의 상징이 됐다. 하지만 배지는 본래 권위의 상징이 아니라 종의 상징이다. 그런 점에서 보자면 북한의 '김일성 배지'가 애초 용도에 가장 충실한 물건이라고 할 수 있다. 국회의원의 금배지가 종의 상징이라는 사실을 모두가 인식해야, 제대로 된 민주주의라고 할 수 있을 것이다.

훈장

8. 국가가
   공인한
   명예의 표지

   제2차 세계대전 중 독일군과 싸우다 공을 세운 유대계 소련군 사병에게 상관이 말했다. "자네 공훈을 표창하라고 상신할 생각인데, 훈장을 받고 싶은가 아니면 상금 200루블을 받고 싶은가?" "훈장은 얼마짜리입니까?" "이런 바보 같으니라고. 훈장은 명예일 뿐이야. 돈으로 따지면 1루블도 안 될걸?" "그럼 훈장과 상금 190루블로 해 주시면 안 될까요? 그래도 그쪽이 9루블 남는 장사인데." 오래전에 읽었던 '유대인의 유머' 시리즈 중 한 토막이다.

   인간 사이에 상하관계가 출현한 이래, 논공행상은 언제나 필수적인 의례였다. 상은 대개 직위와 재물이었지만, 기독교 문명권에서는 11세기 십자군 전쟁 때부터 '공훈을 인정받은 사람'임을 알리는 표장을 의복에 부착하는 관행이 생겨났다. 이후 유럽에서는 등급에 따라 형태와 방식을 달리 하는 훈장 패용법佩用法이 자리 잡았다.

   우리나라를 포함한 한자 문화권에는 의복에 공훈을 표시하는 문화가 없었다. 왕이 국가에 공을 세운 사람에게 주는 상징적 표지는 시호諡號, 종묘 공신당功臣堂 배향, 별도 사당祠堂(표충사表忠祠 등) 건립, 사액賜額(서원, 사당 등에 현판을 내려주는 것) 등이었다. 유럽식 훈장 제도는 1899년 7월 4일에 칙령 제30호로 공포된 '표훈원 관제'에 의해 우리나라에 도입되었다. 이 관제에 따라 신설된 표훈원은 훈위勳位, 훈등勳等, 연금, 훈장勳章, 기장記章, 포장褒章 등에 관한 사항을 관장했다. 표훈원은 1894년 동학농민혁명 때와 1896년 의병전쟁 때 군공軍 功을 세운 사람들을 조사하는 한편, 훈장 제식制式 검토에 착수했다. 훈장에 관한 세부 사항은 1900년 4월 17일 '문관복장규칙'과 '훈장 조례'가 공포됨으로써 마련되었다.

문관의 복장은 대례복, 소례복, 평상복의 3종으로 구분하되 모두 양복으로 했으며, 훈장은 금척대훈장金尺大勳章, 이화대훈장李花大勳章, 태극장太極章, 자응장紫鷹章의 4종으로 나누었다. 조례 반포와 동시에 고종은 훈장의 이름과 뜻을 밝혀 중외中外에 알리라고 지시했다.

옛날 태조 고황제太祖高皇帝께서 왕위에 오르기 전에 꿈에서 금척金尺을 얻었는데 나라를 세워 왕통을 전하게 된 것이 실 로 여기에서 시작되었으므로 천하를 마름질해서 다스린다 는 뜻을 취한 것이다. 그래서 가장 높은 대훈장의 이름을 '금 척'이라고 하였다. 그다음을 '이화 대훈장'李花大勳章이라 하 였으니 이는 나라 문양에서 취한 것이다. 그다음 문관의 훈 장은 '태극장'太極章이라고 하여 8등급으로 나누었으니, 이것 은 나라의 표지에서 취한 것이다. 그다음 무공武功도 8등급 으로 나누고 '자응장'紫鷹章이라 하였으니, 이것은 고황제의 빛나는 무훈武勳에 대한 고사故事에서 취한 것이다. … 모든 황족과 신하는 금척으로 천하를 다스리는 방도를 체득하고, 매처럼 용맹을 떨친 업적을 본받아 안으로는 이화의 문장을 잊지 말고 밖으로는 태극의 표식을 욕되게 하지 않는다면 어찌 나 한 사람이 그대들의 큰 공적을 가상히 여겨 영예를 포장褒章할 뿐이겠는가? 또한 하늘에 계신 고황제의 영혼도 기뻐서 복을 내려주실 것이니, 각기 힘써라.

ㅡ 『고종실록』 1900년 4월 17일

1901년 4월에는 태극장 다음에 팔괘장이, 1902년 9월에는 금척대훈장 아래에 서성대훈장瑞星大勳章이, 1907년 3월에는 여성에게 주는 서봉장瑞鳳章이 추가됐다. 금척대훈장은 황족과 서성대훈장을 받은 자 중에서 황제가 특별히 지명한 자만 패용할 수 있었다. 1900년에 '훈장조례'를 제정한 일차적 목적은 1902년으로 예정된 '황제어극 40년 망육순 칭경기념 예식'을 열강의 특사가 참석하는 국제행사로 치르기 위해서였다. 고종은 이 행사를 통해 열강의 특사들에게 '서양 기준의 문명'을 이룬 대한제국을 보여주고자 했다. 그는 행사

대한제국 최고 훈장인 금척대수장金尺大綬章
일본 천황, 일본 황태자, 한국 통감 이토 히로부미, 한국 주둔 일본군 사령관 하세가와 요시미치 등이 이 훈장을 받았다. 훈장은 본디 나라에 공을 세우는 사람에게 주는 '명예의 표지'이지만, 나라에 해를 끼친 사람이 받는 일도 없지 않았다.

에 참석하는 관리 모두에게 서양식 대례복이나 연미복을 입고 훈장을 패용하라고 지시했다. 물론 훈장은 행사 전에 미리 나눠주었다. 1900년 4월부터 1902년 봄 사이에, 한국의 대관과 고위 군인들, 서울 주재 외국 사절들이 훈장을 받았다.

대한제국의 최고 훈장인 금척대훈장은 원칙상 황제와 황족만 패용할 수 있었다. 하지만 고종은 이를 일본 천황과 황태자에게 먼저 증정贈呈했고, 러일전쟁 발발 이후에는 외국인, 특히 일본인들에게 마구 나눠주었다. 대한제국 시기 금척대훈장을 받은 사람과 일자는 다음과 같다.

날짜	이름
1900.9.6.	일본 천황
1900.9.26.	일본 황태자
1904.3.20.	독일 하인리히 친왕
1904.3.24.	일본 특파대사 이토 히로부미(伊藤博文)
1905.5.23.	일본 특파대사 히로야스왕(博恭王)
1905.12.1.	민영환
1905.12.2.	조병세
1906.4.9.	의친왕 이강
1907.2.27.	오스트리아 클레멘스 친왕
1907.8.27.	한국 주둔 일본군 사령관 하세가와 요시미치(長谷川好道)
1907.10.18.	일본 황태자 방한 사절 다케히토(威仁) 친왕, 일본 육군대장 가쓰라 타로(桂太郎), 해군대장 도고 헤이하치로(東鄕平八郎)
1908.1.29.	일본 육군대장 야마가타 아리토모(山縣有朋), 내각 총리대신 사이온지 긴모치(西園寺公望)
1908.5.11.	일본 다케다노미야 쓰네히사왕(竹田宮恒久王)
1909.7.21.	일본 나시모토노미야 모리마사왕(梨本宮守正王)
1909.9.22.	완흥군 이재면, 해풍부원군 윤택영, 완순군 이재완
1910.8.26.	궁내부대신 민병석, 총리대신 이완용
1910.8.27.	의양군 이재각, 영선군 이준용.

국적별 인원을 보면, 한국인이 열 명, 일본인이 열두 명, 기타 외국인이 두 명이다. 이른바 병합조약이 체결된 날이 1910년 8월 22일이었으니, 1910년 8월 26일과 27일 두 차례에 걸쳐 한국인 네 명에게 나눠준 금척대훈장은 그저 기념품일 뿐이었다. 황족이 아닌 한국인으로 금척대훈장을 받은 사람은 을사늑약 직후 자결한 민영환과 조병세, 친일 내각의 거두 이완용과 민병석뿐이었다. 대한제국의 최고

훈장은 대부분 일본인이 받은 셈이다.

외국 훈장을 받은 한국인도 있었다. 러일전쟁 당시 일본군 승리에 공을 세웠다는 이유로 일본 훈장을 받은 한국인이 적지 않았으며, 심지어 후일 국채보상운동을 주도하고 105인 사건으로 옥고를 치렀던 양기탁도 일본에서 일본인 학생들에게 한국어를 가르친 공로로 일본 천황에게 훈장을 받았다. 1901년 10월에는 벨기에 대군주가 한국과 벨기에의 수교를 기념하여 고종에게 1등 훈장인 '금사자보성훈장'金獅子寶星勳章을 증정했다. 이왕李王, 즉 순종은 1917년에 일본 최고 훈장인 국화경식장菊花頸飾章을 받았으며, 이태왕李太王으로 죽은 고종도 1919년 위독한 상태에서 같은 훈장을 받았다. 순종은 사후死後에 영국, 프랑스의 최고 훈장도 받았다.

일제강점기에 훈장은 일본 천황이 하사하는 물건이었다. 조선총독부와 조선군이 주최하는 공식 행사장에는 '금빛 찬란한 훈장'을 차고 드나드는 자가 많았으나, 그들 중 조선인은 아주 드물었다. 조선인들이 일본 천황에게 받은 훈장은 해방 이후 반역의 상징이 되었다. 대한민국 임시정부는 훈장 제도를 만들지 않았다. 목숨 걸고 독립운동 하는 사람들끼리 훈장을 만들어 나눠 갖는 건 민망한 일이었기 때문이다.

대한민국 정부 수립 이듬해인 1949년 4월 27일, '대한민국 건국 공로 훈장령'이 공포되었다. 그해 8월 15일, 중앙청에서 광복절 기념행사의 하나로 건국 공로자 표창식이 거행되었다. 이때 훈장을 받은 사람은 대통령 이승만과 부통령 이시영이었다. 두 번째 건국공로훈장 수여식은 1950년 3월 1일, 주미 한국 대사관에서 열렸다. 주미대사 장면이 이승만을 대신해 훈장을 수여했는데, 수훈자受勳者 열두 명 중 열한 명은 미국인, 한 명은 캐나다인이었다. 그중에는 대한제국 시기 주한 미국 대사였던 호레이스 알렌Horace N. Allen이나 고종의 밀사로 활동했던 호머 헐버트Homer Hulbert 같은 사람도 있었으나 한국 독립에 무슨 공헌을 했는지 알 수 없는 사람이 더 많았다. 대다수는 이승만이 미국에 있을 때 친분을 쌓은 사람이었다. 이승만이 4·19로 물러날 때까지 건국공로훈장을 받은 사람은 열 명이 더 늘었는데, 유엔군 사령관 밴 플리트James Van Fleet, 중화민국 총통 장제스蔣介石, 베트남 대통령 응오딘지엠Ngô Đình Diệm, 이디오피아 황제 셀라시에 등 모두 외국인이었다. 이승만은 자기 외의 한국인이 '독립유공자'로 인정받는 것을 원하지 않았다. 다만 이승만 정권 때에 한국전쟁을 겪었기에, 무공훈장 수훈자는 무척 많았다.

5·16 이듬해인 1962년 3월 1일, 국가재건최고회의는 독립유공자 208명을 선정하여 건국공로훈장을 수여했다. 이때 최익현, 이강년, 허위, 김좌진, 오동진, 민영환, 조병세, 안중근, 윤봉길, 이준, 강우규, 김구, 안창호, 신익희, 김창숙, 손병희, 이승훈, 한용운의 열여덟 명이 최고 훈장인 '중장'重章을 받았다. 1963년 12월 14일에는 '상훈법'이 공포되어 각종 훈장이 체계화했다. 이후 독립유공자와 군인, 공무원뿐 아니라 기업인, 문화인, 교육자, 예술인, 운동선수, 대중연예인까지 서훈 대상이 됨으로써 훈장 받은 사람은 기하급수적으로 늘어났다. '대통령 임기 말'이라는 시기가 생긴 뒤로는 그때마다 정권 공로자들에게 훈장을 대량 발급하는 게 관행처럼 되었다.

건국공로훈장을 받은 사람의 친일 행적이 뒤늦게 밝혀져 서훈이 취소된 사례는 한둘이 아니다. 2014년 11월, 당시 대통령 이명박은 4대강 사업에 공을 세웠다는 명목으로 119명에게 훈장을 수여했다. 2018년 7월, '위법하거나 부당한 지시를 이행해 국고의 손실을 초래했거나 이에 참여한 사람에 대한 훈장과 포장을 취소하는 조항을 신설한 상훈법 개정안'이 국회에 제출되었으나 흐지부지되었다. 훈장은 개념상 하나의 국가체제와 함께 영속永續해야 할 명예의 상징이지만, 실제로는 수여자의 성향과 인품을 표현하는 물건일 뿐이다. 대한제국을 멸망시킨 원흉인 이토 히로부미가 대한제국의 최고 훈장을 받은 것도, 4대강의 환경을 파괴한 사람들이 '훈장'을 받은 것도, 훈장의 기본 속성을 보여주는 일이다.

9.　국가의
　　허가를 받아야
　　하는 일

　　대한민국의 모든 국민에게는 직업 선택의 자유가 있다. 그러나 모든 국민이 원하는 직업을 선택할 수는 없다. 일부 직종은 보통사람이 마음대로 진입할 수 없도록 국가가 면허 제도로 통제한다. 공인 자격증이 국가가 특정 직업인의 자격을 인증해주는 문서라면, 면허증은 자격 없는 사람이 특정 직종에 종사할 수 없게끔 장벽을 치는 증서다. 예컨대 제빵사 자격증이 없어도 누구나 빵을 만들 수 있고, 빵집을 낼 수도 있다. 메이크업 아티스트 자격증이 없어도 스스로 화장할 수 있고, 남을 화장해줄 수도 있다. 그러나 운전면허증 없이 운전하는 것이나 의사면허증 없이 진료하는 것은 불법이다.

　　중세 유럽 도시에는 길드라는 동직자 조합이 있었다. 특정 업종에서 장인匠人이 되려면 오랜 도제徒弟 기간을 보내야 했으며, 도제에서 장인으로 승격하려면 길드 소속원들의 승인을 받아야 했다. 특정 기능의 완성도는 그 업종에 오래 종사한 장인들만이 평가할 수 있다는 '전문가주의'는 여기에서 유래했다. 변호사의 자격 박탈 여부를 변호사협회에서 심의·결정하고, 의사의 자격 박탈 여부를 의사협회에서 심의·결정하는 우리나라 제도도 전문가주의에 따른 것이다. 근대 국민국가는 길드들이 행사하던 권리를 몰수하여 자기 권리로 삼았는데, 이로써 국가 면허 제도가 탄생했다.

　　면허증과 허가증을 혼동하는 경우가 왕왕 있는데, 면허증免許證이란 문자 그대로 '허가가 필요한 행위에 대해 일정 기간 동안, 또는 영구적으로 허가 절차를 면제하는 증서'라는 뜻이다. 허가증은 조선 시대에도 있었다. 대표적인 것이 '노인'路引이라는 여행 허가증이었는데, 태종 대에는 지방관이 발급한 노인을 소지하지 않은 행상行商의 상품을 몰수하는 규정까지 만들어졌다. 물론 한성부나 지방관청이 상인들에게 노인을 거저 발급해주지는 않았다. 『경국대전』은 걸어다니는 육상陸商에게는 매달 저화楮貨 8장, 배 타고 다니는 수상水商에게는 배의 규모에 따라 매달 30장에서 100장까지 노인 발급비를 징수하도록 규정했다. 서울에서 군역軍役을 치르는 군병들도 귀향할 때는 노인을 소지해야 했는데, 이들에게는 노인세路引稅를 징수하지 않았다. 일본 사신들도 동래부에서 노인을 받아야 서울로 올 수 있었다. 개항 이후 외국인에게 발급한 호조護照도 일종의 여행 허가증으로서 오늘날의 비자VISA와 같은 것이었다. 이런 종류의 허가증은 여행할 때마다 성명, 여행 목적, 기한 등을 새로 기재하여 재발급받아야 했다.

우리나라에서 근대적 면허증과 유사한 증서는 개항 이후인 1879년에 처음 만들어졌다. 이해 9월 한성부에서는 봇짐장수(보상褓商)들에게 돈을 받고 '험표'驗標를 발급해주었다. 각 지방의 하급 관리들이 장사꾼들에게 무명잡세無名雜稅를 징수하는 것은 당시의 보편적 관행이었으나, 한성부 발행 험표를 가진 장사꾼들은 잡세 징수 대상에서 제외되었다. 험표가 장사 면허증이었던 셈이다. 1881년에는 등짐장수(부상負商)들도 무위소武衛所가 발행한 험표를 소지해야 했다. 1883년, 봇짐장수와 등짐장수를 통합 관할하는 기관으로 혜상공국惠商公局이 설립되었다. 혜상공국은 보부상에게 상납금을 받고 '명첩'名帖을 내주었으며, 명첩 없이 장사하는 행위를 금지했다. 보부상들은 매년 '명첩'이라는 이름의 장사 면허를 갱신해야 했다. 혜상공국은

1887년에 상리국商理局으로 개편되었고, '명첩'이라는 이름도 '신표' 信標 또는 '빙표'憑標로 바뀌었다.

보부상에 이어 회사會社나 상회商會 이름을 쓴 상업 조직들도 면허 제의 적용 대상이 되었다. 우리나라에 '회사'라는 말이 처음 등장한 것은 『한성순보』 1883년 10월 21일자 「회사설」이라는 논설을 통해 서였다. 얼마 후 서울 청계천 장통교 부근 상인들이 장통회사長通會 社를, 의주 상인들이 의신회사義信會社를 설립했다. 이들 회사는 통리 아문에 매년 일정액을 상납하기로 약정하고 '인허장'認許狀을 받았다. 인허장은 '정부가 영업 활동을 허가했음을 인증하는 문서'라는 뜻으 로서, 이 문서를 소지한 사원들은 전국 각지에서 지방관리의 간섭을 받지 않고 자유롭게 영업할 수 있었다.

국가 면허제도의 적용 대상이 되는 직업은 1897년 대한제국 선포 이후 계속 늘어났다. 해당 직업인들을 지방관의 임의적인 토색討索으 로부터 보호한다는 명분과 중앙정부 및 황실의 재정 기반을 확충한 다는 실리實利를 모두 만족시킬 수 있었기 때문이다. 의사는 '의술 개 업 인허장', 약사는 '시약施藥 인허장', 어부들은 '어업 인허장'을 받 아야 했다. 일본이 경찰권을 장악한 1907년 이후에는 기생과 창기娼 妓들도 위생상의 이유로 '(창기/기생) 영업 인허장'을 받아야 요릿집 에 출입할 수 있었다. 기생과 창기의 영업 인허장은 경찰서에서 성 병 검사를 마쳤다는 증서이기도 했다.

일본이 한국을 강점한 후, 인허장은 '특정한 행위를 할 때마다 허 가를 받지 않아도 되는 증서'라는 뜻의 면허증으로 이름이 바뀌었 다. 식민지 경제하에서 면허증 발급 대상은 토지 측량, 인삼 경작, 연 초 재배, 술 빚기까지 계속 늘어났다. 오늘날 면허증의 대표격이 된 '운전면허증'은 1921년에 처음 생겼다. 이해 1월 24일, 총독부 경찰 이 시행한 '자동차 운전수 시험'에 열아홉 명이 응시하여 다섯 명이

1951년 서울시 발행 운전면허증 면허증이란 '행위 때마다 허가를 받지 않아도 되는 증서'라는 뜻이다. 일제강점기에는 많은 직업 활동이 국가 면허 제도의 통제 아래 있었으나, 해방 후에는 '인간의 생명에 직결된 직업 활동'으로 그 대상이 축소되었다. 출처: 서울역사박물관

급제及第했다. 조선시대 과거 급제자들은 홍패紅牌나 백패白牌를 받았으나, 일제강점기 운전수 시험 급제자들은 면허장을 받았다. 운전면허 제도가 만들어졌다고 해서 무면허 운전이 바로 금지되지는 않았다. 무면허 운전 단속은 1934년에야 시작되었다.

해방 후 자유 경쟁 체제가 정착함에 따라 회사 영업은 물론 많은 직업 활동이 관청의 허가가 필요 없는 일로 바뀌었다. 오늘날에는 의사, 간호사 등 의료업 종사자, 항공기나 중장비 조종사, 총을 다루는 수렵인 등 주로 사람의 생명과 관련된 일에만 면허증이 필요하다. 운전면허증이 남아 있는 것도 그것이 사람의 생명에 직결된 인간 활동이기 때문이다. 그러나 운전면허증이 생명과 관련된 증서라는 사회적 인식은 희박한 듯하다.

10. '인간의 자격'을
증명하지 못하는
증서

'할 수 있다'와 '해도 된다'는 어떻게 다른 걸까? 이런 질문을 던지면 '쓸데없는 걸 갖고 시시콜콜 따지는 피곤한 인간'으로 취급받기 십상이다. 현대 한국인에게 둘은 약간의 뉘앙스 차이만 있을 뿐 사실상 같은 말로 취급된다. 그런데 어쩌면 이런 현상이야말로 현대 한국 사회의 핵심 문제와 직결된 것인지도 모른다.

한자로 표기한다면 앞의 말은 '능'能에 해당하고 뒤의 말은 '가'可에 해당한다. 앞의 말이 행위의 기준을 주체의 내면에서 찾는 것이라면, 뒤의 말은 외부에서 찾는 것이라 해도 좋다. 즉 앞의 말은 주체의 능력과 자질에 관련된 것이고, 뒤의 말은 권력의 허용 여부에 관련된 것이다. '수영할 수 있다'는 자신이 헤엄치는 기술을 익혔다는 뜻에 가깝고, '수영해도 된다'는 권력이 수영 금지 구역으로 지정하지 않았다는 뜻에 가깝다.

국가권력은 발생 당초부터 자기 힘이 미치는 범위 안에 있는 사람들의 행동을 제어하는 규정을 만들었다. 당장 고조선의 '팔조법금'八條法禁도 현대어로 풀면 '법으로 금지하는 것 여덟 가지'라는 뜻이다. 그러나 일단 허용한 영역에서는 사람들의 능력을 평가하여 인증하는 제도를 만들지 않았고, 그럴 필요도 없었다. 지금도 농사 짓거나 돌 나르는 일에는 특별한 자격을 요구하지 않는다.

근대적 공장이나 은행, 기업들도 초창기에는 사람을 채용할 때 자격을 요구하거나 제한하지 않았다. 우리나라 기업들은 신입사원 채용 공고를 내면서 졸업증명서, 경력증명서, 성적증명서, 자격증명서 등을 일일이 챙겨 제출하라고 요구하지만, 지금도 저개발국이나 개발도상국에서는 공인된 자격증이 일반적으로 통용되지 않는다. 다음은 몇 해 전 과테말라에 갔다가 현지에서 봉제업을 하는 동포와 나눈 대화 내용이다.

"직원은 어떤 기준으로 뽑나요?"
"열 손가락을 쫙 폈다가 순차적으로 접어보라고 시켜요."
"그게 안 되는 사람도 있어요?"
"한국인들은 어려서부터 젓가락을 써서 그런지 상대적으로 손가락 놀리는 게 민첩해요. 그런데 여기 사람들은 반 이상이 그걸 못해요. 여기 직원은 재봉틀을 사용해야 하는데, 손가락 움직임이 둔하면 가르치기도 어려워요."
"재봉학원 같은 건 없나요?"
"그건 모르겠는데, 일단 뽑아 놓고 가르치는 게 편해요."

우리나라에서 '어떤 일을 할 수 있는 자격을 갖추었음을 공인하는 증서', 즉 자격증 또는 자격증명서라는 단어는 일본인들이 처음 사용했다. 1903년 주한 일본 공사는 '조선해朝鮮海 수산조합장'에 당선된 이리사 키요이시스루入佐清靜가 동同 조합 소속 인물이라는 자격증명서를 일본 영사관을 경유하여 제출하라고 지시했다. 이듬해 대한제국 정부도 일본인과 합작 사업을 시작한 윤우병이 궁내부의 대리인이라는 자격을 증명해달라는 일본 영사의 요구에 응답하면서 이 용어를 사용했다. 현대의 관점에서 보자면, 이것들은 자격증명서라기보다는 '사실 확인서'에 가까웠다. 1906년에는 대한제국 정부가

국가기술자격증 수첩 첨단 지식을 익혀야 얻을 수 있는 자격도 있으나, 한식조리기능사처럼 굳이 요건을 제한할 필요가 있는지 의심스러운 자격도 있다. 무엇보다도 이런 자격증들은 '인간의 자격'을 증명하지 못한다.

물품 구매 공고를 내면서 입찰 상인들에게 자격증명서 제출을 요구했다. 이때의 자격증명서는 요즘 기준으로 '잔고 증명서'에 가까웠다.

일제강점기에 자격증이라는 말은 '특정 학교 졸업생과 동등한 자격을 갖추었음을 인정하는 증서'라는 의미로 바뀌었다. 본토와 식민지 차별, 관립과 사립 차별을 토대로 만들어진 교육제도의 산물이었다. 1916년 의사 시험에서는 수험생들에게 졸업장 또는 수업증서 등본, 정규 의학전문학교를 졸업하지 못한 사람은 의원醫院 근무 증명서를 '수험자격 증명서'로 제출하라고 요구했다. 교원도 마찬가지였다. 관립 전문학교 졸업생들에게는 졸업장이 곧 교원 자격증이었으나, 1927년까지 사립 전문학교 졸업생들은 교원이 되기 위해 따로 자격시험을 치러야 했다. 졸업증, 수료증, 합격증, 이력서 또는 경력 증명서가 모두 자격을 증명하는 서류인데 따로 자격증 제도를 만드는 것은 불필요한 일이었다.

자격증이 '자질과 능력을 인증하는 문서'라는 뜻을 갖게 된 것은 직업의 종류가 급증하고 국가권력이 국민을 자원으로 취급하는 태도가 굳어진 뒤부터였다. 해방 이후 통신사通信士, 기술원技術員, 침구사鍼灸士, 미용사, 택시운전사 등 여러 종류의 직업과 관련한 자격증 제도가 속속 만들어졌다. 1974년에는 '국가기술자격법'이 제정되어 기술자의 자격을 국가의 전면적인 통제하에 두었다. 자격증의 종류는 특히 1990년대 이후에 폭증했다.

2022년 현재 국가 기술 자격증은 3D프린터 개발 산업기사, 로봇 소프트웨어 개발기사, 양식洋食 조리 산업 기사 등 491종, 국가 전문 자격증은 청소년 상담사, 물류관리사, 해사 행정사 등 88종, 민간에서 발급하는 자격증은 PC 정비사, 기계설계 제도사, 신변 보호사 등 106종에 달한다. 이 밖에 공인되지 않은 사설 자격증의 종류도 이루다 헤아릴 수 없다. 오늘날 한국에서 자격증은 직업을 얻기 위해 필수적인 물건으로 취급된다.

옛날에는 직업 활동에 필요한 기능은 직업 현장에서 직접 가르치는 것이 상례常例였으나, 오늘날에는 취업 희망자들이 자기 돈을 들여 미리 기능을 익히고 국가의 인증을 받는다. 국가는 농산물의 품질을 '인증'하고 등급을 부여하는 방식으로 노동자들의 자격을 인증하고 등급을 부여한다. 자격증은 국가가 기업을 보좌하는 시대, 인간이 물질화한 시대를 표상하는 물건이라고 해도 지나치지 않다. 게다가 이런저런 자격증을 얻는 데 심력을 다 기울이는 탓인지, 현대 한국인들은 정작 '인간의 자격'에 대해서는 무심한 듯하다.

11.　억울함을
　　　호소하는
　　　국가

　　"남의 물건을 훔친 자는 데려다 노비로 삼으며, 속죄하고자 하는 자는 1인당 50만 전錢을 내야 한다." 고조선의 팔조법금 중 하나다. 남의 물건을 훔친 자를 데려다 노비로 삼거나 속전贖錢으로 50만 전을 받는 주체는 누구였을까? 절도는 오늘날의 기준으로 형법 위반이었을까, 민사 소송의 대상이었을까? 절도 피해자가 도둑을 자기 집으로 데려와서 노비로 삼을 수 있었을 리 없다. 그런 일이 가능했다면, 절도 피해는 직접 도둑 잡을 힘이 없는 사람들에게 집중되었을 것이다. 당연히 노비를 풀어주는 대신 50만 전을 받았을 리도 없다. 도둑을 잡아 노비로 삼는 주체도 국가요, 도둑을 풀어주고 50만 전을 받는 주체도 국가였다. 이 법조문에는 피해자에게 보상, 배상하는 내용이 없다.

　　삼권분립 이전의 국가는 만백성을 초월하는 존재였다. 백성들의 억울함을 풀어주고 백성들 사이의 분쟁을 해결해주는 것이 국가의 통합적 책무였다. 국가는 처음부터 백성들의 복수를 대신해주는 존재로 의인화擬人化했고, 종국에는 개인 또는 가족 단위의 복수를 전면 금지하여 복수할 권리를 독점했다. 억울한 일을 당한 사람들은 국가가 대신 복수해주는 것으로 만족해야 했다. 범죄자의 노동력과 재산은 피해자가 아니라 국가에 귀속되었다. 국가는 죄인을 노비로 삼거나 일정 기간 노역勞役에 처할 수도 있었고, 돈을 받고 풀어줄 수도 있었다.

타인에게 해를 입은 자가 전후 사정을 갖추어 국가에 억울함을 진술하는 것이 소訴, 분쟁 당사자 들끼리 누가 법도에 어긋나는 짓을 했는지 따지는 것이 송訟이다. 소송에 임해 죄의 유무를 판단하고 형량을 정하는 일이 재판裁判이다. 옷 입을 사람의 치수에 맞춰 옷감을 자르는 게 재裁, 그냥 반으로 자르는 게 판判이다. 근대 이전의 재판권은 국가의 지배자이자 통치자인 왕의 고유 권한이었다. 국가는 재판의 주체였지, 소송의 당사자가 될 수 없었다. 국가가 백

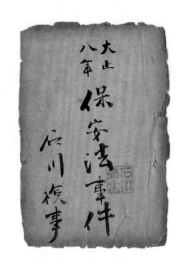

1919년 3·1운동 가담자에 대한 조선총독부 재판소 이시카와 검사의 보안법 위반 기소 자료 표지 검사의 책무는 국가, 즉 국민 전체의 억울함을 풀어주는 일이다. 그러나 검사가 되레 국민들을 억울하게 만드는 일은 언제나 있었다. 출처: 독립기념관

성을 상대로 억울함을 호소하거나 백성과 법도를 두고 다투는 것은 상상조차 할 수 없는 일이었다.

입법권과 행정권을 분리해야 한다는 생각은 고대 로마로까지 거슬러 올라가지만, 사법권까지 독립시킨 '삼권분립'은 1787년에 제정된 미국 헌법에서 최초로 성문화했다. 삼권분립은 말 그대로 국가의 기능과 권위를 쪼개 놓았다. 인류가 국가를 만든 이래 처음으로, 국가의 일부가 다른 일부를 향해 '백성에게 억울한 일을 당했다'고 호소해야 하는 기이한 상황이 펼쳐졌다. 국가의 권위가 실추하고 백성의 권위가 높아지자 국가를 신神이 왕에게 준 소유물이 아니라 자기들의 결집체라고 생각하는 국민이 생겨났다. 더불어 법과 죄의 의미도 변했다. 신이나 왕, 또는 선왕의 의지였던 법은 국민 사이의 약속

이라는 의미로 바뀌었다. 더불어 왕의 권위를 침손侵損하거나 타인에게 피해를 주지 않았는데도 단죄받는 행위가 늘어났다.

현대인들은 길을 걷거나 강가에서 낚시할 때나 담배를 피우거나 술을 마시거나 다른 사람과 대화할 때조차 법을 지켜야 한다. 법을 지키지 않는 사람은 이 법을 만들고 지키는 사람 일반, 즉 국민 전체이자 국가에게 피해를 입힌 것으로 간주된다. 정부는 스스로 피해 당사자가 되어 사법부에 억울함을 호소하는 문서를 제출하고 판단을 구해야 한다.

우리나라에서는 1894년 갑오개혁 때 사법 독립 원칙이 정해졌으며, 이듬해 3월 25일 칙령 제50호 '재판소처무 규정통칙'으로 검사가 공소장을 작성하는 제도가 마련되었다. 공소장은 말 그대로 공공公共이 억울한 일을 당했다고 법원에 하소연하는 문서다. 우리나라에서는 검사가 공공을 대신해 법원에 소장訴狀을 제출하는 행위는 기소起訴, 개인이나 단체가 자기 이익을 위해 법원에 소장을 제출하는 행위는 제소提訴로 구분한다. 둘 다 '소訴를 제기한다'는 뜻이지만, 이런 구분법은 검사가 제기하는 소訴에 공신력公信力을 부여했다. 따라서 이 문서를 작성하는 검사가 지켜야 할 철칙은 멸사봉공滅私奉公이다. 그의 일은 국가, 즉 국민 전체의 억울함을 풀어주는 것이기 때문이다. 하지만 검사도 사람이기에 애먼 사람이 공공에 대한 가해자로 지목되는 일은 수시로 발생했다. 이 문서에 검사 개인이나 집단의 사심과 사욕이 개입할 길을 근본적으로 차단하는 것은, 현대 사회의 숙제 중 하나다.

구속영장

깊은 밤, 서울 다동 골목의 작은 기와집 앞. 순사 서너 명이 다짜고짜 대문을 발로 차 부수고는 안으로 들어가서 놀라 깬 남녀 한 쌍을 속옷 차림 그대로 끌어낸다. 다만 여성에게는 베개를 머리에 이고 나오게 한다. 난데없는 소란에 이웃사람들이 나와 구경한다. 여성은 옷이나 갖춰 입게 해달라고, 베개는 두고 가게 해달라고 순사에게 사정한다. 순사 한 명이 비웃으며 대답한다. "네가 입은 속옷과 베개가 증거물이야." 여성이 그를 자세히 보니 초저녁 요릿집에서 무례하게 굴기에 한마디 쏘아붙였던 바로 그 자다. 일제강점기 서울 주택가 골목에서 심심치 않게 벌어졌던 '밀매음密賣淫 단속'의 한 장면이다. 이 순사들은 압수수색영장이나 구속영장 없이 남의 집에 침입해서 집 주인을 체포하고 망신까지 주었다.

공적이든 사적이든, 인신구속은 가장 선명한 권력 작용이자 위력 행사다. 주인은 종을 맘대로 감금했고, 국가권력은 특별한 절차 없이 백성을 구속했다. 근대적 삼권분립과 법치주의 원칙이 확립되기 전에는, 사법은 행정의 일부였고 재판은 수사와 분리되지 않았다. 옛날 우리나라 지방 관아 마당에서는 "네 죄를 네가 알렸다"와 "저놈이 바른 말 할 때까지 매우 처라"라는 수령의 목소리가 흔히 들렸다. '아니 땐 굴뚝에 연기나랴'는 속담이 가리키는 대로, 중세인들에게 '혐의'는 자체로 죄의 일부를 구성했다. 그래서 죄의 대가인 형벌과 별도로, 구금과 고문을 혐의의 대가로 받아들였다. 억울하게 고문당했더라도 혐의가 풀리기만 하면, 그것으로 천지신명에게 감사하는 것이 권력을 대하는 보통사람의 바른 자세였다.

1895년 3월 25일, 조선 정부는 '재판소구성법'을 제정, 공포하여 사법권을 행정권에서 분리시켰다. 그러나 수사와 사법 관행은 바로 바뀌지 않았다. 한국의 악습을 타파하고 시정施政을 개선하겠다고 공언한 조선총독부도 권력에 일방적으로 유리한 관행을 그대로 유지했다. 오히려 용의자가 당하는 모욕과 고통은 대한제국 시절보다 더 심해졌다. 조선총독부는 1910년 12월 15일 '범죄즉결령'을, 1912년 3월 18일 '조선태형령'을, 1912년 3월 25일에는 '경찰범처벌규칙'을 각각 공포했다. 이들 법령에 따라 일제 헌병과 경찰은 조선인 용의자를 마음대로 체포하여 재판 없이 태형에 처할 합법적 권리를 확보했다. 3·1운동에 가담했다가 체포된 사람들 중 재판 없는 태형으로 장애를 얻거나 사망한 사람이 몇이나 되는지는 알 수 없다.

국가권력을 집행하는 자에게 자의적 판단권을 폭넓게 인정한 이런 관행은 국가권력을 사유화私有化할 여지를 넓혀주었다. 일제 경찰과 헌병은 이 권력을 사적私的 치부致富 수단이나 욕망 충족 수단으로도 이용했다. 혐의에서 벗어나기 위해 일제 헌병과 경찰에게 뇌물이나 딸을 바친 사람이 몇 명인지도 알 수 없다. 무엇이든 일단 관행이 되면 쉽게 사라지지 않는 법이다. '조선태형령'은 3·1운동 이후 폐지되었으나 경찰이 '혐의자'를 함부로 체포하여 고문하는 관습은 일제강점기는 물론 해방 이후에도 오랫동안 지속되었다. 독립운동 혐의나 간첩 혐의처럼 용의자의 생명과 가족 전체의 안전에 직결되는 무거운 혐의일수록, 임의적인 체포와 고문은 오히려 정당한 행위로 인정받았다.

대한민국 정부 수립 직전인 1948년 4월 1일, 군정청은 형사소송

1986년 10월 31일 건국대에서 농성하다가 경찰에 연행된 학생 1,289명의 구속영장 뭉치 이른바 '건국대 사태'는 정부 수립 이후 최대 인원이 구속된 사건이었다. 법원은 범죄의 중대성, 재범의 위험성, 피해자 증인 참고인 등에 대한 위해 우려, 증거 인멸 및 도주의 우려 등을 종합적으로 판단해 구속영장 발부 여부를 결정한다지만, 한국 법원이 이런 원칙을 지켰다고 보는 사람은 드물다. 법원이 정권의 관심이나 여론의 향방에 따라 구속영장을 발부한다는 비판은 늘 있었다. 게다가 많은 사람이 구속영장 발부와 유죄 판결을 같은 의미로 이해하기 때문에, '재판 없는 처형'은 현재까지 지속되고 있는 셈이다. 사진: 경향신문

법을 개정하여 구속영장 제도를 신설했다. 당시 경찰은 사법부의 영장 발부를 기다리다가는 용의자를 다 놓칠 수밖에 없다며 격렬히 반발했다. 구속영장 제도가 시행된 지 보름만인 1948년 4월 16일, 경찰 10여 명이 구속영장 기각에 반발하여 심리원審理院 서기를 집단 구타하는 사건이 발생했다. 제도가 자리 잡으면서 이런 식의 반발은 사라졌지만, 1980년대까지도 '시국사범'에 대한 구속영장이 기각되는 일은 거의 없었다.

미셸 푸코는 중세사회에서 용의자에 대한 고문은 '의심받을 짓'에 상응한 처벌이라는 의미가 있었다고 분석했다. 루쉰은 아무 죄 없이 끌려가 고문당하고서도 무죄로 석방되면 천지신명께 감사하는 청나라 말기 중국인들의 나약한 모습이 나라를 망조로 이끌었다고 한탄

했다. '혐의'를 '유죄'로 단정하는 태도는 역사적 연원이 매우 깊다. 하지만 구속영장은 죄인이 아니라 '용의자'를 상대로 발급하는 문서다. 그런데도 '구속영장 발부'를 '유죄 판결'과 같은 뜻으로 이해하고 혐의의 입증 가능성보다 그 경중輕重을 따지는 중세적 태도는 요지부동이다. 중세적 '마녀사냥'을 없애려면, '누군가에게 마녀로 지목되었다는 사실이 마녀라는 증거'라고 생각하는 '중세적 사유'를 먼저 폐기해야 한다.

표창장

13. '모범'을
지정하는
문서

"상기자上記者는 품행이 방정方正하고 성적이 우수하여 타他에 모범이 되므로 자玆에 이 ○○을 수여함." 여기에서 ○○에 들어가야 할 글자는 상장일까, 표창장일까? 잘한 자에게 상을 주고 잘못한 자에게 벌을 주는 신상필벌信賞必罰은 예로부터 권력이 사람을 통제하는 기본 수법이었다. 벌罰은 말로 욕하거나 칼로 베는 등의 행위를 뜻하며, 상賞은 보寶, 화貨, 대貸, 질質, 재財 등 '조개 패貝' 자가 들어간 글자들이 대개 그렇듯이 재화, 즉 '가치 있는 물건'을 의미한다. 상도 본래 임금이 신하에게, 또는 주인이 종에게 지급하는 재물이었다. 옛날에는 상을 재물로 주었을 뿐, 따로 상장을 주지는 않았다. 상금賞金이나 상품賞品은 있었어도 상장賞狀은 없었다. 상장은 상을 받았다는 증서일 뿐 그 자체로는 아무런 가치도 없다. 생활에 아무 보탬도 되지 않는 종이 쪼가리 한 장을 받기 위해 헌신한다는 것은 고대나 중세의 삶과는 어울리지 않았다.

한편 표창表彰은 훌륭한 일, 또는 그런 일을 한 사람을 특정하여 세상에 널리 알린다는 의미이다. 표表는 표시한다는 뜻이고, 창彰은 드러낸다는 뜻이다. 특정인에게 상을 주는 것도 남들이 본받기를 바라서이니, 근본에서 보자면 표창과 포상褒賞은 같은 행위다. 다만 포상의 중심이 재물에 있었다면, 표창의 중심은 명예에 있었다.

황해도 감사가 보고하기를, "옹진甕津에 사는 백정白丁 양귀진이 나이 바야흐로 9세가 되었는데, 그 아비 인길仁吉이 오랫동안 급질急疾을 앓고 있더니 사람의 고기를 먹으면 바로 낫는다는 말을 듣고 손가락을 잘라 구워 먹였던바, 그 병이 즉시 나았다 합니다" 하니, 왕께서 정문旌門을 세워 효행을 표창하고, 양민 신분으로 올려주라고 명하셨다.

— 『세종실록』 5년(1423) 11월 17일

양귀진의 효행이 특출하기는 했으나 왕이나 나라를 위해 공을 세운 것은 아니었으니, 백정 신분을 면해주고 집 앞에 정문旌門(홍살문)을 세우는 데에 그쳤던 것이다.

유교 경전의 하나인 『중용』에는 "군자는 홀로 있을 때 삼간다"라는 문구가 있지만, 프랑스의 철학자 미셸 푸코는 '권력에 자발적으로 복종하는 몸과 의식'을 근대인의 특징으로 포착했다. 그는 팬옵티콘의 예를 통해 겉으로는 자발적으로 보이는 행위들의 근저에 '감시받고 있다는 의식 또는 잠재의식'이 있다는 사실을 예리하게 포착했다. 사람들이 홀로 있을 때에도 삼가는 것은, 실제로 누군가 보고 있을 가능성을 의식하기 때문이라는 것이다. 권력은 신상필벌의 원칙이 실제로 작동한다는 사실을 입증해야 자발적 복종을 이끌어낼 수 있다. 물론 모두에게 공평한 원칙이 존재한 적은 없다. 하지만 남이 보지 않는 곳에서도 규율을 지키는 사람을 찾아내어 대중의 모범으로 삼는 것은 규율 지키기와 권력에 대한 복종을 사회 전체로 확산하기 위해 필수불가결한 일이었다. 근대 이후 포상과 표창은 주군에 대한 공功의 대가라기보다는 권력이 모범으로 삼을 만한 사례를 만든 데 대한 대가였다.

우리나라 사람들의 의식 안에서 상과 표창의 구분이 흐릿해진 것은 식민지화를 전후한 시기부터의 일이었다. 이른바 '일한병합조약' 제5조는 '일본국 황제폐하는 훈공勳功이 있는 한인韓人으로 특히 표창하는 것이 적당한 자에 대하여 영작榮爵과 은금恩金을 수여함'이었다. 영작과 은금은 전근대 우리나라에서 상의 본령이었지만, 이 조약문에서는 표창을 위한 수단으로 취급되었다. 그러나 공식적으로 표창은 '상훈'賞勳보다 등급이 낮았다. 조선총독부는 상훈에 관한 규정과 별도로 '독농가篤農家 표창 규정', '산업 정려자精勵者 표창 규정', '우량면優良面 표창 규정', '우량우優良牛 표창 규정' 등을 잇달아 공포하여 표창이 상훈 대상이 못 되는 모범 인물 또는 단체를 대상으로 하는 것임을 분명히 했다. 모범 인물의 자격도 따로 만들어, ① 효자, 순손順孫, 절부節婦, 의복義僕(의로운 종)의 선행이 탁절한 자, ② 근검 실업에 힘써 여러 사람의 모범이 될 자, ③ 학술 기예상에 발명, 개량, 저술, 교육, 위생, 자선, 방역 등 사업, 학교, 병원의 건설, 도로, 하거河渠, 제방, 교량 등의 수축, 전원의 개간, 삼림 재배, 수산번식水産繁殖, 농상공업의 발달에 관하여 공중의 이익을 늘릴 만한 성적을 발명한 자, ④ 공동의 사업에 힘써 그 효과가 현저한 자 등으로 정했다. '표창장'이라는 문서는 1차적으로 이들 규정에 따라 생겼다.

식민지 시기에는 '감시하는 권력'이 사회 각 영역으로 분산되는 만큼 상과 벌, 또는 표창과 견책의 주체와 대상도 엄청나게 늘어났다. 특히 학교와 군대, 기업 등 대규모 집단을 통솔하는 사람들은 구성원들을 늘 감시, 통제해야 했다. 감시와 통제의 대상도 특정한 행위뿐 아니라 태도 일반으로까지 확장됐다. 1917년 7월, 일본 문부성은 도쿄에 유학중인 조선인 학생 몇 명에게 표창장을 수여했다. 표창장 내용은 "우기인右記人은 사상이 온건하고 품행이 방정方正하여 본 학년의 시험에 우등의 성적을 거두고 진급 또는 졸업한 자로서 다른 유학생의 모범이 될 만한 자로 인정함"이었다. '사상이 온건하

1939년 조선총독부 충청남도지사가 연성燕城 공려조합共勵組合 위원에게 발급한 표창장
"이 위원은 취임 이래 당국의 방침에 따라 조합원의 지도 유액에 힘써 농촌진흥에 공헌한 사적이 현저하여 개량농구 1조를 수여하고 이에 그를 표창함"이라고 적혀 있다. 비록 개량농구를 주었으나, 표창장은 상장보다 등급이 낮은 문서였다. 근대 권력이 발명한 표창장이라는 문서는, 돈 들이지 않고 사람들의 '자발적 복종'을 이끌어내는 데 효과적이었다. 출처: 세종시립민속박물관

고 품행이 방정하다'는 행위가 아니라 태도를 지칭하는 것임은 분명하다. 이 문구는 해방 후 1980년대까지도 거의 변하지 않았다.

일제강점기에 대부분의 표창장은 학교, 관공서, 기업의 장기 근속자들에게 수여되었다. 이 밖에 모범 납세자, 선행자, 우수 농산품 재배자, 우량아동 등도 표창장을 받았다. 타의 모범이 될 만한 학생들에게 주는 것은 표창장이 아니라 상장이었다. 다만 태평양전쟁 이전까지는 표창장에도 대체로 표창품, 기념품, 사품賜品, 상품 등 각종 명목의 물질적 보상이 병행했다. 표창장과 함께 수여하는 물품은 목배木杯, 은배銀杯, 은시계, 현금 등이었다. 전쟁은 자발적 협력자 또는 자발적으로 협력하는 것처럼 행동하는 자가 급증하는 상황이다. 전시戰時의 권력은 늘 대중의 자발적 협력을 강요하거나 권장하며, 포상이나 표창을 바라는 자들은 권력의 의지에 순응한다. 물자난 속에

서 '표창'을 확대해야 했던 총독부 권력은 종이 쪼가리일 뿐인 표창장을 남발했다. 전쟁 물자를 자발적으로 헌납한 자, 일본군에 자발적으로 응소應召한 자, 애국 저축을 많이 한 자 등이 표창 대상이 되었다. 더불어 표창장에서 실익實益을 따지는 것은 비애국적이며 영예롭지 못한 행동이 되었다.

해방 이후에도 상장과 표창장의 경계는 여전히 모호했다. 거기에 감사장(패), 공로장(패) 등 다른 이름의 문서들도 추가되었다. 다만 원칙상 상품이나 상금, 부상副賞이 있으면 상장, 달랑 종이 쪼가리 한 장뿐이면 표창장 종류라고 하는 게 옳다. 1000만 스웨덴 크로네(한화 11억 9,000만 원 상당)라는 상금이 없었다면, 노벨상이 세계 최고의 상이 되지는 않았을 터이다. 일제강점기에 생긴 표창장은 처음부터 주는 자의 권위를 표상하는 물건이었다. 주는 사람의 '권력 과시'가 표창장의 본질이고, 받는 사람의 명예는 부차적이다. 표창장을 발명한 덕에, 각 집단의 우두머리들은 돈 들이지 않고 상 주는 흉내를 낼 수 있게 되었다.

14. 　국가기관에 대한
　　　불신을 표상하는
　　　문서

　　　남들 싸우는 것 구경하다가 "청와대에 투서할 거야"라는 소리를 들은 적이 평생 수십 번은 된다. 물론 처음부터 다짜고짜 그러지는 않는다. 상대가 경찰이나 검찰에 아는 사람이 있다고 하면, 그때 가서야 꺼내는 '비장의 무기'였다. 단언할 수는 없으나, 한국은 최고 통치자를 수신인으로 하는 익명, 또는 기명의 편지가 무척 많이 작성되는 나라에 속할 것이다. 이렇게 추정하는 이유는 대략 두 가지다. 하나는 서민의 목소리를 직접 듣는 것이 통치자의 미덕이라고 생각해온 오랜 역사이다. 조선시대에는 상소上疏 외에도 신문고, 상언上言, 격쟁擊錚 등 민民이 왕에게 직접 억울한 사정을 호소할 수 있는 길이 넓었다. 또 하나는 민의 억울함을 해소해주어야 할 기관들이 오히려 제보자를 괴롭히는 일이 흔했기 때문이다. 관리나 지역 세력가들의 범죄 행위를 신고했다가 되레 곤욕을 당하는 일이 심심치 않게 일어나곤 했으니, 최고 통치자에게 호소하는 편이 낫다는 믿음이 커질 수밖에 없었다.

　　투서投書를 문자 뜻대로 풀면, '던지는 문서' 또는 '문서를 던지는 일'이다. 현재 국어사전은 '드러나지 않은 사실의 내막이나 남의 잘못을 적어서 어떤 기관이나 대상에게 몰래 보내는 일, 또는 그런 글'로 정의한다. 후환을 걱정하는 제보자가 익명으로 보내는 문서라는 점에서 청원서나 건의문과는 다르다. 그러나 현대인들은 기명 제보도 흔히 투서라고 한다.

조선 세조 2년(1456), 이극감이라는 사람이 왕에게 각 지방에 투서함을 두어 남의 범행을 안 사람이 자유롭게 투서할 수 있도록 하자고 건의했다. 왕은 "만약 익명으로 투서하는 길을 열어둔다면 원한을 품고 거짓으로 화란禍亂을 몰래 꾸미는 짓이 계속 일어날 것이니, 이 일은 행할 수 없다"라며 불허했다. 하지만 그로부터 12년 뒤, 세조는 '서울과 지방의 가로와 관문官門에 빈 상자를 설치하여 사람들의 밀고하는 것을 받게 하고 범인이 잡히면 밀고한 자를 포상하라'고 지시했다. 그는 익명으로 투서한 자를 어떻게 찾아서 포상할 것인지에 대해서는 말하지 않았다.

투서는 익명서匿名書와 대략 동의어였다. 글쓴이의 이름을 적지 않고 올리는 문서라는 점에서 상소문上疏文이나 청원서에 해당하는 소지所志와는 달랐다. 세조가 투서함投書函을 설치하라고 지시한 것은 범죄자의 보복을 두려워하는 양민이 많다고 판단했기 때문이지만, 양민들이 훨씬 더 두려워한 대상은 왕의 신하, 즉 관료들이었다. 투서는 대개 법 집행이 불공평하다고 느낄 때, 또는 법을 집행하는 자들이 범죄자들과 결탁했다고 생각될 때, 그 윗선에 직접 제보하는 수단이었다. 조선시대에 투서는 왕에게 전달하지 않는 것이 원칙이었으나, 세도가나 관청을 고발하는 투서는 사라지지 않았다. 특히 강상綱常이나 충역忠逆에 관련된 투서는 종종 옥사獄事로 이어지곤 했다.

투서는 협박용으로도 사용되었다. 조선 후기 화적패는 "어느 날 어느 때에 돈 얼마를 어디에다 가져다 놓아라. 그러지 않으면 일가가 화를 면하지 못할 것이다"라는 내용의 편지를 써서 부잣집에 던져 넣곤 했다. 대한제국 시기의 활빈당活貧黨과 의병들도 이런 협박 편지를 자주 보냈다. 당시에는 이를 '투서토전'投書討錢 또는 '투서토재'投書討財라고 했다. 투서로 돈을 토색討索한다는 뜻이다.

1948년 반민특위 투서함에 투서하는 시민 근래에는 '청와대 국민청원 게시판'이 투서 창구로 이용되기도 했다. 오늘날 투서는 사법 기관의 불공정이나 태만 등으로 인해 통상적인 법 절차로는 해결하기 어려운 문제를 그 윗선에 알리는 고발장이자 탄원서 구실을 한다.

일제강점기에 투서라는 말은 여러 의미로 확장되었다. 독자가 신문사에 보내는 투고문도 투서였고, 경찰에 제출하는 서면 신고서도 투서였으며, 종업원이 회사 사장이나 임원에게 보내는 청원서도 투서였다. 특정인의 비리나 비행을 그 가족에게 알리는 편지도 투서라고 했다. 투서에는 고발, 청원, 탄원, 폭로 등 온갖 내용이 담겼다. 다만 총독에게 투서한 사람이 있다는 기록은 없다. 조선인들이 투서할 수 있는 대상은 경찰서장 윗선으로 올라가지 못했다. 일제강점기 조선인이 투서로 고발할 수 있는 사항은 말단 경찰관의 비행非行, 청소행정의 불공평, 전염병 격리 미흡, 이웃 주민의 소음 등에 불과했다. 총독부 경찰은 조선인의 투서에 담긴 내용을 대체로 무시했지만, 사상 사건에 관한 것은 예외였다. 어떤 사람이 공산주의자라거나 독립운동에 관여했다는 내용의 투서는, 미운 사람을 골탕 먹이는 데에 가장 효과적인 수단이었다.

경무대 투서니 청와대 투서니 하는 말은 1948년 정부 수립 이후 다시 한국인들의 입에 오르내리기 시작했다. 식민 지배로부터의 해방은 전통의 해방이기도 했다. 역대 대통령도 사실상의 '왕 노릇'을 마다하지 않았다. 투서는 시민이 민원을 직접 전달하는 수단인 동시에, 최고 통치자가 국가 기관들에 의해 차단될 수 있는 민간 정보를 입수하는 경로이기도 하다. 몇 해 전, 투서로 알게 된 고위 공직자의 비위 혐의를 검찰에 수사 의뢰하지 않았다는 이유로 청와대 관계자가 기소된 적이 있다. 검찰에 고발하지 않고 최고 통치자에게 투서하는 건, 검찰을 믿지 못하기 때문이다. 국가기관, 특히 수사와 사법을 담당하는 기관이 보편적 신뢰를 얻지 못하는 한, 최고 통치자에게 투서하는 행위는 사라지지 않을 것이다.

수갑

15. 오라를
    대신한
    물건

　요즘에는 욕설이 자기에게 해를 깨친 상대에 대한 일방적 감정 배설 수단이 되어 그 수위도 자신이 느낀 분노에 연동하지만, 옛날의 욕설은 일종의 사적인 형벌이어서 그 수위도 죄질에 따라 조절해야 했다. 욕설은 모욕형과 저주형으로 나뉘는데, 모욕형은 상대의 인격을 짐승 수준이나 그 이하로 깎아내리는 말로서, 제미랄, 제기랄, 후레자식, 화냥년 등이 이에 해당한다. 저주형은 상대에게 장래 큰 벌罰이 내리기를 기원하는 욕설인데, 벌은 다시 하늘이 내리는 천벌天罰과 나라가 내리는 국벌國罰로 나뉜다. 천벌을 저주하는 욕설로는 천벌 받을, 염병할, 벼락 맞을 등과 숱한 그 변형태가 있었다. 국벌을 저주하는 욕설로는 오라질, 경을 칠, 난장 맞을, 오살할, 육시랄 등이 있었으니 위계가 가장 분명한 것이 이 영역이었다.

　'오라'는 사람을 묶는 밧줄, '경'黥은 몸에 새기는 글자, '난장'亂杖은 마구 때리는 매질, '오살'五殺은 머리와 팔 다리를 자르는 것, '육시'戮屍는 시체에 칼질하는 것을 말한다. 이들 중 현재까지 남은 것은 오라뿐이다. 지금도 재판을 받기 위해 구치소에서 법정으로 이동하는 피의자에게는 포승을 사용한다. '오라질 놈'과 동급으로 쓰인 욕설이 '포도청 갈 놈'으로서, 요샛말로 하면 '체포될 놈' 정도이니, 죄질이 가장 가벼운 행위에 쓰던 욕설이다.

　옛날 사람들은 죄수, 포로, 노예를 같은 부류의 인간으로 취급했다. 노예의 자식으로 태어나지 않았는데 노예가 된 사람이 있다면, 그의 전직前職은 대개 죄수 아니면 포로였다. 그래서 사람의 신체를 구속하기 위한 도구의 역사는 전쟁, 범죄, 노예제의 역사와 함께 시작되었다. 두 개의 팔찌를 쇠사슬로 연결한 도구, 오늘날의 수갑手匣과 유사한 형구刑具는 고대 이집트에도 있었다. 조선시대에 죄인의 도주를 막기 위한 형구로는 가枷, 뉴杻, 철삭鐵索, 요鐐 등이 있었다. 가는 목에 채우는 나무칼, 뉴는 손목에 채우는 나무칼, 철삭은 목에 채우는 쇠고랑, 요는 발목에 채우는 쇠고랑이었다. 가와 뉴는 사형에 해당하는 남자 죄수에게만 채웠으며, 죄질에 따라 법정 규격이 달랐다. 죄질이 무거울수록 움직임에 제약도 컸다.

쉽게 채울 수 있으나 열쇠 없이는 풀 수 없고, 손목 굵기에 따라 직경이 조절되는 현대적 손목 쇠고랑은 미국인 존 타워John Tower가 발명했다. 이 쇠고랑은 노예해방 3년 전인 1862년에 미국 특허를 얻었다. 이 형구刑具는 다른 미제 물건들보다는 훨씬 늦게 한반도에 상륙했다. 1907년 법률로 태형笞刑과 장형杖刑이 폐지됨으로써 대부분의 중세적 형구가 사라졌으나, 가와 철삭은 계속 사용되었다. 식민지화 직전 일본군의 포로가 된 의병들도 목에 가를 차야 했다.

우리나라에서 수갑은 본디 '손에 들고 다니는 작은 상자'라는 뜻이었다. 1910년대 초까지도 수갑은 이 뜻으로 사용되었다. 그러나 식민지화 직후부터 죄수의 손목에 채우는 신식 쇠고랑이라는 뜻의 용례가 늘어나면서, 수갑은 자기 이름을 종이상자라는 뜻의 지갑紙匣으로 바꿔야 했다. 근대에는 새로 생긴 물건이나 현상이 이미 있던 것의 이름을 빼앗은 일이 종종 있었다. 일례로 '방송'放送은 본디 '죄수를 감옥에서 풀어주어 집으로 보내다'라는 뜻이었는데, 라디오가 생긴 뒤로는 '전파를 내보내다'라는 뜻으로 바뀌었다. 같은 용도의 물건인데도 발에 채우는 것은 족쇄라 하고 손에 채우는 것은 수갑이

일제강점기 일본 헌병의 소지품 경찰과 헌병은 권총, 곤봉, 수갑, 칼을 늘 지니고 다녔다. 수갑은 포승, 순우리말 '오라'를 대체한 물건이었으나, 식민지 상황에서 조선인들은 이를 '죄의 상징'이라기보다는 '불의의 상징'으로 인식했다. 수갑 찬 채 법정에 끌려 나온 독립운동가들은 '죄인'보다는 '영웅'에 가까웠다. 출처: 공공누리 제1유형, 부평역사박물관의 공공저작물

라 한 이유는 알 수 없다.

한국인 중 최초로 '현대적 수갑'을 찬 사람은 안중근으로 추정된다. 러시아에서 발행된 신문 『쁘리 아무리예』 1909년 11월 6일자 기사는 안중근이 하얼빈에서 뤼순으로 이송되는 장면을 이렇게 보도했다.

기차에 오르는 안중근, 우덕순, 조도선은 발에는 족쇄가 채워져 있었고, 안중근의 손에는 수갑까지 채워져 있었다. 열차에는 마지막으로 안중근이 올라탔다. 그의 얼굴은 창백하였으며, 주변 사람들에게 완전히 무관심한 모습을 보였다.

일제는 안중근 의거와 그 사촌 안명근의 독립운동 자금 모집을 빌미로 '105인 사건'을 날조했는데, 그때 체포된 사람들도 손목에 수갑

을 찼다. 이후 '죄인을 잡다'는 뜻의 '체포逮捕하다'와 '수갑 채우다'는 동의어가 되었다. 일본 경찰과 헌병에 체포된 사람들은 체포 현장에서 경찰서까지, 경찰서에서 감옥까지, 감옥에서 법정까지, 그리고 법정 안에서도 늘 수갑을 차고 있어야 했다. 그들은 철창鐵窓 안에 있을 때만 수갑을 벗을 수 있었다.

수갑은 옛날 오라를 대신하는 물건이다. 하지만 '오라질 놈' 대신 '수갑 찰 놈'이라는 욕이 생기지는 않았다. 수갑 찬 사람 중에 독립운동가, 민주화운동가, 인권운동가 등 존경해야 마땅한 인물이 많았던 것이 하나의 이유일 테고, 가난한 사람이 더 큰 벌을 받는 '무전유죄 유전무죄' 관행이 또 하나의 이유일 것이다.

16. 반민주
    독재권력의
    상징물

1960년 4월 10일, 3·15 부정선거 규탄 시위에 참여했다가 실종된 마산상고 1학년 김주열의 시체가 바다에 떠올랐다. 눈에 최루탄이 박힌 채였다. 꽃다운 생명이 참혹하게 죽었다는 소식을 접한 사람들의 마음속에 슬픔과 분노가 밀려들어 체념과 두려움을 몰아냈다. 1987년 6월 9일, 연세대학교 정문 앞에서 "호헌철폐 독재타도"를 외치던 이 학교 2학년 학생 이한열이 머리에 최루탄을 맞고 쓰러졌다. 그가 정신을 잃은 채 동료의 품에 안겨 피를 흘리는 모습은 그해 초 박종철 고문 살인 이후 불타오르던 시민들의 분노에 다시 한 번 기름을 끼얹었다.

1920년대에 영국 화학자들은 클로로벤질리딘 말로노니트릴이라는 화학물질에 눈물샘을 자극하고 호흡을 방해하는 효과가 있다는 사실을 발견했다. 아무리 나쁜 효능이라도 이용하려 드는 것이 인간의 생리다. 주로 무장하지 않은 민간인을 상대하기 위한 무기로 최루탄이 발명된 것은 1930년께의 일이었고, 이때부터 유럽과 미국 경찰은 대규모 시위 진압에 으레 이 물건을 사용했다.

최루탄이 발명된 지 얼마 되지 않아 이 땅에도 그에 관한 정보가 들어왔다. 1932년 11월, 『조선중앙일보』는 미국에서 만년필식 최루총이 새로 발명되었다는 사실을 전했다. 이 물건은 개인 호신용이었다. 일본군이나 일본 경찰에 최루탄이 보급되었는지 여부는 불분명

하나, 식민지 조선에서 이 물건은 사용되지 않았다. 우리나라에서는 1952년 6월 미군이 거제도 포로수용소에서 폭동을 일으킨 포로들에게 처음 사용했다. 하지만 다른 장소에서는 이 무기를 사용한 적이 없었다. 온갖 살상무기가 총동원되는 전쟁터에서 '사람을 죽이지 못하는 무기'는 쓸모가 없었다.

1958년 6월, 정부는 간첩과 공비共匪 소탕 대책의 일환으로 최루탄을 수입하여 경찰에 지급하기로 했다. 하지만 최루탄으로 간첩과 공비를 소탕한다는 것은 어불성설語不成說이었다. 간첩과 공비를 '소탕'하는 데 필요한 무기는 소총, 기관총, 수류탄 등이었다. 최루탄 수입은 이승만 독재 정치에 저항하는 시위가 일어날 것에 대비한 사전 조치였다. 3·15 부정선거 한 달 전인 1960년 2월, 경찰은 대대적인 최루탄 사용 훈련을 실시했고, 부정선거 반대 시위가 일어나자마자 곧바로 시민을 향해 사용했다. 최루탄으로 인한 첫 사망자는 투표권도 없는 고등학생이었다. 최루탄으로 살인한 경찰은 피해자의 시신을 바다에 버리는 만행까지 저질렀다. 당시 내무부 장관 최인규는 고등학생 사망의 진상에 관한 질문에 "공산당이 사주한 혐의가 있다"라고 답했다.

유신체제하인 1975년부터는 국산 최루탄이 생산되었다. 이로부터 10여 년 동안, 한국은 세계에서 가장 독한 최루탄을 가장 많이 만들어 사용하는 나라였다. 굳이 한국산 최루탄을 수입해 사용하는 독재국가도 여럿 있었다. 1980년대 전두환 정권 때의 경찰은 소규모든 대규모든 시위 현장에서는 언제나 최루탄을 사용했다. 사복경찰들은 수류탄처럼 던지는 최루탄을 휴대했다. 대학생들과 인근 동네 사람들은 시위에 가담하지 않았어도 수시로 최루탄 분말 세례를 받았다. 장갑차에서 발사하는 다연발 최루탄은 '지랄탄'으로도 불렸다. 이런 최루탄은 눈물샘과 호흡기만 자극한 것이 아니라 사람의 신체

1987년 6월 9일 경찰이 쏜 최루탄에 맞아 쓰러지는 연세대생 이한열 한국 경찰은 3·15 부정선거 직후부터 시위 진압에 최루탄을 사용했다. 이후 반 세기 넘는 기간 최루탄은 독재권력의 상징이었다. ⓒNathan Benn, (사)이한열기념사업회 제공

에 치명적인 위해까지 가했다. 최루탄에 맞아 실명했거나 큰 상처를 입은 사람은 부지기수였다. 1980년 광주와 1987년 서울에서 특히 많은 피해자가 생겼다.

1970~1980년대 국산 최루탄의 독성을 높이기 위한 연구는 활발히 진행되었으나, 최루탄이 인체에 미치는 영향에 대한 연구는 금지되었다. 1980년대 서울시민들, 특히 대학생들은 인류 역사상 가장 많은 최루가스를 흡입한 사람들이지만, 이에 따른 생리학적 문제들은 아직껏 밝혀지지 않았다. 1998년 김대중 정부는 최루탄 사용 중단을 선언했다. 하지만 그 이후에도 최루액은 종종 사용되었다. 2009년, 경찰은 용산 철거민들의 시위 현장에 헬리콥터를 투입하여 최루액이 섞인 물 20톤을 쏟아부었다. 진압작전 과정에서 화재가 발생해 여섯 명이 사망했는데, 최루액에 의한 질식사 가능성이 크다는 의학적 견해도 나왔다.

생존권 투쟁과 민주화운동으로 점철된 해방 이후의 한국 현대사

에서 최루탄은 국가권력의 상징이었다. 당연히 반反민주적 정권일수록 최루탄 의존도가 높았다. 시민들이 민주주의를 실현하고 생존권을 얻기 위해 '피눈물을 흘리며' 싸웠다는 말은 결코 은유적 수사修辭가 아니었다. 그러나 2016~2017년 사이의 겨울, 연인원 1600만 명이 모였으나 단 한 명의 부상자도 발생하지 않은 기적적인 대규모 시위가 서울 광화문광장에서 벌어졌다. 아이 엄마들은 유모차까지 끌고 나와 경찰의 최루탄 사용 충동을 억제했고, 결국 시위 현장에서 최루탄은 사용되지 않았다. 이로써 한국인들은 전 세계 민주화운동사에 짙게 밴 최루탄 냄새를 털어내는 데에서도 모범이 되었다.

지문인식기

17. 개인의 고유성을
    판독하는
    기계

겉으로 드러나는 사람의 고유한 개성은 부모, 고향, 생년월일시, 이름, 혈액형, 키, 몸무게, 얼굴 생김새와 체형, 출신학교, 직업 등으로 구성되며, 이런 것들이 품성이나 취향, 가치관 등 보이지 않는 요소들과 결합하여 개인의 정체성을 이룬다. 그런데 이런 요소들을 남과 공유하지 않을 도리는 없다. 많건 적건 이름이 같은 사람, 생년월일시가 같은 사람, 혈액형이 같은 사람들이 있기 마련이다.

먼 옛날부터 권력은 자기 통제하에 있는 사람들에게 낙인과 비슷한 고유 식별부호를 부착하려 들었지만, 아주 오랫동안 '어느 동네에 사는 몇 살 먹은 아무개'보다 더 정교한 부호를 만들지는 못했다. 게다가 인간의 이동 범위가 국가의 경계를 넘어 세계로 확장된 시대에는 이런 식별부호는 별 쓸모가 없었다. 사진 기술이 발명된 뒤 국가는 개개인의 사진을 수집, 보관하는 제도를 만들었지만, 사진 속 인물은 현실의 인물과 달리 늙지 않았다. 게다가 사진만으로는 구별하기 어려울 정도로 서로 닮은 사람들도 적지 않았다.

1880년, 일본에서 선교사로 활동하던 스코틀랜드인 의사 헨리 폴즈Henry Faulds가 '손가락 주름'에 관한 논문을 발표했다. 그는 이 논문을 발표하기 전에 찰스 다윈에게 보냈는데, 다윈은 다시 자기 사촌 프랜시스 골턴에게 건네주었다. 골턴은 이 연구를 더 진전시켜 1892년에 『지문』指紋, Finger Prints이라는 책을 발간했다. 그 직후 아르헨티나의 경찰관 후안 부세티츠Juan Vucetich가 지문을 감식해 범인을 체포하는 데에 성공했다. 이후 지문이 인간 개개인에게 선천적 낙인과 같은 구실을 한다는 사실이 널리 알려졌다.

이 땅에서 범죄 수사에 지문 감식법이 도입된 것은 식민지화 직후인 1911년의 일이었다. 이해 10월, 경무총감부는 경찰관과 헌병들을 소집하여 지문 채취 및 분석법을 가르쳤다. 이후 범행 현장의 유류품遺留品에서 지문을 채취하고 분석하는 것은 경찰의 기본 책무가 되었다. 물론 유류품에 남은 지문과 대조하기 위해서는 각 개인의 지문 정보를 미리 수집해두어야 했다. 경찰은 1차로 재소자와 전과자의 지문 정보를 수집했다. 6·10 만세운동 한 달 전인 1926년 5월, 총독부 법무국은 전 조선 각 형무소에 있는 정치범 전과자 3만여 명의 지문을 복사하여 모아두었다. 독립운동에 대비하기 위해서였다. 1927년 4월 새로 부임한 경기도 경찰부장은 '경기도 경찰부를 전 조선 범인 수색 총본부'로 만들겠다고 호언하고, '전 조선 전과자의 지문과 사진을 모두 모아두는 것'을 방도로 제시했다. 경기도 경찰부는 이 지시에 따라 전국 각 경찰서에 보관된 지문 원지原紙를 수집하는 한편, '경찰서 유치장에 다녀간 사람'과 '범죄 혐의자나 관계자가 아니더라도 범죄할 가능성이 있다고 간주할 만한 사람'의 사진과 지문을 전부 박아둔다는 방침을 세웠다. 경찰은 1차로 걸인, 노숙자, 엿장수 등 떠돌이 행상을 '우범자'로 지목하고 수시로 그들을 잡아들여 지문원지에 지장을 찍게 했다. 그들 기준에서는 민족운동도 범죄였다. 1928년 12월, 종로서 형사대는 근우회 사무실을 급습하여 간부 10여 명을 체포, 지문을 채취한 뒤 방면했다. 혐의는 알려지지 않았다. 작용이 있으면 반작용이 있는 법. 경찰이 지문으로 범인을 찾아낸다는 사실이 알려지자 1920년대부터 지문을 남기지 않기 위해 장갑을 끼고 범죄를 저지르는 사람들이 나타났다. 지문을 찾으려

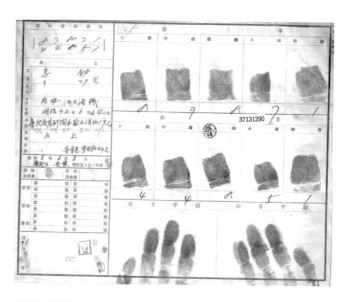

1933년 안동경찰서에 검거된 이필의 지문원지 열 손가락 지문을 모두 찍었다. 1911년부터 범죄 수사에 도입된 지문 판독법은 오늘날 개인의 고유성을 입증하는 보편적 방법으로 정착했다. 출처: 안동시

는 경찰과 지문을 남기지 않으려는 범죄자 사이의 숨바꼭질은 이후 지금껏 계속되고 있다.

'지문법'이 도입된 지 2년 뒤인 1913년 여름 조선총독부 경무총감부가 확보한 지문 원지는 3만 4,718매였다. 1927년 5월에는 그 수량이 10만여 매로 늘었다. 총독부 경찰의 지문 채취는 1920년대 후반부터 더 늘어났으나 해방 무렵에도 50만 매 미만이었을 것이다. 당시에는 사람의 눈으로 일일이 대조하며 지문의 동일성 여부를 판정했기 때문에, 원지가 많을수록 작업은 더뎌졌다. 경찰은 지문 채취 대상을 무한정 늘릴 수 없었고, 그런 만큼 지문은 범죄자나 찍는 것이라는 생각도 굳어졌다. 1960~1970년대 한일 간 주요 갈등 요소 중 하나는 일본 정부의 재일동포 지문 채취 문제였다. 일본 정부는 재일동포를 외국인 취급하여 매년 지문을 찍게 했는데, 우리 정부는

이것이 재일동포를 '잠재적 범죄자' 취급하는 '인권 침해'라고 항의했다. 하지만 일본 정부는 한국 정부도 매년 두 차례씩 재한 중국인의 지문을 채취하는 사실을 들어 명분 없는 항의라고 묵살했다. 게다가 한국 정부는 1968년부터 주민등록증 제도를 시행하면서 17세 이상 전 국민의 지문을 채취했다. 국가가 모든 국민의 지문을 관리하는 시대가 열린 것이다.

컴퓨터와 결합한 지문인식기는 1972년 미국에서 처음 개발되었으며, 1990년대 IT 기술 발전과 더불어 상용화했다. 지문을 수치 정보로 치환하는 방식인데, 서로 다른 사람의 지문이 동일한 수치로 표현될 확률은 10억분의 1이라고 한다. 현대인은 공항, 은행, 직장 등 온갖 곳에서 지문인식기에 손가락을 대며, 이 간단한 동작으로 자신의 개별성과 고유성을 인정받는다. 지문인식기는 스마트폰에도 내장되어 있다. 현대인은 지문으로 자기 고유성을 입증하는 사람이다.

불온서적

18. 권력의
    반민주성을
    드러내는 책

1970년대 말, 서울의 모 대학 도서관에서 있었던 일이다. 불온서적의 열람과 대출을 금지하라는 정부의 지시에 따라 사서들이 바삐 움직이는 중에, 한 사람이 서가에서 막스 베버의 저서를 치웠다. 작업을 감독하던 상사가 그에게 호통을 쳤다. "어이, 칼 마르크스 책을 치우랬더니 막스 베버 책은 왜 치우나? 둘은 다른 사람이라고." 사서가 대답했다. "그건 저도 압니다. 하지만 경찰은 모를 수도 있잖아요." 실제로 1980년대에는 가방 안에 막스 베버나 헤르베르트 마르쿠제의 책을 넣어두었다가 불심검문에 걸려 '좌경 용공분자'라는 혐의를 받고 곤욕을 치른 학생이 적지 않았다.

책을 탄압한 역사는 진시황의 분서갱유焚書坑儒로까지 거슬러 올라간다. 인류가 문자를 발명한 이래 수천 년간, 책은 인간이 서로 사상을 교류할 수 있게 해주는 거의 유일한 매개체였다. 그 때문에 권력은 책에 대한 감시를 게을리하지 않았다. 직설로든 은유로든 권력을 비판하는 책의 저자, 유포자, 독자들이 화를 입는 필화筆禍나 문자옥文字獄이 세계 도처에서 드물지 않게 일어났다. 그러나 책이 지배계층의 전유물이던 시대에는, 절대다수 저자가 권력자의 관점에서 크게 이탈하지 않았다. 이른바 '불온서적'은 제국주의 침략에 의한 이민족 지배와 민중의 탈脫문맹화가 중첩된 시대로 이행한 뒤에야 대량으로 출현했다.

1909년 2월 23일, '출판법'이 제정, 공포되었다. 형식은 대한제국 법률이었으나 출판물의 내용이 온당한지 불온한지를 판별하는 기준은 일본 제국주의의 관점이었다. 이 법은 제1조에서 출판, 저작자, 발행자, 인쇄자의 개념을 정의하고 제2조에서 모든 출판물의 사전 검열과 사후 납본納本을 의무화했다. 허가 없이 도서를 출판하는 행위는 '범죄'가 되었으며, 그중 다음에 해당하는 도서들을 저작, 번역, 발행, 배포하는 행위는 중범죄로 취급되었다. ① 국교를 저해하거나 정체政體를 번괴飜壞하거나 국헌國憲을 문란하는 도서·도화, ② 외교와 군사의 기밀에 관한 문서·도화, ③ 기타 안녕질서를 방해하거나 풍속을 괴란壞亂하는 문서·도화.

일제는 1910년 8월 한국을 강점한 즉시 수백 종 서적의 발행과 판매를 금지했다. 일본에 대한 한국인의 악감정을 고취할 가능성이 있는 내용, 일본 천황의 통치에 불만을 표출한다고 해석할 수 있는 내용, 한반도의 지형지세를 외국에 알려주려는 목적으로 그렸다고 의심할 수 있는 지도, 일본인의 복색服色과 풍습을 조롱하는 것으로 이해될 수 있는 내용 등이 불온不穩의 내포內包를 구성했다. 글 쓰는 사람들은 은유, 풍자, 중의重義 등을 흔히 사용한다. 물론 독자들이 저자의 의도를 언제나 온전하고 충분하게 이해하지는 않는다. 글씨를 읽는 것과 글을 읽는 것은 다른 일이다. 독자가 무식해서든 아니면 상상력이 풍부해서든, 저자의 의도와 관계없이 이해하고 해석하는 것은 흔한 일이다. 불온도서라는 개념 자체가 문제지만, 더 큰 문제는 도서 내용의 불온성을 감시하는 자들이 자기 마음대로 해석하는 데에 있었다. 그들은 불온성 자체가 아니라 불온한 사상을 표현한 것이라고 해석할 여지가 있는 내용 전부를 문제 삼았다. 조선총독부는 한반도를 호랑이 모양으로 그린 삽화가 들어간 책도 불온서적으로 규정했다. 1980년대 대한민국 검찰은 세계적 베스트셀러

압수된 불온서적들 1985년 5월 경찰과 문공부는 합동으로 '이념서적' 일제 단속에 나서 대학가의 서점, 출판사, 복사집 등에 대한 압수수색을 단행했다. 법원은『중국 혁명의 해부』,『김대중 옥중서신』,『겨울공화국』 등 단행본 50종과 유인물 46종에 대해 압수수색 영장을 발부했다. 세계 어디에서나 독서를 '죄'로 규정하는 권력은 사회 전반을 '반反지성주의'로 물들이고 반지성주의는 다시 전체주의적 권력을 뒷받침했다. 출처:『사진으로 보는 1980년부터 1986년까지』

인 E. H. 카의『역사란 무엇인가』를 불온서적으로 단정하고 그 책을 소지한 학생에게 '이적 표현물 소지죄'를 적용했다.

　일제의 식민 통치 기간에 금서禁書로 지정된 도서 수는 3,000종 이상이었다. 해방 이후에도 불온서적 지정 및 탄압은 계속됐다. 일제 강점기에는 민족주의, 독립운동, 반일사상, 사회주의 등을 긍정적으로 묘사한 책들이 불온서적이었으나, 해방 이후에는 사회주의, 공산주의, 북한체제, 평화통일 등을 긍정적으로 묘사한 책들이 불온서적이었다. 그런데 1980년 국가보안법이 전면 개정되기 전에는 독자를 처벌하는 법이 없었다. 어떤 말을 한 사람에게 죄를 물을 수는 있어도, 그런 말을 들은 사람에게 죄를 물을 수는 없는 법이다. 독서도 마찬가지다. 단순한 호기심에, 또는 무슨 내용인지도 모르고 헌책방이나 고물상에서 책을 구해 읽는 일은 흔했다. 하지만 12·12 사태로 정권을 장악한 전두환 신군부는 곧바로 국가보안법을 개정하여 불온도서를 소지하거나 읽는 행위조차 중범죄로 규정했다. 당시 개정된 국가보안법 제7호 5항은 '반국가단체나 그 구성원 또는 그 지령을 받은 자의 활동을 찬양·고무 또는 이에 동조하거나 기타의 방법으로 반국가단체를 이롭게 할 목적' 또는 '사회질서의 혼란을 조성할 우려가 있는 사항에 관하여 허위사실을 날조·유포 또는 사실을 왜곡하여 전파할 목적'으로 '문서·도화 기타의 표현물을 제작·수입·복사·소지·운반·반포·판매 또는 취득한 자'를 처벌하도록 했다. 옛날 중국의 기杞나라 사람들은 '하늘이 무너질까, 땅이 내려앉을까' 걱정했으니, 우려憂慮의 대상 범위는 사실상 무한정이다. 사회질서의 혼란을 조성할 우려 역시 판단 주체, 즉 권력자가 자기 마음대로 늘렸다 줄였다 할 수 있다.

현대 세계에서 제조, 판매, 사용은 물론 소지, 운반까지 금지된 물건은 마약뿐이다. 전체주의적 권력자들은 자기 기준에서 불온하다고 생각되는 서적을 마약처럼 취급했고, 그런 서적의 저술, 번역, 발행, 판매, 소지, 운반에 관여한 사람들을 '마약사범'보다 더 심하게 처벌했다. 책을 읽었는지 안 읽었는지는 고려 사항이 아니었다. 마약을 복용했는지 여부는 머리카락 한 올만으로도 알 수 있으나 독서 여부를 알 도리는 없기 때문이다.

1987년 민주화운동 이후 수사기관이 임의로 불온서적 목록을 만들어 적용하던 관행은 크게 줄었으나, 2000년대에도 몇몇 군부대에서는 불온서적 목록을 만들었다. 게다가 국가보안법의 이적 표현물 소지죄는 위헌 논란에도 불구하고 여전히 존속하고 있다. 정치권력은 아주 오랫동안 자신에게 순응하지 않는 사상을 불온사상으로 규정하고, 그런 사상을 담은 책을 불온서적으로 지정하여 탄압했다. 그러나 태초에 불온서적이 있었던 것은 아니다. 어떤 책에 불온서적이라는 딱지를 붙이는 정치권력이 있었을 뿐이다. 그렇기에 불온서적은 언제나 권력의 반민주성 정도를 가늠하는 척도였다.

삐라

19. 사람의 마음을
     공격하는
     무기

해하垓下에서 유방의 군대에 포위된 초나라 병사들의 귀에 고향 노래가 들려왔다. 병사들은 불현듯 향수에 젖어 눈물을 흘리며 전의를 상실했다. 기원전 202년의 이 심리전은 사면초가四面楚歌라는 사자성어를 낳았다. 상대의 마음을 교란하고 공격하는 심리전은 인류가 전투 행위를 시작했을 때부터 그 불가결한 구성 요소였을 것이다. 하지만 오랜 세월 동안 그 방법은 많은 사람이 입을 모아 노래 부르거나 소리 지르는 정도에서 벗어나지 못했다. 적진에 접근하지 않고서도 적군 개개인을 타격할 수 있는 심리전 무기를 개발하는 데에는 인쇄술의 발달, 값싼 종이의 보급, 무엇보다도 문맹 퇴치가 필요했다.

우리나라에서 '삐라'라는 말은 3·1운동 때부터 사용되었다. 지식인과 학생들은 서울에서 선포된 「기미독립선언서」를 필사한 것, 또는 직접 작성한 것 등 여러 종류의 독립선언서를 만들어 살포하거나 사람들 눈에 잘 띄는 곳에 부착했다. 일본 경찰은 이런 문서를 '삐라'로 규정했고, 조선인들도 그 용어를 수용했다. 청구서나 계산서를 뜻하는 영어 'bill'의 일본어 발음에서 유래한 이 단어는, 이후 총독 정치를 비난하는 소형 비밀 출판물뿐 아니라 총독 정치를 홍보하는 소형 인쇄물, 상품 선전을 위한 소형 광고지, 전쟁 중 적진에 살포하는 소형 선전물의 의미로 두루 쓰였다. 1923년 5월, 종로경찰서

117

는 「하계夏季 위생선전」이라는 제하에 '하수구를 깨끗이 소제하고 파
리를 열심히 잡고 찬물과 덜 익은 과일을 먹지 말라'는 문구를 인쇄
한 삐라 1만 5,000장을 만들어 관내 각 가정에 살포했다. 1939년 12
월 11일에는 일본의 기원절을 기념하여 평안북도 경찰 비행기가 '봉
축奉祝 삐라'를 살포했다. 기록상 이것이 비행기로 이 땅에 삐라를 살
포한 최초의 사례다.

한국전쟁 중 한반도의 지표면에 탄피 다음으로 많이 떨어진 것이
삐라였다. 미군이 살포한 삐라만 25억 장, 북한 지역 인구 1인당 200
장, 한반도 전역을 스무 겹으로 덮을 수 있는 분량이었다. 미군은 심
리학, 사회학, 언론학 전문가들을 동원하여 심리전 부대를 조직하고
상황별, 대상별로 어떤 내용과 형식의 삐라가 효과적인지 연구하고
실행했다. 당시 미군이 북한군 주둔 지역에 살포한 삐라 중 가장 흔
했던 것은 "속히 투항하라. 이 삐라를 휴대한 공산군은 우대한다"라
는 내용의 귀순 권유 삐라였다. 미군은 삐라 살포 전용 폭탄도 만들
어 비행기에서 투하하거나 포砲로 쏘았다. 내용물보다 운반 수단의
값이 수십 배는 비쌌지만, 미군은 그럴 만한 가치가 있다고 여겼다.
북한과 중국군도 삐라를 뿌렸으나, 제공권制空權이 없었기에 그 수량
은 상대적으로 미미했다.

그런데 삐라의 홍수는 반작용으로 그에 대한 저항력도 키웠다. 휴
전 이후 초·중·고 학생들은 조회나 종례 때마다 삐라에 대처하는
법을 배웠다. "땅에 떨어진 삐라를 발견하면 내용은 보지 말고 바로
파출소나 학교 선생님에게 갖다 줘라"는 것이었다. 다만 내용을 보
지 않고 북한에서 보낸 삐라를 식별하는 법은 가르쳐주지 않았다.
공산주의가 뭔지 몰라도 공산주의를 배격할 수 있으며, 내용을 보지
않아도 북한 삐라인지 아닌지 판단할 수 있다는 것은 당대의 상식이
었다. 물론 북한에서도 같은 일이 벌어졌을 것이다. 남에서든 북에

서든, 사람들은 적의 선전에 동요하는 불순분자라는 의심의 눈초리를 피하기 위해 삐라에 반응하지 않는 법을 배워야 했다.

최근까지도 탈북민 단체 등이 풍선을 이용해 대북 삐라를 살포했으나, 오늘날 군사적 목적의 심리전 삐라는 현격히 줄어들었다. 그 대신 다른 심리전 삐라들, 발견해도 경찰에 신고할 필요가 없는 삐라가 엄청나게 늘어났다. 오늘날 퇴근하고 귀가한 사람들을 가장 먼저 맞아주는 건 십중팔구 현관문에 붙은 상업 삐라들이다. 이들은 일상이 전투인 고강도 경쟁 사회를 뒤덮은 심리전 삐라이다. 이 삐라들은 지갑 여는 문제가 일상의 고민거리인 사람들에게 빨리 투항하라고, 쿠폰을 오려서 가져오면 우대한다고 속삭이지만, 이에 대해서도 사람들의 저항력은 높은 편이다.

한국전쟁 당시 유엔군이 북한군 진영에 살포한 삐라 「안정보장 증명서」라는 제하에 '북한군 장병들에게. 살려면 지금 넘어오시오'라는 문구가 씌어 있다. 작은 글자들은 투항 방법 안내이다. 오늘날에는 이런 군사적 심리전 삐라 대신 "행복해지려면 쿠폰을 오려 오시오" "맛있는 음식을 싸게 먹으려면 쿠폰을 오려 오시오" "건강해지려면 쿠폰을 오려 오시오" "멋진 집을 구경하고 싶으면 쿠폰을 오려 오시오"라는 문구가 적힌 심리전 삐라들이 각 가정에 살포된다. 출처: 한국저작권위원회

감시카메라

20. 사람을
감시하는
기계

인간은 눈, 코, 입, 귀, 피부의 다섯 가지 감각 기관을 사용하여 세계를 인지한다. 시각, 후각, 미각, 청각, 촉각의 다섯 가지 감각을 오감五感이라 하며, 감각 기관으로 포착되지 않는 느낌을 육감六感이라 한다. 이들 감각 기관은 어느 하나 중요하지 않은 것이 없으나, 그중에서도 시각視覺은 특권적이다. 시각에 포착된 정보는 다른 감각 기관으로 얻은 정보들에 우선한다. 그래서 '백문이불여일견'百聞而不如一見(백 번 듣는 것이 한 번 보는 것만 못하다)이다. 영국 속담인 'Seeing is Believing'(보는 것이 믿는 것)도 같은 뜻이다. 냄새와 맛에 대한 취향은 제각각이고, 피부로 느끼는 감각은 남과 공유할 수 없으며, 들은 것은 믿을 수 없다. 물론 눈에 포착되는 모습도 시선의 방향에 따라 다르지만, 자기 위치를 바꾸면 남이 본 모습을 그대로 볼 수 있다. 남의 눈으로 보는 것이 '객관'客觀이다. 객관적이라는 말은 있지만, 객청적客聽的이나 객촉적客觸的 같은 말은 없다. 사실이 아니지만, 시각은 진실을 담보하는 감각으로 취급된다. 우리 일상 언어생활에서도 상대방의 최종 판단을 이끌어내고자 할 때에는 항용 '봐'를 덧붙인다. (냄새) 맡아봐, 먹어봐, (소리) 들어봐, 만져봐, 느껴봐, 심지어 봐봐까지. 보라는 말은 믿으라는 말이다.

보는 행위에도 관찰觀察, 산견散見, 조망眺望, 응시凝視 등의 여러 종류가 있다. 관찰은 대상의 형상과 움직임을 면밀히 살펴보는 것이며, 산견은 시야에 들어오는 것을 대충 훑어보는 것이다. 조망은 먼 곳을 바라보는 것이고 응시는 상대를 뚫어지게 쳐다보는 것이다. 감시는 지시와 복종, 통제와 수용 등의 권력 관계에서 작동하는 시선이다. 부모가 자식을, 간수가 죄수를, 무장군인이 포로를 감시한다. 감시하는 자가 주인이고 감시당하는 자가 종이다. 감시의 그물망은 곧 권력이 미치는 범위이며, 그 그물코가 촘촘한 만큼 권력은 세밀하게 작동한다. 조선시대 각 도道의 행정, 경찰, 사법, 징세권을 장악한 최고위 지방관 직함을 관찰사觀察使, 다른 말로 감사監司라고 한 것은 꽤나 솔직한 작명作名이었다.

감시 기술의 발전 과정은 곧 권력의 확장, 강화 과정이었다. 1791년, 제러미 벤담은 감시 기능을 극대화한 감옥 건물을 고안했다. 중앙 광장에 높은 감시탑을 세우고 그를 둘러싸는 형태로 감옥 건물을 짓는다. 감방의 창은 모두 감시탑을 향하게 한다. 이렇게 하면 한 사람의 간수가 수백 명의 죄수를 감시할 수 있다. 심지어 간수가 상시 근무하지 않아도 된다. 감시탑의 조명을 어둡게 하여 죄수들이 그 안에 간수가 있는지 없는지 알 수 없게 하고, 규율을 위반했다가 발각된 죄수들을 공개적으로 혹독히 처벌하면, 그다음부터 죄수들은 감시탑에 간수가 있다는 전제하에 스스로 규율을 지킨다. 직접 감시하지 않아도 사람들에게 감시받는다는 느낌을 주는 것이 이 시설의 핵심 기능이었다. 벤담은 이를 '팬옵티콘'panopticon이라고 명명命名했다. 한자어로는 '일망감시장치', 즉 한 눈으로 모든 사람을 감시하는 장치로 번역됐다. 벤담의 구상은 이후 감옥 건물뿐 아니라 병원 건물에도 적용되었다. 소수 인원으로 다수의 죄수나 환자를 감시·관찰하는 데에 적합했기 때문이다. 이 땅 최초의 근대적 감옥인 서대문형무소 건물이 Y자 형태를 취한 것도 이 구상에 따른 것이다. 중앙에는 간수실이 있었고, 그를 중심으로 세 방향으로 뻗은 회랑

두 방향을 촬영할 수 있도록 건물 외벽에 설치된 감시카메라 이 카메라에 찍힌 영상은 특정 장소에서만 볼 수 있는 폐쇄회로 TV(CCTV, closed-circuit television)로 전송된다. 감시카메라는 일반적으로 '범죄 예방 장치'로 분류된다. 외형만 갖추고 작동하지 않는 가짜 감시카메라도 적지 않으나, 범죄 예방 효과는 충분하다. 감시카메라는 조지 오웰의 예상과 제러미 벤담의 구상을 함께 실현한 물건이다. 출처: 위키피디아

좌우에는 감방들이 있었다.

미셸 푸코는 규율을 내면화하여 남이 감시하지 않는 곳에서도 스스로 지키는 것이 현대인의 주요한 속성이라고 적절히 지적했다. 사람들을 직접 감시하지 않아도 자발적인 복종을 이끌어내는 권력이 가장 효율적으로 작동하는 권력이며, 그것이 현대의 권력이다. 물론 빼놓아서는 안 되는 전제가 있다. 감시하지 않아도 스스로 복종하는 사람은 저절로 만들어지지 않는다. 사람들로 하여금 감시받는다는 느낌, 또는 감시받고 있을지도 모른다는 느낌을 갖게 해야 한다. 그러려면 곳곳에 감시자를 두어야 한다.

하지만 사람의 눈에는 한계가 있다. 지치지도 한눈 팔지도 않는 감시자는 텔레비전과 함께 탄생했다. 1949년 조지 오웰은 텔레비전에서 영감을 얻어 소설 「1984」를 발표했다. 어떤 곳에서 일어난 일을 카메라로 찍어 다른 곳으로 보낼 수 있다면, 세상 모든 곳에서 일어나는 일을 한 장소에서 감시하는 것도 가능할 터였다. 그는 이 소설에서 독재자가 기계 눈으로 국민 모두를 감시하는 암울한 미래를 예견했다. 그런데 그런 미래는 그의 예상보다 빨리 도래했다.

1971년, 서울 주요 교차로 열 곳에 교통 정보를 수집하기 위한 CCTV가 설치되었다. 감시카메라와 CCTV는 이후 은행, 특급 호텔 등으로 조금씩 확산했으며, 교통신호 위반을 자동으로 감시하는 카

메라는 1997년에 첫선을 보였다. 감시카메라는 디지털 녹화 기술이 개발된 뒤 생활공간 곳곳으로 걷잡을 수 없이 퍼져나갔다. 오늘날에는 지구대 경찰들뿐 아니라 아파트 단지와 큰 빌딩 경비실의 직원들도, 많게는 수십 개에 달하는 감시카메라에 찍히는 영상들을 감시한다.

현대인은 감시카메라에 포위된 채로 살지만, 조지 오웰이 예상했던 것보다는 훨씬 덜 위축되어 있다. 아직까지는 그것을 '공공의 눈'이라 믿기 때문이다. 하지만 기계의 무차별적 시선 뒤에 사람의 차별적 시선이 있는 이상, 이 공공성은 얼마든지 훼손될 수 있다는 점을 잊어서는 안 된다. 감시할 권리가 곧 주권이라는 점도.

21.   역사를
        만든
        소품

1908년 3월 23일 오전 9시, 을사늑약 이후 이토 히로부미의 주선으로 대한제국 외교 고문직을 맡았던 미국인 더럼 스티븐스 Durham White Stevens가 워싱턴 DC로 가기 위해 오클랜드 부두에 도착했다. 그가 배에서 내리기를 기다리던 한국인 청년 전명운이 그를 향해 권총 방아쇠를 당겼으나 불발이었다. 그는 권총으로 스티븐스를 내리쳤다. 스티븐스도 그를 붙잡고 실랑이를 벌였다. 그때 다른 한국인 청년 장인환이 스티븐스를 향해 권총으로 세 발을 쏘았다. 스티븐스는 이틀 후 절명했다.

1909년 10월 26일 오전 9시 30분 경, 하얼빈역 승강장에서 여섯 번의 총성이 울렸다. 대한의군 참모중장 안중근의 브라우닝 권총에서 발사된 여섯 발의 총알은 전前 한국 통감이자 일본 추밀원 의장인 이토 히로부미에게 세 발, 하얼빈 주재 일본 총영사 가와카미 도시히코川上俊彦, 일본 궁내부 비서관 모리 타이지로森泰二郎, 남만주철도주식회사 이사 다나카 세이타로田中清太郎 세 사람에게 각 한 발씩 명중했다. 이 총성은 한국 침략의 원흉元兇으로 꼽히던 이토의 목숨을 앗아갔을 뿐 아니라, 2,000만 한국인들의 독립을 향한 희망과 의지를 일깨웠다. 작은 권총에서 나온 소리였지만, 한국 민족사에는 거대한 종에서 울려 퍼진 소리보다 더 긴 여운을 남겼다. 한국 독립운동사의 한 축을 이룬 의열투쟁사는 권총으로 시작했다.

휴대하기 쉽도록 화승총의 총신을 줄인 권총은 14세기에 처음 만들어졌고, 16세기 중엽에는 톱니바퀴식 발화 장치인 휠록과 부싯돌식 발화 장치인 플린트록이 발명되어 프랑스 기병과 해적들이 주로 사용했지만, 발화 방식이 불편하여 널리 보급되지는 않았다. 19세기 초 뇌관식 격발 장치(버커션록)가 발명된 이후에야 권총은 군인과 민간인, 남성과 여성을 가리지 않는 대중적 화기火器로 자리 잡았다. 무기의 성능을 비약적으로 향상시키는 것은 언제나 전쟁이다. 미국의 남북전쟁 중 여러 종류의 뇌관식 권총이 발명되어 전쟁 이후의 서부 개척시대를 권총잡이들의 시대로 만들었다.

권총이 언제 우리나라에 들어왔는지는 정확히 알 수 없으나, 1847년 통제영은 남해안에 표류한 프랑스인이 허리춤에 길이 5촌寸 남짓한 단총을 찼다고 보고했다. 개항 이후에는 외국 군인과 상인 일부가 권총을 휴대했을 것이다. 1895년 을미사변 직후에는 캐나다인 선교의사 에비슨Oliver R. Avison이 권총을 들고 고종 주변을 지켰고, 1900년에는 한국 헌병들도 권총을 지급받았다. 우리나라 사람들은 처음 이 총을 단총短銃이라고 불렀으나, 1899년경부터는 육혈포六穴砲라는 말이 대신 쓰이기 시작했다. 회전식 리볼버 권총이 6연발이었기 때문이다. 일본식 번역어인 권총拳銃이라는 말은 1909년경부터 쓰였다. 국내에서 발행된 신문들은 전명운, 장인환 의사의 스티븐스 저격 때도, 안중근 의사의 이토 저격 때도 '총'이라고 썼을 뿐 '권총' 이라고 쓰지는 않았다. 일본 군국주의자들은 대한제국 군대를 해산한 뒤 의병과 의사義士들의 무장투쟁을 저지하기 위해 한국 정부 명의로 '총포 및 화약류 취체법'을 제정했다. 이에 따라 한국인들은 합법적으로 권총을 소지할 수 없었으나, 일본인들은 예외였다. 식민지 조선에도 여러 곳의 총포점銃砲店이 있었다. 조선인이 일본인 명의의 '총포휴대면허장'을 위조하거나 훔쳐서 권총을 구입하기도 했다.

안중근이 이토 히로부미를 처단할 때 사용했던 것과 같은 모델의 브라우닝 권총 안중근이 어떻게 권총을 입수했는지는 당시의 일본 검찰도 밝히지 못했다. 안중근이 의거를 벌일 무렵 해외 한인 독립운동가들에게 권총은 필수품과도 같았다. 오늘날 민간인이 권총을 소지할 수 있느냐의 여부는 한 나라의 치안 상황에 중대한 영향을 미친다.

1923년 12월 '조선인 3인조 권총 강도 사건'이 세상을 떠들썩하게 만들었는데, 그들은 남대문 밖 일본인 총포점에서 권총을 구했다. 물론 일본, 소련, 중국 등지에서 밀수되는 권총도 많았다.

권총은 휴대와 은닉이 쉬운 대신 적중도가 떨어졌기 때문에, 주로 자살용, 암살용, 범죄용, 즉결 처형용으로 사용되었다. 흔히 육혈포로 불린 회전식 리볼버는 파괴력이 큰 대신 정확도가 떨어졌으며, 자동 피스톨은 파괴력이 작은 대신 한 손 사격이 가능하고 정확도가 높았다. 안중근이 사용한 벨기에제 브라우닝 권총도 7연발 피스톨로서, 그가 쏜 여섯 발의 탄환은 단 한 발도 빗나가지 않았다. 모형 권총은 액션영화의 필수 소품이기도 해서, 권총 등장 여부가 현대물과 역사물을 나누는 기준이라 해도 과언이 아니다.

일제 침략기에는 안중근, 전명운, 장인환, 나석주, 김상옥 등이 권총으로 의거義擧를 단행했고, 해방 이후에는 송진우, 장덕수, 여운형, 김구 등이 권총에 맞아 사망했다. 1970년대에도 육영수와 박정희가 권총에 의해 세상을 떴다. 다른 나라들에서도 암살에는 대개 권총이 사용되었으니, 노예 해방과 게티스버그의 명연설로 유명한 미국 대통령 에이브러햄 링컨의 목숨을 앗아간 것도 권총이었다. 1914년 6월 보스니아의 수도 사라예보에서 세르비아 청년이 오스트리아 황태자 페르디난트에게 발사한 권총 탄환은 제1차 세계대전의 개막을 알리는 서곡序曲이었다. 비록 작지만, 권총은 현대사에 큰 파란을 일으킨 물건이다.

올림픽 금메달

22. 국력의
   바로미터

이탈리아 폼페이에서 발굴, 복원된 검투사 경기장은 콜로세움과는 달리 지름 10미터 정도밖에 안 되는 반원형 광장 주위에 관중석을 둘러 세운 형태다. 광장과 바로 맞닿은 곳에는 귀족들을 위해 특별히 길게 만든 돌 침상寢牀들이 배치되어 있다. 당대 귀족들은 이 자리에 모로 누워 음식을 먹으면서 경기를 관람했다. 먹다가 배가 부르면 새의 깃털을 목구멍에 쑤셔넣어 토해내고 다시 먹으면서, 사람끼리 서로 칼로 베고, 창으로 찌르며, 도끼로 찍고, 철퇴로 치다가 피 흘리며 죽어가는 장면을 관람했다. 인간 행위에 관한 현대의 분류법을 적용하면 저런 행위는 어디에 속할까? 살인과 살인방조? 아니면 스포츠와 스포츠 관람?

1903년 정월 대보름 무렵, 서울 만리재에서 예년과 다름없이 돌싸움이 벌어졌다. 남대문·동대문·서대문 밖 사람들이 한 패가 되고, 애오개·마포·용산 사람들이 또 한 패가 되어 맞붙었는데, 석전꾼石戰軍만 9,000여 명, 구경꾼은 2만 여 명에 달했다. 구경꾼 중에는 구미인들도 섞여 있었다. 피와 살이 튀는 격렬한 경기를 보다가 저도 모르게 흥분했던지, 운산금광의 미국인 직원 클레어 헤스Clare W. Hess는 가까이에 떨어진 돌을 집어 경기장 안으로 힘껏 던졌다. 석전꾼 한 명이 그 돌에 맞아 즉사했다. 옆에 있던 구미인들은 한국인들에게 보복당할까 봐 새파랗게 질렸으나, 그런 일은 일어나지 않았다. 매년 서울에서만 돌싸움으로 수십 명에서 수백 명에 달하는 사상자가 발생했기에, 왕조 정부도 여러 차례 금령禁令을 발했다. 그러나 이 세시풍속에는 비상시를 대비한 군사훈련의 의미가 있었고 참가자도 너무 많았기 때문에, 단속 효과는 없었다. 서울에서는 일본 헌병이 치안권을 장악한 1908년 이후 돌싸움이 사라졌지만, 1920년대 중반까지도 뛰어난 선수와 흥행사 등 경기 관계자들의 이름은 인구에 회자되었다. 이 돌싸움은 또 어떤 인간 행위로 분류해야 마땅할까?

구기와 체조 등 일부 종목을 제외하면, 스포츠는 본래 모의전투다. 근대 스포츠가 고대와 중세의 스포츠와 다른 점은 살상력을 제거하거나 극소화했다는 점뿐이다. 인류는 동종同種끼리 서로 살육하는 습성을 가진 거의 유일한 동물이다. 모의전투인 스포츠는 인간으로 하여금 개체의 전투력을 향상시키면서도 살육 욕구는 다른 방향으로 분출할 수 있도록 했다. 사람들에게 전쟁 중의 광기狂氣와 유사한 느낌을 갖게 하면서도, 아무것도 파괴하거나 살상하지 않는 것이 스포츠의 힘이었다. 고대 그리스인들이 올림픽을 창설하여 1,000여 년 간 지속했던 것도, 유럽의 명사들이 프랑스인 쿠베르탱Pierre de Coubertin의 제창에 호응하여 올림픽 부활을 선언하고 1896년부터 근대 올림픽을 개최한 것도, 스포츠의 이런 힘을 알았기 때문이다.

올림픽은 개인 단위, 또는 분대(팀) 단위로 벌어지던 모의 전투를 국가 간의 모의 전쟁으로 확대한 것이다. 스포츠가 선수들에게 요구한 덕목은 중세 유럽의 기사도와 유사한 스포츠맨십이었다. 규칙을 지키며 공정하게 경쟁하고 결과에 승복하는 것. 전력을 다해 싸우되 상대를 해치지 않는 것 등. 그런데 전투는 군사軍事지만 전쟁은 정치다. 올림픽은 스포츠맨십을 기반으로 하면서도 그보다 훨씬 더 확장된 미덕을 요구했다. 올림픽 창설자들은 각국이 서로 경쟁하나 전쟁하지 않는 세계, 전쟁과 살육의 욕구를 건강하게 해소하는 세계를 꿈꿨다. 올림픽은 살육과 파괴가 없는 모의 세계대전이다.

한국인들이 올림픽에 관한 정보를 언제 처음 입수했는지는 확실치 않다. 1909년 개성시내 각 학교 연합운동회장에 만국기가 걸렸는데, 스포츠를 세계와 연관지은 것으로 보아 이때쯤에는 올림픽에 대해 알았을 것이다. 1912년 러시아 연해주에서 발행된 『권업신문』에는 1912년 「올림픽 경기회競技會의 소식을 듣고 소회를 적노라」라는 논설이 실렸다. 문체文體와 우리 상고사上古史에 대한 식견으로 보아 주필 신채호가 스톡홀름 올림픽 소식을 듣고 썼을 것으로 짐작되는 이 글은 고대 올림픽과 근대 올림픽의 탄생 경위에 대해 설명한 뒤, "우리나라에 부랑자제가 많은 것, 노름꾼이 많은 것, 색계에 음탕한 자가 많은 것 등이 모두 올림픽이 없는 까닭"이라고 설파했다.

1913년에는 일본, 필리핀, 대만, 태국, 말레이시아, 홍콩을 회원국으로 하여 제1회 극동올림픽이 개최되었다. 한국인이 처음 참가한 극동올림픽은 1921년 중국 상하이에서 열린 제5회 대회였다. 이 대회에 참가할 일본 대표 선수 선발을 위한 제1차 예선전은 서울 훈련원광장에서 진행되었는데, 관중이 5만여 명에 달했다. 본 대회에는 일본 선수단에 포함된 조선인뿐 아니라 재在상하이 조선인 체육협회에 소속된 조선인도 참가했다.

일본은 1920년 제7회 앤트워프 올림픽부터 참가했다. 일본 국가대표 자격으로나마 한국인이 처음 참가한 대회는 1932년 LA 올림픽으로, 황을수가 권투에, 권태하와 김은배가 마라톤에 출전했다. 1936년 베를린 올림픽에는 권투에 이규환, 축구에 김용식, 농구에 이성구, 염은현, 장이진, 마라톤에 손기정, 남승룡 등 일곱 명의 조선인 선수가 참가했다. 이들 중 마라톤의 손기정은 금메달, 남승룡은 동메달을 획득했다. 그전에 비공인 세계신기록을 세운 손기정은 유력한 우승 후보였기 때문에, 마라톤 경기에는 조선은 물론 '일본 제국' 전체의 관심이 집중되었다. 도쿄와 경성의 라디오방송은 이 경기를 중계했다. 손기정의 금메달 소식이 전해지자, 한반도는 순식간에 열광의 도가니가 되었다.

다음 날 한글 신문들은 "인류 최고의 승리, 영원불멸의 성화聖火, 근역槿域에 옮겨온 감람수橄欖樹", "스포츠의 승리자 손기정은 스포츠 이상의 승리자", "손기정, 남승용의 세계적 우승은 시드는 조선의 가는 피를 굵게 하였고 가라앉은 조선의 심장을 뛰게 하였다", "성문을 활짝 열고 개선장군을 맞이하자" 등의 기사로 거의 전면을 채웠다. 『조선중앙일보』와 『동아일보』는 시상대 위에 선 손기정의 사진을 실으면서 체육복 가슴 부위에 있던 일장기를 지웠다. 이른바 '일장기 말소 사건'이다. 조선인이 달성한 위업을 조선인끼리 누리고자 하는 의지의 표현이었다. 이 일로 『조선중앙일보』는 폐간, 『동아일보』는 무기정간을 당했다. 10월 17일에는 비행기를 타고 귀국하는 손기정을 맞이하고자 경성부민 수천 명이 여의도비행장에 몰려들었다.

1940년 개최 예정이던 도쿄 올림픽과 1944년 개최 예정이던 런던 올림픽은 모두 전쟁으로 취소되었다. 런던 올림픽은 1948년으로 순연되었는데, 정부 수립 전이던 우리나라는 'KOREA'라는 국호로 참가했다. 선수단의 여비는 복권을 발행해서 충당했다. 이후 올림픽이 열릴 때마다 한국인들은 '베를린 올림픽 손기정의 영광'이 재현되기를 바라며 마음을 졸였다. 식민지였던 나라, 세계에서 가장 가난한 나라에서 기대할 수 있는 영광은 '올림픽 금메달'뿐이었다.

원형의 금속판에 문양을 새겨넣어 어떤 사건이나 사실을 기념할 수 있게 한 메달은 고대 금속화폐와 장신구에서 기원한 것으로, 15세기 유럽에서 오늘날 사용되는 것과 같은 양식으로 완성되었다. 특정 분야에서 탁월한 업적을 이룬 사람에게 메달을 주는 관행도 18

1948년 LA 올림픽 유도 종목에서 금메달을 획득한 하형주 선수의 귀국 카퍼레이드
1976년 이래 지금껏 올림픽 금메달리스트는 공식적인 '국민 영웅'이다. 전쟁 중 사망한
병사나 국민을 구하다가 순직한 소방관도 올림픽 금메달리스트 정도의 대우는 받지 못
한다. 이들에게 주어지는 엄청난 '특혜'는 '국위를 선양'한 공적에 대한 합당한 보상으로
취급된다. 출처: 국가기록원

세기 유럽에서 생겨났다. 국제 올림픽위원회는 1896년 제1회 올림
픽에서 이 관행을 채용하여 우승자에게 은메달을 수여했다. 제2회
때에는 메달 대신 우승컵이나 트로피를 주었다가 1904년 제3회 올
림픽에서부터 각 종목 1, 2, 3위에게 각각 금, 은, 동메달을 수여했
다. 이후 이는 스포츠 경기 시상의 일반 관행이 되었다. 이 땅에서는
1910년대 중반부터 스포츠 경기 우승자에게 메달을 수여했다. 대한
제국 시기에는 회중시계, 가죽구두 등으로 시상施賞했다. 메달 시상
은 스포츠 경기보다 글짓기 대회, 바둑 대회 등이 앞선다. 금메달이
스포츠 경기 우승과 사실상 동의어가 된 것은 1920년대 중반 이후
의 일이다.

　1966년, 서울 공릉동에 올림픽 국가대표를 위한 훈련기지, 속칭
'태릉선수촌'이 들어섰다. 올림픽 금메달 획득을 국가적 목표로 삼

는 국가체육의 시작이었다. 1972년 10월, 박정희는 선진복지국가 건설과 한국적 민주주의의 토착화를 내걸고 '유신'維新을 단행했다. 종신 독재체제를 정당화하기 위해서는 국위 선양이 필요하다고 판단한 박정희 정권은 올림픽 메달 순위를 국력의 기준으로 삼으려 했다. 이태 뒤인 1974년, '체육 종신 연금'이 만들어졌다. 연금 액수는 물가 상승률을 반영해 조정하되 올림픽 금메달은 공무원 이사관(3급), 은메달은 서기관(4급), 동메달은 사무관(5급) 봉급에 준하기로 했다. 올림픽 메달리스트들에게 '종신 영웅'의 지위를 부여한다는 결정이었다. 이로써 올림픽 금메달은 1등급 무공훈장보다 더 가치 있는 것이 되었다.

1976년 8월 1일, 몬트리올 올림픽 레슬링 종목에서 양정모 선수가 금메달을 획득했다. 한국인으로는 두 번째, 대한민국 국가대표 선수로는 첫 번째 금메달이었다. 신문은 호외를 발행했고, TV는 양정모 선수가 두 팔을 번쩍 들고 환호하는 모습을 종일 연거푸 방송했다. 그에게는 대한민국의 국위國威를 선양宣揚한 영웅이라는 찬사가 쏟아졌다. 그가 귀국하던 날에는 카퍼레이드가 펼쳐졌다. 당시 한국민 모두 자기가 금메달을 따기라도 한 것처럼 기뻐했다. 몬트리올 올림픽 이후 지금까지 한국이 올림픽에서 획득한 금메달 수는 100개가 넘는다. 금메달리스트는 연금 말고도 병역 특례 혜택, 각 종목 협회 포상금, 때로는 광고 모델 수익까지도 얻는다. 국위를 선양한 현대의 영웅이기에, 이들이 받는 혜택에 대해 불평하는 사람도 별로 없다.

올림픽은 세계 평화를 향한 지향과는 별도로 각국에서 민족주의를 고취하고 국민통합을 강화하는 힘으로 작용했다. 올림픽은 스포츠를 '국민 만들기'라는 정치 행위의 핵심 요소로 만들었고, '체력은 국력'이라는 구호 아래 국가가 국민을 훈육할 수 있도록 했다. 올림픽 기간 중에는 전 세계 사람들이 각국의 '국민'이라는 이름으로 통합된다. 사람들은 올림픽 메달 순위를 국력 순위처럼 생각하곤 한다. 일부 개최국은 자국의 순위를 높이기 위해 심판 매수도 거리끼지 않는다는 비난을 받는다. 최근에 이르러 올림픽 금메달에 대한 한국인들의 갈증은 상당히 해소된 듯하나, 그래도 이 물건은 지역, 정치색, 종교, 빈부 등 온갖 요인들로 분열된 한국인들을 4년마다 한 번씩 통합시키는 마력을 발휘한다.

양초

23. 한국 민주주의의
상징이 된
조명등

23. 한국 민주주의의
상징이 된
조명등

형설지공螢雪之功. '반딧불과 눈빛에 의지해 글을 읽어 이룬 공'이라는 뜻이다. 옛사람들에게 가난이란 인공조명 없는 캄캄한 밤과 대략 같은 뜻이었다. 전래 설화에는 밤에 산길을 헤매던 과객이 은은히 비치는 불빛을 따라 가서 외딴집을 발견하는 장면이 종종 나오는데, 다 알다시피 그런 집의 주인은 사람이 아니라 요괴妖怪다. 첩첩산중 외딴집에서 밤에 불을 밝히는 건 상례에서 한참 벗어난 일이었다.

옛날에는 조명에 드는 비용도 녹녹치 않았다. 실내 조명기구로는 작은 그릇에 액체 기름을 담고 심지를 띄운 등잔과 고형 기름에 심지를 박은 초(촉燭)가 있었는데, 아무래도 품이 많이 들어가는 촛값이 훨씬 비쌌다. 인류가 언제부터 조명용 불을 밝혔는지는 추정하기 어렵다. 초에 앞서 동물의 지방덩어리, 기름 묻힌 나무, 동식물에서 짜낸 기름 등이 먼저 사용되었다. 아메리카 인디언들은 16세기까지도 캔들피쉬(초 물고기)라는 기름기 많은 물고기를 막대기에 끼운 뒤 불을 붙여 조명등으로 삼았다. 수지樹脂나 밀랍 덩어리 가운데에 심지를 박은 초는 기원전 3000년쯤 이집트와 그리스에서 등장했다. 중국에서는 기원전 1700년쯤 상商나라를 개창한 성탕成湯이 초를 발명했다고 한다. 심지에 붙은 불은 일정한 크기로 오랫동안 지속되었기 때문에 조명용으로 적합했다. 원료가 반半고체인 만큼 다양하게 성형

1장 - 다스리고 통제하다

할 수 있었으나, 어느 문명권에서나 대개 둥근 막대형으로 만들었다.

우리나라에서는 삼국시대까지 초를 사용했다는 기록이 없다. 통일신라의 유적지에서는 촛대와 초가위가 출토되었다. 하지만 고려시대는 물론 조선시대까지도 초는 사치품이었다. 조선 후기에는 초가 비교적 흔해져 자초, 홍대초, 포초布燭, 용초, 밀초, 화초畫燭, 내점초耐點燭, 풍전초, 만리초, 성초, 잡초 등이 유통되었으나, 고관대작이라도 일상적으로 초를 쓰는 것은 비난받을 일이었다. 당대의 촛값을 생각하면, 「춘향가」에서 암행어사 이몽룡이 읊은 '촉루락시민루락'燭淚落時民淚落, 즉 '촛농이 떨어질 때 백성의 눈물도 떨어진다'는 시구詩句는 결코 과언이 아니었다.

원칙적으로 민가에서는 혼례나 제례 때에나 초를 사용할 수 있었다. 상가喪家에 전하는 부의賻儀를 '지촉대'紙燭代라고도 했는데, 종이와 촛값이라는 뜻이다. 조선 후기에도 납촉蠟燭(밀랍으로 만든 초)은 대단히 귀한 선물용품이었다. 중국 한대漢代에 편찬된 것으로 추정되는 『주례』周禮에는 "나라의 큰일에 사환씨司烜氏가 분촉墳燭을 바쳤으며, 제사에는 반드시 촛불을 밝힌다"라는 문구가 있다. 이 원칙은『주자가례』朱子家禮가 널리 보급된 16세기 이후 우리나라 민가 제사에도 적용된 것으로 추정된다. 1844년에 청나라 사신으로 조선에 왔던 백준栢葰은 체류 중의 일을 기록해 『봉사조선역정일기』奉使朝鮮歷程日記를 펴냈다. 그가 신기하게 여겼던 것 가운데 하나는 조선 사람들이 초를 먹는다는 점이었다. 그가 초라고 여긴 것은 가래떡이었다.

1850년 원유에서 파라핀 왁스를 추출하는 기술이 개발되고 1859년 아메리카 대륙에서 석유 생산이 개시되자 파라핀 왁스는 곧바로 고래기름과 밀랍을 대체했다. 초의 성능은 향상되고 가격은 떨어졌다. 파라핀 왁스와 개량된 심지를 사용한 초는 1900년 전후 '양초'洋燭라는 이름으로 본격 수입되었다. 1900년 10월 6일자 『황성신문』

에는 대중소 각종 양초를 판매한다는 일본인 다나카츠네田中常 상점 광고가 실렸다. 1906년에는 이광수라는 사람이 일본에서 양초 제조 기술을 배우고 돌아와 서울 초동에 납촉일광회사臘燭一光會社를 설립하고 생산과 판매를 개시했다. 그런데 그는 이듬해에 갑자기 경찰에 체포되었는데, 세인世人들은 "한인 중 양초를 제조하는 사람은 해씨該氏(이 사람)뿐인 즉, 일인日人이 양초회사를 금지코자 함"이라고 의심했다고 한다.

대한제국 시기에 납촉일광회사 말고 한국인이 설립한 양초 제조 업체가 또 있었는지는 알 수 없다. 일제강점 직후인 1912년, 『매일신보』는 경성 내 제조업자 255인을 21개 업종으로 분류했는데, 그중 하나가 양초 제조업자였던 것으로 보아 이때쯤에는 서울에만 적어도 서너 개의 제조업체가 있었을 것이다. 1915년, 공업전습소 졸업생들로 조직된 자영단自營團이라는 단체는 양초를 직접 만들어 각처에 판매했다. 하지만 조선인이 생산하는 양초가 많지는 않았던 듯하다. 1922년 물산장려운동 당시에도 조선에서 소비되는 양초의 대부분을 일인과 청인淸人이 취급하는 형편이었다.

1923년 양초 한 개 값은 5전. 한 집에서 매일 한 개를 쓴다고 치면 한 달에 1원 50전으로 남성 노동자의 하루 일당에 해당했으니, 이른바 중류층 가정이라도 쉽게 쓸 수 있는 조명등이 아니었다. 전기가 들어오지 않는 가정에서는 '남포'라고 불린 석유램프나 역시 석유를 사용하는 '호롱불'을 야간 조명용으로 사용했다. 등유燈油는 양초보다 쌌지만 냄새가 나고 그을음이 심했다. 양초는 전등을 사용하는 집에서 정전 때 비상용으로 사용하는 조명등이었다. 캄캄한 곳에서 양촛불을 밝히고 물건을 찾는 행위가 화재로 번지는 사고도 드물지 않게 일어났다.

전등 사용이 일반화하고 정전이 드물어진 뒤, 양초는 비상 조명등

2017년 1월, 박근혜 대통령 탄핵을 촉구하는 촛불집회 조선시대까지 사치스런 조명등 이었던 촛불은 전등 시대 이후 비상용 조명등, 의례용 조명등, '무드등'으로 사용되었다. 2017년 독일 프리드리히 에버트 재단은 한국의 '촛불 시민'들에게 인권상을 수여했다. 2019년에는 체코 시민들이, 2020년에는 홍콩 시민들이, 2021년에는 미얀마 시민들이 촛불시위를 벌였다. 민주화운동과 촛불집회도 이른바 '한류 콘텐츠' 가운데 하나다. 사 진: 연합뉴스

의 지위조차 빼앗겼다. 오늘날 각 가정에서 비상 조명등 구실을 하 는 것은 양초가 아니라 랜턴이다. 그런데도 양초의 쓰임새는 아직 많다. 제사를 비롯한 종교 의례에는 여전히 양초가 쓰인다. '기도하 는 자세' 또는 '정성 드리는 마음'은 하늘로 향하는 불꽃을 만들기 위해 자기 몸을 태우는 양초와 비슷해야 한다는 믿음 때문일 것이 다. 양초는 또 이색적인 야간 분위기를 연출하는 용도로도 쓰인다. 1915년 10월 29일자 『매일신보』는 조선물산공진회 여흥 장면에 대 해 다음과 같이 보도했다.

오후 여덟 시가량이 됨에 홀연히 정전이 되어 전기등이 일 제히 꺼졌더라. 전기등은 비록 꺼졌으나 별안간에 수백 개 의 양초를 켜놓았음으로 도리어 전기등이 꺼지기 전보다도

운치가 있게 되었으며, 기생이 들고 경주할 붉은 제등이 더 한층 빛이 나게 되었더라.

아마도 이것이 촛불을 이른바 무드등으로 사용한 첫 번째 사례일 것이다.

1974년 7월, 천주교 신부와 신자들이 명동성당에서 지학순 주교 구속에 항의하는 기도회를 가진 뒤 촛불을 들고 행진했다. 이 땅 최초의 촛불시위였지만, 이 전통은 천주교 안에서만 이어졌다. 2002년 12월, 미군 장갑차에 치어 죽은 효순이와 미선이를 추모하기 위해 수많은 사람이 거리로 나와 불붙인 양초를 들었다. 이를 계기로 촛불시위는 현대 한국 특유의 시위 문화가 되었다. 이후 한국인들은 야간 시위 때마다 촛불을 들었다. 2016년 겨울에는 수많은 사람이 남의 옷에 불을 붙이거나 촛농을 떨어뜨릴 위험성이 없는 촛불 모양의 LED 랜턴을 들고 광화문 광장을 가득 채웠다. 제 몸을 태워 세상을 밝히는 양초는, 평화와 정의를 향한 한국인의 염원을 상징하는 물건이 되었다.

24. 분단국가의
상징

　　태극기는 유교 경전인 『주역』周易의 원리를 도상화圖像化하여 왕조국가의 상징물로 삼은 것으로서, 애당초 자유, 평등 등 근대적 가치와는 아무 관계가 없었다. 하지만 3·1운동으로 민국을 선포한 뒤에도 새 국가의 이념에 맞는 새 국기를 제정하자고 주장한 사람은 거의 없었다. 안중근이 태극기에 손바닥 도장을 찍은 것에서 알 수 있듯, 태극기는 이미 독립운동의 주요 상징물이 된 상태였다. 이봉창과 윤봉길이 의거 직전 안중근의 조카 안낙생의 집에서 '기념사진'을 찍을 때에도, 그들의 뒤에는 태극기가 있었다.

　　해방 후에도 한동안은 모두가 행사 때마다 태극기를 들었으나, 곧 이념에 관계없이 도상의 '봉건성'에 대한 비판이 제기되었다. 사회주의자들이 선수를 쳤다. 1946년 봄, 이른바 '신탁통치' 문제를 둘러싸고 사회가 둘로 갈라지자 그들은 태극기와 함께 붉은 깃발, 즉 적기赤旗를 들었다. 1947년 11월, 북조선인민위원회 3차 회의의 결의에 따라 발족한 조선임시헌법 제정위원회는 새 국기 제정에 착수하여 이듬해 9월 8일, 북한 정권 수립과 동시에 공포했다. 상하단의 파란색은 평화, 그 아래 흰색은 광명, 가운데 붉은색은 혁명정신, 원 안의 붉은 별은 사회주의 국가 건설을 상징했다. 북한 국기에는 남홍색공화국국기藍紅色共和國國旗 또는 홍람오각별기紅藍五角星旗라는 이름이 붙었다. 1919년에 태극기를 상찬했던 김두봉은 북한 정권의 국가 수반인 최고인민회의 의장이 되었으나, 각 색깔의 의미는 그가 1919년에 태극기를 재해석할 때와는 달랐다. 그는 태극기가 '비과학적이고 미신적인 봉건사상의 산물'이라고 주장했다.

대한민국 정부도 "대한민국이 국제연합의 승인을 얻은 것을 계기로 국기를 새로 제정함으로써 신생 조국을 훌륭한 독립국가로 키워나갈 국민의 청신한 기분을 배양"하자는 이승만의 지시에 따라 1949년 1월 15일 문교부 산하에 국기시정위원회를 조직하고 국기 변경을 검토했으나, 위원회는 남북통일 때까지 새 국기의 제정을 보류하기로 결정했다. 북한 정권이 새 국기를 공포한 상태에서 태극기를 버리는 것은 대한민국의 역사성과 정통성을 포기하는 것과 마찬가지이며, 북한 정권을 공격할 유효한 수단 하나를 버리는 것이라고 판단했기 때문이다. 북한의 인공기는 태극기를 버린 반역자들의 깃발이라고 주장하기 위해서는 태극기를 보존하는 편이 나았다.

북한 정권이 수립된 직후인 1948년 9월 14일, 중앙청 앞을 비롯한 서울 시내 곳곳에 홍람오각별기가 휘날렸다. 남한 사람들은 이를 '인공기'라고 불렀다. 인공기는 이후 각 학교나 직장에 수시로 모습을 드러냈다. 북한 정권이 정통이라고 주장한 남한의 공산주의자들은 인공기의 탄생을 알리고 그를 보급하는 일에 열심이었다. 당연히 정부는 그들을 추적, 체포하기 위해 애썼다. 단독 정부 수립과 단독 선거 반대 운동 이후 지리산, 덕유산 등으로 들어가 빨치산이 된 공산주의자들도 적기 대신 인공기를 사용했다. 그때부터 정부 토벌군의 전리품 목록에는 인공기가 포함되었다.

1950년 6월 28일, 서울을 점령한 북한군이 가장 먼저 한 일은 중앙청 국기게양대에 인공기를 거는 것이었다. 석 달 후 서울을 수복한 국군이 가장 먼저 한 일도 중앙청 국기게양대에서 인공기를 내리고 태극기를 다시 거는 것이었다. 전쟁 중 한국인들에게 태극기와 인공기는 목숨이 걸린 물건이었다. 마을에 군대가 들어오면 어쨌든 환영하는 것이 국민의 도리였다. 그러나 복장만으로는 국군인지 인민군인지 단정할 수 없었다. 사람들은 어떤 깃발을 들고 나갈지를 선택해야 했고, 이 선택은 종종 마을 주민 전체의 목숨과 직결되었다. 군인의 민가 수색 과정에서 깃발이 발견되는 일도 드물지 않았다. 남북 정부 수립 전에도 사용했던 태극기라면 변명의 여지가 있었으나, 인공기에는 변명의 여지도 없었다.

휴전 이후, 인공기는 한국인들의 시야에서 사라졌다. 1950~1960년대에는 일본에서 진행된 재일동포 북송北送을 비난하는 신문기사들에 인공기에 관한 소식이 간간이 실렸을 뿐이다. 한국인 중에 합법적으로 인공기를 볼 수 있는 사람은 외교관과 외국에서 열린 스포츠대회에 참가한 선수단원들뿐이었다. 1972년 북한 적십자단이 방문했을 때에도 인공기는 사용하지 않았고, 반대로 남측 대표단이 방북했을 때에도 태극기는 사용하지 않았다. 휴전 이후에 태어난 사람들은 인공기가 어떻게 생겼는지도 몰랐으나, 이 물건을 보고도 경찰서에 신고하지 않는 것은 죄였다.

6·10 민주화운동 이듬해, 이른바 학원 내 주사파 논란이 한창이던 1988년 6월 4일 몇몇 신문이 '서울대 학생 집회에 북한 인공기 등장'이라는 기사를 냈다. 경찰에 압수된 국기는 연극 소품으로 제작된 것으로서 북한 국기와는 모양이 전혀 달랐지만, 많은 언론사가 왜곡 보도를 멈추지 않았다. 당시 학생은 물론 기자들 중에도 북한 국기가 실제로 어떻게 생겼는지 모르는 사람이 많았다. 한국인들이 TV 화면을 통해서나마 인공기를 합법적으로 볼 수 있게 된 것은 1990년 베이징 아시안게임 이후의 일이었다. 이때에는 남북한 응원단이 각각 태극기와 인공기를 손에 쥐고 흔들며 관람했고, 시상대에선 북한 선수들의 모습도 TV 화면에 노출되었다. 신문과 방송들은

"45년 만에 하나 된 남북한, 태극기와 인공기 뒤섞인 감동" 등의 기사를 쏟아냈다. 현지에서는 태극기와 인공기를 바꿔 드는 관람객도 있었다. 물론 TV 화면에 인공기가 노출된 것을 비판하는 여론도 있었다.

인공기에 대한 한국인들의 적대감이 흐릿해지자, 실물을 만드는 사람도 생겼다. 1990년 10월, 고려대와 연세대 학생들이 학내 행사로 북한 영화를 상영하면서 인공기를 게양했다. 1992년 5월에는 대학생 일부가 인공기를 들고 서울 시내를 행진하기도 했다. 학내 시위 때 인공기가 출현하는 일은 한동안 전국의 대학에서 계속되었다. 경찰은 인공기를 제작, 소지한 학생들을 체포했으나, 그런 행위가 불법인지를 둘러싸고는 사회적 논란이 일었다. 1991년 남북한 유엔 동시 가입은 국제사회가 인공기를 합법적 국기로 인정했음을 의미했다. 같은 무렵 이념적 냉전의 시대가 저물자, 인공기를 '남의 나라 국기 중 하나' 정도로 생각하는 사람이 점차 늘어났다.

남한 땅에서 실물 인공기가 처음 제한적 합법성을 획득한 것은 2002년 부산 아시안게임 때의 일이었다. 이에 앞서 2000년에는 인공기가 새겨진 북한 항공기가 합법적으로 김포공항에 착륙했다. 북한도 이 대회에 선수단과 응원단을 파견했고, 응원단은 한반도기와 인공기를 함께 흔들었다. 한국 관람객이 인공기를 흔드는 일은 금지되었으나, 실제로 단속이 이루어지지는 않았다. 시상식장에서는 인공기가 올라가고 북한 국기가 울려 퍼졌다. 이 무렵부터 한국인들 사이에서 인공기의 이미지는 극단적으로 분리되었다. 인공기에 별다른 느낌을 받지 않는 사람이 늘어난 반면, 선거 때마다 "○○○이 당선되면 시청 광장에 인공기 휘날린다"라고 주장하는 사람도 있었다.

인공기는 북한의 상징이자 분단의 상징이다. 하지만 오늘날 한국인들이 이 물건에 투사하는 감성은 일률적이지 않다. 평화통일을 원

한국전쟁 중 사용된 조선민주주의인민공화국 국기 북한에서는 남홍색공화국국기, 홍람
오각별기로 불리며 남한에서는 '인공기'라고 한다. 한국전쟁 휴전 이후 남한 사람들이
이 도상에 대해 취해야 할 유일한 태도는 '적대시'였다. 하지만 1990년대 이후 남한 사
회는 이 도상에 대한 태도를 둘러싸고 또 다른 분열을 겪고 있다.

하는 사람과 무력 흡수통일을 원하는 사람, 통일을 원하지 않는 사
람들 각각에게 인공기의 의미는 서로 다르다. 물론 북한 주민들에게
는 충성을 표해야 할 국가 상징물이다. 인공기는, 분단을 내면화한
현대 한국인들의 또 다른 상징이다.

휴전선 철책

25. 대륙과
이어지는 길을
끊다

　　"호~텡, 호~텡" 일제강점기 경성역(서울역) 장내 확성기에서 북행 열차가 출발하기 전에 울려 퍼지던 소리다. 호텡은 봉천奉天의 일본어 발음으로 중국 랴오닝성 성도인 센양瀋陽을 이르는 당시 이름이다. 이 열차를 타면 곧바로 센양까지 갈 수 있었고, 거기에서 다시 시베리아 철도나 남중국행 철도로 갈아탈 수 있었다. 인류는 인지발달 과정의 어느 단계에서 "저 길의 끝은 어디일까?"라고 자문하는 습성을 키워왔다. 이 의문이 인간의 자의식을 확장시켰고, 먼 곳에 떨어져 사는 사람들 사이의 교류를 매개했으며, 문명 발달을 촉진했다.

　　일본이 무조건 항복하기 직전인 1945년 8월 11일, 미국은 북위 38도선을 경계로 남쪽은 미군이, 북쪽은 소련군이 점령한다는 방침을 정하고 소련의 동의를 얻었다. 같은 제2차 세계대전 패전국인 독일과 달리 일본은 '분할점령'을 면했다. 대신 일본의 식민지였던 한국이 '모진 놈 곁에 있다 벼락 맞는' 일을 당했다. 같은 달 27일, 먼저 38도선 이북 지역에 진주進駐한 소련군은 북위 38도선을 지나는 도로와 철도 주변에 '38선'을 알리는 팻말을 세웠다. 남북을 잇던 철도와 도로는 그대로였으나, 기차와 차량 운행은 끊겼다. 38도선은 '사실상의 국경선'이 되었다. 하지만 사람들은 소로小路와 산길을 이용해 계속 왕래했다. 북에서 진행되는 사회주의적 개혁에 반대해 월

남越南하는 사람도 많았으며, 남에서 좌익左翼 혐의를 받고 북으로 넘어가는 사람도 많았다.

1949년 말, 남한에서는 '내년은 38선 이사 가는 해'라는 소문이 돌았다. 3·1운동으로 건립된 대한민국의 국호를 계승한 정부는 한동안 '민국' 연호와 '단기' 연호를 병용했다. 1950년은 민국 31년이자 단기 4283년이었다. 4283을 거꾸로 읽으면 '3824'가 되니, 말장난에 가까운 예언이었던 셈이다. 하지만 이 말장난이 결국 들어맞았다. 전쟁사가戰爭史家들은 1950년 6월 25일부터 3년 넘게 계속된 한국전쟁에 '톱질전쟁'이라는 별명을 붙였다. 전선의 이동 양상이 밀었다 당겼다 하며 톱질하는 것과 흡사했기 때문이다. 북한군은 전쟁 발발 한 달여 만에 낙동강 전선 이남을 제외한 한반도 전역을 장악했고, 유엔군은 10월 1일 38선을 넘어 북진을 개시한 지 한 달도 안 되어 압록강까지 진출했다. 1950년 11월 중국군이 압록강을 넘어온 지 한 달여 만에 UN군은 다시 서울을 버리고 그 남쪽으로 퇴각했다.

전선이 북위 38도선 부근에서 오락가락하던 1951년 여름, 휴전협상이 시작되었다. 한편으로는 전투를 벌이고 또 한편으로는 휴전조건을 협의하는 지루한 과정이 2년 넘게 계속되었다. 1953년 7월 27일 오전 10시, 판문점에서 '국제연합군 총사령관을 일방으로 하고 조선민주주의인민공화국 최고 사령관 및 중공 인민지원군 사령원을 다른 일방으로 하는 한국 군사 정전에 관한 협정'이 체결되었다. 그 즉시 양측 군대에 전투 중지 명령이 하달되었고, 그 시점의 전선이 군사분계선이 되었다. 군사분계선에서 남북으로 각각 2킬로미터 지점까지는 '비무장지대'로 지정되었다. 기관총 유효 사거리를 기준으로 삼은 거리였다. 비무장지대 경계선에는 철조망이 놓였고, 그 안에는 지뢰가 매설되었다. 철조망은 차츰 더 튼튼한 철책鐵柵으로 교체되었다.

휴전선 비무장지대 철책 경계 시설물을 점검하는 국군 병사 한반도의 중간 부분을 동서로 가로지르는 휴전선은 이 지구상에서 가장 폐쇄적인 국경선이다. 보통사람들에게는 이 선을 통과하는 것은 물론 이 선에 접근하는 것도 허용되지 않는다. 이 지표 위의 경계선으로 인해 한국인들은 '대륙과 이어지는 육로'를 상상조차 못 하는 사람이 되었다.

38선은 지도 위의 선이었으나, 휴전선은 지표 위의 선이었다. 휴전 이후에도 간간이 철책을 넘는 사람들이 있었으나, 그런 행위는 시도만으로도 '죽을 죄'였다. 철책은 사람들의 마음속에도 놓였다. 해마다 6월이면, 남쪽의 학생들은 반공 포스터를 그렸다. 극소수의 예외가 있기는 했으나 학생들의 그림은 거의 같았다. 먼저 한반도 모양을 그리고 가운데에 선을 그었다. 아래쪽은 파랑, 위쪽은 빨강으로 칠한 뒤 다시 위쪽에 뿔 달린 머리, 날카로운 송곳니, 빨간 눈을 가진 도깨비나 귀신, 또는 괴물을 그렸다. 아래쪽에는 논밭과 공장, 집들과 사람들을 그린 뒤 마지막으로 '상기하자 6·25'나 '북괴는 노린다. 우리의 빈틈을' 같은 글귀를 그려 넣었다. 옛날 사람들은 땅끝에 지옥문이 있다고 믿었으나 현대 한국인들에게는 휴전선이 지옥문이었다. 북한에서도 같은 일이 벌어졌을 것이다.

휴전선은 한반도 남북 모두를 이상한 땅으로 만들었다. 남쪽은 대륙과 끊어진 반도半島, 섬보다 못한 땅이 되었다. 북쪽은 바다가 양쪽으로 단절되어 동해의 배와 황해의 배가 서로 만나지 못하는 땅이 되었다. 휴전선은 지리적으로나 심리적으로나 남한과 대륙을 단절시켰다. 남한 사람들에게 북한, 중공, 소련은 한 덩어리로 뭉친 거대한 공산제국이자 악마의 대륙이었다. 그 압도적인 크기가 주는 공포 앞에서, 한국인들은 대륙으로 향하는 마음의 길조차 끊었다. 일제강점기 선조들이 기억했던 수많은 역驛 이름과 땅 이름들이 휴전 이후에는 한국인들의 뇌리에서 사라져갔다. 오늘날의 한국인들은 유럽 대륙 지도 위에 각 나라와 도시 이름을 써넣을 수 있지만, 유라시아 대륙 횡단 철도 주변에 어떤 나라와 도시들이 있는지는 거의 알지 못한다. 1990년대부터 중국과 러시아로 가는 하늘길이 열리기는 했으나, 지상의 풍경이 소거된 비행기 여행은 광활한 공간에 대한 감각을 키워주지 못한다. 휴전선 철책은 현대 한국인들에게 기차 침대칸 이용을 사치로 여기게 만든 물건이다. 그래서 통일은, 한국인들에게 인간 보편의 공간 감각을 회복시켜주는 일이기도 하다.

26. 통일 지향의
임시 상징물

영단어 '네이션'nation은 한자 문화권에서 민족, 국가, 국민으로 번역된다. 한국인을 비롯한 한자 문화권 사람들에게 민족, 국가, 국민은 서로 다른 개념이지만, 영어 문화권 사람들은 이 셋을 잘 구별하지 못한다. 글로벌 시대인 지금도 한국인 다수는 안중근, 김구, 윤봉길 등을 '민족주의자'라는 이유로 존경한다. 그러나 유럽인들은 '내셔널리스트'라는 단어에서 흔히 히틀러를 연상한다. 오늘날에는 우리나라 사람 대다수도 국가주의가 전체주의나 독재체제, 국수주의와 비슷한 뜻이라고 생각한다. 그래서 민족주의나 국가주의나 영어로는 다 내셔널리즘nationalism이라는 사실에 생각이 미치면, 갑자기 당황한다.

고대 중국에서도 민족民族이라는 말을 쓰기는 했으나, 한 국가 내의 특정한 농촌공동체 또는 부족공동체를 지칭하는 것이었다. 이 단어는 1837년 중국에 온 유럽 선교사가 편찬한 『동서양고매월통계전』東西洋考每月統計傳이라는 책에도 '폴크'volk의 한자 번역어로 사용되었다. 한자어 '민족'의 의미를 확장하여 영어 네이션의 번역어로 사용한 이는 일본인 가토 히로유키加藤弘之였다. 그는 1872년에 스위스인 요한 블룬칠리Johann K. Bluntschli가 지은 책을 번역하여 『국법범론』國法汎論이라는 제목으로 출간하면서 스테이트state, 폴크volk, 네이션nation을 각각 국가國家, 국민國民, 민족民族에 대응시켰다. 네이션을 의미하는 민족이라는 단어는 1899년 량치차오梁啓超를 통해 중국에 역수입되었고, 한국에서는 『황성신문』 1900년 1월 12일자에 처음 사용되었다.

조선시대에 현재의 민족과 유사한 뜻으로 사용한 단어는 '족류'族類였다. '우리 족류가 아니므로 그 마음이 반드시 다를 것'이라는 말은 여진족에게 상투적으로 쓰던 말이었다. 족류는 남과 우리 사이의 경계를 표시하는 데에는 유용했으나, 우리 안의 동질성을 인식하는 데에는 한계가 있었다. 그래서 우리 족류 또는 동족同族을 지칭할 때에는 동포同胞라는 은유를 썼다. 동포는 본래 한 어머니에게서 나온 형제라는 뜻이다. 신분제 사회에서 양반과 천민이 서로를 동포로 인식하는 것은 본래 불가능했다. 그러나 조선 후기 왕들은 양반과 천민을 가리지 않고 모든 신민을 동등하게 대우하겠다는 뜻을 밝힐 때, 흔히 동포라는 말을 썼다. 순조純祖는 내노비內奴婢와 시노비寺奴婢를 해방시키면서 "임금이 백성에게 임하여 귀천이 없고 안팎을 고루 균등하게 친자식으로 여겨야 하는데 노奴라 하고 비婢라 하여 구분하는 것이 어찌 똑같이 사랑하는 동포로 여기는 뜻이겠는가"라고 했다. 왕의 은덕, 곧 통치권을 천민에게까지 직접 행사하려는 권력 의지가 백성百姓과 적자赤子, 동포를 하나로 묶는 결과를 낳았던 셈이다. 물론 이 용어는 왕과 사대부만 쓸 수 있었다. 천민이 양반을 동포라고 부를 수는 없었다.

동포의 의미를 위아래 구분 없이 조선인 또는 한국인 전체로 확장한 것은 독립협회와 독립신문이었다. 조선 사람끼리 서로를 형제로 인식하기 위해서는 먼저 제도와 의식 양면에서 차별이 사라져야 했다. 신분제도는 1894년 갑오개혁으로 철폐되었으나, 신분 차별의식은 그 뒤로도 오랫동안 존속했다. 독립협회는 이 신분 차별의식을 만민평등의식으로 대체하고자 했다. 동포는 평등의식을 확산하는 데에 유용한 개념이었지만, 부계父系 혈통血統 의식이 강고한 상황에서는 한계도 명확했다. 양반이었던 사람과 노비였던 사람이 서로를 한 핏줄로 여길 수는 없었다. 이 문제를 해결하기 위해 만들어진 것이 단군 선조의식이었다. 단군은 고려 말 『삼국유사』에 처음 등장한 이래 국조國祖, 즉 이 땅에 나라를 처음 세운 인물로 추앙되었다. 그러나 그는 국조였을 뿐 조선 사람 모두의 조상은 아니었다. 단군이 한국인 공통의 조상이라는 담론은 1890년대 말부터 확산하기 시작했다. 이로써 동포라는 말의 의미가 확정되었고, 단군 이래 수천 년의 역사가 단일한 시간 축으로 꿰어졌다.

　동포라는 혈연 공동체 의식은 민족 개념의 발견으로 이어졌다. '족'族이라는 글자는 자체로 동포와 비슷한 뜻인데, 그 앞에 '민'民을 놓음으로써 이 혈연관계의 주체와 역사성을 재인식할 수 있게 되었다. '인민'이라는 말이 생긴 것은 본디 인과 민을 다른 존재로 여겼기 때문이다. 이 차별의식을 낳은 것은 거주지와 생업의 차이였다. 인류의 문명은 도시 건설로부터 시작했다. 도시는 문명을 저장하는 창고였던 반면, 농촌은 문명이 휩쓸고 지나가는 벌판이었다. 고대에 도시 거주자는 '신의 아들'이나 '신의 대리인'을 섬기면서 세상을 다스리는 일을 맡은 사람으로 간주되었다. 도시와 도시 밖의 넓은 영역(농촌, 어촌 등)으로 이루어진 고대국가에서 도시 거주자와 농어촌 거주자 사이에는 엄격한 구별이 있었다. 이 구별을 표현한 말이 '인민'이었다. 인人은 넓은 의미에서 '사람'이지만, 좁은 의미로는 '도시 사람'이었다. 인은 천명을 받은 신의 대리인을 섬기고 보좌하는 일을 맡은 사람이었고, 민은 땅에 속박되어 식량과 옷감 등을 생산하는 사람이었다. 지금도 도시에서 직업 활동을 하는 사람들은 정치인, 경제인, 군인, 문화예술인, 법조인, 언론인 등으로 부르고 농어촌에 사는 사람들은 농민, 어민이라고 한다. 우리나라에서 국민國民

이라는 말은 1904년께부터 사용되었다. 그전에는 국인國人이라고 했다. 민民은 인人보다 천하게 취급된 글자였다.

우리나라에서 민에 대한 인식을 바꾸자는 캠페인은 19세기 말부터 시작되었다. 1897년 8월 23일, 윤치호는 '대군주 폐하 탄신 경축회'에서 "완고 세계에는 백성 민 자가 종 민 자가 되어 백성은 다만 관인의 의식을 공급하는 종이 되었은즉 다시 백성이 위가 되고 관인이 아래가 되어야 개화가 될 것이오"라고 연설했다. 민을 귀하게 여기자는 계몽의 토대 위에서 민족이라는 단어가 도입되었다. 그런데 '동방민족과 백인민족'이라는 표현에서 보듯, 이 무렵에는 민족을 인종과 동의어로 쓰기도 했다.

한국인들은 러일전쟁 이후에야 민족과 인종을 분명히 구별해 쓰기 시작했다. 개항 이후 조선 지식인들도 일본 지식인들과 마찬가지로 서세동점西勢東漸을 위기의 근원으로 인식했다. 그런 인식에서는 인종 문제가 중심일 수밖에 없었다. 그러나 러일전쟁 이후 일본이 한국의 국권을 본격 침탈해가는 상황에서 백인종의 위협은 부차적 문제가 되었다. 일본에 대해서는 인종적 동일성보다 민족적 이질성을 강조해야 했고, 그럴 수밖에 없었다. 황인종이라는 이름으로 일본인과 한국인을 한데 묶는 것은 한국의 멸망을 방조하는 일이었다. '인종경쟁'을 대신해 '민족경쟁'이 시대의 성격을 표현하는 단어가 되었다.

『황성신문』은 1907년 6월 20일자 「민족주의」라는 논설에서 민족주의를 "상고시대上古時代에 잉태孕胎되고 16세기에 성장하였으며 20세기 신천지에 빛을 발하며 활약하여 우주를 떨쳐 흔들어 동서 간에 충돌하고 영웅의 뜨거운 피를 씻어 없애며 인민의 간과 뇌腦를 던져 없애어 이를 아는 자는 흥하며 이를 모르는 자는 망하고 이를 얻는 자는 살며 이를 잃는 자는 죽는 것"이라고 정의했다. 『대한매일

신보』는 1908년 7월 30일자 논설 「민족과 국민의 구별」에서 양자의
차이를 아래와 같이 정리했다.

> 국민이라 하는 명목이 민족 두 글자와는 구별이 있거늘 이
> 제 사람들이 흔히 이것을 혼합하여 말하니 이는 옳지 아니
> 함이 심하도다. 고로 이제 이것을 약간 변론하노라. 민족이
> 란 것은 다만 같은 조상의 자손에 매인 자며 같은 지방에 사
> 는 자며 같은 역사를 가진 자며 같은 종교를 받드는 자며 같
> 은 말을 쓰는 자가 곧 민족이라 칭하는 바어니와 국민이라
> 는 것을 이와 같이 해석하면 불가할지라. 대저 한 조상과 역
> 사와 거지居地와 종교와 언어의 같은 것이 국민의 근본은 아
> 닌 것이 아니언마는 다만 이것이 같다 하여 문득 국민이라
> 할 수 없으니 비유하면 근골과 맥락이 진실로 동물 되는 근
> 본이라 할지나 허다히 벌려 있는 근골 맥락을 한 곳에 모두
> 어 놓고 이것을 생기 있는 동물이라고 억지로 말할 수 없는
> 것과 같이 저 별과 같이 헤어져 있고 모래같이 모여 사는 민
> 족을 가리켜 국민이라 함이 어찌 가하리오. 국민이라는 자
> 는 그 조상과 역사와 거지와 종교와 언어가 같은 외에 또 반
> 드시 같은 정신을 가지며 같은 이해를 취하며 같은 행동을
> 지어서 그 내부에 조직됨이 한 몸에 근골과 같으며 밖을 대
> 하는 정신은 한 영문營門에 군대같이 하여야 이것을 국민이
> 라 하느니라.

혈연, 지연, 역사, 종교, 언어 공동체인 민족이 단일 국가를 형성
하여 공동의 정신과 이해관계, 공동의 대외적 태도를 지녀야 비로
소 국민이 된다는 것이다. 이 글은 량치차오의 「정치학 대가 블룬칠

리의 학설」(1903)을 거의 인용하다시피 한 것인데, 민족과 국민을 분리해서 인식한 것은 이후의 한국 민족운동에 중대한 영향을 미쳤다. 국가와 국민만이 인식되는 상태에서는 일단 국가가 망하고 국민이 소멸하면 재기와 재건을 꿈꿀 수 없었다. 실제로 사회진화론에 매몰되어 있던 중국 지식인들은 베트남과 한국이 망했을 때, 두 나라의 역사가 영영 끊겼다고 믿었다. 하지만 국민과는 별도로 민족이라는 주체를 설정하자, 민족이 유지되는 한 국가를 재건하여 국민으로 재결집될 수 있다는 신념이 자리 잡았다. "북풍한설 찬바람에 네 형체가 없어져도 평화로운 꿈을 꾸는 너의 혼은 예 있으니 화창스런 봄바람에 환생키를 바라노라"라는 〈봉선화〉의 노랫말(김형준 지음)은 국민과 민족을 분리시킴으로써 나올 수 있었다. 민족을 국민보다 덜 발전한 공동체로 인식하고, 공동의 의식과 정신을 고양함으로써 민족을 다시 국민으로 만들 수 있다는 논리였다. 한인 민족운동가들이 한민족을 '일본 국민화'하려는 일본 군국주의의 전방위적 시도에 맞서 한민족만으로 하나의 '국민'을 이루려는 의지를 꺾지 않았던 것도 이런 신념 때문이었다. 국가가 망한 뒤에도 독립운동을 벌일 수 있는 정신적 기반이 마련된 것이다.

해방은 민족을 국민으로 전변轉變시키는 계기여야 했으나, 민족과 국가의 불일치는 해소되지 않았다. 한민족은 하나의 나라를 세우지 못하고 남북으로 나뉘어 각각 서로 다른 국가 체제와 국가 상징물을 만들었다. 더불어 한민족의 과제는 나라를 되찾는 '광복'에서 하나의 국민으로 다시 통합하는 '통일'로 바뀌었다. 분단과 전쟁 이후 수십 년간, 한국인들은 "우리의 소원은 통일"이라고 노래하며 외쳤고, 이 노래는 북한 사람들에게도 알려졌다. 하지만 대외적으로 남한 사람과 북한 사람은 서로를 극도로 적대시해야만 했다. 세계 어디에서든 남한 사람과 북한 사람은 정부 허가 없이 서로 접촉할 수 없었으

1991년 지바 세계탁구선수권대회에서 남북한 탁구 선수들이 서명한 한반도기 1989년 남북 당국이 합의한 대외 표상인 한반도기는 1991년 지바 세계탁구선수권대회에서 처음 사용되었다. 1991년 이래 30여 년간, 한반도기는 '하나 된 한민족의 대외 표상'이었다. '하나 된 한민족'에 대한 전망을 혐오하는 사람이 늘어나고 있기는 하지만, '하나의 민족은 하나의 국민이 되어야 한다'고 믿는 사람이 여전히 다수다.

며, 스포츠 경기장에서 마주치더라도 상대를 원수 대하듯 해야 했다. 이런 상황은 1980년대 말 소련과 중국에서 개혁, 개방의 바람이 불면서 극적으로 변화했다. 1989년 12월 22일, 대한민국과 조선민주주의인민공화국은 베이징 아시안게임 단일팀 구성을 위한 체육회담에서 공동의 상징물로 한반도기를 사용하기로 합의했다. 이후 남북 관계가 개선된 국면에서 간헐적으로 남북 단일팀이 조직될 때면, 경기장에는 늘 한반도기가 휘날렸다. 한반도기가 남북한 국기와는 별도의 민족 상징물로 자리 잡은 것이다.

하지만 그 뒤 얼마 되지 않아 민족 자체를 허구화하는 사조思潮가 확산하기 시작했다. 특히 베네딕트 앤더슨Benedict Anderson이 주창한 '민족은 상상의 공동체'라는 명제는 민족을 실체 없는 집단으로 인식하고 민족 재통일을 무의미한 목표로 치부하는 사람들의 목소리를 키웠다. 그런데 앤더슨이 말한 '상상의 공동체'는 허구의 공동체나 가상의 공동체라는 뜻이 아니다. 그보다는 '현실에서 직접 관계 맺을 수 있는 인간 집단의 범위를 넘어선 공동체'라고 하는 게 옳을 것이다. 예컨대 신을 직접 본 사람은 한 명도 없다. 그런 점에서 신은 '상상의 존재'라고 할 수 있다. 그렇다고 특정한 신을 중심으로 모인 신앙공동체나 종교공동체를 허구의 공동체라고 할 수는 없다. 이 공동체는 실존하며, 강력한 구심력과 배타성을 지닌다. 민족공동체도 이와 마찬가지다. 최근에 들어 한반도기를 혐오하는 한국인이 늘어났지만, 국가와 민족이 객관적으로 일치하지 않는 상황에서는 국기와 다른 민족 상징물이 필요하다. 태어나지도 않은 아기에게 임시로 태명을 붙이는 것처럼, 한반도기는 아직 탄생하지 않은 통일한국의 임시 상징물이다.

2장

개발하고
융통하다

정치·경제

돈

현대의
      신

"돈을 돈이라 하는 건 돌고 돌기 때문." '돈'이라는 단어의 뜻에 대해 널리 유포된 오해다. 돈彣은 금속의 무게를 표시하는 칭량稱量 단위로, 1돈은 3.75그램에 해당한다. 귀금속이 교환의 매개물이자 재화의 축장 수단으로 널리 사용되면서 그 칭량 단위였던 '돈'이 화폐 자체를 의미하게 된 것이다. '화폐'貨幣라는 글자가 알려주는 바와 같이, 처음에는 조개껍데기(패貝)와 천 조각(건巾)이 물자의 가치척도이자 교환수단으로 쓰였다. 글자 모양대로 풀어본다면, 모양이 완벽해서 쓸모 있는 조개껍데기가 재財고, 부서져서 조각만 남은 조개껍데기가 천賤이다. 부서지기 쉬운 조개껍데기 대신 단단한 쇳조각이 화폐로 사용된 것은 당연히 금속 사용이 시작된 청동기시대 이후의 일이다. 돈과 같은 뜻의 전錢도 쇳조각 또는 쇠 부스러기를 형상화한 글자다.

우리나라에서도 금속화폐인 돈은 아주 오랜 옛날부터 사용되었다. 고조선의 팔조법금에도 '남을 다치게 한 자는 속죄하기 위해 50만 전錢을 내야 한다'는 조항이 있었고, 한반도 서북지역에서는 중국 고대의 돈인 명도전, 오수전 등이 출토되기도 했다. 고려시대에도 해동통보, 동국통보 등의 동전을 찍어냈고, 조선 초기에도 조선통보를 발행했다. 하지만 돈이 이 사람 저 사람의 손을 거치며 세상 구석구석을 돌아다닌 지는 그리 오래되지 않았다. 사용가치가 없는 쇳조

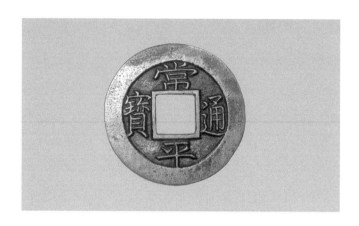

상평통보 1633년에 처음 주조되어 1907년 일제의 화폐개혁 때까지 통용된 조선시대의 화폐. 1960년대까지도 아이들로 발로 차며 노는 '제기'의 머리로 쓰였다. '천지간에 항상 공평하게 통용되는 보물'이라는 이름을 가졌던 이 물건은, 여러 차례 모양과 단위가 변화하면서 이윽고 '천지간의 모든 것을 지배하는 보물'이 되었다.

각을 보편적 교환수단으로 삼기에는 상거래 규모가 작았기 때문이다. 17세기 중엽까지는 쌀, 소금, 베 등 사용가치가 있으면서도 장기보관이 가능한 물건들이 화폐 구실을 했다. 하지만 소금素金이 '흰색의 금'이라는 뜻인 데에서 유추할 수 있듯, 금金을 가치 척도로 삼는 관념은 상존했다.

우리나라에서 돈은 상평통보常平通寶가 주조되면서부터 없어서는 안 될 물건의 자격을 획득했다. 동아시아의 금속 화폐는 대개 가운데에 네모난 구멍을 낸 원형圓形이었는데 이는 천원지방天圓地方, 즉 '하늘은 둥글고 땅은 모나다'는 우주관을 표현한 것이다. 모양과 이름을 합쳐 해석하면 이 돈은 '천지간에 항상 공평하게 통용되는 보물'이 된다. 이 돈은 가운데 구멍에 노끈을 꿰어 묶은 '꿰미'로 만들어 휴대하거나 보관했는데, 돈이 늘어나면 묶은 끈을 풀어 양 끝을 '벌린' 뒤 돈을 더 꿰었기 때문에, '벌다'라는 말이 생겼다. 우리말에서 '번다' 또는 '벌다'와 결합하는 명사는 돈 말고 시간, 매 정도가 있을 뿐인데, '시간 벌이'나 '매 벌이'가 없는 데에서 알 수 있듯 모두 '돈을 벌다'에서 파생된 말이다.

상평통보는 1633년에 처음 주조됐는데, 당초에는 거들떠보는 사람이 거의 없어 곧 주조를 중단했다. 그러나 병자호란 40년 뒤인 1678년 다시 주조된 뒤로는 얼마 안 가 "세 살배기 아이들도 돈을 안다"는 말이 나돌 정도로 돈을 밝히는 사람이 급속히 늘어났다. 여기에는 현물로만 내야 했던 공물貢物을 쌀, 옷감, 돈 중 하나로 대납代納할 수 있게 한 대동법의 영향이 컸다. 상평통보는 현물보다 부피가 적고 가벼우며 운반 도중 상할 염려가 없었기 때문에, 이를 사용하면 운반 비용을 크게 절감할 수 있었다. 어떤 일을 감당할 능력, 또는 사람의 가치를 의미하는 '깜냥'이라는 말도 대동법 운용 과정에서 생겼다. 옷감과 돈냥이 함께 가치 척도로 기능했기 때문이다.

그런데 상평통보 유통 초기에 사대부들은 이 물건을 보물로 취급하지 않았다. '전'錢이라는 글자가 '천할 천'賤과 닮았을 뿐더러, 쓸모없는 쇠 부스러기로 남의 쓸모 있는 물건과 바꾸는 것은 군자의 도리가 아니라고 여겼기 때문이다. 그래서 그들은 돈을 노비로 하여금 대신 지니게 하거나 부득이한 경우에는 젓가락으로 집어 건넸고, 그조차 어려울 때에는 왼손으로 만졌다. '수전노'守錢奴라는 말과 소매치기라는 범죄도 이런 관행 때문에 생겼다.

수전노는 말 그대로 돈을 지키는 노奴이다. 수전노는 가진 돈이 아무리 많아도 모두 주인의 돈이기 때문에 자기를 위해서는 단 한 푼도 쓸 수 없었다. 양반 사대부가 부득이하게 직접 돈을 건네야 하는 일은 주로 기방妓房에서 생겼다. 양반들은 천한 돈을 젓가락으로 집어 기생에게 건넸고, 기생은 그들이 천하게 여기는 것을 귀하게 다뤄야 했다. 상대적으로 가난한 양반이 수전노 없이 바깥나들이를 해야 할 때에는 오른쪽 소매 자락에 돈꿰미를 넣었다. 천한 물건은 오

른손으로 만지면 안 되었기 때문이다. 시골 양반이 두루마기 오른
쪽 소매가 불룩한 채로 저잣거리에서 두리번거리는 모습을 보면, 무
뢰배 한 사람이 바짝 따라붙어 그의 오른쪽 소매를 툭 친다. 시골 양
반의 오른팔이 들리며 돈꿰미가 소매 밖으로 튀어나와 땅바닥에 떨
어지면, 미리 대기하고 있던 무뢰배의 패거리가 재빨리 주워 들고
는 냅다 도망친다. 소매치기라는 범죄 유형이 생긴 연유이다. 이 이
름은 지금껏 남아 있지만, 오늘날에는 남의 소매를 쳐봐야 아무것도
훔칠 수 없다.

참고로 중세까지 오른손과 왼손을 차별하는 것은 동서양 공통이
었다. 옳은 일을 하기에 '오른손', '바른손'이고, 나머지 옳지 않은 온
갖 일을 하기에 '왼손'이다. 영단어 '라이트'right와 '레프트'left도 완
전히 같은 뜻이다. 왼손잡이를 혐오하고 차별하는 문화도 이런 의식
의 소산이다. 우리나라에서는 1970년대까지도 왼손으로 밥을 먹거
나 글씨를 쓰는 것은 일종의 죄악으로 취급되었다.

하지만 관념이 물질을 따르는 법이지, 그 반대는 아니다. 가치 척
도인 돈은 물욕物慾의 척도이기도 했다. 재산이 귀한데 돈이 천할 수
는 없었다. 경제와 사회 전반이 자본주의적으로 재편되면서 논은 '귀
한 물건'을 넘어 전지전능한 신격神格을 얻었다. 인간은 먼 옛날부
터 신神에게 세 가지 속성이 있다고 믿었다. 영원히 살며 결코 늙지
도 죽지도 않는 '영원불멸'永遠不滅, 모르는 것이 없고 못하는 일이 없
는 '전지전능'全知全能, 지극히 숭고하고 지극히 선한 '지고지선'至高至
善. 돈은 신의 세 가지 속성 중 지고지선을 뺀 나머지 두 가지를 지닌
물건이었다. 돈은 낭비하지 않고 잘만 관리하면 임자가 죽은 뒤에
도 자손 대대로 전해지는 영원불멸의 물건이었다. 또 시간이 흐를수
록 세상은 돈이면 안 되는 일이 없는 쪽으로 변해갔다. 신에게 기도
해서 해결되는 일은 많지 않았으나, 돈으로는 거의 모든 일을 해결

할 수 있었다. 돈은 천상의 신이 아니라 지상의 신이었다. 돈의 은총을 바라며 기도하고, 돈을 위해 목숨까지 거는 사람들이 세상을 덮었다. 많은 현대인에게 옛날의 신은 돈신의 수문장이거나 안내인처럼 되었다. 오늘날 순교자를 자처하며 죽음을 불사하는 사람은 아주 드물지만, 돈을 얻기 위해 죽음을 불사하는 '순돈자'들은 세계 어디에나 있고 그 수도 헤아릴 수 없이 많다. 하나가 귀해지면 다른 하나가 천해지는 게 세상 이치다. 돈이 신성神性해질수록, 인성人性은 초라해졌다.

도량형 원기

28. 세계의 크기를
측정하는
도구

현대인이 사용하는 물건들은 거의가 상품이며, 이들은 원료에서 완성품이 될 때까지 몇 차례씩 도량형기를 거친다. 완제품이 되어 공장 밖으로 나온 뒤에도 도매상, 중간상, 소매상, 소비자에 이르는 각 단계마다 또 도량형기를 거쳐야 한다. 길이를 재는 자가 도度, 부피를 재는 되가 량量, 무게를 재는 저울이 형衡이다. 그런데 도량형이 나라마다 지역마다 제각각이라면 어떤 일이 벌어질까? 현대 한국인들은 자기들이 오랫동안 써온 도량형 단위를 국제 표준 도량형 단위로 환산하는 데에도 어려움을 겪는다. 금 한 냥의 무게, 땅 한 평의 넓이, 삼베 한 마의 길이를 미터법에 따라 즉각 환산할 수 있는 사람은 그리 많지 않다. 도량형기는 사물의 길이, 부피, 무게를 재는 도구에 머물지 않았다. 그것은 인간이 세계의 크기를 인식하는 준거였다. 물질세계의 크기와 무게에 대한 인간의 통일된 감각은, 통일된 도량형기가 만들어진 뒤에야 생겼다.

고대 중국에서는 소리를 도량형의 기준으로 삼았다. 사물의 미세한 차이를 식별하는 데에는 귀의 능력이 가장 뛰어나기 때문이다. 같은 소리를 내는 피리는 재질이 같다면 길이와 두께, 구멍의 크기와 간격도 같다. 도량형의 기준이 되는 피리를 '황종율관'이라 했는데, 그 길이가 척尺, 그 무게가 관貫, 그 안에 들어가는 기장黍의 부피가 두斗의 기준이었다. 그런데 엄정한 기준을 만드는 것과 그를 지키는 것은 다른 문제였다. 우리나라도 중국의 도량형 기준을 채용했으나 자든 됫박이든 저울이든 오차가 허용되는 범위는 무척 넓었다. 토목공사용 자와 옷감 재는 자의 길이가 달랐고, 팔 때 쓰는 됫박과 사들일 때 쓰는 됫박의 용량이 달랐다. 19세기 이전에는 우리나라뿐 아니라 전 세계가 다 비슷했다.

1790년 프랑스 파리 과학학사원 특별위원회는 파리를 통과하는 자오선이 북극에서 적도에 이르는 길이의 1,000만분의 1을 1미터로, 한 변의 길이가 10분의 1미터인 정육면체에 담긴 증류수의 무게를 1킬로그램으로, 그 부피를 1리터로 하는 미터법을 제정했다. 이 도량형 기준은 1875년의 미터조약으로 국제 기준이 되었다. 이로부터 9년 뒤인 1884년 미국 워싱턴에서 열린 국제자오선회의에서는 영국 그리니치천문대를 지나는 자오선을 본초 자오선으로 결정했다. 공간 측정의 기준은 프랑스가, 시간 측정의 기준은 영국이 각각 차지한 셈이다. 하지만 영국과 프랑스의 시공간時空間 기준 독점 체제가 전 세계적으로 공인되기까지는 상당한 시간이 필요했다.

우리나라에 요일제와 24시제가 정착하는 데에는 수십 년의 시간이 걸렸지만, 미터법이 정착하는 데에는 그보다 훨씬 더 많은 시간이 필요했다. 심지어 일부 영역에서는 아직도 다른 도량형법이 통용된다. 그러니 세계 각국과 갓 교역을 시작한 1880년대의 사정은 충분히 짐작할 수 있을 터이다. 당시 조선은 전 세계 도량형기의 전시장이라 해도 좋을 정도였다. 각 개항장에서는 조선의 됫박과 일본의 됫박, 조선의 자와 중국의 자, 조선의 저울과 미국의 저울이 함께 사용되었고, 규격도 일정하지 않았다. 도량형에 대한 서로 다른 기준 때문에 상인들이 다투는 일은 일상적이었다.

개항 이후 도량형 통일을 위한 구체적 시도는 1889년 8월에 처음 나타났다. 이때 인천항 상민商民들은 "청나라 상인은 청나라 두형斗衡

백금과 이리듐 합금으로 만든 질량 원기 2019년 1킬로그램의 국제 표준이 달라질 때까지 사용되었다. 현재는 키블저울이 사용되며, 이를 제조할 수 있는 나라는 전 세계에서 한국을 포함해 6개국뿐이다. 정밀과학의 영역에서 논의되는 도량형 표준 문제와는 별도로, 현대인은 미터법에 따라 자신과 타인, 세계의 크기와 무게를 직관적으로 이해한다. 출처: 위키피디아

(됫박과 저울)을 사용하고 일본 상인은 일본 두형을 사용하여 우리 상민으로 하여금 그 크기와 무게를 측정할 수 없도록 함으로써 우리 상민이 입는 해害는 이루 형언할 수 없다"라고 하면서, 두형의 불평不平과 불균不均을 해소하기 위해 균평소均平所를 설치하고 서양 저울과 일본 됫박을 표준으로 삼아 모든 물화를 이곳에서 칭량稱量한 후에야 거래할 수 있게 해달라고 청원했다. 이듬해 1월 8일, 인천, 부산, 원산의 3항에 두형균평회사斗衡均平會社가 일제히 설립되었다. 균평회사 절목節目은 개항장에서 물화를 거래할 때 반드시 두형균평회사의 칭량을 거치도록 규정했다. 회사는 칭량 대가로 화물가액의 대략 100분의 1에 해당하는 수수료를 징수했다.

외국 영사들은 이 조치에 즉각 반발했다. 1퍼센트의 수수료 때문에 자국 상품의 가격 경쟁력이 낮아진다는 이유에서였다. 각국 영사들은 이 조치가 톤세 외에 일체의 세금을 면제하기로 한 통상장정

위반이라고 주장했다. 처음 도량형의 불균을 시정하기 위해 꼭 필요한 조치라고 응수했던 통리아문은 외국 영사들의 합동 공세에 굴복하여 두형균평회사를 설립한 지 넉 달만에 폐지했다. 이후 표준 도량형기 없이 상품이 거래되는 상황이 10년 넘게 지속되었다.

1902년 대한제국은 도량형 관할 기관으로 평식원平式院을 설치하고 프랑스에서 백금 90퍼센트와 이리듐 10퍼센트의 합금으로 된 1미터짜리 길이 원기와 1킬로그램짜리 질량 원기를 도입했다. 이 도량형 원기는 1887년 프랑스 파리에 본부를 둔 국제도량형국에서 기온 변화에 거의 영향받지 않는 재료를 선택하여 55조組를 제작한 것으로, 현재 이 원기를 한 조 이상 보유하고 있는 나라는 23개국에 불과하다. 하지만 이 원기를 기준으로 한 자, 저울, 됫박 등은 널리 보급되지 못했다.

1926년 조선총독부는 '조선도량형령'을 제정하여 미터법을 도량형의 단일 기준으로 선포했으나, 일제강점기는 물론 해방 이후에도 미터법보다는 척관법尺貫法이 훨씬 더 많은 영역에서 사용되었다. '조선도량형령'은 해방 후 16년이 지난 1961년 5월에야 폐지되었고 새로 '계량법'이 제정되었는데, 이는 법률의 취지가 바뀐 때문이 아니라 미터법의 기준이 달라진 때문이었다. 1960년 10월에 개최된 제11차 국제도량형총회에서는 1미터를 '크립톤86 원자의 $2p_{10}$과 $5d_5$ 에너지 준위 차이에서 나오는 진공 중 빛의 파장의 1,650,763.73배에 해당하는 길이'로 복잡하게 재정의했다. 이 정의는 1983년 '빛이 299,792,458분의 1초 동안 진공에서 가는 거리'로 다시 바뀌었다. 킬로그램의 기준은 처음 제정된 지 130년이 지난 2019년 5월 20일에 '플랑크상수 h를 Js 단위로 나타낼 때 $6.62607015 \times 10^{-34}$의 고정값'으로 바뀌었다.

오늘날에도 땅 한 평, 쌀 한 말, 고기 한 근, 금 한 돈 등 척관법에 따른 도량형 단위가 사용되기는 하지만, 사람의 키와 몸무게를 척이나 관으로 표현하는 경우는 없다. 상점의 전자저울도 상품의 무게를 그램으로 표시한다. 현대인은 방사성 물질의 진동을 기준으로 하는 도량형 단위로 자신을 포함한 세계의 크기와 무게를 측정한다. 도량형기에 표시되는 숫자를 조작하는 일이 아예 없지는 않겠으나, 기계적 오차는 무시해도 좋을 정도다.

세계시장을 통합하는 데 가장 큰 공을 세운 것은 통일된 도량형기라고 해도 과언이 아니다. 모든 사물의 규격에는 국제 기준이 있고, 현대인들은 그 기준을 통해 물질세계를 인지한다. 사물의 크기와 무게, 부피에 대한 현대인의 인식은 아주 정확하다. 하지만 자기를 재는 잣대와 남을 재는 잣대의 차이가 옛날 장사꾼들이 눈속임용으로 사용하던 이중잣대보다 작아졌는지는 의문이다.

29. 진정한
     철기시대를
     열다

"기운 센 천하장사 무쇠로 만든 사람…." 1970년대 초 선풍적인 인기를 끌었던 만화영화 《마징가 Z》의 주제가 첫 소절이다. 이 인조인간 로봇이 정말 무쇠로 만들어졌다면, 결코 천하장사일 수는 없었을 터이다. 서울 금호동의 옛 지명은 수철리계水鐵里契였는데, 가마솥 등을 제조하는 대장간이 있어 붙은 이름이다. 수철水鐵을 순우리말로 풀면 물쇠이니, 즉 무른 쇠다. 차력사의 주먹 한 방에도 깨지는 것이 무쇠 솥뚜껑이다.

단단한 쇠는 무쇠가 아니라 강철이다. 탄소의 함유량이 1.5퍼센트 이하이며 급랭急冷 과정을 거쳐 제조된 철과 탄소의 합금을 강철이라고 하는데, 기원전 1500년께 동부 아프리카에서 처음 생산되었다고 한다. 강철은 무쇠보다 제조 과정이 복잡해서 값이 비쌌기 때문에 주로 무기를 만드는 데에 사용되었다. 드라마든 영화든, 시대극에는 으레 칼싸움 장면이 나온다. 춤추듯 칼을 휘두르는 모습이 멋있기는 한데, 상대의 칼과 여러 차례 부딪혀도 부러지지 않는 칼을 만들기란 대단히 어려웠다. 칼 모양으로 1차 주조鑄造한 쇳덩어리를 불과 물에 번갈아 넣어가며 수천, 수만 번 두들긴 뒤 날을 세워야 쉬 부러지지 않는 칼을 만들 수 있었다. 한자 문화권에서는 이런 칼을 일러 보검寶劍이나 보도寶刀라고 했다. 이런 칼들의 손잡이에는 이름에 걸맞게 보석을 부착하기도 했다. 다른 철제 무기들에 보창寶槍

이나 보퇴寶槌 같은 이름이 붙지 않는 것만 봐도, 강철 칼을 만들기가 얼마나 어려웠을지 짐작할 수 있다. 그래서 칼이나 검은 주로 의장용이나 지휘용, 처벌용으로 썼고, 우리나라에서는 많이 만들지도 않았다. 지금껏 전해지는 조선시대 칼이 별로 없는 것도 이 때문이다.

강철은 1855년 영국의 헨리 베서머Henry Bessemer가 '베서머 제강법'을 발명한 뒤에야 대량생산이 가능해졌다. 이 제강법의 핵심 기술은 용해된 무쇠에 공기를 불어 넣어 불순물을 제거하는 것이었는데, 1860년 영국 셰필드에 있는 베서머 소유 제강공장에서 이 방법으로 처음 강철을 생산했다. 베서머가 새로운 제강법을 연구한 목적은 성능 좋은 대포를 만드는 데에 있었다. 다른 영역에서는 뒤떨어져도 무기의 성능에서만은 뒤떨어지지 않으려 드는 게 국가주의와 제국주의의 생리다. 이 제강법은 곧 전 세계로 확산했고, 얼마 안 되어 미국의 카네기 사와 독일의 크루프 사가 전 세계의 강철 생산을 주도했다. 생산량이 폭증한 강철은 대포뿐 아니라 철도 레일, 고층 빌딩 철근과 철골 등으로 널리 사용되면서 인공 건조물들의 뼈대 구실을 했다.

우리나라에서는 1899년 서울 전차와 경인철도를 부설하면서 카네기 사에서 생산한 강철 레일을 수입해 깔았고, 1901년에 준공된 한강철교와 같은 해에 착공된 덕수궁 석조전에도 철근이 사용되었다. 철도 공사장의 한국인 노동자들은 값비싼 강철 덩어리를 땅바닥에 깔라는 지시를 받고 놀랐을 것이다. 하지만 이윽고 한국인 노동자 상당수가 이 강철 레일을 운반하는 일을 하여 먹고살게 되었다. 이 땅에서 베서머 제강법에 의한 강철 생산은 1917년 황해도 겸이포(현 황해북도 송림시)에 겸이포제철소가 준공됨으로써 시작되었다. 이후 강철은 기계, 도구, 기구器具, 철근 등으로 자태를 바꾸어 사람들의 일상생활 공간 곳곳에 침투했다. 1968년에 설립된 포항제철은

1898년 종로 전차궤도 부설 공사 사람들이 땅에 깔린 귀한 강재를 신기한 듯 쳐다보고 있다. 강철은 현대의 물질세계를 구성하는 핵심 요소 중 하나이며, 한국은 세계 유수의 강철 생산국이기도 하다. '강철 같은 의지'라는 말에서 보듯, 인간은 강철의 속성을 미덕으로 간주한다. 단단함만이 미덕은 아니지만, 강철시대이기 때문인지 세상이 각박해진 때문인지, 유柔는 사라지고 강剛만 남은 듯하다. 출처: 『사진으로 보는 한국백년』

자동차, 조선, 석유화학 등 다른 산업의 발전을 뒷받침하여 1970년대 이른바 '중화학 공업화'의 주춧돌 구실을 했다.

2018년 평창 동계올림픽 기간 중 포스코는 동계올림픽 종목 21개 중 20개에 철강이 들어간다고 광고했다. 오늘날에는 주방용품, 탈 것, 건축자재, 스포츠 용품, 전자제품 등 온갖 것에 강철이 들어간다. 그러니 조금 과장하자면, 진정한 의미의 철기시대는 1850년대 이후에 열렸다고 할 수 있다.

30. 현대
物質세계의
주역

'기름지다'를 한자어로 바꾸면 '비옥肥沃하다'이다. 동물의
살이나 알곡을 실하고 윤기 있게 만들어주는 것은 기름이다. 인류는
먼 옛날부터 각종 동식물에서 채취한 기름을 요리할 때 쓰거나 몸에
바르거나 불을 밝히는 데 사용해왔다. 땅이 스스로 배출하는 기름도
있었으나, 그런 기름은 사람이 먹을 수 없었고 산지産地도 아주 드물
었다. 이집트인들은 기원전 2000년경부터 석유를 윤활제나 지사제
로 사용했고, 기원전 490년의 페르시아-아테네 전쟁에서 페르시아
군은 화살촉에 석유를 발라 불화살을 만들었다. 기원전 5세기경 페
르시아에서 창시된 조로아스터교의 사원들은 석유로 불을 밝혔다고
한다. 중국인들은 조로아스터교를 '불을 숭배하는 종교', 즉 '배화교'
拜火敎라고 불렀다. 기원후 8세기부터 현재의 아제르바이젠 지역 사
람들은 석유로 난방을 했다.

중국인들은 이 물질을 비즙肥汁, 수비水肥, 석지石脂, 화유火油, 맹화
유猛火油, 웅황유雄黃油, 석뇌유石腦油 등으로 불렀다. 『후한서』後漢書에
는 '비즙은 주천酒泉에서 나는데 밝게 타며 먹을 수는 없다'고 기록되
어 있다. 석유石油라는 말을 처음 쓴 사람은 중국 송나라 때 학자 심
괄沈括이다. 그는 이 물질에 대해 "얼핏 보면 옻나무의 진과 비슷하
며, 태우면 짙은 연기와 불길을 낸다. 그 연기로 먹(묵墨)을 만들 수
있는데, 이 먹으로 쓴 글은 옻칠한 것처럼 검고 윤기가 난다"고 썼

다. 언어와 문화가 달라도 같은 물질을 보면 비슷한 연상을 하기에 사람이다. 영어 '페트롤리엄'Petroleum은 라틴어로 돌이라는 뜻의 '페트라'petra와 기름이라는 뜻의 '올레엄'oleum을 합친 말인데 16세기 중엽 독일의 광물학자 게오르크 바우어Georg Pawer가 만들었다.

산업혁명으로 기계의 시대가 열리자 사람이 먹고 바르는 기름보다 기계에 먹이고 발라주는 기름이 더 중요해졌다. 원유原油를 증류하여 여러 종류의 기름을 분리, 추출하는 방법을 처음 발견한 사람은 기원후 9~10세기에 활동한 페르시아의 의사이자 연금술사 무함마드 이븐 자카리야 알라지Muhammad ibn Zakariyā Rāzī이다. 석유가 흔한 땅에서 '석유화학'이 발전하는 것은 당연한 일이다. 그런데 이슬람 과학자들의 발견과 발명 가운데 상당수가 그랬던 것처럼, 그의 성취도 유럽인들의 지적知的 계보와 이어지지 못했다. 석유 산업과 관련한 '선구자'나 '개척자'를 국제적으로 공인하는 문제 역시 아직 완결되지 못했다.

1848년 영국 정부는 화학자 제임스 영James Young에게 원유 정제 기술에 대한 최초의 특허를 내주었다. 하지만 아제르바이잔 사람들은 니콜라이 보스코보이니코프Nikolay Voskoboynikov가 이보다 11년 전인 1837년에 세계 최초의 정유공장을 세웠다고 주장한다. 공식적으로 최초의 유전油田 개발은 1859년에 이루어졌다. 이해에 미국의 석유회사 기술자 에드윈 드레이크Edwin Drake가 펜실베니아주 드레이크의 땅속에서 석유를 퍼올리는 데에 성공했다. 그러나 세계 최초의 유정油井, oil well 시추는 1846년 아제르바이잔의 비비-헤이밧 유전에서 이루어졌다는 주장도 있다. 어느 쪽이 사실이든, 19세기 중반까지의 원유 정제는 연기가 덜 나는 등잔불용 기름, 즉 등유를 생산하는 데에 주목적이 있었다.

조명용 연료로서 고래기름과 경쟁하던 석유의 용도를 비약적으로

1915년 조선물산공진회 당시 경복궁 내에 설치된 미국 스탠더드 석유회사의 광고탑 개항 이후 일제강점기까지 록펠러의 스탠더드 석유회사는 한국에서 소비되는 석유의 대부분을 공급했다. 이 회사는 그 후 셸, 텍사코 등 여러 회사로 분할되었는데, 분할된 상태에서도 지금껏 세계 석유 시장을 지배하고 있다. 출처:『사진으로 보는 한국백년』

확장시킨 것은 다른 기술의 발전이었다. 1879년 미국인 에디슨의 전등 발명은 석유를 연료로 삼는 발전기 수요를 늘렸다. 1883년에는 독일의 고틀리프 다임러Gottlieb Daimler가 가솔린을 사용하는 내연기관 자동차를 발명했다. 1893년에는 역시 독일의 루돌프 디젤Rudolf Diesel이 경유를 사용하는 디젤기관을 발명했다. 석유의 용도가 급속히 확대되자, 땅속의 기름을 찾으려는 굴착기가 세계 도처의 지표를 헤집었다.

  미국에서 유전 개발이 성공한 지 20년 뒤인 1880년, 조선 땅에도 석유가 들어왔다. "석유는 영미英美 여러 나라에서 생산된 것이다. 어떤 사람은 이것을 바다에서 채취한다고 하고, 어떤 사람은 석탄에서 뽑은 것이라고 하며, 어떤 사람은 돌을 불에 달구어 걸러낸 것이라고 하여 그 말이 한결같지 않지만 그것이 천연자원이란 것은 다 알고 있다. 우리나라는 경진년(1880)부터 석유를 사용하기 시작했다… 석유가 나온 후로 산과 들에는 기름을 짤 수 있는 열매가 많이 열리지 않았다."(황현, 『매천야록』)

처음 등잔 바닥에서 아주까리 동백기름만 몰아냈던 석유는 자동차 운행이 본격화한 1910년대 중반부터 그 용도와 사용량이 급속히 늘어났다. 미국 스탠더드 석유회사의 석유통은 전국의 물통을 대체할 정도였으며, 1929년의 원산총파업도 스탠더드 석유회사의 하역비 때문에 일어났다. 1930년대부터는 석유를 원료로 한 신물질이 도자기와 목기, 심지어 섬유까지 대체하기 시작했다. 석유와 그 부산물에 대한 수요가 급증하자 1935년에는 원산에 조선석유주식회사가 설립되었는데, 이것이 한반도 최초의 정유회사이다. 해방 후 대한민국에 세워진 최초의 정유회사는 1967년에 창립된 호남정유주식회사이다.

현대인이 사용하는 물건 대부분에는 석유에서 유래한 물질이 포함되어 있다. 대기를 오염시키는 물질 상당 부분이 석유와 그 화합물이다. 현대의 전쟁과 국제적 분규 대부분은 직간접적으로 석유와 관련되어 있다. 어디에나 있으며 어떤 모습으로든 변신할 수 있다는 점에서, 나아가 지구를 변화시키고 나라들 사이의 전쟁을 매개한다는 점에서, 석유는 현대의 신神이라 할 수 있다. 현대인은 석유 덕에 풍요를 이루었고, 석유에 의지하여 미래를 꿈꿔온 사람들이다. 하지만 석유가 현대 물질세계의 주요 부분을 구성하는 이상, 석유 고갈이 현대 물질문명을 다른 단계로 이행시킬 것이라는 사실도 의심할 여지가 없다.

31. 풍족한
의생활을
뒷받침하다

　　조선 말기에 창작된 『규중칠우쟁론기』閨中七友爭論記의 주인
공은 세요각시細腰閣氏(바늘), 척부인尺夫人(자), 교두각시交頭閣氏(가위),
울낭자熨娘子(다리미), 청홍흑백각시靑紅黑白閣氏(실), 인화낭자引火娘子
(인두), 감투할미(골무)의 일곱 가지 물건이다. 문방사우文房四友는 사
대부 남성들과만 교분을 맺었으나, 규중칠우는 벗이 여성이기만 하
면 신분고하를 가리지 않았다. 베짜기를 면제받은 부잣집 딸이라도
바느질까지 면제받을 수는 없었다. 바느질은 노동과 예술 사이의 어
느 지점에 놓인 특별한 행위여서, 사대부가에서 남편을 여읜 여성들
이 흔히 택한 일도 삯바느질이었다. 홀몸으로 남의 집에 들어가 온
갖 허드렛일을 다 하는 사람도 침모針母로 불렸다.

　　옷 한 벌, 이불 한 채를 만들기 위해 같은 동작을 수천 번씩 반복
해야 하는 작업을 기계에게 떠맡길 수 있게 된 것은 산업혁명의 전
과정에서 보자면 꽤 늦은 편이었다. 손바느질보다 다섯 배 정도 빠
른 바느질 기계는 1829년 프랑스에서 처음 발명됐고, 이후 몇 차례
개량과 혁신을 거쳐 1851년 미국의 싱어 회사I. M. Singer & Co.가 대량
생산을 개시했다. 이 회사의 소잉 머신sewing machine은 일본에서 '미
싱'이라는 새 이름을 얻었는데, 대다수 일본인이 '머신'을 '미싱'으로
발음했기 때문이다. '마싱'이 아니라 '미싱'이 된 이유는 알 수 없으
나, 이 물건은 모든 기계의 대표로 인정받았다.

우리나라에 이 기계를 처음 들여온 이는 1876년 수신사 김기수를 수행해 일본에 갔던 김용원이다. 김지성이라는 이름도 썼던 그는 사진술을 배운 최초의 한국인이기도 했는데, 갑신정변 이후 러시아 세력을 빌려 청淸을 견제하려 했던 고종의 밀명을 받고 '특수 임무'를 수행하다가 실종되었다. 그의 아들이 후일 대한민국 임시정부 외무총장을 지낸 김규식이다. 김용원에게는 여러 형제가 있었으나, 아무도 아버지 잃은 조카를 맡으려 하지 않아 김규식은 선교사 언더우드가 세운 고아원에서 자랐다. 아들조차 건사하지 못한 김용원이 재봉틀을 제대로 관리했을 가능성은 거의 없다.

미국의 싱어 회사는 도매상이나 대리점을 거치지 않고 직영점을 운영한 것으로도 유명한데, 이 회사가 한국에서 국한문 광고지를 제작하여 처음 배포한 해는 1902년이다. 직영점은 1905년에 설치되었다. 당시 한국인들은 이 기계를 재봉틀이라고 불렀다. 규격대로 짜맞추는 물건이 아님에도 '틀'이라는 이름을 붙인 것은 그 기능이 베틀과 연속된다고 봤기 때문이다. 베틀을 대신한 역직기力織機는 집안에 들일 수 없었지만, 재봉틀은 집안에 들일 수 있었기에 이 물건의 수요는 빠르게 늘었다. 재봉틀은 이 땅에 처음 들어온 후 수십 년간, 여성이 갖고 싶어 하는 물건 1위 자리를 빼앗기지 않았다. 실제로 대다수 가정에 처음 들어온 기계가 재봉틀이었다. 내가 어릴 적 살았던 산골 마을에도 라디오를 가진 집은 없었으나 재봉틀을 들여놓은 집은 있었다.

1938년 싱어 미싱회사의 조선 내 지점 수는 200개, 판매사원은 2,000여 명에 달했으며, 연간 판매 대수는 3만 대에 육박했다. 싱어 미싱회사는 일제강점기 조선에 진출한 최대 규모의 외국 기업이었다. 사원 수에서는 압도적 1위, 조선 내 매출액 규모에서는 스탠더드 석유회사에 이은 2위였다. 재봉틀 판매량이 많았던 데에는 이 회사

1920년대 부잣집 안방 일제강점기 재봉틀은 여자고등보통학교의 필수 교구였으며, 재봉틀을 능숙히 사용한다는 것은 '배운 여성'이라는 증거였다. 하지만 재봉틀이 널리 보급됨으로써 '바느질 솜씨'는 여성의 재주와는 무관한 영역으로 이동했다. 출처: 『사진으로 본 서울의 어제와 오늘』

가 독특한 판매기법을 택한 영향도 컸다. 싱어 미싱회사는 조선에서 처음으로 '월부 판매'를 시행했다. 이 회사의 조선인 사원 절대다수가 '월부 판매 사원'이자 '월부금 징수원'이었다.

재봉틀은 여유 있는 집의 필수품이었을 뿐 아니라 여학교의 필수 교구敎具이기도 했다. 1911년 8월에 공포된 '조선교육령' 제18조는 "여자고등보통학교에 기예과를 두고 연령 12세 이상의 여자에게 재봉과 수예手藝를 전수專修케 함"이었다. 이후 여자고등보통학교(현재의 여자 중학교에 해당)는 재봉실과 재봉틀을 갖추고 '재봉교사'를 두어야 했다. 1920년대에는 재봉틀 조작법을 가르치는 사설 학원도 여럿 생겼다.

옷을 맞춰주는 양복점이나 양장점에도 재봉틀은 필수품이었고, 1920년대에는 여러 대의 재봉틀을 비치하고 조끼, 학생복, 군복 등 기성복을 제조, 판매하는 재봉소나 재봉점도 생겨났다. 전기로 작동하는 재봉틀은 1889년에 공장용으로 처음 생산되었고 1921년에는 가정용도 나왔는데, 조선에는 1927년 총독부 과학관에 처음 전시되었다. 1930년대에는 조선에서도 많은 재봉점이 전기 재봉틀을 구비했다. 1937년 중일전쟁 이후 미일美日 관계가 악화함에 따라 싱어 미싱회사의 재봉틀 수입도 중단되었다. 이 회사는 태평양전쟁 직전 조선에서 철수했고, 조선인 사원 전원이 직장을 잃었다. 미국산 재봉틀 수입은 해방과 동시에 재개되었다.

재봉틀은 1960~1970년대 압축 성장을 이끈 선봉대의 주력 무기이기도 했다. 1965년 부산정기주식회사가 일본 부라더 공업과 합작으로 생산한 '부라더 미싱'은 국산 재봉틀 시대를 열었다. 이 무렵의 재봉틀은 "꽃님이 시집갈 때 부라더 미싱"이라는 광고 카피가 나올 정도로 필수 혼수품이었으며, 공장에 취업한 어린 여성의 일상을 옭아맨 수출 산업 기계였다. 1970년 청년 노동자 전태일이 자기 몸을 불사른 것도 재봉틀 앞에서 하루 16시간 넘게 일하다가 폐병에 걸려 버려지는 여성 노동자들을 위해서였다. 재봉틀은 현대인의 풍요로운 의생활衣生活을 뒷받침한 물건이자, 한국 초기 산업화와 노동운동의 역사를 증언하는 물건이며, 여전히 저임금 장시간 노동을 표상하는 물건이다.

32. 옷감이 넘쳐나는 시대

인류가 옷을 만들어 입기 시작한 것이 몸을 가리기 위해서였는지 마음(수치심)을 가리기 위해서였는지는 단정하기 어려우나, 이후 옷은 '인간다움'의 확실한 표지가 되었다. 옷을 제대로 차려 입으면 문명인, 그러지 않으면 야만인, 안 입으면 짐승이라는 구분법은 사람들의 의식 속에 면면히 이어져왔다. 1885년 서울 주재 일본 영사관이 자국민에게 발한 지시사항 제2호는 "벌거벗은 채 돌아다녀 제국의 체모를 손상시키지 말 것"이었다.

한자어 '기계'機械의 '기'機는 본래 베틀이라는 뜻이다. 실을 가로세로로 엮어 옷감을 짜는 베틀은 인류가 가장 먼저 만든 기계였다. 나아가 직포織布 노동은 자연과 세계에 대한 인간의 인식론적 기본 틀을 제시했다. 베틀에 세로로 늘어뜨리는 실이 경經, 경사經絲의 위와 아래를 번갈아 관통하면서 가로지르는 실이 위緯다. '경'은 기준선이다. 지구 표면에 인위적으로 그은 세로선이 경도經度고 가로선이 위도緯度다. 일이 진행되는 과정을 경위經緯라 하고, 세상 일에 원칙과 기준을 세우는 것을 경세經世라 하며, 사람과 물자를 결합시켜 이익을 얻는 행위를 경영經營이라 한다. 세상에 기준을 세우고 백성들이 그 기준을 지키며 살게 하는 것이 경세제민經世濟民, 줄여서 경제經濟다. 공자는 '정치란 바로잡는 것'政者正也이라고 했는데, 바르다 또는 바로잡는다는 뜻의 정正은 옷감의 경사와 위사가 서로 직각으로 고르게 마무리된 상태, 또는 그렇게 마무리하는 행위를 의미한다. 고대인들도 수천수만 가닥의 실을 엮어 옷감을 만드는 일과 수천수만 사람의 마음을 엮어 나라를 만드는 일은 비슷하다고 생각했다.

옷감을 짜기 위한 도구는 신석기시대부터 사용되었고 4,000년 전의 이집트 무덤에서는 베틀의 모형이 발견되었으나, 그 진보 속도는 무척 더뎠다. 지금으로부터 300여 년 전의 실 잣는 기계나 옷감 짜는 기계의 구조와 성능은 현대의 기계보다 신석기시대의 기계에 훨씬 더 가까웠다. 대다수 문화권에서 직조는 여성의 일이었는데, 조선 후기 직기織機로 베 한 필을 짜기 위해서는 베틀 앞에서만 꼬박 열흘 정도의 시간을 보내야 했다. 세종 대 기준으로 한 필은 가로 32.8센티미터, 세로 16.38미터였다. 여기에 그보다 시간이 더 걸리는 실잣기뿐 아니라 다른 가사노동을 겸해야 했으니, 1년 내내 짬날 때마다 베틀 앞에 앉아 일해도 예닐곱 필을 짜는 게 고작이었다. 게다가 그중 상당량을 국가가 군포軍布로 징수했다. 조선 후기에는 연간 두 필이었다. 한 필로 어른 옷 한 벌 정도를 만들 수 있었기 때문에, 남은 것으로는 1년에 식구들 옷 한 벌씩도 해 입히기 어려웠다.

산업혁명은 직조혁명으로부터 시작되었다. 1733년, 영국의 존 케이John Kay가 플라잉셔틀이라는 혁명적인 수직기手織機를 발명했다. 우리말로는 '날아다니는 북'이 적당할 것이다. 베틀에 궤도를 만들어 북을 간편하고도 빠르게 움직일 수 있도록 한 이 기계는 직포 작업의 효율을 비약적으로 높였다. 직포 속도가 빨라지자, 그에 맞춰 실 생산량도 늘어야 했다. 1764년 제니방적기, 1779년 뮬방적기가 잇따라 발명되어 실 공급량을 증대시켰다. 마침내 1785년에는 영국의 카트라이트Edmund Cartwright가 증기력을 이용한 역직기를 발명했다. 초창기 역직기의 효율성은 재래식 수직기의 열 배 이상이었다. 고유어든 번역어든 '힘 력力' 자가 앞에 들어가는 한자어는 드물다. 이 기계를 자동 직기나 기관 직기가 아니라 역직기力織機로 번역한 이유는 아마도 기계의 구조에서 동력 전달부가 점하는 위치가 부차적이었기 때문일 것이다.

역직기는 본격적인 과잉생산 시대를 열었다. 역직기를 구비한 공장과 도시, 국가들은 상품시장과 원료 공급지를 확대해야 한다는 초조감에 휩싸였으며, 이는 대외 침략과 제국주의적 팽창으로 이어졌다. 제국주의는 상품시장, 원료 공급지, 노동력 공급지를 확보하려는 자본가들의 욕망이라는 정의定義가 설득력을 얻었다. 전래의 수직기를 사용하던 나라 사람들에게는 역직기가 총과 대포보다 무서운 무기였다. 역직기로 생산된 값싸고 질 좋은 옷감들은 베틀 앞에서 일하던 여성들의 노동력 가격을 극단적으로 떨어뜨렸으며, 이윽고 옷감 짜는 일 자체를 집안에서 소멸시켰다. 역직기는 수천 년간 농사와 직포라는 성별 분업 체계로 유지되었던 가정 경제의 일부를 해체, 붕괴시켰다. 농촌 가정들은 노동력 가격이 0에 수렴하는 직포 작업을 계속할 것인지, 그 노동력을 다른 곳에 팔고 옷감을 사서 쓸 것인지 중에서 하나를 선택해야 하는 기로岐路에 내몰렸다.

우리나라에 역직기로 생산된 영국산 고급 면포가 들어온 것은 이미 개항 이전의 일이었다. 왜관倭館의 일본 상인과 책문柵門의 중국 상인들은 19세기 중후반부터 이 물건을 조선 상인들에게 팔았다. 일본인들은 이 물건에 '금건'金巾이라는 이름을 붙였는데, 애초 '금처럼 귀한 천'이라는 뜻이었는지 '돈 주고 사는 천'이라는 뜻이었는지는 불분명하다. 1876년 강화도조약 체결 이후에는 일본 상인들이, 1882년 조청상민수륙무역장정 체결 이후에는 중국 상인들이 이 물건을 대량으로 가지고 와 조선 시장에 풀어놓았다. 고관대작과 부호들이나 만져볼 수 있던 금건은 이윽고 어지간한 양반이나 중인中人들도 탐낼 수 있을 만한 물건이 되었다. 금건의 제조 단가는 조선 농촌의 부녀자들이 생산하는 면포보다 쌌지만, 시장에서는 훨씬 비싸게 팔렸다. 조선의 소비자들이 치른 비싼 값은 이 물건의 생산과 유통을 장악한 영국인, 중국인, 일본인들에게 분배되었다.

일본인들은 조선 부녀자들이 베틀에서 짠 무명에 새로 '토포'土布라는 이름을 붙였다. 시골에서 생산된 면포라는 뜻인지, 토착민들이 생산한 면포라는 뜻인지, 촌스러운 면포라는 뜻인지 역시 알기 어렵다. 금건이 수입된 당초에는 토포에 큰 영향을 미치지 않았다. 금건은 토포보다 더 고급인 옷감, 즉 비단이나 모시와 경쟁했다. 금건은 희고 얇고 부드럽기는 했으나, 빨 때 방망이로 두드리고 마른 뒤 또 방망이로 두드리는 조선의 세탁법을 견디지 못했다. 일하는 사람들은 한두 번만 빨면 헤져버리는 옷을 입을 수 없었다. 토포의 경쟁 상대는 침대 시트나 앞치마용으로 거칠게 짠 직물인 시팅sheeting이었다. 시팅이란 말 자체가 '침대 시트용'이라는 뜻이다. 시팅 때문에 토포 가격이 떨어지기는 했지만, 한동안은 토포 생산자들이 견딜 수 있는 정도였다. 그런데 개항 10년쯤 뒤부터 사정이 달라졌다.

1880년대 말, 일본 오사카와 고베 등지에 역직기를 설치한 면방직 공장들이 생겼다. 이들 공장에서는 두껍고 질긴 실로 토포와 비슷한 품질의 옷감을 생산했다. 승부는 진즉에 결정되었으나 과정은 길고 고통스러웠던 역직기와 수직기의 싸움이 조선에서도 본격화했다. 베틀에서 나온 토포는 가격으로나 품질로나 역직기에서 나온 면포와 경쟁할 수 없었다. 농가 일부는 직포 작업을 포기했고, 또 다른 일부는 직포를 계속하는 대신 실(방적사)은 사서 쓰는 것으로 나름의 경영 합리화를 모색했다. 역직기에서 생산된 면포 소비가 계속 늘어나는 한편에서 토포 생산도 꽤 오랫동안 계속되었던 이유다. 1931년에도 전국에서 89만 1,271대의 전통 베틀이 '가동 중'이었다. 전체 농가의 5분의 1가량이 직포를 포기하지 않았다는 뜻이다. 같은 해에 역직기와 족답기, 개량 수직기의 총수는 1만 3,167개로 베틀의 67분의 1에 불과했다. 조선 농민들이 쌀을 일본에 팔고 일본산 방적사를 사서 쓰는 미면교환체제米綿交換體制는 1880년대 말 이후 오랫동안 조선과 일본 사이의 주된 교역 관계였다.

개량직기나 역직기를 사용하면 더 질 좋은 옷감을 더 싸게, 더 많이 생산할 수 있다는 사실을 알면서도 이 기계 도입을 주저할 이유는 없었다. 처음에는 정부가, 뒤이어 상인들이 이 기계에 관심을 보였다. 1885년, 조선 정부는 직조국이라는 관영 기업을 설치하고 중국인 공장工匠을 고용하는 한편 중국산 견사를 수입했다. 견포 생산용 역직기도 도입할 계획이었던 듯하나, 재원 부족으로 실현하지 못하고 1891년에 철폐되었다. 근대적 방적, 방직 공장을 만들려는 민간의 시도는 고종이 제국을 선포한 1897년 이후에 본격화했다. 이해에 저마제사회사苧麻製絲會社, 대한직조공장大韓織造工場, 직조설업장織造設業場, 한상방적고본회사漢上紡績股本會社 등의 이름이 명멸했으나, 모두 생산에는 실패했다. 실제로 생산을 개시한 최초의 직물업 회사는 1898년에 백목전 상인들이 주도하여 설립한 직조단포주식회사織造緞布株式會社였다. 다만 이 회사가 어떤 직기를 사용했는지는 알 수 없다. 1901년에는 표훈원 제장국장 정동식이 일본에서 염직기술을 배우고 귀국한 강영우와 함께 현재의 신문로에 제직회사製織會社를 설립하고 신문에 다음과 같은 직공 모집 광고를 냈다.

> 본 회사에서 남녀 직공을 모집하는데 직기는 편리한 발동기를 이용하여 인력은 쓰지 아니하고 조직하오며 능숙한 자는 직기 2~3좌坐를 능히 운전하며 매일 매좌에 칠팔십척을 직조하며 생소한 사람이라도 칠팔일만 정밀히 견습하면 1좌에 매일 오육십척은 능히 직조하고 수십일 익숙해지면 2좌

를 운전하야 매일에 일백오육십척은 무난히 직조할 것이오. 공전工錢은 매척에 엽전 2푼씩 지급할 터이오니 생소한 사람이라도 칠팔일만 정밀히 견습하면 매일 칠팔량 공전은 어렵지 않게 받을 터이오. 공장 내에 남녀를 구별하야 혼잡치 아니하게 할 터이니 유지有志한 사람은 속히 본 회사로 와서 문의하시오. 단 내왕이 불편한 사람은 본 회사 내에 유숙留宿도 시키고 여인은 숙소도 구별할 터이오.

— 『황성신문』 1901년 5월 13일자

'발동기를 이용하여 인력은 쓰지 아니하는' 직기라면 분명 역직기다. 하지만 이 광고 문안만으로는 역직기를 들여왔다는 것인지 들여올 예정이라는 것인지 확언할 수 없다. 들여왔더라도, 생산품에 관한 후속 기사가 없는 것으로 보아 실제로 가동하지는 않았던 듯하다. 1910년대 중반까지 역직기는 중앙시험소와 경성공업전문학교, 경성부 은사수산기업장에 몇 대씩 있었는데, 제직회사가 들여온 기계였을 가능성을 배제할 수 없다. 정동호를 제외한 한국의 직물업자들은 역직기보다는 베틀에 스프링을 장치한 밧탄직기, 역직기와 작동 원리는 같으나 사람이 내려 밟는 힘을 동력원으로 이용하는 족답기를 장만하는 데 열심이었다. 동력 문제를 해결하는 게 어려웠기 때문일 것이다. 1910년경 서울에만 38개소에 달하는 직포공장이 있었고 직기 대수는 200여 대에 달했으나, 역직기를 갖춘 곳은 없었다.

1915년, 조선총독부는 시정 5주년 기념 조선물산공진회를 경복궁에서 개최했다. 총독 통치 5년의 성과를 자랑하기 위한 일종의 '산업박람회'였다. 9월 11일부터 10월 30일까지 50일간 진행된 이 행사를 관람한 사람은 거의 100만 명에 달했다. 물건 구경이든 사람 구경이든, 한반도 역사상 일찍이 없던 최대 규모의 스펙터클이 펼쳐

臨時恩賜金事業其の一
(京城機業場)

1915년경 은사수산 경성기업장恩賜授産京城機業場 내부 1910년 한국을 식민지화한 직후, 일본은 천황 명의로 한국인들에게 '은사금'이라는 것을 주었다. 은혜로 하사하는 금품이라는 뜻이다. 대부분은 일본의 한국 병합에 공을 세운 친일 모리배들에게 분배되었고, 극히 소액이 산업 육성 자금으로 배정되었다. 그 돈으로 세운 일종의 '시범공장'이 은사수산장이다. 서울 운니동에 있었던 은사수산 경성기업장에는 역직기 두 대가 배치되었다. 이것이 사진으로 확인할 수 있는 이 땅 최초의 역직기다. 출처: 서울역사박물관(서울역사아카이브)

졌다. 행사장에 전시된 물품은 4만여 점, 그중 조선 내의 것이 3만 2,000여 점이었고, 외지의 것이 8,000여 점이었다. 조선총독부는 이 물건들을 ① 농업, ② 척식, ③ 임업, ④ 광업, ⑤ 수산, ⑥ 공업, ⑦ 임시 은사恩賜 사업(일본 천황이 하사한 은사금으로 수행하는 사업), ⑧ 교육, ⑨ 토목 및 교통, ⑩ 경제, ⑪ 위생, ⑫ 경무 및 사옥司獄, ⑬ 미술 및 고고의 13개 분야로 나누어 전시했다. 역직기는 공업 부문 전시품 중 하나였다. 공진회 주최 측은 현장에서 시운전도 하겠다고 밝혔으나, 실행됐는지는 알 수 없다.

이 땅에서 역직기를 이용한 대량 직포는 1919년 조선방직이 610대, 이듬해 경성방직이 100대를 들여온 이후에 본격화했다. 이중 조선인 자본으로 설립된 경성방직은 물산장려운동 덕을 많이 보았다. '조선사람 조선 것, 내 살림 내 것으로'라는 구호를 내세운 물산장려운동은 조선인의 민족 산업 육성을 목표로 했으나, 경성방직의 제품도 일제 역직기에서 나온 것이라는 사실은 애써 무시했다. 1930년대 조선총독부가 조선공업화 정책을 추진하면서, 한반도의 역직기 수는 빠른 속도로 늘었다. 경성방직만 해도 1923년 첫 생산 당시 100대였던 역직기는 1931년 450대, 1934년 700대, 1939년 900대가 되었다. 1936년에는 종연방직鍾淵紡織이, 이듬해에는 동양방직東洋紡織이 영등포에 각각 1,000대 이상의 역직기가 설비된 공장을 지었다.

해방 이후 일본인들이 두고 간 역직기는 '귀속재산 불하' 과정을 거쳐 한국인 기업의 소유가 되었다. 한국전쟁 휴전 이후 UNKRA(국제연합 한국재건단) 등이 방추와 직기 구입 자금을 지원했고, 한국 정부는 이를 '사업가'들에게 분배해주었다. 원조자금 정실情實, 특혜 배정에 대한 비판에도 불구하고 수천 대의 역직기가 새로 도입되어 면방직공업을 이른바 '삼백산업'三白産業의 수위로 끌어올렸다. 1960년대 중반 이후 한국 경제의 고도성장은 역직기에 힘입은 바 크다.

역직기는 가정에서 베틀을 축출했고, 수천 년간 베틀에 속박되었던 여성들을 해방시켰다. 다만 공장의 역직기 옆에서 일하는 노동자 대다수도 여성이었다. 자기 집 뒷방 베틀 앞에서 베 짜다가 역직기 옆으로 내몰렸던 여성들의 체험과는 별도로, 현대인은 역직기 덕에 '입을 옷이 너무 많은' 사람이 되었다. 오늘날에는 견면마모絹綿麻毛의 천연섬유와 온갖 종류의 화학섬유들이 역직기를 거쳐 다종다양 형형색색의 옷감으로 순식간에 변신한다. 이 직조혁명 덕에 현대인들은 옛날의 왕과 왕비보다도 더 자주 새 옷을 장만하지만, 늘 입을 옷이 마땅치 않다고 불평을 늘어놓는다. 물질 생산의 증가 속도보다도 물질에 대한 욕망의 증가 속도가 훨씬 빨랐기 때문이다.

발전기

33. 인간이
     얻은
     신의 무기

'전기'電氣. 문자 그대로 풀면 '번개의 기운'이라는 뜻이다. 고대 그리스신화에서 신들의 왕 제우스는 번개를 무기로 삼아 온 우주를 다스렸다. 땅에 떨어지는 번개가 벼락인데, 우리말에서는 '벼락맞을'이 '천벌天罰 받을'과 같은 뜻이다. 우리 선조들에게도 번개는 하늘의 신이 지상의 죄인을 정밀타격할 때 쓰는 무기였다.

인류가 천지간에 빛과 열과 힘을 아울러 가진 오묘한 기운이 있다는 사실을 안 것은 태곳적부터였으나, 그 정체를 알고 이용하기까지에는 아주 오랜 시간이 걸렸다. 기원전 600년, 그리스 최초의 철학자로 불리는 탈레스는 송진의 화석인 호박琥珀을 문지르면 깃털 같은 가벼운 물체들이 달라붙는 현상을 발견했다. 일렉트론electron은 본래 호박을 뜻하는 그리스어였는데, 이후 이런 마력을 가진 물건과 물질들의 이름에 일반적으로 붙는 접두어가 되었다가, 19세기 말에 이르러 처음 발견된 전자電子의 이름이 되었다.

16세기 이후 인간이 과학적 이성을 무기로 종교적 불가지론에 맞서는 과정에서 전기의 신비도 한 꺼풀씩 벗겨졌다. 1831년, 영국의 패러데이Michael Faraday는 두 개의 영구자석 사이에서 구리판을 회전시키면 전류가 발생하는 현상을 발견하여 이 위대한 힘을 생산할 수 있는 길을 열었다. 물론 무無에서 창조되는 에너지는 없다. 발전기는 역학적 에너지를 전기 에너지로 변환하는 기계이며, 원래의 에너지

속성에 따라 화력, 수력, 원자력, 풍력, 태양열 등으로 구분된다.

1866년 독일의 지멘스Charles William Siemens는 전자석을 사용해 대형 발전기를 만드는 데 성공했다. 증기기관 혁명에 이은 전기혁명을 제2차 산업혁명이라고도 하는데, 지멘스의 발전기 발명은 와트의 증기기관 발명에 필적할 만한 경제사적 일대 사건이었다. 1870년에는 벨기에의 그람Zénobe Théophile Gramme이 고리형 코일 발전기를, 1873년에는 독일의 알테네크Friedrich von Hefner-Alteneck가 드럼형 코일 발전기를 각각 발명했다. 하지만 이때까지의 발전기는 전압의 안정성을 보장하기 어려웠다. 탄소선 전구를 발명했던 미국의 토머스 에디슨은 전압 문제를 해결하기 위해 새로운 발전기 연구에 매달렸다. 1882년 9월, 미국 뉴욕시에서 세계 최초의 대규모 화력발전소가 가동을 시작하여 각 가정과 사무실에 가설된 전구들에 110볼트의 직류 전기를 공급했다. 공교롭게도 이해에 조선과 미국 사이에 수호 통상조약이 체결되었다.

1883년 5월, 미국 공사 푸트L. H. Foote가 조선에 입국했다. 두 달 뒤, 조선 정부는 이에 대한 답례로 보빙사報聘使를 미국에 파견했다. 보빙사의 눈에 띈 미국 문물은 하나하나가 다 신기했지만, 불 없이 빛을 내어 밤을 낮처럼 밝히는 전등은 그중에서도 압권이었다. 임무를 마치고 귀환한 보빙사 일행은 고종에게 복명復命하면서 전기 이야기도 했던 듯하다. 에디슨 상사로부터 발전기를 수입하는 문제에는 미국 공사 푸트가 관여했을 테지만, 상세詳細는 알기 어렵다. 1887년 초, 에디슨 상사의 전기 기사 몇 사람이 소형 발전기와 전등 설비를 가지고 입국했다. 그해 2월 10일, 경복궁 향원정 연못가에 설치된 발전기가 작동을 시작했다. 연못가에 발전기를 설치한 것은 경복궁 내에 냉각수를 공급할 만한 곳이 거기밖에 없었기 때문이다. 발전기에서 생산된 전기는 전선을 통해 건청궁 내 여러 건물의 천장에 매달린 전등으로 공급되었다. 우리보다 먼저 개항한 중국과 일본에서는 이보다 2년 뒤에야 발전發電이 시작되었다. 전기 사용에 관한 한, 우리나라는 동양에서 가장 선진적이었다.

에디슨 전기회사는 동아시아에 처음 발전기를 공급한다는 사명감에 싼값으로 발전기를 제공했지만, 발전기와 전등을 유지·관리하는 기술까지 전수하지는 않았다. 당시까지만 해도 백열전등의 수명은 매우 짧았으며, 발전기도 수시로 고장 나곤 했다. 시설 유지와 관리에 필요한 부품값과 미국인 기사 인건비는 곧 발전기 값을 뛰어넘었다. 발전기는 굉음을 내며 작동하다가 멈추기를 반복했고, 전등도 환한 빛을 발하다 꺼지기를 반복했다. 이 때문에 전등에는 '건달불'이라는 별명이 붙었다. 하는 일 없이 빈둥거리며 먹고 노는 건달과 비슷하다는 조롱이었다.

우리나라 두 번째 발전기이자 발전소發電所에 설비된 최초의 발전기는 1899년 5월 동대문 옆, 현재의 JW메리어트 호텔 자리에서 가동을 시작했다. 전차에 전기를 공급하기 위해서였다. 당시 동대문발전소의 설비 용량은 200킬로와트였다. 동대문발전소에서 처음 시커먼 연기가 솟아오르던 1899년 초여름은 무척 가물었다. 당시 사람들은 '전기'라는 말에서 당연히 비바람을 연상했다. 그들은 '번개의 기운'을 억지로 만든 탓에 공중의 물기가 사라졌다고 생각했다. 공교롭게도 전차 운행 개시 직후 어린 아이가 치어 죽는 사고가 일어났다. 서울시민 수천 명이 종로로 몰려가 전차를 불태우고 때려 부쉈다. 이것이 유명한 '전차소타사건'電車燒打事件이다. 그들이 발전소를 공격하지 않은 것은 전기가 발전소에서 생산된다는 사실을 몰랐기 때문이다.

이보다 한 해 전인 1898년 1월, 고종은 자신이 전액 출자하여 한성전기회사를 설립했다. 회사의 전기사업은 같은 해 9월 15일 경희

연기를 뿜어내는 동대문발전소 굴뚝 현재 JW메리어트 호텔이 있는 자리이다. 발전기는 '전기의 시대'를 열었다. 유토피아적이든 디스토피아적이든, 오늘날 인류의 미래를 좌우할 것으로 여겨지는 '제4차 산업혁명'은 전기 에너지를 기반으로 하고 있다. 전기 에너지는 깨끗하지만 역학 에너지를 변환시킨 것이기 때문에 비쌀 수밖에 없다. 원자력은 전기 가격을 낮추기 위한 방편이긴 하나, 인류에게 재앙이 될 수도 있다. 출처: 『사진으로 보는 한국백년』

궁 흥화문 앞에서 전차 궤도 기공식을 거행하면서 급진전되었다. 궤도 공사와 발전소 건설 공사는 동시에 진행되었다. 동대문발전소에서 생산된 전기는 한동안 전차 운행에만 쓰였으나, 1900년 4월 10일부터는 전등에도 공급되었다. 이날 밤 한성전기회사 사옥(현재 YMCA 서쪽 장안빌딩 자리) 주변에 설치된 전기 가로등 세 개가 빛을 발했다. 1966년, 대한민국 정부는 이 역사적 사건을 기념하기 위해 4월 10일을 '전기의 날'로 지정했다. 1901년 6월에는 경운궁에도 여섯 개의 전등이 설치되었고, 같은 해 8월부터는 종로의 가로등과 민간 주택 일부에도 전기가 공급되었다.

동대문발전소 내 발전기가 가동하기 시작한 지 120여 년이 지난 오늘날, 남한의 발전 설비 용량은 100기가와트를 넘어섰다. 무려 500만 배가 넘는 증가다. 지난 150년 간 지구상에서 생산량이 가장 빠른 속도로 늘어난 것이 전기다. 20세기 이후 전기를 사용하는 물건들은 계속 늘어나 전기 없이는 일상생활을 영위할 수 없는 정도가 됐다. 오늘날 각 가정에 있는 전기·전자 제품의 수는 물론, 그런 제품에 에너지를 공급하기 위한 전기 콘센트의 수도 식구 수보다 많다. 심지어는 석유 에너지로 움직이던 자동차들도 전부 전기 자동차로 바뀔 기세다. 프로메테우스가 신에게서 훔쳐 인간에게 건네준 불은 인간을 다른 동물과 구별되는 존재로 만들어주었으나, 인간은 그에 만족하지 않았다. 그들은 마침내 신의 무기였던 번개 에너지를 생산하는 방법을 찾아냄으로써 신의 권능을 확보했다. 오늘날 인류의 오만을 뒷받침하는 물건들은, 거의 모두가 전기로 작동한다.

배터리

난센스 퀴즈 하나. 세상에서 가장 작은 연못은? 정답은 전기가 고인 연못인 전지電池, battery다. 오늘날 직경이 밀리미터 단위로까지 축소된 이 물건에 연못이라는 이름이 붙은 것은, 최초의 현대식 배터리가 전해질 액체에 금속을 넣은 형태였기 때문이다. 전기가 물과 특히 친한 것도 하나의 이유였을 테고. 후일 액체 없는 전지가 나오자, 이 물건에는 '마른 전기 연못'이라는 뜻의 '건전지'乾電池라는 이름이 붙었다.

전기는 빛·열·소리·힘 등 다른 에너지로 잘 변하고, 변화 과정에서 오염 물질을 생성하지 않으며, 미세한 동작을 조절하기도 쉽다. 전기는 가장 깨끗하고 편리한 에너지이지만, 전선이 연결되는 곳에서만 동력으로 사용할 수 있다는 것이 약점이자 결점이다. 이 문제를 제한적으로나마 해결해주는 것이 배터리다.

1936년, 바그다드 인근에서 철도를 건설하던 인부들이 철과 구리 막대가 들어 있고 전류가 흐르는 파르티아 제국(기원전 약 240~서기 227) 시대의 질그릇을 발견했다. 후일 '바그다드 배터리'로 명명된 이 물건이 인류 최초의 배터리로 추정된다. 하지만 인류 최초의 것들 상당수가 그렇듯이, 이 물건 역시 아직 미스터리의 베일에 덮여 있다.

작동 원리에 대한 해석과 결합한 현대적 배터리는 1800년 이탈리

1927년부터 조선에 수입된 일제 아사히 건전지 이름은 '전기를 담은 마른 연못'이지만 생김새는 분필과 비슷했다. 현대인이 휴대하는 소형 기계들은 거의 전부 배터리로 작동한다. 배터리는 기계에 익숙한 인간, 기계처럼 작동하는 인간을 만드는 데 결정적 구실을 했다. 출처: 부평역사박물관

아의 볼타Alessandro Volta가 처음 만들었다. 은과 아연, 바닷물과 종이로 만든 이 물건은 문자 그대로 '작은 연못'과 비슷했다. 충전이 가능한 2차 전지는 1859년 프랑스에서, 고체 전해질을 사용하고 금속 덮개를 씌운 마른 전지(건전지) 역시 1877년 프랑스에서 발명되었다.

배터리는 1910대 말께 이 땅에 도입된 것으로 추정된다. 1918년 『매일신보』는 '전지로 빛을 내는 전구가 달린 연필'을 편리한 신생활 용품으로 소개했다. 하지만 전기·전자 제품의 종류가 많지 않았기 때문에, 전지에 관심을 갖는 사람은 거의 없었다. 전지 수요는 1926년 라디오 방송이 개시된 이후에 급증했다. 1927년부터 일본의 마츠다松田 건전지와 아사히朝日 건전지가 수입 판매되기 시작했다. 이들 상품의 광고에는 '라디오에 가장 잘 맞는다'라는 문구가 적혀 있었다. 1928년에는 경성 청엽정靑葉町(현재의 서울 청파동)에 조선건전지

합자회사가 설립되었으나, 오래 지속되지는 못한 듯하다. 조선산 건전지는 일본이 하와이를 공습한 1941년에 다시 출현했다. 이해에 조선마츠다건전지주식회사와 합명회사카야마과학연구사가 각각 서울과 구리에 설립되어 생산을 개시했다.

해방 이후 전지는 손전등, 무선전신 등에 필수였지만, 국내 시장은 넓지 않았다. 1946년에 설립된 배터리 전문 생산업체 로케트의 제품과 미군 PX에서 흘러나오는 것만으로도 수요를 충당할 수 있을 정도였다. 우리나라에서 건전지 수요는 1960년 트랜지스터 라디오가 생산되면서부터 급속히 늘어났다. 시장이 커지면 투자도 늘고 기술도 발전하는 법, 1963년 로케트 건전지는 '국내 유일의 미8군 납품'과 '최초로 미국에 수출하는 국산 건전지'라는 사실을 자랑스럽게 광고했다. 이후 수은 전지, 리튬이온 전지 등이 잇달아 발명되면서 전자제품 소형화를 앞에서 이끌었다.

현대인은 손목시계, 휴대전화기, 노트북 컴퓨터 등 배터리가 들어간 물건 여러 종을 휴대하고 다닌다. 어린아이들의 장난감에도 전지가 사용되는 것이 적지 않다. 최근에는 배터리 동력으로만 움직이는 자동차도 나왔다. 배터리로 움직이는 기계가 많은 데다가, 그런 기계들이 일상에 심대한 영향력을 행사하다 보니, 배터리 잔량을 확인하는 게 현대인의 습관 중 하나가 되었다. 휴대전화를 받지 않는 사람의 핑계도 대개는 '배터리가 떨어져서'이다.

전선으로부터 해방된 전기·전자 기기는 앞으로도 계속 늘어날 것이다. 인공지능을 장착한 정교한 로봇이 배터리로 가동되리라는 건 의심의 여지가 없다. 사람들이 '재충전'再充電이라는 말을 '휴식'과 동의어로 쓴 지도 꽤 오래되었다. 현대인은 배터리로 작동하는 기계가 자신의 진화 방향임을 직감하는 사람이다.

다이너마이트

35. 다른
생명체들에 대한
테러 무기

1964년 8월 24일 오후 7시 반쯤 서울 창신동 골목길에서 초등학생 세 명과 중학생 한 명이 쓰레기더미에서 발견한 다이너마이트 뇌관을 두드리다가 폭발해 한 명이 크게 다쳤다. 그들이 주운 뇌관은 인근 낙산 채석장에서 사용하던 것이었다. 채석장에서는 수시로 다이너마이트가 폭발했기 때문에, 인근 가옥 중에는 그 충격으로 붕괴 직전에까지 이른 것이 많았다.

1977년 11월 11일 밤 9시 15분, 다이너마이트 22톤 등 30톤의 폭발물을 싣고 전라북도 이리역 구내에 정차해 있던 열차 안에서 폭발이 일어났다. 폭음은 이리시(현재의 익산시) 전역은 물론 도시 밖까지 울렸으며, 열차가 있던 장소에는 깊이 15미터, 직경 30미터의 웅덩이가 파였다. 이 폭발로 59명이 사망하고 185명이 중상, 1,158명이 경상을 입었다. 811동의 가옥이 완전히 무너졌으며, 6,800동 가까운 가옥이 크고 작은 피해를 입었다. 이재민 수는 1,674세대 7,873명. 사람들은 미리 학습한 대로 북한의 테러를 의심했으나, 원인은 폭발물 운반 책임자의 부주의였다.

1866년 스웨덴 사람 노벨Alfred Bernhard Nobel이 전례 없는 파괴력을 가진 폭발물을 만드는 데 성공했다. 그는 이 폭발물에 '힘'을 뜻하는 그리스어 '디나미스'dinamis를 따서 '다이너마이트'라는 이름을 붙였다. 다이너마이트는 자연을 개발하는 인간의 능력, 달리 말하

면 인간의 자연 파괴 능력을 비약적으로 신장시켰다. 다이너마이트
는 광산, 채석장, 도로 공사장, 댐 공사장 등에 두루 쓰이면서 곡괭이
와 삽에 의존해왔던 과거의 인간들을 비웃었다. 하지만 자연을 쉽게
파괴하는 물건은 인간의 생명도 쉽게 파괴하는 법이다. 그러거나 말
거나 다이너마이트의 수요가 엄청났기에, 노벨은 큰 부자가 되었다.
후일 자기가 발명한 폭발물로 인해 숱한 생명이 사라졌다는 사실을
깨달은 노벨은 속죄하는 의미에서 세계 최고액의 상금을 건 '노벨
상'을 제정했다.

1896년 4월, 인천항에 입항한 일본 선박에서 다이너마이트를 발
견한 해관원은 그의 양륙揚陸을 거부하고 되돌려 보냈다. 이것이 다
이너마이트에 대한 우리나라 최초의 기록이다. 물론 다이너마이트
가 위험한 물건이라는 사실을 안 해관원은 영국인이었다. 그러나 다
이너마이트 금수 조치는 외국인들에게 광산 채굴권을 허용함에 따
라 곧 풀렸다. 1899년 9월, 미국인이 채굴권을 얻은 운산금광에 다
이너마이트가 반입되었다. '노다지'라는 말의 발원지로 알려진 바로
그 금광이다. '노다지'는 미국인 관리자들이 금을 만지지 말라는 의
미로 '노 터치'No touch라고 한 걸 한국인 광부들이 금이라는 뜻으로
잘못 이해한 데에서 생긴 말이라는 설이 있다. 이후 전국 곳곳의 광
산과 채석장, 철도 공사장에서 다이너마이트 폭발음이 울리기 시작
했다. 더불어 발파 사고로 죽거나 다치는 사람도 계속 나왔다.

다이너마이트의 위력을 알게 된 사람들은 이를 '테러' 도구로도
사용했다. 1899년 6월 8일 밤 12시경, 창동倉洞(현재의 남창동 북창동
일대) 의정부 참정 신기선의 집, 장교長橋(현재의 장교동) 내부대신 박
정양의 집, 난동蘭洞(현재의 명동) 의정부 참정 박기양의 집에서 동시
에 큰 폭발음이 울렸다. 서울 시내 경찰은 물론 일본군 헌병대까지
총출동하여 현장을 조사했다. 집 주인 세 사람은 다치지 않았으나,

국내 최초 다이너마이트 개발 성공을 알리는 한국화약주식회사의 광고 다이너마이트는 광산, 철도, 도로, 터널, 댐 등 온갖 종류의 공사장에서 널리 사용되었다. 다이너마이트는 인간의 자연 정복 능력을 비약적으로 향상시켰으나, 인간 이외의 생명체들에게는 대재앙을 초래했다. 출처: 한화저널

세 집은 창틀이 무너지고 기와가 날아가는 등의 피해를 입었다.

해방 20여 일 전인 1945년 7월 24일, 경성 부민관府民館(현재 서울시의회로 쓰이는 건물)에서도 다이너마이트로 만든 폭탄이 터졌다. 당시 부민관에서는 재일동포로 일본 제국의회 대의사代議士(오늘날의 국회의원)가 된 친일파 박춘금이 주최한 '아시아 민족 분격대회'가 열릴 예정이었다. 이 정보를 입수한 조문기, 유만수, 강윤국 등은 행사장을 폭파하기로 결심했다. 먼저 유만수가 수색변전소 작업장에 노동자로 취업하여 다이너마이트를 입수했다. 이 다이너마이트로 두 개의 폭탄을 제조한 그들은 행사 전날 밤 부민관에 잠입하여 무대와 화장실 사이의 통로에 폭탄을 장치했다. 참가자 한 명이 폭탄 선을 미리 건드려 예정된 시각보다 일찍 폭발한 탓에 박춘금을 비롯한 '아시아 친일파'들을 처단하지는 못했으나, 혹독한 '정신 총동원' 체제하에서도 한국인의 독립 의지가 꺾이지 않았다는 사실을 보여준

쾌사快事였다.

다이너마이트는 전 세계의 토목 공사 현장에서 흔히 볼 수 있는 물건이었으나, 국내 생산은 1958년에야 시작되었다. 이해 6월, 일제 강점기에 일본인이 설립한 조선화약공판을 모태로 한 한국화약주식회사 인천공장에서 첫 국산 다이너마이트가 생산됐다. 당시 언론들은 아시아에서 두 번째로 다이너마이트 생산국 반열에 올라섰다고 대서특필했다.

폭탄 테러에 대한 공포가 전 세계를 뒤덮은 지 오래다. 현대인들은 죄 없는 사람을 죽이는 폭탄 테러범들을 증오하며, 그들을 잡기 위해서라면 사생활의 권리까지 국가에 양도할 수 있다고 생각한다. 하지만 다이너마이트가 발명된 이래, '테러용'으로 사용된 것보다 '산업용'으로 사용된 것들이 사람을 훨씬 많이 죽였다. 사람 아닌 생명체들은 말할 나위도 없다. 다이너마이트는 인간의 '자연 개발'이 다른 생명체들에 대한 테러이기도 하다는 사실을 입증한 물건이다.

36. 소의
    일거리를
    빼앗다

인간이 가축家畜으로 기르는 동물은 여러 종이 있지만, 우리나라에서는 소, 말, 개, 돼지를 4대 가축으로 꼽는다. 이들 중 돼지만 두 음절이다. 우리 조상들은 아주 오랜 옛날부터 사람과 다른 동물을 말 자체로 차별했다. 사람의 두부頭部는 머리, 동물의 두부는 마리, 어류의 두부는 대가리였다. 대가리는 오늘날 사람의 머리를 낮춰 부르는 용도로도 쓰인다. '뭇 생명'이라는 뜻의 중생衆生도 사람을 가리킬 때는 발음대로 읽고 동물을 가리킬 때는 '즘생', '짐승'으로 읽었다. 사람더러 짐승이라고 하는 것도 심한 욕이었다. 사람의 새끼는 '아기', 가축의 새끼는 '아지'로 구분했다. 그래서 한국 4대 가축의 새끼는 송아지, 망아지, 강아지, 도야지이다. 돼지는 도야지의 줄임말로서, 다 자란 것은 돝이라고 했다. 현대에 들어와 돝이라는 말이 사라진 이유는 아마도 이 가축을 다 자랄 때까지 기르지 않았기 때문일 것이다. 잡아 먹을 용도로만 키우는 가축을 다 자란 뒤에도 계속 먹이는 것은 낭비였다.

꽤 오래전, 프랑스의 배우이자 동물 애호 운동가인 브리지트 바르도가 한국인들에게 공개서한을 보냈다. "당신네 한국인들은 개의 눈을 가만히 들여다본 적이 있는가? 그 선량하고 충직한 눈을…" 한국의 민속학자 한 사람이 공개답신을 썼다. "당신네 프랑스인들은 소의 눈을 가만히 들여다본 적이 있는가?" 충직과 선량을 가축의 미덕이라고 본다면, 개와 소가 다를 바 없다. 브리지트 바르도가 개만 문제 삼은 것은 유럽 문화권, 넓게 보아 농경·목축 병행 문화권에서는 개가 특권적 가축이었기 때문이다. 양치기들에게는 개가 가장 유능한 조수다. 서툰 사람은 방해가 될 뿐이지만, 능숙한 개는 열 사람 몫을 해낸다. 사냥꾼에게도 개는 가장 믿음직한 동료다. 개는 활이나 총으로 쏘아 죽인 사냥감을 물어올 뿐 아니라, 밤에 야영할 때 맹수의 접근을 알아차리고 짖어준다. 사람 동료는 알아차리지 못하는 기척도 개는 알아차린다. 목축과 사냥을 많이 하는 문화권에서 개는 사람의 동료이자 부하이자 친구다.

하지만 농경 중심 사회에서는 개가 별로 중요하지 않은 가축이었다. 낯선 사람이 마을에 접근하면 까치가 먼저 알아보고 짖었기 때문에, 개는 도둑 쫓는 데에도 별 쓸모가 없었다. 물론 조선시대에도 사냥개는 있었으나, 왕족이나 아주 부유한 양반집에서나 기를 수 있었다. 서민들은 개를 식용으로 길렀다. 개의 일상적 쓸모라면 똥을 치우는 것 정도였다. 그 점에서 개와 돼지는 같았다. 똥소, 똥말이라는 말은 없지만 똥개, 똥돼지라는 말이 있는 까닭이다. 유럽인들이 개와 고양이를 한데 묶는 반면 우리나라를 비롯한 동아시아 사람들이 개돼지를 함께 묶는 것도 같은 이유에서다.

우리나라에서 가장 비싼 가축은 말이었지만, 가장 중요한 가축은 소였다. 소는 몇 사람 몫의 일을 하면서도 먹이는 비용이 아주 적게 들었고, 죽은 뒤에는 농경민들에게 부족하기 쉬운 동물성 단백질을 제공해주었다. 가죽과 뿔 등도 수공업의 필수 재료였다. 우리 조상들이 흉악하게 생긴 사람을 흔히 '쇠도둑 같다'고 한 것도 소를 가장 중시했기 때문이다. 소가 없으면 농사를 짓기 어려웠지만, 소를 소유한 농가는 드물었다. 대다수 농가가 남의 소를 빌려 농사를 지었다. 소를 먹이는 것은 빌린 농가의 책임이었고, 빌린 대가도 따로 지

1973년 경기도 농촌에서 경운기로 밭갈이하는 모습 부유한 농가에서는 1970년대 초반부터 소 대신 경운기를 사용하기 시작했다. 오늘날의 경운기는 탈것을 겸하지만, 당시의 경운기는 그야말로 소 대신이었다. 생김새도 소와 비슷했다.

불해야 했다. 소를 도난당하면 소값을 물어주어야 했으니, '쇠도둑질'은 한 농가의 살 길을 끊는 짓이었다. 우리나라 최초의 보험증서도 '소 보험증서'였다. 소가 농업 생산의 필수 '도구'였던 조선시대에는 부릴 수 있는 소를 죽이지 못하게 막는 우금牛禁이 수시로 시행되었고, 관의 허가 없이 쇠고기를 먹다가 처벌받은 사람도 많았다. 우금이 시행되는 동안 쇠고기는 병자만 먹을 수 있는 약藥이었다.

신라시대에도 소의 '마릿수'는 국가권력의 조사 대상이었으나, 전국 단위의 집계는 일본의 한국 강점 이후에 시작됐다. 조선총독부의 조사에 따르면 1910년께 한반도의 소는 130만 마리로 일본 열도 전역의 소 마릿수와 거의 같았다. 당시 일본 인구가 조선 인구보다 두 배 이상 많았으니, 한국인이 일본인보다 두 배 정도 많은 소를 길렀던 셈이다. 일제의 한국 강점 이전 한국인의 1인당 쇠고기 소비량이 일본인의 두 배 이상이었다는 뜻도 된다. 개항 이후 조선에 왔던 일본인 의사 중에는 한국인의 체격이 일본인보다 큰 이유가 '고기 소비량'의 차이에 있다고 지적한 사람도 있다.

1924년, 소 대신 일하는 경운기가 이 땅에 첫선을 보였다. 그러나 소보다 비싸고 유지비가 많이 들며, 고장 나면 그냥 버릴 기계를 사용하는 농민은 없었다. 이 물건의 용도는 일본인 농장주의 호기심과 허영심을 만족시키는 것뿐이었다. 경운기가 실제로 논밭에서 소를 축출하기 시작한 것은 1980년께부터였다. 기계의 발달이 늦은 때문이 아니라 소의 쓸모가 달라진 때문이다. 그 무렵부터 쇠고기와 우유 소비가 늘어남으로써, '일하는 소'보다는 육우肉牛와 젖소를 키우는 게 농가 살림에 더 보탬이 되었다. 그 뒤로 고작 40년이 지났다. 이제 농촌에서 일하는 소는 거의 전멸했다. 동시에 한국 땅에서 사는 소, 즉 한우의 평균 수명은 세 살 미만으로 줄었다. 한국에 수입되는 외국산 쇠고기는 채 30개월을 살지 못한 송아지의 것이다. 쟁기와 수레를 끌던 소는 20년 이상 살았으나, 현대의 일 없는 소는 다 자라자마자 죽는다. 경운기가 소의 평균 수명을 10분의 1 이하로 단축시킨 셈이다. 인간 대신 기계가 일하는 시대가 오면, 인간은 어떤 존재가 될까?

컨베이어벨트

37. 인간을
부리는
장치

　　미국의 벤저민 프랭클린은 인간을 '도구를 제작하는 동물'a tooling animal로 정의했다. 도구를 사용하는 동물은 인간 말고도 여럿 있지만, 도구를 제작하는 동물은 인간뿐이다. 동력의 방향을 바꿔 작동시키는 도구를 따로 기계machine로 분류하는데, 본디 한자 '기'機는 베틀, '계'械는 형틀이라는 뜻이었다.

　　산업혁명 이전까지 인간은 자신이나 가축의 힘으로 조작할 수 있는 크기 이상의 기계를 거의 만들지 않았다. 마력 단위를 넘는 동력원으로 움직이는 기계는 물레방아나 풍차 정도가 있었을 뿐이다. 옛날에도 축력을 이용해 기계를 조작하던 사람이 소뿔에 받치거나 말발굽에 채여 죽는 경우가 없지는 않았으나, 그 가능성은 벼락 맞는 것보다 조금 높은 정도였다.

　　증기기관이 발명된 뒤, 인간이나 동물의 힘으로는 제어할 수 없는 기계들이 속출했다. 개별 인간이 맞설 수 없는 거대한 힘으로 움직이는 기계들은, 이윽고 인간의 일자리를 빼앗거나 인간을 자기에게 종속시켰다. 1913년, 포드 자동차의 설립자 헨리 포드는 미시간주 디트로이트시에 설립한 공장에 거대한 컨베이어벨트를 설치했다. 이 컨베이어벨트 옆에 늘어선 노동자들이 각자 맡은 단순 작업만 반복해서 수행하면, 그 끝에서 완성된 자동차들이 모습을 드러냈다. 컨베이어벨트의 이동 속도가 곧 노동자들의 노동 강도였다. 속도를 강도로 전환시켰다는 점에서, 컨베이어벨트와 노동자들은 함께 거대한 기계를 구성했다고 볼 수 있다. 인간을 부품으로 삼는 포디즘Fordism이라는 기계.

1936년, 전설적인 배우 겸 감독 찰리 채플린은 인간이 기계의 부품으로 전락한 시대를 풍자한 영화《모던 타임스》를 만들었다. 하지만 이 영화가 묘사한 현실은 그보다 조금 앞서 등장한 '인간을 부품으로 삼는 거대한 기계국가', 즉 파시즘 국가의 현실보다 훨씬 덜 끔찍했다.

채플린의《모던 타임스》가 개봉하기 직전, 이 땅에도 컨베이어벨트 시스템에 관한 정보가 전래되었다. 연희전문학교 상과商科 교수 이순탁은 봉직 10년째인 1933년에 안식 휴가를 얻어 세계일주 여행에 나섰다. 그의 세계일주기는 『동아일보』에 연재되었는데, 포드 공장의 컨베이어벨트 시스템에 대한 소개는 1934년 4월 13일자에 실렸다. 그는 포드 자동차 회사가 컨베이어벨트 시스템을 채용함으로써 자동차 한 대의 제작 시간이 11시간에서 1시간 33분으로 단축되었다고 썼다. 하지만 당시 조선 사람 절대다수는 컨베이어벨트 시스템은커녕 자동차 공장이 어떻게 생겼는지도 알지 못했다. 중일전쟁 이후 조선 북부 지방에 금속, 화학 등 군수물자 생산을 위한 대규모 공장이 속속 건설되기는 했으나, 이들 중 컨베이어벨트 시스템을 채택했다고 알려진 공장은 없다.

대한민국 정부 수립 후인 1949년 6월, 미국 경제협력 한국 사절단은 미국의 원조 대금 중 3만 3,000달러를 컨베이어벨트 수입 자금으로 할당했다. 하지만 실제로 컨베이어벨트가 수입되었는지는 알 수 없다. 이로부터 1년 뒤 한국전쟁이 일어났고, 휴전 후에도 오랫동안 컨베이어벨트 시스템을 채용할 정도의 조립 가공 공장은 생기지 않았다. 우리나라에서 컨베이어벨트를 처음 채용한 곳은 항만이었다.

컨베이어벨트 고용노동부 통계에 따르면 컨베이어벨트 등에 끼어 사망한 노동자의 수는 2013년 130명, 2015년 121명, 2017년 102명이었다. 컨베이어벨트는 공장의 생산성을 획기적으로 높였지만, 이 생산성 향상은 시쳇말로 '노동자를 갈아넣음'으로써 이룩된 것이다.

1969년 8월, 풍농비료공장은 충청남도 서천군 장항 부두에 컨베이어벨트 시스템을 설치하기로 결정했다. 비료 원료인 인광석 하역 작업 전 과정을 기계화한다는 계획이었다. 이에 전국 부두노조 장항지부의 노조원 300여 명이 기계화 계획 철회를 요구하며 파업에 돌입했다. 하지만 역사상 인간이 기계와 싸워 이긴 적은 없었다.

우리나라에서도 전자제품, 자동차 등 여러 부품을 조립해 완제품을 만드는 제조업이 발전하면서부터 컨베이어벨트 시스템이 일반화했다. 1975년 6월에 완공된 금성사 구미공장에는 총연장 5.5킬로미터에 달하는 트롤리 컨베이어가 설치되었다. 이 공장에서는 12초에 한 대꼴로 TV 수상기가 완성되었다.

포디즘의 시대가 끝나고 다품종 소량생산 시대가 열렸다는 말이 떠돈 지 반세기가량 되었으나, 컨베이어벨트는 아직도 곳곳에서 인간을 조수로 삼아 작동하고 있다. 인간의 힘으로는 감당할 수 없는 거대 동력원을 가진 기계들은 인간의 생명과 신체, 존엄성과 일자리를 위협하는 대표적 존재가 됐다. 옛날 사람들은 산골에서 농사 짓다 호랑이에게 물릴까 걱정했지만, 요즘 사람들은 공장에서 일하다가 기계에게 물릴까 걱정한다. 요즘에도 매년 수백 명의 노동자가 컨베이어벨트에 끼어 죽거나 다친다. 2017년 이른바 '끼임 재해'로 사망한 노동자는 102명이었다. 현대는 기계가 인간을 죽이는 시대다.

트랜지스터

38. 반도체 시대를
열다

　　어린 시절 집에 진공관 라디오가 있었는데, 스위치를 돌리면 한참 기다려야 소리가 나왔다. 크고 무거워서 어린아이 힘으로는 움직일 수도 없었다. 초등학교 다닐 때 건전지로 작동하는 트랜지스터 라디오를 처음 보았다. 당시의 건전지는 요즘 것보다 훨씬 컸지만, 그래도 진공관 라디오와는 비교할 수 없을 정도로 가벼웠다. 초등학교 고학년 때에는 수업 시간에 라디오를 직접 만들기도 했다.

　　이 세상 대부분의 물질은 전기가 잘 통하는 전도체傳導體와 안 통하는 절연체絶緣體로 나뉜다. "벼락 맞아 죽을 놈"이라는 욕설이 생긴 것은 사람 몸의 대부분을 구성하는 물도 전도체이기 때문이다. 피뢰침이 생긴 이후로 '벼락 맞아 죽은' 사람은 거의 없지만, 전깃줄이나 전기 기구 때문에 감전사한 사람은 헤아릴 수 없을 정도로 많다. 반면 유리나 고무 등의 물질은 전기를 차단한다. 전선電線을 고무로 싸는 이유다. 전기를 기준으로 통하느냐, 안 통하느냐의 이분법에서 벗어난 물질을 반도체半導體라고 한다. 규소(게르마늄), 실리콘 등은 상온에서는 절연체이나 고온 상태에서는 전도체로 변한다.

　　1947년, 미국 벨연구소의 윌리엄 쇼클리William Shockley 연구진이 반도체를 세 겹으로 접합한 전자 회로 부품을 발명하여 트랜지스터transistor라고 이름 붙였다. 이들은 이 공로로 1956년 노벨 물리학상을 받았다. 윌리엄 쇼클리는 자기들의 발명품에 대해 "양자역학

1965년 금성사가 출시한 국산 트랜지스터 라디오 TP-810 트랜지스터 라디오는 1960년
대부터 국내에 대량으로 보급되었지만, 반도체 기술이 발전하면서 불과 20~30년 사이
에 급속도로 소멸했다. 하지만 트랜지스터를 초소형 회로에 집적하는 기술은 계속 발달
하여 개인용 전자제품의 시대를 열었다. 출처: 국립중앙과학관

을 가두街頭로 진출시킨 최초의 물건"이라고 자찬했다. 그의 말대로,
트랜지스터는 전기 신호를 증폭할 수 있게 함으로써 전자제품의 소
형화를 이끌었다. 콘센트에 전원을 연결하지 않고 배터리로만 작동
하는 휴대용 트랜지스터 라디오는 1954년부터 생산되었다. 이 라디
오를 필두로 전선이 필요 없는 전자제품들과 전력을 적게 소비하면
서도 큰 출력을 내는 전자제품들이 속속 출현했다. 휴대용 녹음기는
1959년에, 휴대용 전자계산기는 1961년에, 트랜지스터 컬러 TV는
1962년에 각각 시장에 나왔다. 더불어 가정용이나 사무용이던 전자
제품들은 개인용으로 바뀌었다. 사람들이 집이나 사무실 밖에서 전
자제품을 사용하는 '전자 문명의 시대'는 트랜지스터 덕에 열렸다.
　1959년, 미국인 잭 킬비Jack Killby와 로버트 노이스Robert Noyce가
작은 실리콘 조각 위에 특정 기능을 수행하는 전기 회로와 트랜지스

터 등의 반도체 소자素子를 함께 배치한 집적회로(IC)를 개발했다. 집적회로는 수많은 트랜지스터가 포함된 회로를 엄청나게 축소함으로써 전자제품의 크기와 소요 전력을 획기적으로 줄였다. 집적회로를 개발한 잭 킬비 역시 2000년에 노벨 물리학상을 받았다. 실리콘은 온갖 물질에 들어 있어 지표 위에서는 산소 다음으로 많은 원소다. 미국 전자산업의 중심지를 실리콘밸리라고 하는 것도 실리콘이 전자부품들의 주재료이기 때문이다.

1965년, 한미합작 기업인 코미전자산업이 국내에서 처음으로 트랜지스터를 생산했다. 1974년에는 삼성반도체의 전신인 한국반도체(주)가 집적회로의 기초 재료인 웨이퍼, 즉 실리콘 기판을 국산화하는 데 성공했다. 1983년에는 삼성반도체통신이 국내 최초로 메모리 반도체인 64K DRAM 생산에 성공했다. 설계 및 제조 공정 기술은 미국의 마이크론 사와 일본의 샤프 사에서 도입했지만, 당시 국내 언론은 이 사실을 대대적으로 보도했다. 그후 40년 만에, 한국은 세계 제일의 메모리 반도체 생산국이 되었다.

트랜지스터 한 개가 1비트bit, 8비트가 1바이트byte이니, 1메가바이트는 800만 개의 트랜지스터다. 메모리 반도체의 용량은 대략 10년마다 1,000배씩 증가하는 추세를 보였다. 손톱보다 작은 실리콘 조각 위에 수백만 개의 트랜지스터를 집적하는 기술 덕에, 전자제품은 집 안에 두는 물건에서 주머니에 넣는 물건이 되었다. 트랜지스터는 사람들이 개별적으로 세계와 직접 연결될 수 있게 해준 물건이다. 다른 측면에서 보자면, 서로 멀리 떨어진 사람들을 가깝게 이어준 대신 가까운 사람들을 멀어지게 만든 주범이라고도 할 수 있다. 타인과 눈을 맞추고 타인의 말에 귀를 기울이던 인간이 전자제품에 눈을 맞추고 전자제품에서 나는 소리에 귀를 기울이는 인간으로 바뀐 것은 거의 전적으로 트랜지스터 때문이다.

고무

39. 접촉의
충격을
완화하다

1493년, 두 번째로 대서양을 횡단하여 스스로 '히스파니올라'라고 이름붙인 섬(현재의 아이티)에 도착한 콜럼버스는 원주민들이 매우 잘 튀기는 공을 가지고 노는 모습을 보았다. 단단하고 물이 스며들지 않으며 탄력이 좋은 이 신기한 물질에 대한 정보는 이후 간간이 유럽에 전해졌으나 별 주목을 받지 못했다. 16세기 과학혁명 이후 인간이 신물질을 발견하고도 용도를 지정하지 않은 채 오랫동안 방치해둔 것으로는 이 물질, 즉 고무가 유일할 것이다.

고무에 연필 글씨를 지우는 성질이 있다는 사실은 18세기 중반에 발견되었으며, 교육받은 사람이 늘어나 연필 사용이 급증한 18세기 말에는 문구업자들이 말린 생고무 덩어리를 잘라 지우개로 판매했다. 여기에서 고무를 뜻하는 영단어 러버rubber가 생겼다. '러브'rub는 문지르다라는 뜻이니, 애초 '문지르개' 정도의 의미였다. 고무라는 말은 물컹물컹한 고체를 뜻하는 라틴어 구미gummi에서 기원했다. 네덜란드어로는 곰gom이었고, 17세기에 이 말이 일본에 전해지면서 고무로 바뀌었다. 씹는 껌과 고무의 어원은 같다.

고무의 산업적 용도는 19세기 중반에야 지정되었고, 이후 그 용도는 비약적으로 확대되었다. 1839년 미국의 발명가 찰스 굿이어 Charles Goodyear는 고무에 황과 열을 가하면 탄성과 내구성이 늘어난다는 사실을 발견하여 1844년 특허를 받았다. 이후 고무는 자전거

고무줄놀이 하는 아이들 신축성과 탄력성이 뛰어난 고무는 인간이 외부세계와 접촉하면서 받는 충격을 완화해주었다. 오늘날 고무는 산업기계, 의복, 기타 생활용품에 두루 쓰이며 고무줄 하나가 놀이도구이기도 하다. 출처: 한국민족문화대백과사전

와 자동차 바퀴, 신발 밑창, 기계 벨트 등으로 용도를 확장했다. 고무의 산업적 쓸모가 확인되자, 영국은 1876년 고무나무 묘목을 식민지인 실론(현재의 스리랑카)에 옮겨 심었다. 이후 고무 산지는 싱가포르, 인도네시아, 오스트레일리아 등지로 확대되었다. 현재는 전 세계 고무 원액의 95퍼센트 이상이 말레이시아와 인도네시아에서 산출된다. 합성고무는 1930년대에 발명되었는데, 그 뒤로 고무는 일상생활에서 가장 흔히 접하는 물질 중 하나가 되었다.

고무는 1880년대 초 연필과 함께 우리나라에 처음 들어온 것으로 추정되며, 1895년경에는 인력거 바퀴 형태의 가황고무가 도입되었다. 1905년경 학교연합운동회 등에는 부상으로 고무공이 걸렸고, 1919년부터는 짚신 모양의 고무신을 생산하는 한국인 경영 기업들이 속출했다. 일제강점기 한국인 자본이 가장 많이 진출한 분야가 고무신 제조공업이었다. 폐타이어를 가늘게 잘라 탄성 좋은 끈으로 만든 데에서 시작된 고무줄의 용도도 무척 많았다. 고무줄은 허리

띠, 머리끈, 의료용 끈, 새총 등에 사용되었으며, 그것만으로 훌륭한 놀이도구이기도 했다.

1937년 중일전쟁 도발 이후 중국 대륙에 막대한 군수물자를 쏟아부어야 했던 일본 군국주의가 동남아시아로 전선을 확대한 이유 중 하나도 고무에 있었다. 독일을 제외한 유럽 각국과 미국은 일본의 침략 행위를 제재하기 위해 군수품으로 사용될 수 있는 물자들의 대일對日 수출을 규제했다. 자동차 생산과 운행에 필수였던 고무도 당연히 군수물자였다. 고무 없이 전쟁을 치를 수 없었던 일본은 고무 생산지를 확보하기 위해 싱가폴, 인도네시아, 말레이시아, 인도에까지 침략해 들어갔다. 일본 군국주의가 상상한 '대동아 공영권'은 고무를 자급하는 권역이었던 셈이다.

인류는 가황고무를 통해 '신축성'과 '탄력성'의 새 경지를 발견했다. 걸을 때 무릎에 충격을 덜 받게 된 것도, 도로 상태의 영향을 덜 받는 자동차를 타게 된 것도, 의복의 압박감을 덜 느끼게 된 것도, 모두 고무 덕이다. 고무는 인간이 외부세계로부터 받는 충격을 상당히 완화해주었다. 타인에게는 엄격하고 자기 자신에겐 한없이 관대한 현대인의 보편적 심성도 고무줄과 무척 닮았다.

40. 가늘고 질긴 것,
그리고
가짜의 대명사

한국전쟁 중에 생겨나 지금껏 사용되는 속어 중에 '나이롱 환자'라는 게 있다. 의사나 간호사, 보험회사 직원이 있는 곳에선 중환자가 되었다가 그들이 사라지면 건강한 사람으로 돌변하는 특이한 환자를 말하는데, 전해들은 바에 따르면 교통사고 환자 중에 특히 많다고 한다. 병이 깊어졌다 나았다를 반복하는 게 나일론 원사의 신축성과 빼닮았기 때문에 생긴 말이다. '나이롱뽕'이라는 화투놀이도 있다. 화투패를 버리고 줍고 하며 짝을 맞추는 놀이인데, 하나의 화투패가 남의 것이 되었다가 내 것이 되었다가 하는 데에서 이런 이름이 유래했다는 설이 있다. '나이롱 박수'라는 것도 있었는데, 박수 치는 시늉만 하는 것을 의미했다. 이 경우의 '나이롱'은 가짜, 또는 헛것이라는 뜻인데, 천연섬유를 능가하는 줄 알았던 나일론에 피부병을 유발하는 등의 단점이 있다는 사실을 깨달은 사람들의 실망감을 표현한 말인 듯하다. 사실 합성섬유는 인공섬유이자 가짜 섬유였다. 일본인들은 목재 펄프의 섬유소를 재생하여 만든 레이온rayon을 '인조견사'人造絹絲, 줄여서 '인견'人絹으로 번역했는데, 여기에서 '인'人은 '가짜'와 같은 뜻이었다.

1935년, 하버드대학 화학과 교수 윌리스 캐로더스Wallace Carothers와 듀폰사 연구팀은 폴리아미드라는 새로운 물질을 만들어 실로 가공하는 데에 성공했다. 그러나 발명자 캐로더스는 2년 후 우울증

국산 나일론을 처음 생산한 한국나이롱주식회사의 광고탑 1960년대, 나일론은 가늘지만 질기고 신축성 있는 합성섬유로서 의생활의 혁명적 변화를 이끌었다. 1960~1970년대 에는 국내 봉제산업의 발전을 뒷받침하기도 했다. 나일론과 함께 살아온 사람들의 기질 이 나일론의 성질을 닮는 것도 이상한 일은 아니다. 출처: 코오롱그룹

으로 자살했다. 듀폰사는 그의 허무한 죽음에 대한 안타까움을 담아 이 화학섬유에 나일론이라는 이름을 붙였다. 허무를 뜻하는 니힐nihil과 듀폰Dupont의 온-on을 합한 것이다. 나일론이 비닐vinyl과 코튼cotton의 합성어라는 설도 있다. 이 섬유는 1938년 뉴욕박람회에 처음 소개되었으며, 이듬해부터는 "공기와 석탄과 물로 만들며, 거미줄보다 가늘고 강철보다 강하다"라는 광고 카피와 함께 판매되었다. 가격은 천연 실크보다 비쌌다. 이 신물질은 발매 즉시 일본에도 수입되었으며, 그중 일부가 한반도에도 들어왔다. 당시 이 물질에 관심을 기울인 한국인은 레이온으로 직물을 만들던 업자들뿐이었다. 게다가 곧 태평양전쟁이 일어나 미일 무역이 전면 중단되었기 때문에 나일론을 구경해본 한국인은 극히 드물었다.

한국인 대다수는 한국전쟁 중 긴급 구호물자 박스를 매달고 떨어진 낙하산을 접한 뒤에야 나일론에 대해 알게 되었다. 휴전 이후에도 미국은 쓸모없게 된 낙하산을 원조 물자로 보내주었다. 이 물건을 얻은 사람들은 그를 잘라 머플러로 만들어 목에 감고 다녔다. 뒤

이어 일본에서 나일론이 수입되자, 한국인들의 의생활 전반에 혁명적인 변화가 일어났다. 나일론은 질기고 손이 덜 간다는 장점으로 인해 여성용 스타킹, 양말, 셔츠, 블라우스, 한복 등 옷의 종류와 형태를 가리지 않고 폭넓게 사용되었다. 1953년부터 일본산 나일론을 한국에 독점 수출하던 일본 삼경물산 사장 이원만은 1954년 귀국해 1957년 한국나이롱주식회사를 창립, 나일론 국내 생산을 개시했다. 이 회사가 생산한 나일론사의 상표명이 코오롱-KOLON이었다.

대중소비시대가 열린 뒤로 나일론을 비롯한 화학섬유는 천시賤視되는 경향이지만, 아직도 스타킹 등 높은 신축성을 요구하는 제품에는 나일론이 많이 사용된다. 자기에게는 한없이 관대하고 남에게는 더 없이 가혹한 '이중적 도덕률'로 무장한 사람들, 자기 이익 앞에서는 한없이 질긴 사람이 많아진 것도, '나일론 시대'가 남긴 후유증이 아닐까?

**41. 다용도
재활용품**

항아리, 두레박, 쪽박, 꽹과리의 공통점은? 한때 전부 또는 일부가 깡통으로 대체된 물건이었다는 점이다. 1880년 이 땅에 처음 들어온 석유는 한동안 한국인의 야간 조명생활만 바꿨을 뿐이다. 자동차가 도입되기 전의 석유는 곧 등유였다. 콩기름이나 피마자유보다 냄새는 고약하나 값이 쌌기 때문에, 석유는 곧 두메산골에까지 파고 들어갔다. 그런데 한국인의 일상생활에 더 심대하고 불가역적인 변화를 초래한 것은 내용물인 석유가 아니라 그것을 담은 용기容器였다. 당시 석유를 담은 통은 앞뒤로 주석을 입힌 얇은 철판으로 만들었는데, 우리나라 사람들은 무르고 잘 찌그러지는 이 철판을 양철洋鐵이라고 불렀다.

특히 서울의 물장수들에게 미국 스탠더드 석유회사의 양철통은 신이 내린 선물과도 같았다. 냄새를 빼는 게 어렵기는 했으나 양철 석유통은 나무통보다 가볍고 물이 새지 않았다. 게다가 규격도 일정하여 물의 양에 따른 가격 시비를 피할 수 있었다. 석유가 수입되기 시작한 지 얼마 되지 않아, 물장수들의 물통은 모두 양철통으로 교체되었다. 석유의 뒤를 이어 조금 작은 양철통에 담긴 물건들이 들어오기 시작했다.

1804년, 프랑스의 요리사 니콜라 아페르Nicolas Appert는 음식물을 조려 멸균한 뒤 유리병에 담아 장기 보관하는 방법을 개발했다. 그

1900년대 서울의 물장수 1890년대부터 물장수들은 나무통 대신 스탠더드 석유회사의 양철제 석유통을 물통으로 사용했다. 근대 이후 한국에서 양철제 깡통만큼 다양한 용도로 재활용된 물건은 찾기 어렵다. 출처: 서울역사아카이브

로부터 6년 뒤인 1810년, 영국의 기계공 피터 듀랜드Peter Durand는 유리병을 양철통으로 대체하는 데에 성공했다. 그는 자기가 발명한 철제 통에 틴 캐니스터Tin Canister라는 이름을 붙였는데, 이 말이 변해 캔can이 되었다. 영단어 'can'에는 통조림이라는 뜻과 양철제 밀봉 용기라는 뜻 두 가지가 다 있다. 일본인들은 양철제 밀봉 용기를 뜻하는 캔을 '칸'罐(두레박 관)으로, 통조림을 뜻하는 캔을 '칸츠메'罐詰로 번역했다. 이 물건이 조선 해관 수입품 목록에 처음 등장한 해는 1883년이었는데, 당시 명칭은 장관식료裝罐食料였다. 캔으로 포장한 식료품이라는 뜻이다.

조리된 음식을 장기 보관하는 기술은 전쟁에 필수적이다. 칸츠메

는 1904년 러일전쟁 중에 우리나라에서도 흔히 볼 수 있는 물건이 되었고, 1911년부터는 동남해안 어항漁港 주변 각처에서 정어리, 병어, 꽁치 등을 칸츠메로 만드는 산업이 발흥했다. 칸츠메라는 일본어는 1915년경 '통조림'이라는 한글 단어로 번역되었다. 그로부터 10년쯤 지난 1920년대 중반부터는 일본어 칸에 한자어 통桶을 붙인 '깡통'이라는 단어가 양철통 일반을 지칭하는 보통명사로 사용되기 시작했다.

모든 물자가 부족했던 시절에, 깡통은 드물게 흔한 물건이었다. 여러 크기의 빈 깡통들이 각각 적당한 용도를 찾아 가정과 공장, 학교와 사무실 등에 들어갔다. 우물가에서는 두레박이 되었고, 측간에서는 휴지통이 되었으며, 안방에서는 바느질통이 되었고, 사무실에서는 쓰레기통이 되었으며, 책상 위에서는 재떨이가 되었다. 거지들의 동냥그릇도 깡통으로 바뀌어 '쪽박 찬다'는 말이 '깡통 찬다'로 변했다. 해방 직후에는 200리터 용량의 큰 깡통인 드럼통을 가공해 자동차 차체를 만들기도 했다.

오늘날에는 온갖 종류의 음식료품이 깡통에 담겨 판매된다. 편의점 냉장고들은 깡통으로 가득 차 있고, 찌그러진 깡통이 예술품 창작의 재료가 되기도 한다. 오늘날 깡통의 용도를 바꿔 재사용하는 일은 현격히 줄었지만, 깡통계좌나 깡통주택이라는 말에서 보는 바와 같이 깡통은 '비어 있음' 또는 '망했음'을 의미하는 보편적 상징성을 획득했다. 심지어 사람을 깡통에 비유하기도 한다. 예전에는 머릿속에 든 것 없이 말만 많은 사람을 보면 '빈 수레가 요란하다'고들 했는데, 요즘에는 '빈 깡통이 요란하다'고 한다. 자기 소질이나 전문성에 관계없이 다양한 직업을 전전하는 현대인의 특성도 깡통을 닮은 점이 있다.

등기권리증

42. 공적 통제를
받는
재산 증서

　　을사늑약 직후 서울 시전市廛 상인들 사이에 흉흉한 소문이
돌았다. 나라를 빼앗기는 것은 둘째 문제였다. 대대로 물려받았거
나 선조 대에 큰돈 주고 산 점포 터를 빼앗길지도 모른다는 것이 첫
째 문제였다. 조선 건국 직후 한양으로 천도한 왕조 정부는 새로 수
도首都 주민이 된 사람들에게 집 지을 땅을 거저 나눠주었다. 태종부
터 성종 대에 걸쳐서는 종로와 남대문로 양측에 행랑을 짓고 그 대
부분을 상인들에게 내주어 점포로 사용하게 했다. 시전에 화재가 발
생하면 나랏돈으로 복구하기도 했다. 시전의 내력이 이랬으니, 이를
온전한 사유私有라고 주장하기에는 명분이 약했다. 실제로 1908년에
설치된 임시재산정리국에서는 친일 한국인 일부가 '시전 땅은 국유
지'라고 주장하기도 했다. 시전 상인들로서는 다른 친일 한국인이나
일본인에게 청탁하는 수밖에 없었다. 얼마나 많은 비용이 들었는지
는 알 수 없으나, 임시재산정리국은 시전 땅을 몰수하지 않기로 결
정했다. 아마도 일제는 대로변 한국인 점포를 다 몰수해서 얻는 경
제적 이익보다는 상인들을 다독여서 얻는 정치적 이익이 더 크리라
고 판단했을 것이다.

　　1888년께, 조선 해관海關 직원으로 온 영국인 핼리팩스Hallifax가
부산에서 집을 한 채 매입했다. 그런데 그가 받은 집문서에는 건물
의 칸間수만 기재되었을 뿐 대지垈地 평수는 누락되어 있었다. 그는

대지 면적과 경계를 정확히 표시한 문서를 발급해달라고 요구했고, 부산항 감리서는 대충 그림을 그려주는 수밖에 없었다. 그때까지 조선의 땅문서와 집문서에는 '어느어느 산 아래 황자답黃字沓 몇 마지기', '어느어느 동네 기와집 열네 칸' 등 상당히 추상적인 위치 정보만 담겼다. 기준점이 마을 입구인지 관아官衙인지는 알 수 없으나, 논밭의 위치는 천자문의 천지현황天地玄黃 우주홍황宇宙洪荒 순으로 표시했다. '황자답'黃字沓이란 네 번째 논이라는 뜻이었다.

옛날 우리나라 사람들에게도 건물과 농토에 대한 소유 관념은 명료했으나 그 위치와 면적, 경계에 대한 관념은 모호했다. 당장 그런 정보들을 객관적이고도 명료하게 조사할 기술도 없었다. 게다가 보천지하막비왕토普天之下莫非王土, 즉 '하늘 아래 왕의 땅 아닌 곳 없다'라는 유교적 토지 공公개념이 모든 땅에서 사유권 개념과 공존했으며, 대지에서는 특히 더했다. 서울의 대지는 국초에 모두 왕이 나눠준 것인데, 그것을 사사로이 사고파는 것은 명분 없는 짓이자 불충不忠이었다. 집문서에 대지 면적을 표시하지 않고 건물의 칸수만 표시한 것도 이런 관념 때문이었을 것이다.

개항 이후 조선인들의 중세적·유교적 소유권 관념은 외국인들의 로마법적 일물일권주의一物一權主義(하나의 물건에는 하나의 권리만 대응한다는 주의)와 첨예하게 대립했다. 핼리팩스는 집터 표시 없는 집문서를 이상하게 여겼지만, 조선의 지방관은 집터를 그려달라는 그를 이상한 사람으로 보았을 것이다. 이 대립과 갈등은 조선인과 외국인 사이의 부동산 거래가 늘어나면서 계속 심해졌다. 특히 질옥質屋이라는 고리대금업체를 운영하는 일본인들에게 조선의 땅문서와 집문서는 심각한 골칫거리였다. 그들이 담보로 잡은 집문서와 땅문서 중에는 더러 가짜가 섞여 있었지만, 그들에게는 진위를 판정할 경험과 문화적 배경이 없었다. 설령 문서가 진짜라 하더라도, 어느 동에 있

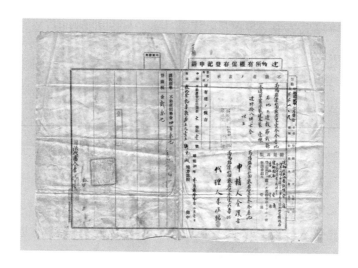

건물소유권보존 등기신청서(1935) 고양군 숭인면 돈암리 133번지의 목조가옥 1동에 대한 소유권 등기를 경성지방법원에 신청한 서류. 부동산의 표시, 등기의 목적, 신청조항, 부속서류 등의 기재란이 있다. 생산할 수 없는 땅을 사유재산으로 삼은 것이 인류 불평등의 시작이었다. 국가가 공인하지 않으면 땅의 소유권을 주장할 수 없었던 것도, 토지 사유권이 '계급제도'의 산물이었기 때문이다. 토지 공개념은 토지에 대한 사유재산권을 부인하는 것이 아니라, 오히려 그를 보완하는 것이다. 출처: 『마장동; 세계 최대 축산물 단일시장』

는 기와 몇 칸짜리 집이라는 정보만으로 담보물의 가격을 산정하기는 어려웠다.

한국을 식민지화하기 위해서는 먼저 일본인의 소유권을 명료히할 필요가 있다고 판단한 일본은 1906년 한국 정부로 하여금 '토지가옥증명규칙'을 제정하도록 했다. 이에 따르면 토지나 가옥을 매매, 증여, 교환, 전당할 때에는 먼저 당사자 쌍방이 계약서를 작성하여 해당 물건 소재 지역의 통수統首에게 인증을 받아야 했다. 통수가 이를 군수郡守나 부윤府尹에게 제출하면, 담당 관리가 계약 내용의 사실 여부를 상세히 심사한 뒤 토지가옥증명부에 계약 쌍방의 인적 사항, 계약 물건의 위치와 면적, 계약 금액 등을 기재하고 계약서를 당사자들에게 교부했다. 토지가옥증명부에 기재된 내용이 해당 부동산에 대한 권리를 증명하는 기초 자료였다. 관청 문서에 기록함으로써 권리를 인정하는 '근대적 등기제도'가 시작된 것이다.

'토지가옥 증명규칙'은 1908년 '토지가옥소유권 증명규칙'으로, 1912년에는 다시 '조선 부동산등기령'으로 개정되었다. 하지만 전국을 망라하는 토지대장을 만들지 못한 상태였기 때문에, 일본의 '부동산등기법'과 동일한 내용의 '조선 부동산등기령'을 바로 적용하기는 어려웠다. 이에 일제는 '조선 부동산증명령'을 제정하여 토지조사사업이 완료될 때까지 한시적으로 적용했다. '조선 부동산등기령'은 1918년부터 전국적으로 시행되었다. 다만 임야林野에 대해서는 1935년 '임야조사사업'이 완료될 때까지 시행을 보류하는 수밖에 없었다. 일제가 제정한 '등기령'은 해방 후에도 계속 시행되다가 1960년 1월 1일에야 '부동산등기법'으로 개정되었다.

오늘날 '등기권리증'이라는 말은 땅문서, 집문서라는 말과 같은 뜻으로 쓰인다. 부동산이나 동산이나 모두 사유재산이지만, 동산 거래에 공공公共이 개입하는 일은 거의 없다. 교통사고나 배기가스 등으로 공공에 큰 영향을 미치는 자동차도 등록 대상이지 등기 대상은 아니다. 게다가 자동차를 소유하면 보험에 의무적으로 가입해야 하고, 차종에 따라서는 환경 개선 분담금도 내야 하며, 10부제나 5부제, 전용차선제 같은 '공적 통제'에도 따라야 한다. 개인 사이의 재산 거래를 국가가 인증하는 것은 그 물건에 이미 공公이 포함되어 있기 때문이다. 그런데도 토지 공개념이 사회주의나 공산주의 사상의 산물인 줄 아는 사람이 의외로 많다. 공개념이란, 공공에 미치는 영향이 큰 사유재산에 대해서는 공적 통제가 필요하다는 지극히 상식적인 생각일 뿐이다.

43.   현대인의
        수호신

　　현물경제 시대 우리나라에서 '저축'貯蓄이란 말은 쌀, 포목, 소금 등을 항아리나 궤짝 등에 담아두거나 창고에 쌓아두는 것을 의미했다. 금속화폐의 등장은 저축할 대상을 쓸모 있는 물건들에서 별쓸모없는 구리조각으로 전환시켰으며, 돈을 담아두기 위한 물건, 즉 돈궤도 출현시켰다. 돈궤가 출현한 뒤로 저축은 저금貯金과 사실상 동의어가 되었다. 부피에서나 무게에서나 내구성에서나, 돈은 가장 편리한 축장蓄藏 수단이었다. 돈궤는 있는 집 안방 깊숙한 곳에 자리 잡는 즉시, 신줏단지와 같거나 그보다 높은 대우를 받았다. 물론 돈은 가진 자에게만 귀한 것이 아니었다. 가진 자나 갖지 못한 자나 돈을 탐하는 것은 매일반이었다. 부잣집에 들어간 도적이나 화적패가 눈에 불을 켜고 찾는 것도 돈궤였으니, 집안에 거금巨金이 든 돈궤를 놓아두는 것은 도적을 불러들이는 것과 다를 바 없는 행위였다. 돈을 안전하게 보관해주는 곳을 찾는 사람은 계속 늘어났으나, 그런 곳이 생기는 데에는 오랜 시간이 필요했다.

　　이 땅에서 돈을 맡아 보관해주는 근대적 은행은 1876년 조일수호조규 체결 직후에 출현했다. 이해 부산에 있던 일본인들이 사설 은행을 만들었는데, 이는 2년 뒤 제일은행 부산지점이 되었다. 제일은행은 한반도에 개항장이 새로 생길 때마다 지점을 설치하여 일본 상인들의 거래를 지원했다. 조선에도 국립은행을 만들어야 한다는 주장은 임오군란 직후인 1882년 여름에 처음 나왔다. 이해 7월 30일, 고종은 군란 수습책 여섯 가지를 정해 청나라 북양대신北洋大臣 이홍장李鴻章에게 전달했다. 그 여섯 가지는 ① 백성의 뜻을 편안케 한다安民志, ② 인재를 등용한다用人才, ③ 군제를 정비한다整軍制, ④ 재정을 잘 관리한다理財用, ⑤ 법률과 제도를 바꾼다變律制, ⑥ 상업을 발달시킨다擴商務였다. 이어 그는 전국 유생들에게 이 여섯 가지 과제를 달성하기 위한 구체적 방안을 제시해보라고 지시했다. 다음 달, 유학幼學 고영문은 '상회소商會所와 국립은행을 설립하자'고 상소했다. 이태 뒤인 1884년 9월 19일자 『한성순보』에는 「은행의 보장報章」이라는 제하에 '은행이 재용財用을 성장시키는 좋은 방도'라는 내용의 기사가 실렸다. 하지만 화폐경제가 전면화하지 못한 데다가 조세조차 상당 부분이 현물로 징수되는 상태에서 은행 설립을 추진하기는 어려웠다.

1894년 여름, 개화파 정부가 모든 명목의 세금을 돈으로만 걷기로 결정한 뒤 상황이 바뀌었다. 농민들은 무엇을 팔아서든 돈을 마련해 세금을 내야 했고, 지방관은 거둔 돈을 서울로 올려 보내야 했다. 돈은 쌀이나 면포보다 부피와 무게가 적기는 했으나 그렇다고 운반이 쉽지는 않았다. 돈이라고는 엽전뿐이었으니, 요즘으로 치면 군郡마다 100원짜리 동전 수십만 개씩을 옮겨야 하는 일이었다. 게다가 당시에는 동학농민혁명이 아직 진행 중이었다. 농민군 지휘부가 체포, 처형된 뒤에도 잔여세력 일부는 무장한 채 산속에 숨어들었다. 지방관이 현금 수송을 꺼릴 수밖에 없는 상황이었다. 궁하면 통하는 법. 조세 납부 기일만 늦추면 '누이 좋고 매부 좋은' 방법을 쓸 수 있었다.

지방관은 중앙에 납부할 조세금을 상인들에게 꿔준다. 물론 선이자를 떼서 자기 몫으로 챙긴다. 상인들은 그 돈으로 쌀이나 지역 특산품을 구해 사고팔고 하면서 서울까지 간다. 정해진 상납분을 탁지부에 내면 나머지는 자기 몫이다. 거꾸로 탁지부나 내장원에서 먼저 상인들에게 선이자를 제除한 자금을 꾸고, 지방관청에 가서 조세금을 받으라고 지시하는 방식도 있었다. 이런 방식의 조세금 상납을 외획外劃이라고 했다. 관청이 상인들을 대상으로 대출과 예금 업무를 수행했던 셈이다. 하지만 문제는 안전성이었다. 장사가 늘 잘되리라는 법은 없었다. 상인들이 손해를 보면, 중앙정부에 정해진 액수를 상납할 수 없었다. 돈을 꿔준 지방 수령에게 사정할 수도, 돈을 내야 할 중앙정부에 사정할 수도 없었다. 그들은 손실을 만회하기 위해 다시 장삿길에 나서거나 아예 종적을 감추곤 했다. 지방관청에서는 분명 조세금을 보냈다고 하는데, 중앙정부의 국고에는 도착하지 않는 일이 자주 발생했다. 이렇게 세금이 제때 들어오지 않는 것을 건체愆滯라고 했다. 조세 금납화 이후 건체는 정부 재정 운용에서 변수가 아니라 상수였다. 국고금이 곧바로 상업자금으로 전용되는 것을 막지 않으면 예산제도는 무의미했다. 갑오개혁을 추진한 사람들도 이런 문제를 예상하고 일본의 차관借款으로 국립은행을 설립하려고 했다. 지방관이 조세금을 은행 지점에 입금하면, 중앙에서 바로 찾아 쓸 수 있게 하려는 것이었다. 일본이 차관을 제공하지 않아 국립은행 설립 계획은 수포로 돌아갔지만, 국고금 취급을 목표로 하는 민간은행은 여럿 생겼다.

　개화파 정권이 몰락한 1896년, 우리나라 사람들이 은행이라는 이름으로 설립한 최초의 금융기관인 대조선은행이 문을 열었다. 이 은행의 창립자 중 한 사람인 안경수가 독립협회 초대 회장이었던 관계로, 독립협회 회비와 독립문 건축 기부금은 모두 이 은행에 예치되었다. 이 은행은 애초 국고금 취급을 목표로 했으나, 영국인 탁지부 고문 맥리비 브라운McLeavy Brown의 반대로 실패했다. 이에 1899년

2월에는 한흥은행漢興銀行으로 이름을 바꾸고 한동안 민영은행으로 명맥을 유지하다가 문을 닫았다. 이어 1897년에는 대한특립제일은행과 한성은행이, 1899년에는 대한천일은행이 각각 관료와 상인의 합자로 설립되었다. 이들 은행의 첫 번째 목표는 국고금 취급이었지만, 상인들을 대상으로 예대預貸 업무도 수행했다. 은행 출현과 함께 예금증서이자 출금보증서에 해당하는 통장도 생겼으나, 한동안은 장사꾼에게만 필요한 물건이었다. 정부가 악화인 백동화를 남발하여 통화 인플레이션이 지속되는 상황에서 은행에 돈을 맡기고 통장을 받아두는 것은 바보짓이었다. 대한제국 정부는 1903년 '태환금권 조례'와 '중앙은행 조례'를 제정하여 이 문제를 해결하려 했지만, 이듬해 러일전쟁이 일어남으로써 좌절했다.

러일전쟁 발발 직후인 1904년 8월, 일본 대장성 주세국장이던 메가타 다네타로目賀田種太郎가 대한제국 재정고문이 되었다. 그는 부임하자마자 대한제국의 화폐, 재정, 금융 전반을 '개혁'하는 작업에 착수했다. 1905년 6월, 이른바 '화폐정리사업'이 시작되었다. 악화인 백동화를 유통계에서 퇴출시킴으로써 통화 인플레이션을 수습한다는 명목이었지만, 기본 목적은 한국의 화폐 주권을 박탈하고 한국 경제를 일본 화폐의 유통권으로 편입시키는 데에 있었다. 화폐 정리 과정에서 백동화의 상당량이 쓸모없는 쇳조각으로 바뀌었으나, 그를 대체할 신新화폐는 상응하게 공급되지 않았다. 이 때문에 한국 상인들은 극심한 돈 부족, 즉 '전황'錢荒에 시달렸다. 빚 갚을 돈을 구하지 못해 자살하거나 도주하는 거상巨商이 속출했다. '을씨년스럽다'는 말이 을사년乙巳年에서 유래했다는 낭설浪說이 널리 유포된 것도 이런 현상 때문이었다.

하지만 무엇이든 부족하면 귀해지는 법이다. 한인들은 돈을 잃었지만, 돈 자체의 가치는 높아져 축적을 위한 확실한 도구가 되었고,

광무 10년(1906) 대한천일은행 당좌예금 통장부 대한천일은행은 고종의 측근 관료와 거상들이 설립한 은행으로 조세금 수송권 등의 특권을 누렸다. 이 은행은 여러 차례의 흡수 합병 과정을 거쳐 현재의 우리은행으로 맥이 이어졌다. 이 밖에 대한제국 시기에 설립된 은행 중 한성은행은 신한은행, 한일은행은 우리은행의 전신이다. 현대 한국의 성인들은 한 개 이상의 통장을 소유하며, 통장에 기재된 숫자에 따라 자기 생활을 규율한다. 출처: 우리은행 은행사박물관

이는 다시 은행 설립을 촉진했다. 이른바 '메가타 개혁' 과정에서 전국 각지에 농공은행農工銀行이 설립되었고, 서울의 한상韓商들도 전황에 대한 자구책으로 한일은행을 설립했다. 각 지방에도 상업 자금이나 토지 구입 자금 대부를 목적으로 하는 은행 또는 금융회사들이 설립되었다. 이 무렵부터 상업에 종사하지 않는 사람들도 통장을 갖기 시작했다. 1907년 2월 국채보상운동이 시작되자 수많은 사람이 국채보상기성회에 의연금을 보냈다. 기성회는 이 돈을 한성은행에 예치했다. 은행들도 민간인의 예금을 유치하기 위해 홍보에 나섰다. 1907년 4월부터는 관보에도 '저금통장 분실 및 도난' 사항이 게재되었다.

1908년 9월에는 광화문우체국이 우편저금을 취급하기 시작했고,

1910년 11월에는 '우편저금 규칙'이 제정되었다. 소액을 저축하는 서민들에게는 우체국이 편했다. 종업원들에게 강제로 우편저축을 시키는 기업들도 생겼다. 내가 처음 가진 통장도 우체국 통장이었다. 1970년대 초반에는 초등학교 학생들에게도 우편저축을 강제했는데, 저금 업무는 담임교사가 담당했다. 학생들이 저축할 돈을 담임교사에게 내면, 담임교사가 개인별로 입금증을 써서 현금과 함께 우체국에 갖다주는 방식이었다. 내 경우 3학년 1년 동안 매달 코 묻은 돈 조금씩을 담임교사에게 갖다줬는데, 학년이 끝나고 통장을 받아보니 한 푼도 기입되어 있지 않았다. 담임교사가 횡령한 게 분명했지만, 이런 문제로 담임교사를 고발할 수 없던 시절이었다.

1937년 중일전쟁을 도발한 일본 군국주의는 전쟁 자금을 모으기 위해 '저축보국'이라는 슬로건을 내걸고 식민지 주민들에게 각종 명목의 저축을 강요했다. 저축조합, 우체국, 조선저축은행 등이 조선인들의 돈을 빨아들이고 대신 통장을 발급해주었다. 태평양전쟁 중 조선인이 돈을 내고 받은 통장은 일본 패망과 동시에 휴지 조각이 되었다.

누구나 통장을 갖는 시대가 되자, 통장과 관련한 범죄도 나날이 늘었다. 가장 흔한 것은 통장을 위조 또는 변조하는 행위, 요즘으로 치면 잔고증명 위조에 해당하는 행위였다. 통장에 기재된 숫자를 변조한 뒤 그 통장을 담보물 삼아 돈을 빌리거나, 심지어 변조 통장으로 현금을 인출하는 일이 드물지 않았다. 1923년 1월에는 우체국에서 현금을 인출한 뒤 부모에게 야단맞을까 봐 통장을 변조하던 보통학교 생도가 현장에서 발각되기도 했다. 통장과 도장을 함께 빼앗는 강도 범죄도 흔했다. 부모나 조부모의 통장과 도장을 훔쳐 달아나는 행위가 불효막심不孝莫甚의 대표가 된 것도 통장 시대의 새 풍속도였다. 외국 선교단체의 기부금이나 단체의 공동 자금을 개인 통장에 넣어두었다가 유용하는 사건은 이루 헤아릴 수 없을 정도로 많았다.

한국인들이 집안에서 돈궤를 치우고 대신 통장을 숨겨두기 시작한 지 이제 한 세기가 조금 넘었을 뿐이다. 현대인에게는 통장이 신줏단지다. 이 물건에 기입된 양陽의 숫자가 계속 늘어나면 축복받은 인생, 음陰의 숫자가 계속 늘어나면 저주받은 인생이다. 이 물건에 기입된 숫자는 잘만 섬기면 영생불멸하며, 커질수록 전지전능해진다. 현대인에게 자기 통장에 기재된 숫자는 자기의 수호신이다. 현대인들은 자기 통장에 기재된 숫자의 증감에 따라 자기 생활 방식을 규율한다. 그 숫자가 줄어들면 허리띠를 졸라매고, 늘어나면 허리띠를 푸는 인간이 현대인이다. 다만 이 신은 인간이 섬겨온 과거의 신들과는 달리, 정의와 사랑에는 전혀 무관심하다.

신용카드

44. 현대적
골품제를
만들다

을사늑약 이듬해인 1906년 정월 초, 서울에 있던 한 외국인은 '거리 곳곳에 시체가 널렸다'고 기록했다. 희망이 있건 없건 모두가 희망을 말하는 새해 벽두에, 남의 눈에 잘 띄는 거리에서 죽은 사람들은 누구였으며, 도대체 무슨 일이 있었던 걸까? 일본군에게 살해된 의병들은 아니었다. 그들은 상인이었다.

1904년 여름, 일본 대장성 주세국장主稅局長으로 있다가 대한제국 재정고문으로 부임한 메가타 다네타로는 일본의 러일전쟁 승리가 확정되자마자 한국의 화폐, 재정, 금융 제도 전반을 강압적이고 전격적으로 '개혁'했다. 1905년 6월부터 시작된 화폐정리사업은 백동화 남발에 따른 유통계의 혼란을 수습한다는 명분으로 추진되었으나, 진짜 목적은 한국의 화폐 주권을 박탈하고 한국 경제를 일본 화폐의 유통권으로 편입시키는 데 있었다. 메가타의 주도로 정부는 새 화폐를 충분히 준비하지 않은 상태에서 백동화 유통을 전면 금지했고, 백동화와 새 화폐의 교환 비율을 2대 1로 책정하여 한국 상인들이 소유한 화폐가치를 절반으로 줄여버렸다. 게다가 한국 상인들 사이의 어음 거래도 중지시켰고, 정부와 상인들 사이에 관행적으로 이루어지던 외획도 폐지했다.

외획이란 지방관이 중앙에 상납할 세금을 관부官府와 거래하는 상인에게 직접 지급하는 것을 말한다. 조선 말기부터 상인들은 중앙정

부에 물품을 외상으로 조달하고 그 대금을 지방관에게 받았다. 그들
은 이 돈으로 지방 특산물을 사서 서울에 가져와 팔았다. 중앙정부
는 현금 없이 물품을 구할 수 있어서 좋았고, 지방관은 현금 수송비
를 쓰지 않아 좋았으며, 상인들 역시 필요할 때 물건 구입할 돈을 구
할 수 있어서 좋았다. 단점은 상인이 장사에 실패할 경우, 국고로 들
어올 돈이 사라진다는 점이었다.

메가타의 화폐 재정 정리는 한국 상인들의 돈줄을 끊었다. '개혁
사업'이 착수된 지 한 달도 되지 않아 전국 상민들이 극심한 전황錢荒
(돈 부족 현상)을 호소했다. 서울 상인들은 1905년 7월 한성상업회의
소를 창립하고, 상인들의 파산은 정부가 책임져야 한다며 철시 투쟁
에 돌입했다. 그러나 메가타는 전황 극복 방안은 마련하지 않은 채
고종이 피해 구제금으로 하사한 내탕금 30만 원마저 빼앗아 한성공
동창고회사와 수형조합手形組合 설립 자금으로 전용했다. 한성공동
창고회사는 상품 담보 대부를, 수형조합은 어음 할인을 각각 담당할
예정이었다. 메가타의 '개혁'이 시작된 지 반년 만에 서울에서만 유
명한 거상 23인이 파산하고 수십 명이 종적을 감췄다. 영세 상인 중
에는 스스로 목숨을 끊은 사람도 많았다.

해를 넘긴 빚을 '묵은 빚'이라 한다. 이 시대까지 묵은 빚은 탕감
해주는 게 관례였다. 그렇다고 해가 바뀔 때까지 안 갚고 버티는 게
능사는 아니었다. 새해에 다시 빚을 지더라도 일단은 섣달그믐 이
전에 청산하는 게 채무자의 도리였다. 묵은 빚을 면제받는 것은 자
기뿐 아니라 자기 자식까지 다시는 빚을 질 수 없게 만드는 일이었
다. 직업이 세습되던 시대에 상인이 돈을 융통할 수 없게 되는 것
은 사회적 사망선고였다. 하지만 을사년 겨울에는 돈 자체가 부족했
다. 아무리 신용으로 평판이 높은 사람도 돈을 빌릴 데가 없었다. 신
용은 사회적 생명이었기에 물리적 생명 못지않게 중요했다. 새해 전

에 빚을 갚을 수 없는 처지가 되면, 평생에 걸쳐 쌓아온 신용을 무너뜨리는 쪽보다는 채권자가 알 수 있는 장소에서 목숨으로 갚는 쪽을 택하는 사람이 있었다. 그렇게 하면 물리적 생명은 사라지더라도 사회적 생명은 살아남았다. 목숨보다 신용을 중시하는 가풍이라면, 채권자의 신뢰가 두터워지기 마련이다.

신용은 상인들에게만 사회적 생명이 아니었다. 물건을 사고 값은 나중에 치르기로 약속하는 외상거래는 전 세계 공통이지만, 한국인들의 상거래 관행에서는 특히 보편적이었다. 개항 이후 조선에 온 일본인 관찰자는 "조선인은 고래古來로 집 앞에서 외상으로 거래하는 관습이 있다"고 기록했다. 서울 집들의 대문 옆은 물장수, 나무장수, 생선장수 등이 각각 그어 놓은 작대기들로 빽빽했다. 작대기 하나가 하루치 외상값이었다. 외상을 주는 상인이 단골장사꾼이었고, 외상을 줘도 되는 사람이 단골손님이었다. 외상값을 갚지 않는 방법은 평생에 걸쳐 쌓아놓은 사회적 관계에서 이탈하는 것밖에 없었다.

1969년 6월 14일, 일본 도쿄에서 제작된 플라스틱 카드 178매가 신세계백화점에 도착했다. 신세계백화점은 이 카드를 삼성그룹 간부들에게 지급하여 7월 1일부터 사용하도록 했다. 이 카드는 '외상거래 허가증'인 동시에 'VIP 인증서'였다. 삼성그룹 간부와 그 배우자는 현금 없이도 이 카드만 들고 가면 신세계백화점에서 아무 물건이나 살 수 있었다. 물건 값은 나중에 월급에서 공제했다. 이 카드가 인기를 끌자 다른 백화점들도 앞다투어 도입했다. 은행의 보증하에 '신용 있는 사람들'이 모든 백화점에서 사용할 수 있는 신용카드는 1978년 미국 VISA에 정회원으로 가입한 외환은행이 처음 발급했다. 1982년에는 몇 개의 시중은행이 연합하여 은행신용카드협회(BC카드 전신)를 만들었다.

'외상'은 나중에 돈을 지급하겠다는 약속이니, '외상카드'의 용도

1969년 신세계백화점에서 삼성그룹 간부들에게 발급한 신용카드 '백화점에서 외상 구입할 수 있는 카드'로 출발한 이 물건은 이윽고 온 세상 모든 상점에서 외상 구입할 수 있는 카드이자 카드사에서 무담보 대출을 받을 수 있는 카드로 발전했다. 이 카드는 온 세상을 돌아다니며 사람들을 '신용 등급'으로 나누는 구실도 한다. 출처: 『신세계백화점 연보』

를 물건 구입에만 한정할 이유는 없었다. 이 카드는 '담보 없이 빚질 수 있는 자격증' 구실도 겸했다. 물론 이 카드를 얻으려면 은행들의 신용 심사를 통과해야 했다. 은행들은 대기업 직원, 공무원, 대학교 수, 교사 등 안정적 직장을 가진 사람들을 다시 몇 등급으로 분류하 여 신용카드 발급 여부를 결정했다. 1990년대 중반까지 신용카드는 '신용 있는' 사람들, 또는 '은행이 신용을 인정한 사람들'의 전유물이 었다.

1997년 외환위기 이후, 국제통화기금IMF은 한국에 구제 금융을 제공하는 대가로 신자유주의적 경제 개혁을 요구했다. 산업 전 분야 의 구조조정이 이루어지는 과정에서 소비심리가 냉각되자, 정부는 경기 부양을 위해 신용카드 발급 기준을 완화했다. 이로써 신용카드 는 '아무나' 가질 수 있는 물건이 되었다. '외상이면 소도 잡아먹는 다'라는 속담대로, 외상으로 물건을 사고 담보 없이 돈 빌리는 사람이 늘어났다. 하지만 외상은 외상일 뿐이다. 은행들은 외상값과 빌린 돈을 갚지 못하는 사람들을 '신용불량자'로 분류했다. 신용불량자는 '사회적 금치산자禁治産者'와 사실상 같은 말이었다.

오늘날 한국 성인들은 누구나 몇 개씩 신용카드를 가지고 있다. 이 작은 플라스틱 카드는 외상거래와 빚지는 일에 대한 심리적 부담을 최소화시켰다. 신용카드가 처음 생겼을 때는 카드사들이 거드름을 피웠다. 그러나 2000년 이후로는 카드사 영업사원들이 자기네 카드 써달라고 사람들에게 사정했다. 사람들의 평균적 신용도에는 변함이 없었으니, 신용카드의 신용도가 곤두박질한 셈이다. 그래도 카드사들은 플래티넘, VIP, 골드 등 등급을 붙인 신용카드를 각각에 어울린다고 판단한 사람들에게 발급하고 있다. 오늘날 신용카드사가 정하는 신용 등급은 고대의 골품제와 비슷한 구실을 한다.

45.   믿을 것이라고는
      돈밖에 없는
      시대의 표상

1883년 음력 11월 초, 서울 시전가에 큰 불이 났다. 15일 고종은 "화재를 당한 상인들이 매우 가엾다. 필시 건물을 수리하고 새로 짓는 데 힘이 부칠 것이다. 내탕금 1만 냥과 포목 20동(1,000필)을 내줄 테니 잘 헤아려 나누어 줌으로써 불쌍히 여겨 돌보아 주는 뜻을 보이도록 하라"고 지시했다. 시전 화재에 국가가 책임을 분담해야 한다는 법은 없었으나, 불쌍한 백성을 돕는 것은 군주의 도리였으니 시전 상인들에게는 왕의 구휼救恤이 화재보험금이었다.

인생사에 빠지지 않는 것이 재난이다. 옛날에는 갑작스런 재난을 당한 사람들을 먼저 친척과 이웃이 도왔고, 그들의 도움만으로 부족하면 국가가 나섰다. 공동체란 1차적으로 '재난에 공동으로 대처하는 집단'을 의미한다. 근대 이전의 우리나라에서는 두레, 계, 향약 등이 지역 단위 인간공동체로서 재난을 당한 구성원들을 돕는 구실을 했다. 이들 공동체의 기본 자산은 연대의식과 측은지심, 즉 '인정'人情이었다. 재난을 당하면 남의 인정에 기대야 했고 남의 인정을 얻으려면 자기도 미리 인정을 베풀어야 했으니, 인정이 곧 보험이었다.

개항 이후 조선 사회가 자본주의 세계 체제에 편입됨에 따라 인정의 공동체는 서서히 무너져갔고, 돈의 공동체인 회사가 그 역할을 대신하기 시작했다. 1882년 10월, 우리나라 최초의 보험회사가 부산에 생겼다. 설립자인 유성대 등은 "각국에는 모두 선척船隻 보험회사가 있어 풍랑으로 인한 변고나 도적의 우환에 대비하고 있으니 그를 본받아 회사를 설립하겠다"고 통리아문에 청원하여 승인을 얻었다. 회사 이름은 호상보험회사護商保險會社였다. '상인을 보호하는 보험회사'라는 뜻이다.

옛날에는 가장 위험한 일이 배를 타는 일이었다. 풍랑으로 침몰하거나 해적에게 약탈당하는 재난은 뱃사람들에게 매우 확률이 높은 변수였다. '대항해시대' 이후 선박은 계속 커졌고, 가장 값나가는 물건도 화물 실은 선박이 되었다. 선박의 침몰이나 약탈은 종종 선주를 파산 지경으로 몰아갔다. 선주들끼리 위험을 분담할 방법을 찾아야 했다. 서로 경쟁 관계에 있는 자본가들을 모아 재난에 공동 대처하게 만드는 자본주의적 공동체인 보험은, 선박 보험을 통해 본격 성장했다. 재난은 예측할 수 없지만 확률은 계산할 수 있다. 계산은 곧 이해타산이다. 이익이 있는 곳이라면 어디든지 가는 것이 자본의 속성이다. 보험회사들은 보험물의 가액을 산정하고 재난 확률을 계산하는 기법을 발전시켰으며, 이윽고 사회 전체를 통계와 확률 계산의 대상으로 전환시켰다. 확률을 계산하여 자기 행동 방향을 결정하는 현대인의 태도는 보험업에서 배운 바 크다.

해상보험 또는 선박보험이 전 세계에서 성업 중이던 때였으니, 우리나라 최초의 보험이 선상船商을 가입자로 삼은 것도 이상한 일이 아니다. 조선왕조 정부는 선박의 원양 항해를 금지했으나 연안에서도 해난海難 사고는 빈발했다. 적재한 조세곡을 미리 빼돌리고 선박을 일부러 침몰시키는 '고패'故敗 등의 국가를 상대로 한 사기 범죄도 적지 않았다. 하지만 그에 관한 근대적 통계는 없었다. 통계 없이는 보험료와 보험금, 보험회사의 이익률을 계산할 수 없다. 호상보험회사를 설립한 자들은 근대적 보험회사를 운영할 능력은 없었으나, 관官의 힘을 빌리면 보험료 명목으로 돈을 뜯어낼 수 있다는 사실은 알

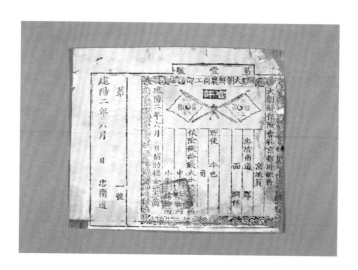

1896년(건양 2) 6월 발행된 대조선보험회사의 보험증권 상단에 '대조선농상공부 관허'
라는 글자가 인쇄되어 있다. 당시 소 기르는 농민들은 '관허'라는 글자에서 '강제성'을
인식할 수밖에 없었다. 이 회사는 '소를 잃을지 모른다'는 농민들의 불안감을 이용해 돈
을 벌었는데, 지금도 그 본질이 얼마나 달라졌는지는 의문이다. 출처: 국립민속박물관

왔다. 조선 후기 이래 돈 많은 자들이 대군, 군, 공주, 옹주의 집이나
군문, 세도가문에 선금을 내고 상인들에게 '무명잡세'無名雜稅를 징수
하는 일은 관행이 되어 있었다. 이 회사 역시 선상들에게 보험료 명
목으로 '무명잡세'를 걷어서는 일부를 육영공원에 납부하고 나머지
는 착복했다. 회사는 1894년 갑오개혁 과정에서 철폐되었으나, 그때
까지 보험금을 지급했다는 기록은 없다.

　호상보험회사가 철폐된 지 3년 후인 1897년 여름, 대조선보험회
사가 농상공부의 인가를 얻어 보험 업무를 개시했다. 보험 대상물은
'소'였다. '바늘 도둑이 쇠도둑 된다'는 속담이 가리키는 대로, 우리
나라에서는 가장 흉악한 도둑이 쇠도둑이었다. 농민은 가난했고 소
값은 비쌌기 때문에, 소를 도둑맞는 것은 곧바로 패가망신敗家亡身을
의미했다. '소 잃고 외양간 고친다'는 옛 속담도 집안에서 가장 값나

가는 물건이 소였기에 생긴 말이다.

소값이 '화물 실은 배' 값보다는 쌌지만, 배보다는 소가 훨씬 많았
다. 19세기 말 조선에는 150만 마리 이상의 소가 있었다. 보험이 선
박 다음으로 소를 주목한 것은 당연한 일이었다. 대조선보험회사의
약정 조건은 보험료로 매년 엽전 한 냥을 징수하고 기르던 소가 죽
거나 도둑맞을 경우 보험금을 지급하는 것이었다. 회사는 가입자에
게 이 약정의 이행을 보증하는 문서를 발급했는데, 이것이 우리나라
최초의 '보험증권'이다. 하지만 약속을 지킬 의지가 없는 사람에게
증서는 한낱 종잇조각일 뿐이다. 사원들은 소 키우는 집마다 찾아다
니면서 나라에서 하는 일이라고 윽박질러 한 냥씩의 보험료를 강제
로 징수했다. 당시 소값은 보통 500냥 정도였는데, 보험금은 큰 소
가 100냥, 중간 소가 70냥, 작은 소는 50냥에 불과했으며, 보험금을
지급했다는 기록도 없다. 보험이 뭔지 모르던 농민들은 '우세'牛稅가
새로 생겼다고 분개했고, 정부를 향해 원성을 쏟아냈다. 당황한 정
부는 곧 회사 허가를 취소했지만, 그 뒤에도 우척보험회사(1898년),
무본보험회사(1900년) 등이 잇따라 설립되어 비슷한 행위를 되풀이
했다.

1908년에는 일본인 아키다 다케시秋田毅 등이 서울에 동양화재보
험주식회사를 설립하겠다며 대한제국 황족과 관료들로부터 주식을
모집했다. 목조木造 중심이라는 점에서 조선과 일본의 건축 환경은
비슷했으니, 일본의 경험을 조선에 적용할 수 있는 영역이었다. 아
키다 등은 통감부에 줄을 대고 대한제국 황실과 고위 관료들을 끌어
들이면 승산이 있다고 보았을 터이나, 몇 차례 보험에 데인 적이 있
는 한국인들은 일본인의 보험을 믿지 않았다. 결국 이 회사는 도쿄
에 본점을 설치하고 한국에는 지점만 두는 데에 머물렀다.

1920년에는 이완용의 생질이자 당시 조선 유수의 실업가로 평가

받던 한상룡이 조선생명보험주식회사를 발기했다. 그는 총독부 정무총감 미즈노 렌타로水野錬太郎에게 첫 번째 가입자가 돼달라고 애걸했다. 당시 조선총독부 정무총감은 조선 내에서 형식상 2인자, 실질적으로는 1인자였다. 한상룡은 정무총감을 가입시켰다는 사실만 광고해도 생명보험 사업은 성공한 것이나 다름없다고 생각했다. 하지만 미즈노는 생명보험 가입을 거절하고 대신 교육보험에 가입했다. 생명보험에 가입하면 자식들에게 부모가 빨리 죽기 바라는 마음을 심어줄 수 있다고 생각했기 때문이다. 보험 설계사를 친척이나 친지로 둔 한국인들도 1970~1980년대까지는 미즈노의 태도를 답습했다.

현대의 한국에는 국가가 운영하는 건강보험 외에도 자동차보험, 실손의료보험, 생명보험, 상해보험, 화재보험, 연금보험 등 수많은 보험이 있으며, 보험에 가입하지 않은 사람은 거의, 또는 전혀 없다. 우리나라의 보험이 배와 소로부터 시작한 것은 당대에 그것들이 가장 귀했기 때문이다. 근래 보험은 건강과 노후에 몰리고 있는데, 이는 몸의 가치가 높아지고 노후가 길어진 상황을 반영한다. 보험증권은 시대의 불안감을 측정하는 바로미터이자 믿을 것이라고는 돈밖에 없는 시대의 표상이다.

46. 현대 세계를
뒤덮은
부호

다른 새의 둥지에 알을 낳는 뻐꾸기 등 극소수 동물을 제외하면, 모든 생명체는 자기가 소비할 물질을 스스로 구하고 만든다. 오직 인간만이 생존에 필요한 물질의 일부 또는 대부분을 타인이 생산한 것으로 충당한다. 하지만 인류 역사 대부분의 기간 동안 사람들은 자기가 소비하는 물건을 만든 사람에게 별 관심을 기울이지 않았다. 사람의 기능은 심신 상태에 영향 받는바 컸기 때문에, 같은 사람이 만든 것이라도 같은 품질이 되지는 않았다. 정성껏 만든 것과 대충 만든 것, 즐거울 때 만든 것과 우울할 때 만든 것, 여유롭게 만든 것과 급하게 만든 것은 다른 물건이었다. 옛사람들은 그나마 자연의 변덕이 덜하다고 보았다. 그래서 한산모시, 안동포, 안성유기, 나주배, 개성인삼 등 지명과 결합한 특산물의 이름은 전하지만, 생산자의 이름은 거의 전하지 않는다.

산업혁명은 물자 생산의 주역을 인간에서 기계로 바꾸었다. 기계는 사람이나 자연과는 달리 변덕스럽지 않았다. 한 공장에서 같은 기계들이 만든 물건들 사이에는, 서로 다른 점을 찾아내기가 오히려 어려웠다. 물건의 품질이 달라지는 일은 거의가 사람의 손을 거치는 마무리 단계에서 일어났다. 이에 따라 어떤 자연환경에서 누가 만들었는가보다는 누구의 공장에서 어떤 기계로 만들었는가가 더 중요하게 되었다. 더불어 공장 소유자가 만들어 부착한 표지로 상품의 균질성을 표현하려는 욕망도 커졌다. 1857년, 프랑스 정부가 처음으로 장사꾼의 표지, 즉 상표商標를 법적 보호 대상으로 삼았다. 자본주의의 종주국이라 할 수 있는 영국에서는 그로부터 20년이 지난 1875년에야 상표 등록법이 제정되었다.

우리나라에서 '상표'라는 말은 처음 '상업 활동 자격표'라는 뜻으로 사용되었다. 1899년 보부상 단체로 설립된 상무사商務社는 전국 13도에 임방任房을 설치하고 접장接長을 파견하여 징세 업무를 맡겼는데, 징세 방법은 사원들이 먼저 1인당 2만량을 본사에 상납하고 그에 해당하는 상표를 받아 지방 상민에게 강매하는 것이었다. 상표 한 장 당 가격은 1량이었다. 상무사 사원들은 포구浦口나 장시場市의 길목을 지키고 있다가 물건을 팔러 오는 사람이 있으면 상표대를 강제로 징수했다. 1904년 상무사가 폐지될 때까지, 상표는 영세상인들에게 원성怨聲의 대상이었다.

통감부 설치 이후 일본 법률 일부가 한국에 적용되면서부터, 상표는 오늘날과 같은 의미, 즉 특정 상점이나 상회 또는 회사의 표지라는 뜻으로 바뀌었다. 1908년 8월, 일본의 특허법, 의장법, 상표법, 저작권법이 먼저 한국 거주 일본인에게 적용되었다. 1909년 11월부터는 한국인도 이들 법률의 적용을 받았다. 1910년 동화약품이 이 법에 따라 '부채표'를 상표로 등록했는데, 이것이 현존하는 한국인 제작 상표 중에서 가장 오래된 것이다.

일제강점기에는 경성방직주식회사의 '태극표', 대륙고무주식회사의 '대륙표' 등이 유명했다. 이중 대륙고무주식회사는 대한제국 외무대신을 지낸 이하영이 설립한 것으로 1920년대 고무신 열풍을 타고 급성장했다. 대륙고무의 고무신이 인기를 끌자 평양의 서선고무 공장이 유사한 상표를 새긴 고무신을 만들어 판매했다. 대륙고무의 상표는 '대'大 자를 원형으로 그리고 그 안에 '륙'陸 자를 넣은 것이

활명액 상표등록증 우리나라에 현존하는 가장 오래된 등록상표는 1910년에 등록된 동화약품의 부채표다. 이후 활명수와 유사한 제품들이 나오자 동화약품은 1919년 활명액 상표를 다시 등록했다. 상표는 상품 제작자를 표시하는 기호에 불과하지만, 상표의 존속 기간과 지명도는 그 제작자의 '신용도'를 의미하는 것으로 간주된다. 그 때문에 '브랜드 가치'는 종종 상품의 실질적인 사용가치를 멀찍이 뛰어넘는다. 출처: 동화약품

었는데, 서선고무는 '대'大 자를 원형으로 그리고 그 안에 '승'陞 자를 넣은 상표를 만들었다. 상표는 대륙표와 구별하기 어려울 정도로 비슷한데 값은 쌌기 때문에 평안도 일대에서 대륙표 고무신의 판매량은 상당히 줄어들었다. 이 사실을 알아낸 대륙고무는 1925년 서선고무를 '상표법 위반'으로 고소했고, 2년 뒤 총독부 법원은 서선고무에 유죄 판결을 내렸다. 이에 앞서 등록하지 않은 상표를 사용했다는 이유로 처벌받은 사례가 몇 건 있었으나, 유사類似 상표 사건은 이것이 처음이었다.

해방 이후 1965년까지는 일본과 국교가 단절된 시기였기 때문에 일본 상표를 허가 없이 쓰는 기업도 더러 있었다. 그중 유명했던 것이 '도리스'였다. 한국전쟁 직후 주한미군은 일본 주류업체 산토리사의 제품인 도리스 위스키Torys Whisky를 수입하여 미군 PX에 싼값

으로 배포했다. 당시 미군 PX 물품이 대개 그랬듯이, 그중 일부는 시중에 흘러나와 한국인들에게 전달되었다. 그 맛에 반한 한국인 소비자가 늘자, 도리스 위스키 밀수도 성행했다.

1956년 부산에 있던 국제양조장은 향료와 색소, 주정을 배합하여 국산 위스키를 개발하고 도리스 상표를 붙여 판매했다. 이 위스키는 일본산보다 값이 쌌기 때문에 선풍적인 인기를 끌었다. 당시에도 일본산 원조 도리스 위스키와 이름이 같아 소비자들을 혼란스럽게 만든다는 지적이 있었으나, 사법 당국은 수수방관했다. 그런데 1960년 2월, 검찰은 다소 느닷없이 국제양조장 사장을 상표법 위반 혐의로 구속했다. 일본과 국교 재개를 위한 사전 조치였는지, 아니면 일본산 원조 도리스 밀수꾼들의 청탁과 관련된 일인지는 알 수 없다. 결국 국제양조장은 '도리스'를 발음이 비슷한 '도라지'로 바꾸어야 했다. 이 위스키가 대중가요 〈낭만에 대하여〉에 나오는 '도라지 위스키'다.

대한민국 정부 수립 후 상표법에 따라 등록된 것들 중에는 샘표, 삼표, 말표, 곰표, 오리표, 백설표 등이 아직껏 명맥을 유지하고 있다. 1970년대까지도 신문 방송의 상품 광고들은 대개 상표의 모양과 이름을 알리는 데에 주력했다. 사람들은 자연스럽게 TV 화면에서 자주 본 상표를 유명 상표로, 그렇지 않은 상표를 별 볼 일 없는 상표로 인식했다. 품질보다 상표를 따지는 태도가 빠른 속도로 일반화했다. 브랜드의 시대가 열린 것이다. 이제 '~표'라는 상표는 찾아보기 어렵지만, 특정 기업의 상징 도안이 새겨지지 않은 물건도 찾아보기 어렵다.

현대 세계에서 유통되는 거의 모든 물건이 상표 찍힌 상품이다. 현대인들은 상표 찍힌 물건들 안에서 살며, 상표를 매개로 물질세계를 인식한다. 그들은 그저 기호일 뿐인 상표에 물건의 가치를 높여

주는 특별한 효능이 있다고 믿는다. 이런 사람들이 자기 몸을 상품으로 취급하고 자기 몸에 유명 상표들을 부착하려고 애쓰는 것도 이상한 일은 아니다.

47. 벼락부자 될
가능성을
팔다

재산을 기준으로 사람의 등급이 나뉜 이래 가장 많은 사람이 공유해온 꿈은 일확천금하여 벼락부자가 되는 것이었다. 모든 사람이 함께 꾸는 꿈이었기에 경쟁률은 매우 높았고, 실현할 수 있는 방법은 대체로 비윤리적이거나 반인간적이었다. 부호의 집을 털거나 왕공의 무덤을 파거나 전쟁에 참가하여 노략질하는 등의 방법이 있었는데, 기대 수익이 많은 만큼 당연히 위험도 컸다. 목숨을 걸지 않고 이 꿈을 실현하는 유일한 방법은 비슷한 처지에 있는 사람들의 푼돈을 모아서 한 사람에게 몰아주는 것이었다. 그래서 화폐가 통용되던 시대에는 언제나 복권이 있었다.

우리나라에서도 화폐가 본격 유통된 18세기부터 산통계나 만인계라는 이름을 가진 벼락부자 생산 조직들이 출현했다. 이름은 '계'契이나 계원들 사이에 사사로운 연고는 불필요했다. 돈만 내면 계원 자격을 얻는다는 점에서, 이들은 서로 이름도 얼굴도 모르는 채 한 그룹으로 묶이는 근대의 주주와 비슷했다. 게다가 계원들에게는 공통의 욕망이 있었을 뿐 공통의 이해관계는 없었다. 계원들은 한 사람 또는 몇 사람의 당첨자와 무수한 낙첨자로 나뉠 수밖에 없었다. 공동의 목표를 위해 한 장소에 모였다가 결과가 나오면 바로 흩어지는 이 특이한 집단은 중세에 출현한 근대의 맹아萌芽였다.

만인계 조직과 운영은 복잡하지 않았다. 먼저 운영 회사를 세우고 임원을 정한 뒤 추첨표를 다량 인쇄한다. 추첨표 상단 좌우左右에는 같은 일련번호를, 하단에는 사장 직인을 찍는다. 사원들은 돌아다니며 추첨 일시와 장소를 홍보한다. 계원이 되려는 사람들은 추첨 장소에 와서 추첨표를 사서는 반으로 나누어 한쪽을 추첨통 안에 넣는다. 이 추첨통을 '산통'算筒이라고 했다. 추첨 시각이 되면 계원들이 모여 추첨 장면을 감시한다. 만인계에서 지명한 사람이 통에서 몇 장의 표를 뽑아 일련번호를 불러준다. 같은 번호의 반쪽을 가진 당첨자에게 약속한 액수를 지급하면 나머지 돈은 발행자 몫이 된다. 처음에는 사람이 통에 손을 넣어 표를 뽑았으나, 공정성 시비가 거듭된 탓에 1890년대 말부터는 표 뽑는 기계를 사용하기 시작했다. 간혹 추첨 과정에 문제가 발생하기도 했는데, '산통 깨지다'라는 말은 이에서 유래했다.

19세기 말에는 이런 계가 전국적으로 성행하여 패가망신하는 사람이 속출했다. 만인계는 1894년 갑오개혁 때에 전면 금지되었으나 곧 부활하여 1899년에 결성된 복권 회사 만희사 채회국은 아예 정부에 세금을 내고 경무사를 불러 추첨을 맡기기까지 했다. 이와 별도로 청나라에서 발행된 복권이 국내에서 팔리기도 했다. 하얼빈역에서 이토 히로부미를 척살한 안중근 의사도 1900년께 20대 초반의 나이에 만인계 사장 노릇을 했다. 그는 자서전인 『안응칠역사』에 이때의 일을 이렇게 적었다.

나는 만인계(채표회사) 사장에 선출되었다. 출표식 거행일을 맞아 원근에서 와서 참석한 사람 수만여 명이 계장의 전후 좌우에 늘어서니 인산인해와 다름없었다. 계소(추첨 장소)는 중앙에 있어 각 임원과 일반인이 자리 잡고 있었으며, 네 문은 순검이 지키며 보호했다. 그때 표 뽑는 기계가 불행히도

1905년 이재민 구호기금을 마련하기 위해 사회부에서 발행한 후생복표 공공기관의 복권 발행은 간접적 국민 수탈이라는 비판이 계속되고 있지만, 모든 사람에게 '일확천금의 꿈'을 꿀 권리를 준다는 점에서 이 물건이 갖는 '통합적 기능'도 무시할 수 없다. 출처: 국립민속박물관

고장이 생겨 표인標印 대여섯 개가 한꺼번에 쏟아져 나왔다(표인은 매번 한 개씩 나오는 것이 규례이다). 이를 본 수만 명이 시비곡직은 가리지 않고 협잡이라고 하며, 고함 한마디에 돌덩이와 몽둥이가 비 오듯 날아왔다. 파수하던 순검들은 사방으로 흩어져 달아나고, 일반 임원들도 부상당한 사람이 무수하였다. 각자 살기 위해 도망가고, 다만 남아 있는 사람은 나 하나뿐이었다. 군중은 사장을 쳐 죽이라고 고함을 지르며 일제히 몽둥이로 치고 돌을 던지며 오므로, 매우 위급하여 목숨이 경각에 달렸다.

일제강점기에도 민간에서는 은행알을 이용한 작박계가 성행했는데, 경찰당국은 이를 도박의 일종으로 취급하여 형식상 금지했지만 단속은 대체로 시늉에 그쳤다.

'복권'福券이라는 단어는 1932년부터 사용되었는데, 1929년에 나온 신조어인 '행복권'幸福券을 줄인 것이다. 그런데 행복권 또는 복권은 돈 주고 사는 추첨표가 아니라 대규모 상점 등이 사은품으로 지급하는 경품권이었다. 당첨된다고 큰돈이 생기지는 않았으나 그래도 공짜는 언제나 좋은 법이다. 행복이란 본디 요행히 받은 복이라는 뜻이니, 자기 돈을 내지 않고 복을 받는 것이야말로 행복이었다. 행복권이라는 말이 복권으로 바뀐 것도 돈 내고 사는 복이라는 본질을 숨길 수 없었기 때문인지도 모를 일이다.

공공기관이 공익이라는 명분을 내걸고 벼락부자 응모권을 처음 발행한 때는 1944년 12월이었다. 조선식산은행이 전쟁 경비 원조를 목적으로 발행한 이 복표 한 장의 가격은 2원, 1등 당첨금은 1만 원어치 황금과 청주 한 말, 면포 한 필이었다. 판매처는 각 백화점, 금융조합, 은행이었다. 해방 이태 뒤인 1947년에는 런던 올림픽 선수단 파견 비용을 마련하기 위한 복권이 발행되었는데, 이후 각양의 공익적 명분을 내세운 각색의 복권들이 계속 발행되었다. 오늘날 복권은 매주 몇 명씩 벼락부자 되는 꿈을 이룬 사람들을 만들어낸다. 하지만 한편으로는 부자가 아니어도 행복할 수 있는 삶을 향한 꿈이 설 자리를 좁히는 구실도 하고 있다.

구세군 자선냄비

48. 대중을
자선가로
만들다

1907년 8월 1일 오전, 일본군의 지휘 감독하에 한국 군대 해산식이 거행되었다. 시위 제1연대 제1대대장 참령 박승환은 자결했고, 군인 일부는 소집 명령에 불응하고 서울 시내 곳곳에서 일본군과 총격전을 벌였다. 치열한 시가전 끝에 패퇴한 한국군 병사들은 성 밖으로 흩어져 의병이 되었다. 일본군은 전사한 한국군 병사들의 시신을 동대문 옆 성벽에 '전시'하는 만행을 저질렀다. 그 장면을 지켜볼 수밖에 없었던 서울 시민들의 의식 안에서 '악마'의 형상이 구체화했다.

이듬해인 1908년 10월 1일, 영국 구세군 선교사 로버트 호가드 Robert Hoggard 정령正領 일행이 서울에 들어왔다. 이들은 선교 시작 열흘 만에 수천 명의 입교자를 모으는 기적적인 성공을 거뒀다. 이에 관해 매천 황현은 "영국 기독교인이 구세군救世軍이라 칭하며 서울 서대문 밖 평동에 군영軍營을 만들었는데, 열흘 만에 수천 명이 모여들었다"고 기록했다. 구세군이 기독교의 한국 선교 역사상, 나아가 구세군의 세계 선교 역사상 전무후무한 '기적'을 이룬 이유는 구세군이 사용하는 용어를 한국인들이 곡해한 데 있다.

구세군은 조직과 활동의 모든 면에서 군대식 편제와 용어를 썼다. 교회는 군영, 교인이 되는 것은 입대, 찬송가는 군가, 헌금은 탄약금, 교회 규칙은 군율이라 했으며, 선교사들의 직함은 참모총장, 사령관,

연대장, 대대장, 정령, 부령, 참령 등이었다. 선교 계획은 작전이었고, 선교 행위는 전투였다. 영어에 서툴렀기 때문인지 의도한 것인지는 알 수 없으나, 당시 통역은 구세군의 이런 특징을 한국인들의 정서와 결합시켰다. 일본 경찰에 따르면 통역은 구세군 선교사의 말을 이렇게 풀어 설명했다. "동포 여러분이 신속히 우리 군영에 입교하면 안전을 얻을 뿐 아니라 외국인의 압박을 면하고, 따라서 국권도 회복하여 머지않을 때에 독립국민이 됨을 얻을 수 있으므로 제군이 급속히 우리 군에 들어오기를 희망한다."

대다수 한국인에게 '구세'救世는 곧 이 땅에서 일본군을 몰아내는 것을 의미했다. 그들은 '보혈속죄'寶血贖罪라는 말에서 민영환과 박승환이 흘린 피를 연상했고, '회개성결'悔改聖潔이라는 말을 '의병이 되어 일본군과 싸우자'라는 뜻으로 해석했다. 영국인들이 진짜 총과 탄약을 나눠줄 것으로 생각한 한국인들은 앞다투어 구세군에 입대했다. 구세군 입대자가 급증하자 일본 경찰은 통역을 잡아들이고 호가드 일행에게 '일영 양국 간 우의를 해치는 일이 없기 바란다'고 경고했다. 이후 통역의 말이 달라지자 입대자는 급감했다. 또 총과 탄약을 나눠주지 않는 것에 실망하여 탈영하는 사람이 속출했기 때문에 구세군의 교세는 처음 기대한 만큼 커지지 않았다.

구세군은 자기들에 대한 한국인들과 일본 관헌의 오해를 불식하기라도 하려는 듯, 빈민 구제 등의 자선 활동에 특히 힘을 기울였다. 1918년 1월, 구세군은 서울 곳곳에 사관생도들을 파견하여 걸인들에게 밥표를 나눠주었다. '추위에 떠는 빈민들에게 더운밥 한 그릇 먹이는' 사업의 시작이었다. 이 사업이 호평받자, 구세군은 빈민 구제 사업을 한층 확장했다. 서울 시내에 '밥 주는 곳' 60군데를 설치했고, 극빈 가정 640호에 쌀과 좁쌀 한 되, 땔나무 50전어치를 직접 공급했다. '찾아가는 복지 서비스'였다. 1918년 12월에는 서울 시내

1928년 1월, 우리나라 최초의 구세군 자선냄비 구세군은 '연합대매출'이라고 쓰인 현수막이 걸린 상점가 앞에 자선냄비(자선과)를 걸어놓고 행인들로부터 '동정금'을 받았다. 연말연시에 돈 쓰러 상가에 나온 행인들에게 이 냄비의 존재는 '굶주리는 형제'들을 생각하라는 질책과 같았다. 선심 때문이든 '양심의 가책' 때문이든, 많은 사람이 이 냄비에 돈을 넣었고, 그 관행은 이제까지 90년 넘게 계속되고 있다. 출처: 구세군

에서 구걸하는 어린이 20여 명을 데려다 구세군 사관학교에 수용했다. 이 사업은 구세군 육아홈救世軍育兒ホーム이라는 고아원 건립으로 이어졌다. 이 무렵부터 걸인, 빈민, 고아를 위한 자선 사업이 구세군의 상징처럼 되었다.

1924년, 구세군은 4~5월 두 달을 '극기주간'克己週間으로 정하고 빈민 구제 사업을 위한 구제 동정금 모금 활동을 시작했다. 구세군의 빈민 구제 사업이 사회적 신뢰를 얻자 구세군에 동정금을 제공하는 독지가들이 나타났는데, 이 사업은 독지가의 범위를 한층 확장하기 위한 것이었다. 이후 구세군의 지원 대상은 유곽에서 나온 창부, 부양자 없는 과부 등으로 확대되었다. 1928년 12월 21일, 크리

스마스 나흘 전에 서울 거리 몇 곳에 '구세군 자선과慈善鍋'가 처음으로 모습을 드러냈다. '과'鍋는 일본어로 나베인데 냄비는 이 말이 변한 것이다. 순우리말로는 노구솥이다. 이에 앞서 함경남도에서 다수의 수재민이 생겼는데, 이 소식을 접한 구세군 만국 본영은 이들을 위해 500원을 보냈다. 구세군 조선 본영은 이 돈으로 수재민을 돕는 한편 더 많은 동정금을 모으기 위해 자선과를 설치했다. '동정냄비'로도 불린 이 자선냄비는 자선의 주체를 익명의 불특정 다수로 확장했다. 자선냄비 운동의 구호는 "굶주리는 형제의 설에 따뜻한 떡국을 베풀자"는 것이었다.

그 뒤 지금까지 구세군 자선냄비는 한 해가 저물고 있음을 알리는 신호 역할을 겸했으며, 서민들은 작은 돈이나마 자선냄비에 넣음으로써 '자선가' 대열에 합류할 수 있었다. 흔히 선善과 양良을 하나로 묶어 '선량'善良이라고 하지만, 선과 양은 다르다. 선은 '착함'이고, 양은 '평범함'이다. 선인善人은 성인군자에 가까운 사람이지만, 양인良人은 평민과 동의어다. 선심은 능동적, 적극적인 마음이고 양심은 수동적, 소극적인 마음이다. 그래서 선심은 '베푼다'고 하고, 양심은 '지킨다'고 한다. 구세군 자선냄비는 각박한 일상을 견디는 현대인들에게 남에게 베풀 선심이 남아 있음을 일시적으로나마 깨닫게 해주는 물건이다. 이 물건이 90년 넘는 세월 동안 사회적 신뢰를 잃지 않았다는 것도 대단하고 고마운 일이다.

크리스마스실

49. 우표 한 장 값으로
인정을
나누다

크리스마스와 새해 축하 인사를 이메일이나 휴대전화 메신저로 보내고 받기 시작한 지도 꽤 오래됐다. 이모티콘을 첨부하기도 하고 글자의 행렬을 조정하여 특별한 모양을 만들기도 하지만, 하나를 만들어 많은 사람에게 일괄 송신하면 그만이니 그에 담은 마음의 무게가 조금 가벼운 건 아닌가 하는 생각도 든다. 우편함에 담기는 종이 연하장이 없는 것은 아니지만 대다수는 우표가 붙어 있어야 할 자리에 '요금 별납'이라는 우체국 소인이 찍혀 있다. 그 우편물의 내용은 보나 마나 천편일률의 미사여구이고 서명조차 인쇄된 것들이다. 이런 메시지나 우편물을 받을 때면, 손 글씨로 카드에 인사말을 쓰고 봉투에 주소와 이름을 적은 후 우표와 크리스마스실을 정성껏 붙이던 옛날의 아날로그 감성이 그리워지곤 한다.

1904년, 덴마크에서 처음 크리스마스실이 발행됐다. 다중에게 우푯값 정도의 소액을 기부받아 폐결핵 퇴치 자금으로 쓰기 위해서였다. 폐결핵은 초기 산업화 시대의 대표적 전염병이었다. 결핵균은 공장 굴뚝에서 뿜어 나오는 매캐한 연기로 뒤덮인 거리, 실 가루와 먼지가 풀풀 날리는 작업장, 통풍도 제대로 되지 않는 집을 굶주린 채 오가던 사람들의 폐 속으로 아주 쉽게 침투했다. 공장주들은 부리던 노동자가 폐결핵에 걸렸다는 이야기를 들으면, 더 거들떠보지도 않고 바로 해고했다. 그들은 그렇게 하는 것이 '아직' 폐결핵에 걸리지 않은 다른 노동자들을 보호하는 길이라고 여겼다. 직장을 잃은 노동자들은 어쩔 수 없이 고향으로 돌아갔고, 그곳에서 다시 주변 사람들에게 결핵균을 퍼뜨렸다.

영어로 'consumption', 한의학에서 '소모증'消耗症이라 부른 이 병은 말 그대로 사람의 체력을 계속 소모시키다가 죽음에 이르게 만들었다. 환자들에게는 창백함, 무기력, 야윔, 쇠약 등의 이미지가 따라붙었다. 치사율은 무척 높았지만, 살 가망이 아예 없는 것은 아니었기에, 환자들은 죽음에 순응하는 길과 삶의 의지를 불태우는 길 사이에서 오락가락했다.

1920~1930년대 식민지 조선도 폐결핵의 땅이었다. 일본 열도와 만주를 포함한 일본제국 판도 전체에서 폐결핵 환자 비율이 가장 높은 지역이 바로 조선이었다. 1936년 조선총독부는 조선에 40만 명의 폐결핵 환자가 있고 매년 4만 명이 이 병으로 죽는다고 추산했다. 그런데도 조선총독부가 내놓은 폐결핵 예방 대책이라는 것은, 공공장소에 가래침 뱉을 타구唾具를 비치하고 환자 격리를 '지시'하는 정도에 머물렀다.

다른 병과 달리 결핵은 주로 왕성하게 활동하는 청장년들이 많이 걸렸다. 치료제는 없었지만, 공기 맑은 곳에서 영양가 높은 식사를 하면서 충분한 휴식을 취한다면 나을 가능성이 있었다. 하지만 식민지의 척박한 생활환경은 절대다수 환자에게 그런 호사를 용인하지 않았다. 이런 '조건'을 제공해주는 공익 시설을 만드는 데에도 큰돈이 필요했다.

1928년, 미국인 선교사 셔우드 홀Sherwood Hall(1893~1991)이 황해도 해주에 우리나라 최초의 결핵 환자 전문 요양 시설인 '결핵 환자의 위생학교'를 세웠다. 이 시설에 들어가면 살아날 희망이 있다는 소문이 돌자, 전국에서 환자들이 몰려들었다. 셔우드 홀은 이 시설

셔우드 홀이 처음 그린 크리스마스실 도안 이순신이 세계 최초의 철갑선인 거북선을 발명하여 일본 침략자를 물리쳤다는 내용을 부기했다. 크리스마스실은 우표 한 장 값으로 인정을 나눌 수 있는 시대를 열었다. 출처: 스미소니언박물관

의 이름을 해주 구세요양원으로 바꾸고 규모를 확장하기로 했다. 하지만 돈이 문제였다. 미국 선교본부에서 보내주는 돈으로는 입원을 원하는 환자들을 다 수용할 수 없었다. 궁하면 통하는 법, 그는 당시 기독교 국가들에서 발행되고 있던 크리스마스실에 착안했다. 1932년 크리스마스를 앞두고 그는 먼저 도안을 만들었다. 그가 생각하기에, 크리스마스실 도안은 조선인들에게 무서운 병마를 퇴치할 수 있다는 확신을 줄 만한 그림이어야 했다.

크리스마스실의 발행 허가를 받기 위해 작업을 시작했다. 일본인 관리 중에 나와 친한 사람이 있었다. 그는 개인적으로 크리스마스실에 대해 가장 동조한 사람이었다. 그러나

내가 도안한 실을 보여주자, 그는 단 한마디로 '안 된다!'고 말했다. 나는 실의 도안이 반드시 한국 민중에게 열성과 가능성을 부채질할 수 있는 그림이어야 한다고 생각했다. 한국인들은 세계 최초로 철갑선을 만들어 크게 승리한 적이 있었다. 한국의 아이들은 어른들이 들려주는 이순신 장군과 거북선 이야기는 아무리 들어도 질려하지 않는다. 나는 도안에서 거북선이 국가의 적인 결핵을 향해 발포하도록 대포를 배치했다. 그는 기분이 상해 그림을 가리키면서 결코 허가가 나지 않을 것이라고 말했다. 지난날 일본군의 패전을 연상한 모양이다. 심사숙고한 끝에 새 도안을 서울의 남대문으로 결정했다. 크리스마스실에 나타난 남대문은 결핵을 방어하는 보루임을 상징한다. 드디어 우리의 첫 번째 실의 도안과 실 캠페인에 대한 허가가 나왔다.

— 『닥터 홀의 조선 회상』에서

이후 크리스마스실은 우리나라에서도 세모歲暮를 알리는 상징물 중 하나로 자리 잡았다. 현재 크리스마스실은 대한결핵협회에서 발행하는데, 종이 연하장이 급감한 만큼 보기가 쉽지 않다. 20여 년 전 이메일 시대에 맞춰 전자 크리스마스실이 발행됐으나 이용자가 적어 곧 중단됐다. 대신 자동응답 전화로 소액을 기부하는 문화가 정착했다. 반세기 넘게 연말 우편물에 우표와 함께 붙었던 크리스마스실은 역사 속으로 사라졌지만, 소액 기부 문화를 정착시키는 데는 큰 구실을 했다.

50. 가난한
       상인들의
       큰 꿈

주택가 도로변 상점 앞에는 으레 파라솔 테이블이나 평상
이 놓여 있어 통행에 불편을 끼친다. 상인들이 공공公共 공간인 도로
의 일부를 사적으로 점유하는 현상은 전 세계 어느 곳에나 있지만,
한국 도시들에서 유독 심하다. 조선 초기 왕조 정부는 서울 종로와
남대문로 양측에 수천 칸의 행랑을 짓고 그중 다수를 상인들에게 내
주어 시전市廛으로 쓰게 했다. 이에 따라 종로와 남대문로는 거대한
시전가가 되었다.

1636년 병자호란 이후 청나라는 조선 정부에 매년 막대한 양의
세폐歲幣와 방물을 요구했다. 세폐란 해마다 보내야 하는 재화를, 방
물方物은 종이, 저포苧布 등 조선 특산물을 말한다. 패전으로 인해 국
고가 텅 빈 상태였던 조선 정부는 시전 상인들에게 이들 물화를 조
달하라고 시켰다. 물론 물건값을 제대로 줄 수는 없었다. 정부는 대
신 시전 상인들에게 손실을 보전할 수 있는 길을 열어주었다. 시전
에 이른바 '금난전권'禁亂廛權, 즉 난전을 금지할 권리를 부여한 것이
다. 이로써 시전 상인들의 조합인 도중都中에 가입하지 않은 사람은
서울에서 장사할 수 없게 되었으며, 장사하다 발각되면 흠씬 두들겨
맞고 물건을 모두 빼앗겨야 했다. 난전 상인들을 대하는 시전 상인
들의 기세가 얼마나 등등했던지, '각전各廛 상인 난전 몰 듯한다'라는
속담까지 생겼다. 서울에서 장사하고 싶은 사람들은 '도중'에 가입해

1890년경의 종로 가로변의 번듯한 건물들 앞에 '구멍'만 한 가건물들이 군데군데 늘어서 있다. 이런 건물들이 '구멍가게'였다. 규모가 작은 상점들을 구멍가게라고 부르는 풍습은 18세기 최말기에 시작되어 200년 이상 계속되고 있다. 하지만 구멍가게들도 간판에는 '○○상회'나 '○○슈퍼'라는 글자를 써놓는다. 명색과 실체가 괴리되기로는 구멍가게만 한 것도 드물 것이다. 출처: 『민족의 사진첩, 민족의 심장』

야 했는데, 시전 측에는 이 가입비도 만만치 않은 수입원이었다.

서울에 독점 상업 체제가 만들어짐으로써, 도성 안 물가는 다락같이 뛰었고 도성 밖 물가와의 격차도 심해졌다. 독점 체제는 대중을 수탈하여 소수에게 이익을 몰아주는 체제에 다름 아니다. 서울 주민들은 비싼 물가 때문에 고통받았고, 도성 밖 농민과 수공업자들은 시전 상인들이 쳐주는 헐값으로 물건을 넘겨야 했다. 물가가 너무 비싸다고 여기는 소비자와 생산물을 너무 싸게 넘기는 게 불만인 생산자가 있으면, 변통의 길이 열리기 마련이다. 도성 밖에 새벽시장이 생겼고, 농민과 수공업자들은 단골 고객들에게 눈치껏 싸게 팔았다. 난전 단속에 걸리느냐 마느냐는 운수소관이었다. 정부로서는 도성 안 물가가 너무 비싸다는 불만을 모른 체하기도, 고작 달걀 한 꾸러미 무 몇 단 팔러 왔다가 난전 단속에 걸려 매 맞고 물건 빼앗기는 도성 밖 생산자들을 외면하기도 어려웠다.

1791년, 정조는 비단, 무명, 모시, 명주, 종이, 어물 등 거래 규모가 큰 상품을 취급하는 시전(육의전)의 금난전권만 남기고 나머지 물종은 아무나 자유롭게 사고팔 수 있게 했다. 그 직후 시전가 도로 위에 작은 상업용 가건물들이 들어서기 시작했다. 공용 도로를 침범했기 때문에 왕의 행차나 국상國喪 등 큰 행사가 있을 때에는 철거해야했지만, 눈비 오는 날에도 상품을 보호하려면 이런 건물이라도 짓는 편이 나았다. 얼마 후 왕실은 종로 큰길을 사용할 일이 있을 때마다가건물 상인들에게 철거와 개건改建 비용을 지급하기 시작했다. 왕실 행사 때문에 가난한 백성들을 괴롭히는 건 왕도에 어긋나는 일이라고 판단했기 때문이다. 오늘날 '가건물'이라고 하는 것을 당시에는 '가가'假家라고 했는데, 이 말이 변해서 '가게'가 되었다. 종로 큰길 위에 지어진 가가들은 워낙 작았기 때문에, 흔히 '구멍가게'라고 했다.

종로와 남대문로의 가게들은 1896~1897년 서울 도시개조 과정에서 다 철거되었으나, 그 이름은 오히려 상점 일반을 지칭하는 용어가 되었다. 1920년대부터 가게들은 규모에 걸맞지 않게 상회, 상사 등이라고 쓴 간판을 내걸기 시작했다. 상회는 본래 상인회라는 뜻이거나 회사와 동의어였지만, 구멍가게 주인들은 회장이 되고 싶은 꿈을 간판으로 표현했다. 이런 관행은 지금껏 이어져 아무리 작은 상점이라도 이름은 슈퍼마켓이나 마트라고 한다. 그러나 이제 개성 있는 이름을 가졌던 작은 상점들은 거의 사라지고 대기업 상호로 통일된 편의점들이 그 자리를 대신 차지했다. 구멍가게를 슈퍼마켓으로 키우고 싶어 한 영세 상인들의 꿈도 사라졌다는 징표가 아닐까?

재래시장

51. 현대가
    근대에
    붙인 이름

한국 정치인들은 선거철이면 재래시장에 가서 떡볶이나 순대를 사 먹으며 상인들의 말에 귀를 기울이는 척한다. 한국 방송사들은 때때로 재래시장에 기자들을 보내 "사상 최악의 불경기"라며 분노하거나 낙담하는 상인들의 표정과 목소리를 전하곤 한다. 현대한국의 재래시장은 민심의 척도이자 경기景氣의 바로미터 구실을 해왔다. 그런데 '재래'在來란 '옛날에 생겨 지금까지 전해온'이라는 뜻이다. 재래시장은 언제 처음 생겨 지금에 이른 것일까? 이런 상업 시설은 정말 수천, 수백 년 전에도 있었을까?

오늘날 시장은 하나의 단어로 묶여 있지만, 본래 시市는 상점이 즐비하게 늘어선 곳, 장場은 행상이 모여들어 교역하고 물러나는 곳을 의미했다. 시는 상설 상가이자 도시의 상업 공간이었고, 장은 일시적으로 상거래가 이루어지는 마당으로서 농촌의 상업 공간이었다. 우리나라 사람들은 관습적으로 시市가 장場보다 우세한 상업공간을 시장, 그 반대인 곳을 장시場市라고 불렀다. 자본주의 산업도시가 출현하기 이전의 도시는 기본적으로 주변 농촌에서 생산한 물자를 빨아들여 소비하는 공간이었을 뿐 생산 공간은 아니었다.

전근대 도시의 공간 구성 요소들은 신전 또는 왕궁과 그 부속 건물들, 문서고와 도서관, 병영, 경기장과 극장, 병원과 목욕탕, 창고와 상점, 수공업장 등이었고, 그 공간들을 점유하는 사람들 역시 제사장과 사제, 왕과 신하들, 병사, 상인, 의사, 수공업자, 학생 등이었다. 도시는 신성권력과 세속권력의 담지자들을 위한 특수 공예품과 무기를 생산하는 것 외에 사람의 생존과 생활에 꼭 필요한 것들을 생산하지 못했다. 식료품과 옷감 등은 모두 농촌에서 공급되었고, 도시에는 그것들을 주민들에게 배분하기 위한 공간이나 시설만 필요했다.

조선왕조가 새 도읍으로 정한 한성부漢城府도 전형적인 중세 소비 도시였고, 상품 유통도 조세와 공물貢物의 재분배를 중심으로 이루어졌다. 국가가 농민들로부터 수취한 조세租稅는 먼저 왕실과 각 관청에 공급되었고, 나머지는 시전을 통해 도성민에게 분배되었다. 시전을 제외한 상업 공간은 채소, 신탄薪炭 등의 생활필수품과 기타 소소한 가정용품이 거래되는 '여항소시'閭巷小市가 있었을 뿐이다. 그런데 임진·병자의 양란 이후 상업 유통 구조가 전면적으로 변하기 시작했다. 변화의 단초를 연 것은 인구 급증이었다. 임진왜란 이전 10만 명 내외에서 고정되어 있던 서울 인구는 병자호란 20년 후에는 20만 명 정도로 늘어났다. 사람이 늘면 물자 소비도 늘게 마련이다. 건축용 석재와 목재, 식료품과 신탄, 옷감 등이 추가로 공급되어야 했다.

17세기 중반 이후 서울 근교에는 전문적인 상품 채소 재배 지역들이 형성되었다. 특히 동대문 밖에 있던 광활한 목장 지역이 대부분 채소밭과 과수원으로 바뀌었다. 인조가 청淸에 항복하면서 병마兵馬를 기르지 않겠다고 약조했기 때문이다. 근교 생산물의 집산지와 도성을 연결하는 주요 지점에는 관영官營·사영私營의 창고들이 만들어졌고, 그 주변에서는 보관 물자의 출납出納과 관련한 상거래가 이루어졌다. 도성과 한강을 잇는 지점들에도 새로운 유통 공간이 나타났다. 특히 채소나 생선처럼 신선도가 중요한 상품의 경우, 생산자로부터 소비자에게 전달되는 시간을 단축하는 것이 중요했다. 17세기 후반 이후 남대문 밖과 서소문 밖에는 곡물과 어물을 주로 취급하는 상업 공간이, 18세기 중반 시전가 동쪽 일대에는 주로 채소류를 취급하는 장이 만들어졌다. 이에 따라 18세기 후반에는 종루鍾樓, 이현梨峴, 칠패七牌가 '도성삼대시'都城三大市로 불리게 되었다.

종루는 시전가였으며, 이현은 한강 상류에서 도성으로 반입되는 물화의 집산지 가까이에, 칠패는 한강 하류로 올라오는 물자가 도성으로 반입되는 요로에 있었다. 칠패와 이현에 새로 형성된 시장은 그 입지 특성에 따라 '칠패어'七牌魚와 '동부채'東部菜라는 말을 낳았다. 남대문 밖의 칠패에서는 서남해안의 어물이, 동대문 안의 이현에서는 도성 동쪽에서 생산되는 소채류가 주로 거래되었기 때문이다. 종루의 장은 한낮에 섰으며, 이현과 칠패의 장은 새벽에만 섰다. 도성 삼대시보다는 규모가 작았으나 남대문 안 선혜청 창고 앞에서도 조시朝市가 열렸다. 이 조시에 나오는 행상들은 새벽에 남대문 밖에 모여 있다가 문이 열리기를 기다려 입성했는데, 문이 열리는 때에는 노도와 같은 기세로 말, 소, 사람, 물건이 일시에 밀어닥쳤다고 한다.

1896년부터 본격화한 서울 도시 개조 사업은 시전과 조시로 이루어졌던 서울 상업 공간을 크게 변화시켰다. 고종은 러시아 공사관에 있으면서 서울을 서양 대도시에 못지않은 근대 도시로 개조하고자 했다. 1896년 9월 29일, 조선 정부는 내부령內部令 9호로 종로와 남대문로의 가가 철거를 지시했다. 그런데 이를 위해서는 먼저 기존 가가 상인들의 생계 대책을 세워줘야 했다. 이에 정부는 갑오개혁 당시의 '조세 금납화' 조치로 더 이상 쓸모없게 된 선혜청 창고를 가가 상인들에게 내주어 점포 겸 창고로 쓰게 했다. 1897년 1월의 일이었다. 공식 명칭은 선혜청 창고 안에 있는 장場이라는 뜻의 '선혜

청 창내장'이었고, '창내장'倉內場 또는 '신창新倉 안 장場'이라고도 했
다. 선혜청 창고가 상평창常平倉 자리에 새로 만들어진 창고였기 때
문이다. 운영 주체는 농상공부였으나 곧 내장원으로 바뀌었다. 정부
또는 황실이 운영한 공설시장이었던 셈이다.

창내장은 주변 가가 상인들뿐 아니라 인근 칠패 상인들과 노점상
들까지 받아들였다. 시장에는 미곡, 어물, 과물 등 도성민의 일상 생
활용품을 취급하는 상점들이 들어섰고, 350~400명의 행상들이 창
고 앞마당에서 노점을 열었다. 담장으로 둘러싸인 구역 안에 시와
장을 함께 둔 점, 유급 경비원과 관리인이 있었던 점, 낮 시간 내내
개장開場했던 점, 상인들이 점포와 대지垈地 사용료를 부담했던 점,
오늘날의 시장 상인 연합회나 친목회에 해당하는 조직이 있었던 점
등에서 이 시장이 우리나라 '재래시장'의 원조다. 이는 17세기 이후
유럽 대도시들에서 도시 위생 시설의 하나로 출현했던 '식료품 중
앙시장'이 이 땅에 도입된 첫 사례이기도 하다. 창내장의 관리권은
을사늑약 이후 초특급 친일파 송병준 소유의 조선농업주식회사로,
1921년에는 다시 일본인 소유의 중앙물산주식회사로 넘어갔다. 해
방 후 중앙물산주식회사가 소멸하자 시장 상인들이 연합회를 구성
해 자치적으로 운영했다. 이것이 오늘날의 남대문시장이다.

우리나라 두 번째이자, 첫 번째 '사설'私設 재래시장은 창내장 개장
8년 뒤, 역시 도성 삼대시 중 하나였던 배우개(이현)에 생겼다. 러일
전쟁 직후, 한국 상인들 사이에 일본인들이 창내장을 빼앗으려 한다
는 소문이 돌았다. 일본인들이 실제로 그런 시도를 했는지는 확실치
않으나, 창내장은 일본인 거류지인 진고개와 남대문정거장 사이의
요지에 있었기 때문에 당시 정치 상황에서는 충분히 가능한 일이었
다. 한국 상인들과 고위 관리 일부가 창내장을 대체할 시장 기지를
물색했다. 1905년 6월, 전 장례원경掌禮院卿 김종한, 궁내부 특진관

1920년대의 광장시장 1905년에 개장한 우리나라 최초의 사설 '도시 상설시장'이다. 이 시장에서부터 상권이 동쪽으로 이어져 동대문시장, 평화시장 등의 거대 '재래시장' 타운이 형성되었다. 개장 당시의 도시 상설시장은 '최신의 위생시설'이었으나, 고작 한 세기만에 '중세의 잔재'라는 오해를 받게 되었다. 출처: 『신세계 25년의 발자취』

박기양, 경무사 신태휴 등이 새 중앙시장 설치를 목적으로 광장회사廣長會社를 설립했다. 회사는 개천 광교廣橋에서 장교長橋에 이르는 구간을 복개하여 그 위에 새 중앙시장을 설치할 계획을 세웠다. 광장회사라는 이름도 '광교'와 '장교'의 앞 글자를 따서 만든 것이다.

광장회사의 새 시장 설치 계획은 우리나라 최초의 하천 복개 계획이기도 했다. 하지만 당시 기술로 가능한 공사가 아니었다. 그해 여름 장마로 공사를 시작하기도 전에 자재가 모두 유실되어버렸다. 회사는 광교에서 장교 사이에 새 시장을 만든다는 계획을 포기하고 시장 기지를 배우개로 옮기기로 결정했다. 남대문시장이 사라진다는 소문도 잠잠해진 때였다. 시장의 위치가 변경되면서 회사 명칭도 광장廣長회사에서 광장廣藏회사로 바뀌었다. '널리 갖추어둔 회사'라는 뜻이다. 그해 8월, 회사는 배우개의 농지를 구입하여 조산造山의 흙과 동대문 밖의 백사토로 덮고 그 위에 창고와 점포를 지었다. 이 시장이 지금의 '광장시장'廣藏市場이다. 다만 시장 위치는 지금과 달랐다. 광장시장은 1907년 대한제국 군대가 해산된 뒤 친위대 동별영東別營 자리로 옮겼다가 1909년에 현재의 자리로 이전했다. '동대문시장'으로도 불린 광장시장은 일제강점기 내내 남대문시장과 함께 서울의 양대兩大 일용품 시장이었다. 일제강점기에는 이 밖에 땔감을 거래하는 시탄시장柴炭市場과 1918년 일본의 쌀소동을 계기로 만들어진 공설시장들이 있었다.

해방 이듬해인 1946년, 서울에는 공설시장 12개소, 사설시장 20개소, 가축시장 1개소가 있었는데, 이 가운데 공설시장 1개소와 사설시장 7개소는 해방 후에 개장한 것이다. '자유시장'이나 '도깨비시장'으로 불린 무허가 시장들도 곳곳에 생겨났다. 도깨비시장이란 단속이 없을 때에는 정상 영업하다가 단속반이 나타나면 순식간에 철시했기 때문에 그 행태가 도깨비와 같다고 하여 붙은 이름이다. 무허가 시장이 늘어난 것은 전재민戰災民, 상경민, 월남민 등 장사 말고는 생계 수단을 찾을 수 없는 사람이 많았기 때문이다. 1949년에 이미 '길가마다 노점이요 빈 터마다 집단 시장'이라는 말이 나올 정도였다. 휴전 이후 서울 인구가 늘어남에 따라 무허가 시장은 계속 늘었다.

1961년 8월 31일, 군사정부는 법률 제704호로 시장법을 제정, 공포했다. 동시에 1914년 조선총독부가 제정한 시장규칙은 폐기되었다. 시장규칙은 '다수의 수요자와 공급자가 매일 또는 정기적으로 모여 화물의 매매 교환을 행하는 장소'를 제1호 시장으로, '20인 이상의 영업자가 하나의 장옥場屋에서 주로 곡물과 식료품의 판매업을 행하는 장소'를 제2호 시장으로 구분했으나, 시장법은 '일정한 시설을 구비한 구획된 지역의 상설시장'을 제1호 시장으로, 농촌 지대의 정기시장을 제2호 시장으로 나누었다. 농촌의 정기시가 줄어들고 도시 상설시장이 늘어난 추세를 반영한 것이다. 시장법은 또 시장 개설자를 지방자치단체 또는 서울특별시장이나 도지사가 공익상 필요하다고 인정하는 법인으로 한정했다. 시장이 갖추어야 할 시설로는 소방시설과 위생시설을 적시했으며, 허가받은 시장이 아니면 시장이라는 명칭을 사용할 수 없게 했다. 이어 공설시장을 민영화하는 조치가 뒤따랐다. 상인들로 조직된 번영회나 상우회, 자치회 등이 사단법인이나 주식회사로 개편되어 시장 경영자가 되었다. 그런데 시장 경영자와 점포 임대업자는 사실상 같은 뜻이었다.

시장법 공포 이후 도시 상설시장은 급속히 늘었다. 서울의 경우 1961년 44개소이던 시장은 1962년 72개소로 급증한 뒤 1960년대 말까지 매년 10퍼센트 정도씩 늘어났다. 강남 개발 시기에는 매년 10~40개 정도의 시장이 신설되어 1983년에는 438개에 달했다. 서울의 시장 수는 1984년부터 감소세로 돌아섰다. 쇼핑센터, 할인점 등 '현대적'이라는 수식어가 붙은 새로운 상업 시설들이 출현했기 때문이다. 1980년대 후반 마이카 시대가 열린 뒤에 시장들은 주로 주차장 부족 때문에 곤경에 처했다. 그 뒤로 지금까지, 시장 상인들은 매년 '유사 이래 최악의 불경기'라고 세상에 호소한다.

2005년, 도시 상설 시장의 쇠락 추세를 완화하기 위해 '재래시장 육성을 위한 특별법'이 만들어졌다. 이로써 제1호 시장은 공식적으로 재래시장이 되었다. 이 법은 이후 여러 차례 개정되었는데, 2010년에는 재래시장이라는 이름이 비위생적이고 낙후한 느낌을 준다는 이유로 '전통시장 및 상점가 육성을 위한 특별법'으로 바뀌었다. 오늘날에는 재래시장과 전통시장이라는 이름이 혼용된다.

1897년 남대문 안에 일정한 시설을 구비한 구획된 지역의 상설시장이 처음 생겼을 때에는 도시의 위생시설이자 신문명의 표지였다. 그 후 한 세기 동안, 도시 상설 시장은 급속한 도시화를 떠받쳤고,

수많은 사람에게 생계 수단을 마련해주었다. 시장 바닥에서 고생하며 자수성가한 입지전적 인물도 많다. 하지만 불과 한 세기만에, 대중은 이들 시장을 불결하고 비위생적인 중세의 유산으로 인식하기에 이르렀다. 재래시장이든 전통시장이든, 그 이름 자체가 중세와 결합해 있다. 많은 경우, 재래와 전통은 현대가 근대에 붙인 수식어일 뿐이다. 요즘도 정치인들은 선거 때마다 재래시장을 찾아가지만, 언젠가는 그런 퍼포먼스조차 재래식이 될 것이다.

백화점

현대의
신전

　　영어 '시티'CITY를 한국과 일본에서는 '도시'都市, 중국에서는
'성시'城市라고 한다. 성시의 '성'은 성벽이라는 뜻이고, 도시의 '도'는
종교, 정치, 행정, 사법, 군사 등 인간 집단의 '모든 일'이라는 뜻이다.
이와 관련해 『삼국유사』 「기이편」은 "환웅이 무리 3,000명을 이끌고
태백산정의 신단수 아래로 내려왔다. 그곳을 일러 신시라고 했다.
이가 환웅천왕이다. 풍백, 우사, 운사를 거느리고 이들로 하여금 곡
식과 생명과 병과 형벌과 선악 등 무릇 인간의 360여 일들을 주관케
하여, 세상을 다스리고 교화했다"라고 기록했다. 여기에서 '인간의
360여 일들'이자 '세상을 다스리고 교화하는 일'이 곧 '도'都였다. 이
런 일들을 담당하는 시설과 함께 꼭 필요한 것이 '세상 모든 일을 주
관하는 사람들'에게 생활물자를 공급하기 위한 시설 또는 공간이었
다. '도시'라는 단어 자체가 '도'都와 '시'市의 합성어이니 상업용 점
포가 즐비하게 늘어선 시는 모든 도시의 핵심 구성 요소였다.

　시에는 여러 종류의 상업용 건물이 있었는데, 우리나라에서는 완
성된 물건이나 식품을 장인匠人과 농어민으로부터 사들여 궁궐과 관
부官府, 시민들에게 팔기만 하는 곳을 전廛, 생산과 판매를 겸하는 곳
을 점店, 용역을 제공하는 곳을 포鋪로 나누어 불렀다. 예컨대 선전縇
廛, 백목전, 저포전, 청포전, 어물전 등 육의전은 모두 소매상이었으
며, 유기점鍮器店, 철물점鐵物店 등은 수공업장인 동시에 판매점이기도

했다. 전당포典當鋪, 도장포圖章鋪 등은 물건보다는 기술과 재능을 파는 곳이었다. 이들 중 판매 전문 시설인 전의 규모가 가장 컸다.

유럽에서든 아시아에서든, 상인들은 물종 단위로 편제되었다. 유럽에서는 한 개의 길드가 한 가지 물종을 취급했으며, 길드에 가입하지 않은 상인들은 각 길드가 취급하는 상품을 판매할 수 없었다. 물론 어떤 길드가 다른 길드의 취급 물종을 판매하는 것도 불법이었다. 유럽의 길드에 해당하는 상인 조직을 조선에서는 도중都中이라고 했다. 조선 말기 지전紙廛 도중의 경우, 소속된 상인은 300명 정도였다. 육의전 전체로는 2,000명 정도의 상인이 특정한 물종에 긴박緊縛되어 있었던 셈이다. 물론 상인 한 명이 하나의 상전商廛을 경영하지는 않았다. 중세의 상업은 대개 운반노동과 결합해 있었기 때문에, 상전 하나에 50~60명 정도의 상인이 소속되는 것이 보통이었다.

시장이 협소한 상황에서는 상인들끼리 강력한 결사체를 조직하는 것이 상품 가격을 높은 수준으로 유지하는 데 유효했다. 그러나 이런 상업 체제는 가격을 떠나 여러 종의 물품을 구입하려는 소비자들을 피곤하게 만들었다. 다행히 중세에는 여러 종의 물건을 한꺼번에 구입하는 민간인 소비자가 거의 없었다. 하나의 상업용 건물 안에 여러 가지 상품을 모아두고 파는 백화점은 중세적 상업 질서가 무너지고 기계에 의한 대량생산이 시작된 뒤에야 생겼다. '디파트먼트 스토어'department store라는 말 자체가 '부문별 상점' 또는 '구획된 상점'이라는 뜻이니, 이 변화에는 건축 기술의 발전도 한몫 단단히 했다.

1852년, 프랑스 파리에서 초대형 디파트먼트 스토어 봉마르셰Bon Marché가 문을 열었다. 2만 5,000제곱미터의 매장에 아크등 360개, 백열등 3,000개를 설치하여 휘황찬란한 빛을 밤거리에 뿌렸던 이 건물은 당대에 건립된 어떤 건물보다도 화려하고 웅장했다. 인류가 신전神殿과 궁궐 건축에 쏟았던 예술적 열정과 창의성은 이제 상품을 전시하는 건물로 옮겨졌다. 드레퓌스 사건을 고발한 프랑스의 양심적 지식인이자 작가였던 에밀 졸라는 이 상업시설을 '현대의 신전'으로 정의했다. 신전의 속성을 근대적 시선으로 포착할 수 있는 이성과 감성을 가진 사람이 내린 최적의 정의였다. 지인 중에 지중해 일대 역사를 전공한 사람이 있다. 방학 때면 개신교계나 가톨릭계의 의뢰를 받아 '성지순례' 가이드를 맡곤 하는데, 그의 '돈 받고 하는 관광 여행'은 주변인들에게 부러움의 대상이었다. 어느 날 그는 자기 일이 좋기만 한 것은 아니라며 한탄을 늘어놓았다.

> 여행 목적이 성지순례이기 때문에 당연히 각지의 유명한 성당聖堂이나 성소聖所를 방문하는 경우가 많습니다. 하지만 사람들이 이런 곳에서 정말 종교적 감동을 느끼는 것 같지는 않더군요. 처음에는 사람들이 당연히 이런 곳에 오래 머물고 싶어 하겠거니 생각해서 시간을 넉넉히 주었는데, 한 시간도 안 돼서 꼭 볼 거 다 봤으니 빨리 이동하자고 성화부리는 사람이 나타납디다. 성지순례객들조차 진정으로 종교적 감흥과 열정을 느끼는 곳은 성당이나 성소가 아니라 백화점과 면세점이에요. 그곳에선 사람들 눈동자가 초롱초롱 빛나는 게 보이고 맥박이 빨라진 게 느껴져요. 강요하거나 권유하는 사람이 없어도 지갑 열어 큰돈 꺼내는 데 주저하지 않고, 별것도 아닌 걸 받아 들고서는 환희에 찬 표정을 짓는데, 옛날 시골에서 큰 도시의 대성당을 방문한 농민들이 저랬겠구나라는 생각이 절로 들어요. 요즘 사람들이 '신의 은총'을 받는 곳은 백화점이에요.

한자 문화권에서는 세상의 모든 물건을 '만물'萬物이라고 하는데, 디파트먼트 스토어를 만화점萬貨店이나 천화점千貨店이 아니라 백화점으로 번역한 이유는 알 수 없다. 팔기만 하는 곳이고 일반 상점과는 비교할 수 없을 정도로 큰 규모인데도 점店이라고 한 것은 이 용어 역시 일본에서 수입되었기 때문이다. 우리나라에서 처음 '데파트먼트 스토아'라는 이름을 쓴 상업 시설은 1908년에 설립된 한양상회다.

> 해외 여러 제조장과 특약을 체결하고 참신 유행의 양호품을 수입하며 우리나라 중앙인 한성 종로에 자리하여 장대한 가옥에 화려한 진열로 우리나라 제일가는 데파트먼트 스토아, 즉 최最완전한 점포를 이루었나이다.
> ─ 1910년 1월 1일자 한양상회 광고

비록 짧은 광고 문안이지만, 이 안에는 해외 수입 상품, 참신 유행, 나라의 중앙, 장대한 가옥, 화려한 진열 등 현대 백화점이 갖춰야 할 모든 요소가 망라되어 있다. 한양상회는 오늘날의 기준으로는 작은 잡화점에 불과했을 것으로 추정되지만, 우리나라에서도 백화점의 이미지는 20세기 벽두에 이미 형성되어 있었음을 알 수 있다. 한양상회는 문방구, 화장품, 양주, 서양 연초, 양복 부속품 등 오늘날의 백화점 1층 매장에 들어 있는 물건들을 취급했으며, 지방부를 두어 전국 각지에 행상을 파견하기도 했다. 당시로서는 첨단의 마케팅 기법이었다. 하지만 한국인이 만든 이 최초의 백화점은 일본이 한국을 강점한 직후 소리 소문 없이 사라졌다. 애국심에 호소한 마케팅 전략 때문에 총독부의 눈 밖에 났을 가능성이 크다.

한양상회가 데파트먼트 스토아를 자처하기 2년 전인 1906년, 일본 미쓰코시三越 오복점吳服店이 서울 진고개에 지점을 내고 직물을 팔기 시작했다. 일본에서는 포목점을 오복점이라고 했다. 이 상점은 1929년 현재의 신세계백화점 자리에 새 건물을 지은 뒤 상호를 미쓰코시백화점으로 바꾸었다. 백화점은 이때부터 당대 최고급 물건들을 파는 특권적 상업시설로 자리를 굳혔다. 1930년대 중반에는 일본인 상가의 중심이었던 현재의 충무로와 을지로 일대에 미쓰코시, 미나카이三中井, 히로다平田, 조지야丁字屋의 4대 백화점이 성업 중이었고, 조선인 상가의 중심이었던 종로에서도 6층짜리 '초고층' 화신백화점이 위용威容을 과시했다. 보통사람이 이용할 수 있는 엘리베이터와 에스컬레이터가 가장 먼저 설치된 곳도 백화점들이다.

해방 직후 백화점들은 일시 몰락 양상을 보였다. 한국인이 소유주였던 화신백화점조차 직영을 포기하고 임대 백화점으로 유지되는 형편이었으니 적산으로 군정청에 몰수되었다가 불하된 다른 백화점들은 말할 것도 없었다. 미쓰코시는 동화同和로, 미나카이는 한일韓 一로, 조지야는 중앙中央으로, 히로다는 '서울만물전'으로 각각 개칭한 뒤 모두 점포 임대업체가 되었다. 한국전쟁 중 궁궐 등의 문화재 주변을 제외한 서울 전역이 공습 피해를 입었는데, 서울역에 가까운 충무로와 명동 일대의 피해가 특히 컸다. 남대문시장, 자유시장, 한일백화점 등이 초토화했으며, 동대문시장도 심각하게 파괴되었다. 전쟁은 서울의 상업 시설 대부분을 파괴했고, 원시적 상거래 방식을 부활시켰다. 백화점들도 여전히 점포 임대업체 수준을 넘어서지 못했다. 1955년 현재 서울에는 동화, 미도파, 화신의 3대 백화점 외에 예지동의 평화백화점과 천일백화점, 남대문로의 자유백화점이 영업 중이었다. 이해에 신신백화점이 화신백화점 서편에 개점했으며, 1959년에는 미도파백화점 옆에 미우만백화점(1964년 시대백화점으로 상호 변경)이 문을 열었다. 정부는 1957년부터 백화점들에 정찰제 실

1937년에 완공된 종로 화신백화점 종로 조선인 상가뿐 아니라 조선인 경제 전체를 상징하는 백화점이었다. 이 백화점을 조선 후기 육의전의 수좌이던 선전 자리에 지은 것은 그 상징성을 계승하려는 의도에서였다. 현재 이 자리에는 종로타워가 서 있다. 백화점은 현대인에게 가장 깊은 만족감을 주는 시설이다. 출처: 서울역사박물관

시를 권유하는 등 일반 시장과 차별화를 요구했고 백화점업체들도 전국백화점조합연합회와 서울시백화점협회를 조직하는 등 이에 호응하는 면모를 보였으나, 시늉뿐이었다.

1970년대에 접어들 무렵, 백화점은 다시 소매상업의 왕좌王座에 올랐다. 1969년 4월, 신세계백화점이 처음으로 전관 직영제를 실시했고, 1973년에는 미도파백화점이 그 뒤를 따랐다. 자본 부족 등으로 직영화에 미온적이던 화신, 코스모스, 새로나 백화점 등은 좋은 입지조건에도 불구하고 급속히 쇠락했다. 1970년대 중반 국민소득이 증가하고 중산층이 두터워지자, 백화점들은 '값비싼 고급품'들의 전시장이 되었다. 같은 품질이라도, 심지어 같은 공장에서 생산되었어도, 백화점에 진열된 상품의 가격은 재래시장 상품의 가격보다 훨씬 비쌌다. 그래도 사람들은 백화점 물건을 좋아했다. 물건 자체보다는 백화점이라는 상업 시설에 대한 신뢰가 훨씬 깊었기 때문이다.

중세 도시의 중심부에는 왕궁이나 신전이 있었지만, 현대에는 어

느 도시에나 중심부에 최고의 백화점이 있다. 그보다 최고의 백화점 자리가 도심으로 인식된다고 보는 편이 옳을 수도 있다. 백화점은 현대의 최고신인 물신物神이 거처하는 신전이다. 신전의 문은 누구에게나 활짝 열려 있으며, 그 안에서는 아무도 양심을 긁는 따분한 설교를 하지 않는다. 물신은 누구에게나 헌금한 만큼 은총을 베푸는 공정하고 공평한 신이다. 하지만 이 신에게는 사랑, 자비, 긍휼 등 옛 신들이 가졌던 미덕이 없다. 이 신은 신자들에게 어떤 윤리적 계율도 요구하지 않는다. 사람은 자기가 숭배하는 신을 닮는 법이다.

주식

53. **자본주의의**
주권主權

오늘날 직업이 뭔지 알기 어려운 중장년 남성을 부를 때 가장 흔히 사용하는 2인칭 대명사는 '사장님'이다. 잘 모르는 사람에게 직업을 물었을 때 돌아오는 가장 흔한 대답은 '회사원'이다. 회사원, 월급쟁이, 직장인은 모두 같은 뜻으로 사용된다. 사무직 노동자와 생산직 노동자, 유통업 노동자와 서비스업 노동자는 서로 다른 직업인이지만, 모두 회사원이라는 통합된 이름으로 불린다. 어떤 은행의 광고 문안대로, 현대의 '천하지대본'天下之大本은 기업이며, 기업 세계의 중심에 상장上場 주식회사들이 있다.

한국인들은 회사라는 이름의 서양식 근대적 영리 조직에 관한 정보를 1883년에 처음 접했다. 이해 10월 21일 『한성순보』는 「회사설」이라는 논설을 실어 "대저 회사란 여러 사람이 자본을 합하여 여러 명의 농공農工, 상고商賈의 사무를 잘 아는 사람에게 맡겨 운영하는 것"으로 회사의 개념을 정리하고 주식회사, 합명회사, 합자회사의 설립 방식을 각각 상세히 기술했다. '여러 사람이 자본을 합하여 사무를 잘 아는 사람에게 맡겨 운영'하는 것은 곧 '소유와 경영의 분리'를 의미한다. 이것이 회사의 가장 중요한 특징이자 선진적인 면모였다. 이 직후 평양 상인들이 대동상회大同商會를, 서울 장통교長通橋 주변 상인들이 장통회사長通會社를 설립했다. 이들이 우리나라 최초의 회사였다.

세계 어느 곳에서나 초창기의 회사들은 특권적 경제 조직이었다. 회사들은 국가에 세금을 선납先納하고 특정한 사업권을 독점하곤 했다. 혁명 전의 프랑스에서는 조세 징수를 대행하는 회사도 있었으며, 유명한 영국의 동인도회사는 인도 식민화 사업 전체를 독점했다. 우리나라에서도 마찬가지여서 회사들이 정부에 세금을 내고 얻은 인허장認許狀은 영업 독점 허가증이나 잡세 면제증과 같았다. 회사의 사장은 대개 고위 관료가 겸했으며, 출자자는 사원社員, 경영자는 총무總務라고 했다. 오늘날의 사원에 해당하는 사람들은 고원雇員이나 용인傭人으로 불렸다.

1894년 갑오개혁 때 정부가 상업 자유의 원칙을 천명한 뒤에도 회사의 특권은 사라지지 않았다. 산업화 또는 근대화 초기 단계에서는 정부가 민간에 축적된 자본을 동원할 필요가 있었고, 회사는 그에 가장 적당한 조직이었다. 민간 자본을 동원하려면 반대급부가 있어야 했다. 이른바 '정경유착'政經癒着은 근대화 초기에 일반적으로 나타나는 현상이었다. 대한제국 시기에는 여러 분야에서 특권적 회사들이 출현했고, 그들 중 일부는 합자회사, 주식회사 등의 명칭을 사용했다.

주식회사라는 이름을 쓴 우리나라 최초의 회사는 1898년 김익승이 설립한 부선주식회사艀船株式會社인데, 김익승은 독립운동가 김규식의 삼촌이며, 〈학교종이 땡땡땡〉의 작사가인 김메리의 아버지다. 재고在庫, 자산, 나무그루 등을 의미하는 영 단어 'stock'을 중국인들은 '고본'股本, 일본인들은 '주'株로 번역했는데, 한국인들은 처음 '깃'衿이나 '고본'이라고 부르다가 1890년대 말에 일본식 '주'로 바꿨다. 이후 주식회사는 계속 늘어나 1907년에는 최규상이라는 사람이 서울에 주식 매매소를 차릴 정도가 되었다. 네덜란드 암스테르담에 주식 거래소가 생긴 지 300년쯤 지난 뒤의 일이다. 주가 등락에 따라

1920년대 경성주식현물취인시장 내 주식 거래 주식회사는 출자자들의 지분을 주 단위로 나누는 회사이다. 주식회사의 주인은 주주다. 하지만 오늘날 회사의 주인 자격을 갖기 위해 주를 사는 사람은 거의 없다. 현대의 주주 절대다수는 자기가 출자한 회사의 주가가 올라 기대한 이익을 얻으면 미련 없이 주인 자격을 포기하는 사람이다. 그런 점에서 민주국가의 운영 원리가 주식회사의 운영 원리를 닮아가는 것은 매우 걱정스러운 일이다. 출처:『사진으로 보는 한국백년』

웃고 우는 사람들의 역사는 이때부터 시작되었다.

일제강점기 주식 투자는 금맥 찾기, 쌀·콩의 선물 거래와 함께 사람의 팔자를 바꿀 수 있는 수단으로 각광받았다. 조선회사령이 폐지되어 회사 설립에 제한이 사라진 1920년, 경성주식현물취인시장이 설립되었다. 1932년 이 시장은 인천미두취인소를 합병하여 조선취인소로 개편되었다. '주식시장'은 수많은 사람을 패가망신시키는 한편에서 조준호나 김종익 같은 '투자의 달인'도 탄생시켰다. 대한제국 시기의 부호 조중정의 아들 조준호는 1934년 동아증권을 창립해 주식 투자와 중개로 큰돈을 벌었다. 별명이 '주식왕'이었고, 조선취인소에서 벌어들인 돈만 300만 원 정도가 된다고 알려졌다. 동아증권은 해방될 때까지 식민지에서 거래된 주식의 10퍼센트 이상을 취급했다. 전남 순천 출신인 김종익은 하루 평균 80만 원어치의 주식을 매매한 '큰손'으로서 주식 투자로 거부 반열에 올랐다. 그는 1937년 5월 임종을 앞두고 175만 원의 거액을 사회사업에 써 달라는 유언을 남겼다. 그의 유언에 따라 경성여자의학전문학교, 순천고등보통학교, 순천여자고등보통학교 등이 설립되었다. 이 중 경성여자의학전문학교는 우석대학교를 거쳐 고려대학교 의과대학으로 이어졌다. 사람들은 주식 투자로 패가망신할 위험성보다는 일확천금할 가능성이 훨씬 크다고들 생각했고, 지금도 그렇다. 해방 이후 경제 사정에 따라 주식시장도 커졌다 작아졌다 했지만, 현재에는 사실상 모든 국민이 주식과 직간접적 관련을 맺고 있다. 2023년 1월 말 현재 한국의 상장 주식회사 수는 2,569개, 코스피KOSPI와 코스닥KOSDAQ, 코넥스KONEX를 합한 시가 총액은 2,138조 원이다.

주식회사는 자본주의 시대 기업 유형 중 하나에 머물지 않았다. 이것은 온 사회 구성원을 자본 아래 통합시키는 마력을 발휘했다. 주식 한 장은 그 소유자의 성별, 연령, 국적, 학력, 장애 여부, 성적 취향에 관계없이 완벽하게 동등한 권리를 갖는다. 전적으로 평등한 '액면가'의 주식들로 구성된 주식회사는 '주권은 돈에 있으며 모든 권력은 돈으로부터 나온다'는 '주권재전'主權在錢의 원칙과 다수결의 원리에 철저한 모범적인 '전주錢主 공화국'이다. 게다가 주식은 100만 원어치밖에 못 가진 '개미 투자자'와 1조 원어치를 가진 '재벌'을 같은 이해관계로 묶어주는 마력을 발휘한다.

자본주의와 민주주의를 혼동하는 사람이 많지만, 사실 둘은 운영 원리가 같을 뿐 그 주체와 기본 이념은 전혀 다르다. 민주국가의 국민은 남녀노소 빈부귀천에 관계없이 모두가 동등하게 한 표씩을 갖는다. 인간을 기준으로 하는 다수결이라는 점에서 민주주의의 기본 전제는 인본주의人本主義다. 반면 주식회사의 주권主權은 돈에 있으며, 모든 권력은 돈으로부터 나온다. 다수결의 주체는 전적으로 평등한 액면가의 주식들이다. 주식회사를 떠받치는 기본 이념은 문자 그대로 '자본주의'資本主義다. 'Capitalism'을 자본주의로 번역한 사람이 누구인지는 알 수 없으나, 그는 아마도 그 속성이 인본주의에 대립한다는 점을 간파했을 것이다. 오늘날 주로 숫자로만 떠다니는 이 물건은, 옛날보다 훨씬 복잡하고 다양해진 현대사회를 돈 중심으로 통합하는 강력한 힘의 원천이다.

아파트 분양권

54. 부의
'부도덕성'을
심화하다

집이 낡아 곧 허물어질 지경이 되자 주인은 농한기에 날을 잡아 새 집을 짓기로 결심한다. 하지만 시골구석에 건축업자가 있을 리 만무하다. 대장간에 못과 경첩 등 꼭 필요한 철물을 주문해두고선 온 마을을 돌아다니며 아쉬운 소리를 하는 수밖에 없다. 목수 일에 능한 사람에겐 특별히 잘 보답하겠노라고 약속하는 것도 잊어서는 안 된다. 새 집 짓는 날이 되면 마을 사람들이 연장을 가지고 모여들어 헌 집을 헐고, 땅을 다지고, 주춧돌을 세우고, 기둥을 올리는 등의 일을 나누어 맡는다.

인류가 집을 짓고 산 이래 수천 년간, 시골집들은 마을 주민 모두의 공동 창작물이었다. 소문난 목수를 불러 짓는 저택에도 마을 주민들의 땀은 어김없이 스며들었다. 물론 건축비의 상당 부분은 밥값과 술값이었다. 이렇게 지은 집들은 사람이 들어가 사는 집이지 돈 주고 사는 집이 아니었다. 벼슬살이 하러 올라왔다가 벼슬 떨어지면 낙향해야 했던 서울에서는 집을 사고파는 일이 흔했지만, 그래도 집은 살기 위해 짓는 것이지 팔기 위해 짓는 것이 아니었다.

자본주의는 집의 주된 의미를 '몸담고 사는 곳'에서 '돈 주고 사는 것' 쪽으로 이동시켰다. 한 덩어리의 물건 또는 권리를 여러 조각으로 나누어 양도한다는 뜻의 '분양'分讓이라는 말은 1920년대부터 쓰였다. 그 무렵의 분양 대상은 주로 임야나 공동묘지였다. 다만 돈을

283

내면 곧바로 소유권을 얻었기에, '분양권'分讓權이라는 말은 쓰이지 않았다. 입주권이라는 말은 해방 이후 '귀속재산 불하'와 관련하여 생겼다. 불하 대금 또는 계약금을 선불한 사람들이 확보한 권리라는 뜻이었다. 1960년대 중반부터 신축된 도심부 상가아파트에도 입주권이 생겼다.

'분양권'이라는 단어는 1970년 광주대단지 '조성' 때에 처음 쓰였다. 이에 앞서 1967년 7월, 서울시장 김현옥은 23만여 동의 시내 판잣집들을 철거하고 127만 명의 주민을 서울시 밖으로 이주시킨다는 계획을 세웠다. 그 일환으로 경기도 광주군 중부면에 약 10만 5,000가구, 인구 50~60만 명이 살 수 있는 주택단지를 조성하기로 했다. 판자촌 철거 바람은 당시 세계 최대 규모의 사창가로 악명이 높았던 '종3'(종로3가 주변을 지칭)에서부터 불기 시작했다. 서울시는 1968년 종묘에서 남산에 이르는 옛 소개공지대疏開空地帶(일제가 미군의 소이탄 투하에 대비하여 주택들을 강제 철거하고 공지로 남겨 놓은 곳. 현재 세운상가에서 진양·신성상가에 이르는 구간)를 빽빽하게 채웠던 판잣집들을 강제 철거했다. 철거 작업은 군사작전을 방불했으며, 서울시가 붙인 작전명도 '나비작전'이었다.

다음 철거 대상은 청계천변과 서울 외곽 지역을 가득 메웠던 판잣집들이었다. 이 무렵 판자촌에서는 원인 모를 화재가 수없이 발생했다. 행정당국이 퇴거 요구에 응하지 않는 주민들을 몰아내기 위해 방화했다는 소문은 무성했으나, 경찰은 수사 의지를 보이지 않았다. 서울시는 1969년 5월 2일부터 서울의 판자촌 주민 2만 세대 10만여 명을 청소차와 군용차에 실어 '광주대단지'로 옮겼다. 그런데 당시 광주대단지는 이름만 주택단지였을 뿐 구획 정리도 되지 않은 허허벌판이었다. 서울시는 허허벌판에 내팽개쳐진 사람들에게 '나중에 돈을 내면 필지 소유권을 주겠다고 약속하는 증서', 세칭 '딱지'를 나뉘주었다.

사람이 맨땅에서 살 수는 없다. 더구나 이 허허벌판에서는 집 지을 판자도 구할 수 없었다. 급한 대로 천막집이라도 지어야 했다. 당시 서울시 도시계획국장이던 손정목은 "미국의 서부 개척시대를 연상케 할 정도로 천막집들이 늘어서 있었다"고 회고했다. 도로, 전기, 상하수도 등 도시 기반 시설은 전무全無했고, 가까운 곳에 마땅한 일자리도 없었다. 서울시는 인구 50~60만 명 정도만 모여 살면 자연스럽게 산업체들이 생겨 자족도시가 될 수 있을 것으로 기대했지만, 현실은 기대와 완전히 동떨어져 있었다. 판잣집들에서는 하루가 멀다 하고 굶어 죽는 사람들이 나왔고, 극도의 빈곤을 견디지 못해 범죄의 늪으로 빠져드는 사람은 부지기수였다.

1969년 제3한강교(한남대교)가 완공되었고 이듬해 경부고속도로가 개통되었으며, 같은 무렵 영동지구 개발도 본격화했다. 정부가 북한의 남침에 대비해 서울 도심부의 주요 시설을 한강 이남으로 옮길 계획을 세웠다는 소문도 무성했다. 광주대단지에도 투기꾼들이 몰려들었다. 이때부터 철거민들이 소유한 '딱지'가 '분양권'이라는 이름으로 팔리기 시작했다. '토지를 분양받을 권리증'이라는 뜻이었다. 애초 딱지를 받았던 사람들은 광주대단지에서 버티기 어려웠다. 그들에게 가장 심각한 문제는 생계 활동 공간과 주거 공간 사이의 현격한 괴리였다. 교통편도 불비不備한데 주변에 일자리도 없었다. 건축비를 마련하는 것도 꿈같은 일이었으니, 그대로 앉아 굶어 죽기만을 기다릴 수는 없었다. 분양권을 전매轉賣하고 봉천동, 난곡 등 서울 외곽의 판자촌으로 다시 들어간 사람이 많았다. 분양권에 웃돈이 붙어 거래되었고, 개발이 시작되자 가격은 천정부지로 뛰었다.

1971년 대통령 선거와 국회의원 선거를 앞두고 으레 그렇듯이 각종 개발 공약이 난무했다. 부동산 투기 열풍 속에서 분양권 전매가

1978년 삼호주택이 건설한 강남구 도곡동 개나리아파트 분양 현장 현장에서 당첨자를 발표했기 때문에, 서울의 신축 아파트 분양 현장은 언제나 북새통이었다. 이들 중에는 즉석에서 분양권을 되팔아 차익을 얻으려는 사람도 많았다. 현대 한국의 부자 대다수는 부동산 투기꾼이거나 그 후예라는 의심에서 자유롭지 못하다. 출처: 『보도사진연감 '78』

기승을 부렸다. 그런데 서울시는 7월 13~14일 양일간 '분양대금 일시불 상환' 고지서를 발급했다. 7월 31일까지 철거민은 서울시의 토지매입비와 토지정리비를 계산하여 평당 2,000원을, 분양권을 매입한 사람은 토지 등급(4등급으로 분류)에 따라 평당 8,000~1만 6,000원을 일시불로 받겠다는 것이었다. 서울시가 경기도에서 매입했을 당시 평당 가격은 400원이었으니, 무려 20~40배의 폭리를 취하려 한 셈이다. 게다가 서울시는 불하한 대지에 1만 원의 취득세를, 경기도는 등기도 되지 않은 가옥에 취득세 1만 원 이상을 부과했다. 하지만 선거가 끝나자 개발 붐은 사그라들었고, 주민들의 기대감은 배신감으로 바뀌었다. 1971년 8월 10일, 주민들은 관공서를 파괴하고 경찰차에 불을 질렀다. 언론매체들은 '정부 수립 후 최초 최대의 소요騷擾 사건'이라고 보도했다.

광주대단지 사건(2021년 성남시는 이 사건의 공식 명칭을 '8·10 성남(광주대단지) 민권운동'으로 정했다)을 거치면서 '분양권'이라는 생소한 단어가 일반화했다. 이 단어는 곧 입주권이라는 단어를 흡수했다. '집에 들어가 살 권리'라는 뜻의 입주권보다는 '공동주택의 한 조각에 대한 소유권을 확보할 권리'라는 뜻의 분양권이 '아파트 시대'에는 더 어울리기도 했다. 광주대단지 사건 직후, 아파트 분양 열풍이 온 나라를 휩쓸었다. 건설업체들은 집도 짓기 전에 분양권부터 팔아 건축 자금을 확보했으니, '땅 짚고 헤엄치기'보다 쉽게 돈을 벌었다. 그런데도 분양권을 얻기 위한 경쟁이 너무 치열해 추첨으로 분양자를 결정하는 수밖에 없었다. 분양권을 얻은 사람들 상당수는 그 자리에서 웃돈을 받고 되팔았다. 아파트 추첨 현장에는 '떴다방'이라는 별명의 가설 부동산 중개업소들이 난립하여 분양권 전매를 도왔다. 부동산 투기 열풍에 '망국적'이라는 지탄이 빗발치자 정부는 청약 자격과 횟수 제한, 분양권 전매 제한 및 금지 등의 조치를 잇달아 취할 수밖에 없었다. 하지만 오랫동안 아파트 분양 현장은 반칙이 공공연히 용인되는 도박판이었다. 인허가 부처 공무원, 건설업체 직원, 심지어 그들이 드나드는 술집 종업원들까지 '개발 정보원'이 되었고, 그 정보원들과 관련된 사람들이 이 도박판에서 엄청난 불로소득을 얻었다. 분양권은 불로소득과 일확천금의 꿈을 이뤄준다는 점에서 복권과 비슷했지만, 운보다는 정보에 좌우된다는 점에서 복권과 달랐다.

오늘날 한국의 어지간한 부자들 중 '부동산 투기'로부터 자유로운 사람은 거의 없다. 사실 부자 중 몇 사람이 존경받은 시대는 있으나, 부자 일반이 존경받은 시대는 없었다. 그러나 현대만큼 근면, 성실, 정직과 부富 사이의 거리가 멀리 떨어진 시대도 일찍이 없었다. 한국에서 아파트 분양권은 정보 격차를 치부致富 기회의 격차로 만든 물건이자, 부富의 부도덕성을 심화시킨 대표적 물건이다.

**55. 흥정 없는
거래를 만든
부호**

1900년께, 서울에 온 한 독일인이 종로 거리를 산책하다가 멋진 채색 문양이 새겨진 돗자리를 쌓아둔 가게를 발견했다. 아마도 강화 화문석이었을 것이다. 대항해시대 이후 유럽인들은 다른 대륙의 특산물을 본국에 가져가 팔면 꽤 많은 이익이 남는다는 사실을 잘 알았다. 현대의 해외 여행객이라고 다를 바도 없지만. 화문석의 상품가치를 확신한 이 독일인은 상인에게 다가가 말을 걸었다. "이거 얼마요?" "5원이요." "내가 100개를 산다면 얼마에 주겠소?" "600원이요." 자기 기준에서 터무니없는 답을 들은 독일인이 항의했다. "많이 사면 깎아줘야지 값을 더 부르는 법이 어디 있소?" 한국 상인은 되레 어이없다는 표정을 지으며 말했다. "처음 당신은 한 장에 얼마냐고 물었소. 내가 5원이라고 하니 100장을 사겠다고 했소. 이거야말로 내가 값을 너무 싸게 불렀다는 증거 아니겠소?" 자본주의적 상품 거래에 익숙한 사람과 그렇지 않은 사람은, 상품 값을 매기는 원칙부터 달랐다.

옛날 개별 상품의 가격은 인간관계에도 영향을 받았다. 상인들은 단골손님과 뜨내기손님을 구별해서 값을 불렀으며, 물정에 밝은 사람과 어리바리한 사람은 그들의 경험대로 값을 지불했다. 조선 후기 서울 종로의 시전 주변에는 여릿꾼 또는 열립군이라 불리는 사람들이 모여 있었다. 시전 상인이 남긴 이익의 일부를 나눠 갖는다고 해서 '여리餘利ㅅ군', 시전 거리에 줄지어 서 있다고 해서 '열립列立군'이 었다. 이들은 시골뜨기처럼 보이는 사람에게 다가가서는, 좋은 물건 을 싼값에 살 수 있게 해주겠다고 꼬드겨 점포 앞으로 데려가곤 했 다. 그 자리에서는 고객을 옆에 세워두고 점포 주인과 흥정을 했는 데, 고객이 알아듣지 못하는 암호를 사용했다. 이 암호를 변어邊語라 고 했으니, '방언'方言과 마찬가지로 '변방 언어'라는 뜻이다. 변어에 는 여러 종류가 있었으나, 흥정은 대개 가격을 둘러싸고 이루어지기 때문에 한자의 숫자를 분해하는 방식을 주로 썼다. 예컨대 '일'一은 천불대天不大였으니, 하늘 천天에서 큰 대大를 빼면 일一만 남기 때문 이다. 같은 방식으로 이二는 인불인仁不人, 삼三은 왕불주王不柱, 사四는 죄불비罪不非, 오五는 오불구吾不口, 육六은 곤불의衰不衣, 칠七은 조불백 皂不白, 팔八은 태불윤兌不允, 구九는 욱불일旭不日이었다. 고객은 여럿 꾼과 점포 주인이 무슨 얘기를 나누는지 모르더라도, 시골뜨기라고 면박받기 싫으면 가만히 있어야 했다.

고객을 시쳇말로 '호갱님'으로 만드는 것은 여럿꾼만 하는 일이 아니었다. 불과 반세기 전만 해도 고객이 보는 앞에서 저울 눈금과 됫박을 속이는 일은 장사꾼의 필수 기술로 인정받았다. 이런 상황에 서 '현명한 소비자'란 '물건 값을 잘 깎는 소비자'와 같은 뜻이었다. 식료품이나 땔감 등 일용 필수품 외에 새 물건을 집에 들이는 일이 흔치 않았기 때문에, 보통사람들이 장사꾼과 흥정하는 것은 흔치 않 은 일이었다. 그런 만큼 상품 종류별로 장사꾼이 부르는 값에서 몇 퍼센트 정도를 깎아야 하는지를 가늠하기란 쉽지 않았다. 그러다 보 니 흥정 자체가 일종의 '노름'이었다. 거의 모든 상품에 '가격표'가 붙어 유통되는 오늘날에도, 개발도상국에 관광 여행 간 사람들은 가 이드에게 뒷골목 시장에서 흥정하는 법을 배우곤 한다.

상품으로 생산된 물건들이 온 세상을 뒤덮자, 상품 거래는 가장 흔한 일상 활동 중 하나가 되었다. 무슨 일이든 직업 활동처럼 반복적으로 하게 되면 지루해지는 법이다. 흥정도 재미있는 일에서 피곤한 일로 바뀌었다. 이 피곤함을 물리치고 동일 상품 동일 가격의 원칙을 세우기 위한 단속과 캠페인이 한 세기 가까이 지속되었지만, 큰 효과는 없었다. 사람을 보아가며 값을 부르는 장사꾼의 습성과 그런 장사꾼에게 당하지 않으려는 소비자의 의지는 오랫동안 팽팽한 긴장관계를 유지했다.

1948년, 미국의 한 식품 체인점 사장이 필라델피아 드럭셀 기술대학 학장에게 판매한 상품들에 관한 정보를 쉽고 빠르게 취합하는 방안에 대해 조언을 구했다. 사장이 원한 것은 어떤 상품이 얼마나 팔렸는지에 관한 정보를 일일이 메모하지 않고도 계산대에서 바로 처리할 수 있는 방법이었다. 하지만 학장은 장사꾼의 불편을 덜어주는 데에는 별 관심이 없었다. 이 문제에 관심을 보인 사람은 우연히 합석했던 대학원생 버나드 실버Bernard Silver였다. 그는 친구인 노먼 우드랜드Norman Woodland와 함께 연구에 매달렸다. 그들은 영화의 사운드트랙 기술과 모스부호를 결합하여 숫자들을 기계가 판독할 수 있도록 하는 데에 성공했다. 이 코드에서 모스부호의 선은 굵은 선, 점은 가는 선이 되었다. 그런데 상품에 바코드를 부착하는 것과 판독기를 보급하는 것은 다른 문제였다. 굵고 좁은 선이 반사시키는 빛을 통해 상품 정보를 인식하고 그를 전자계산기에 전달하는 시스템이 구축되지 않은 상태에서, 바코드는 '실험적 기술'에 머물 수밖에 없었다. 바코드는 1974년에 이르러서야 실용화했다.

이보다 한 해 전인 1973년, 미국에서는 주요 식품류를 취급하는 제조업, 도매업, 소매업 등 일곱 개 단체가 상품 종별로 열두 자리 숫자로 된 공통 코드를 부여하기로 합의하고, 이 코드를 관리하기 위한 식료품 코드 통일 위원회UPC, Uniform Grocery Product Code

Council를 조직했다. 1977년에는 유럽에서도 같은 목적으로 EAN-European Article Number이 만들어졌고, 이 번호를 관리하기 위한 국제 상품 번호 지정 협회International Association for Article Numbering 본부가 벨기에 브뤼셀에 설립되었다.

한국산 상품들에는 1988년 서울 올림픽 직전부터 바코드가 붙기 시작했다. 이해 4월 EAN은 대한민국의 회원 가입을 승인하고 서울올림픽을 기념하는 의미로 한국 상품에 880번의 코드를 부여했다. 같은 해 7월, 바코드 관련 업무를 담당하기 위해 한국유통코드센터가 설립되었는데, 이 기구는 1991년 한국유통정보센터로, 2004년 한국물류진흥원으로, 2008년 대한상공회의소 유통물류진흥원으로 여러 차례 개편되었다.

바코드는 판매 실적 관리, 재고 관리 등에 필요한 상인들의 수고를 덜어주었을 뿐 아니라, 흥정 없는 거래의 시대를 활짝 열었다. 의류나 고가품 등 일부 예외는 있으나, 오늘날 백화점과 대형마트 등에서 판매자와 흥정하는 구매자는 거의 없다. 과거의 구매자는 상인과 대화하는 사람이었으나, 현대의 구매자는 상품 가격표와 대화하는 사람이다.

0123456789

바코드 사운드트랙 기술과 모스부호를 결합하여 바코드를 만든 노먼 우드랜드는 1952년 10월 7일에 미국 정부로부터 특허를 받았다. 하지만 바코드가 찍혀 판매된 첫 상품은 1974년 미국 오하이오주 트로이시의 마시슈퍼마켓에 있던 리글리 껌 묶음이었다. 껌이 최초의 바코드 부착 상품으로 선택된 것은, 작은 상품에도 바코드를 부착할 수 있다는 사실을 상인들에게 알리는 데에 적합했기 때문이다.

예방하고 치료하다

병원

56. 현대인의
     생로병사를 관장하는
     신전

　　1973년에 개봉하여 이제껏 호평받는 《빠삐용》이라는 영화가 있다. 시간적 배경은 1930년대, 공간적 배경은 남아메리카 동부의 프랑스령 기아나로 알려져 있다. 스티브 맥퀸과 더스틴 호프만이 주연한 '수형受刑과 탈옥脫獄'에 관한 영화인데, 평론가들은 대개 '자유를 향한 인간의 갈망'을 그린 수작으로 평가했다. 나는 이 영화를 중학생 시절 TV로 처음 보았는데, 그때 내 호기심을 자극했던 것은 영화의 내러티브보다 주인공들의 복장이었다. 흰색 바탕에 세로 줄무늬를 넣은 죄수복은 그 무렵의 환자복과 구별하기 어려울 정도로 비슷해서, 죄지은 사람과 아픈 사람의 본질적 공통점을 이해하지 못했던 내게는 이상하게 보였다.

　　내 궁금증은 몇 년 후 《뻐꾸기 둥지 위로 날아간 새》(1977)라는 영화를 보고 나서야 조금 풀렸다. 주제는 《빠삐용》과 마찬가지로 '자유를 위한 탈출'이었는데, 영화 속에서 교도소와 정신병원은 상호 전환 가능한 공간으로 설정되었고, 교도소 간수와 정신병원 간호사가 하는 일은 기본적으로 '같은 것'으로 묘사되었다. 더불어 '죄수'와 '정신병자'를 가르는 기준도 극히 모호했다. 오늘날에도 흉악범을 교도소로 보낼지 정신병원으로 보낼지를 결정할 최종 권한은 판사에게 있다.

　　사실 감옥과 병원의 공통점이 복장이나 공간의 양식樣式에만 있

3장 - 예방하고 치료하다

295

는 것은 아니다. 그 안에 '갇혀 있는 사람들'에게 두 시설은 '본질적으로' 같다. 죄수와 환자는 모두 '일반인'들로부터 격리·수용된 사람이며, 늘 '타인의 감시' 아래에서 생활하는 사람이고, 자신에 관한 기록이 '체계적으로' 작성, 보관, 정리되는 사람이다. 그들은 강압적으로든 자발적으로든 자신의 하루 일과에 대해 시시콜콜한 것까지도 빠짐없이 '관찰자'에게 보고해야 한다. 그들에게는 근본적으로 '사생활'이 없다. '관찰자들'은 '수용자'(수감자든 입원 환자든)들에게 그날 아침, 혹은 전날 저녁에 무엇을 얼마나 먹었는지, 운동은 얼마나 했는지, 몸 상태는 어떤지, 가정환경은 어떤지, 부모나 가까운 친척들이 어떤 범죄를 저질렀는지 혹은 어떤 병에 걸렸는지, 심지어 내밀한 부부관계에 이르기까지 보통의 사회관계에서라면 도저히 물을 수 없는 것까지 캐물으며 수용자들은 이런 질문에 대답해야 한다. '질문과 대답, 관찰과 보고'로 이어지는 일련의 과정은 모두 기록되고 그 기록은 다시 이들 시설에 수용해야 할 사람들을 식별해내는 계량적計量的 지표로 사용된다. 죄수들은 강절도, 폭행, 사기, 성범죄, 방화 등 범죄 유형별로 분류되고 또 죄질에 따라 구분되어 일정한 형량을 선고받는다. 환자들 역시 이환된 질병의 종류와 정도에 따라 입원 치료 기간과 치료 방법이 정해진다. 병원의 '불치병' 진단을 흔히 '사형선고'로 표현하곤 하는데, 이는 '교정이 불가능한' 범죄자와 '치료가 불가능한' 환자가 사실상 같은 종류의 인간이라는 직관적 판단에 의거한 것이다.

근대 과학이 중세 과학과 구분되는 두드러진 특징은 모든 사물을 수집, 배열, 분류, 통계로 이어지는 일련의 지적 행위 과정 위에 놓고 분석한다는 점에 있다. 이런 분석의 결과로 만들어지는 '표준적'이거나 '평균적'인 수치는 다시 모든 사물을 판단하는 준거로 환원된다. 이 평균적 수치가 '정상'과 '비정상'을 판정하는 현대적 기준이다. 오늘날 '정상 혈압'이니 '정상 혈당'이니 하는 말들은 이미 일상 용어가 되었다. 신체검사 결과서에 '정상' 도장을 찍어주는 것도 의사들의 몫이다. 의사는 이미 계량화·표준화한 수치표를 근거로 정상적인 사람과 비정상적인 사람을 구분한다. 정상 판정을 받은 사람은 온전한 일상생활을 누릴 수 있는 반면, 비정상 판정을 받은 사람은 병원 신세를 지면서(물론 이를 거부할 수는 있으나 거부하는 것 자체가 비정상이다) 사생활을 통째로 다른 사람의 감시와 관찰 대상으로 밀어넣어야 한다. 그러나 이 정상과 비정상의 경계 설정이 언제나 명료하지는 않으며, 그렇게 인정받지도 못한다. "의사가 뭘 알아? 내 병은 내가 잘 알아"라고 말하는 사람 모두가 병원에 가기 싫어서 그러는 것만은 아니다.

근대적 시선은 질병이 아니라 인간 행위에 대해서도 정상과 비정상을 구분하는 기준을 만들어내지만, 그 기준이 명료하지는 않다. 어떤 사람에게 느닷없이 욕을 먹는 단순한 사건에 대해서조차 사람들은 여러 가지 방식으로 대처한다. 못들은 척하든지, 상응하는 욕을 하든지, 달려가서 주먹으로 때리든지, 돌을 들어 던지든지, 심지어는 흉기로 찌를 수도 있다. 정상적인 반응은 어디까지이고, 비정상적 반응은 어디서부터인가? 그 기준은 법으로 정해져 있지만, 실제로 적용하는 과정에서는 '정상'情狀이 참작되기 마련이다. 한 가지 확실한 것은 질병의 정도를 표시하는 수치이든 위법의 정도를 표현하는 수치이든(보통은 전치 몇 주, 피해액 얼마 등으로 표시된다) 정상성으로 인정되는 법적, 관습적, 그리고 과학적 수치 범위가 설정된다는 점이다. 일단 정상의 범위가 설정되면, 사람들은 그 범위를 기준으로 자신의 삶을 재조직한다. 사회적 관계에서나 개인적 삶의 영역에서나 사람들은 정상 수치를 넘어서지 않기 위해 스스로 경계하고, 그 수치 안에서 살도록 자식과 제자들을 가르친다.

유럽사에서 18세기는 '대감금의 시대'라고도 한다. 자본주의 경제가 싹을 틔우는 한편에서 실업자, 부랑자들이 정신이상자, 나환자, 불구자 등과 섞여 대규모 수용소에 강제로 수감되는 일이 도처에서 일어났다. 이 수용소를 '호스피탈'Hospital이라고 했다. 현대 과학의 시선으로는 전혀 다른 범주로 구분해야 할 사람들이 한 부류로 취급된 것은 단 한 가지 이유, 즉 이들이 '비정상'이라는 이유 때문이었다. 호스피탈이 환자들만을 위한 격리 수용 시설이라는 의미로 확정된 것은 이로부터 꽤 시간이 흐른 뒤의 일이었다. 그와 동시에 죄수들을 장기적으로 격리 수용, 관찰, 교정하는 시설인 근대적 감옥도 생겨났다. 징역형이니 금고형이니 하는 형벌이 생긴 것도 이때부터다. 동서양을 막론하고 근대 이전의 형벌은 때리거나 쫓아내거나 죽이는 것밖에 없었다.

미셸 푸코는 대감금 시대의 수용소 체제에서 근대 사회의 싹을 발견했다. 그는 수용소에 수감된 사람들을 관찰하고 그들에 관한 정보를 정리하는 과정에서 인간에 관한 근대적 지식이 출현했고, 그를 기반으로 근대 권력이 정립되었다고 보았다. 그에 따르면 근대 이전의 권력은 사람을 '강제로' 복종시켰던 데 반해, 근대 권력은 "신체규율"을 만들어냄으로써 사람들이 '자발적으로' 따르게 하는 특징을 지닌다. 여기에서 '신체규율'의 자발적 준수 여부는 자체로 정상과 비정상을 가르는 기준이기도 하다. 그는 또 이 '자발성'을 근대 사회가 급변 속에서도 안정될 수 있었던 원인으로 보았다.

사람들의 '자발성'을 이끌어내는 것은 억압이 아니라 설득이며, 설득의 도구는 지식이다. 푸코가 '지식 권력'이라는 말을 만든 것도 이 때문이다. 특히 의학 지식은 근대적 신체규율을 정하는 데에서 언제나 최상의 지위를 점했다. '의사의 지시'는 강압적이지는 않지만 따라야 하는 지시이다. 의사가 제시하는 신체규율은 비록 힘들고 괴로울지라도 따르면 따를수록 자신에게 유리하고 유익한 지시이다. 그것은 정상인으로 남기 위한, 또는 정상인으로 되돌아가기 위한 최선의 지침이다. '자발적으로 복종하고, 복종하면 할수록 자신에게 유리한 권위'가 곧 근대 의학의 권위이자 의사의 권위이다. 자기 부모나 처자의 말은 전혀 듣지 않는 고집쟁이도 의사의 말은 듣는다. 식탁에 푸성귀만 올라오면 "내가 염소냐?"라며 볼멘소리를 하는 사람도, TV에 나온 의사가 푸성귀만 먹어야 건강에 좋다고 하면 불평을 멈춘다.

'지시와 복종'의 관계, 그리고 '복종의 효율성'이라는 측면에서 본다면, 감옥과 병원은 분화했으나 여전히 같은 시설이다. 교도관의 말에 잘 복종하여 '교정된 모범수'는 형기를 다 마치지 않고 출소할 수도 있다. 물론 교정 여부를 판단하는 것은 죄수가 아니라 '간수' 또는 '교정위원'들이다. 역시 탈옥을 소재로 한 영화《쇼생크 탈출》(1994)에서 흑인 장기수 역을 맡은 모건 프리먼은 가석방 심사위원회에 불려 나가 "자신이 교정되었음"을 입증하기 위해 애를 쓰지만, 정작 가석방된 것은 그가 출옥을 포기한 다음의 일이었다. 환자나 죄수가 아무리 다 나았다고, 혹은 정말 깊이 뉘우친다고 주장해도 그것은 다만 주장일 뿐이고, 완치完治 또는 교정矯正 여부를 판정하는 최종 권한은 관찰자에게 있다. 근대 사회는 이렇듯 '법학'과 '의학'에 특별한 지위를 부여했고, 현실에서는 그것이 법률가와 의사의 '지위와 권위'로 표현된다.

그런데 한 사회에서 병원과 감옥이 수행하는 역할은 "그 안에 있는 사람들"을 치료하고 교정하는 데에 그치지 않는다. 이들 시설은 그 바깥에 있는 사람들에게도 지속적이고 강력한 영향력을 행사한다. 감옥과 병원은 바로 정상과 비정상의 경계를 명확히 표시하는 가시적 구조물이기 때문이다. 현대인들은 어려서부터 '감옥에 가지 않기 위한' 처신법을 배우고 '병원에 가지 않기 위해' 개인위생과 신체규율을 배운다. 이 두 시설은 왕명王命이나 신의 뜻이 아니라 근대 사회가 만들어낸 합리적 규율을 사회 전체로 확산시키는 데에서 핵심적인 구실을 한다. 그런 점에서 근대적 감옥과 근대적 병원의 출현은 곧 '근대적 체제의 본격적 작동을 알리는 유력한 징표'라고도 할 수 있다.

18세기 유럽에서 만들어진 근대적 병원은 1879년 우리나라에도 이식되었다. 이해 일본 해군은 부산 일본인 거류지에 제생의원濟生醫院을 설립하고 군의관을 파견하여 시무하게 했다. 제생의원은 조선 주재 일본 외교관과 군인들, 일본 거류민을 주로 진료하면서 조선인 환자도 받았다. 이후 원산, 인천, 서울 등으로 개항장과 개시장開市場이 늘어나자 일본인들의 군軍 병원, 공사관 병원, 거류민단 병원 등도 따라서 늘어났다. 일본인들은 이들 병원에서 제공하는 '진보한 의료'가 자국 세력의 조선 침투를 지원하는 유력한 수단이라고 공공연히 주장하곤 했다. 갑오개혁 직후인 1895년에는 서울에 일본인 의사가 진료하는 한성병원漢城病院이 개원했다. 우리나라에서 '병원'病院이라는 이름을 사용한 의료기관은 이것이 최초였다. 이 병원은 서울의 고관高官들에게 의료 서비스를 제공하면서 한동안 한국 최대 규모이자 최고 시설을 자랑하는 서양식 병원으로 군림했다. 일본이 러일전쟁을 계기로 조선에 대한 실질적 지배권을 확보한 뒤에는 일본의 '선진 의학'을 아시아 각국에 전수한다는 목표를 내건 동인회同仁會가 조선 내 병원 건설의 선두주자 노릇을 했다. 대구와 평양에 동인회가 세운 병원이 생겼으며, 이들 병원에서는 한국인 학생을 모집하여 의학 교육도 병행했다.

1885년 4월에는 조선 정부도 서양식 병원을 세웠다. 이에 앞서 1884년 12월, 우정국 낙성식에 참석했던 왕후의 조카 민영익이 칼에 맞아 중상을 입었다. 동석했던 통리아문 협판 묄렌도르프Paul Georg von Möllendorff는 그를 자기 집으로 옮기고 조선인 의사들을 불렀다. 그러나 한의학에는 칼 맞은 상처를 치료할 효과적인 방법이 없었다. 다급해진 묄렌도르프는 얼마 전 서울에 들어온 미국인 선교 의사 알렌을 떠올렸다. 급히 달려온 알렌은 민영익의 상처를 소독하고 봉합했다. 그 덕에 민영익이 살아나자 고종은 알렌을 불러 치하했다. 그 자리에서 알렌은 왕이 호스피탈을 지어주면, 자기가 무료로 시무하겠다고 제안했다. 당시 통역이 호스피탈을 어떤 단어로 번역했는지는 알 수 없다. 그 직후 의정부는 "혜민서惠民署와 활인서活人署를 이미 혁파했는데 이는 조정에서 구휼救恤하는 본의로 볼 때 큰 결함이 됩니다. 별도로 원院 하나를 설치하여 광혜원이라고 이름 붙이고 외아문에서 전적으로 관할케 하는 것이 어떻겠습니까?"라고 건의했고, 고종은 즉시 윤허했다. 광혜원廣惠院이란 '널리 은혜를 베푸는 원'이라는 뜻이다. 그 한 달쯤 뒤 정부는 조서詔書에서 광혜원 세 글자를 지우고 제중원이라고 쓴 쪽지를 덧붙였다. 이로써 행정적으로는 이 시설에 광혜원이라는 이름을 붙인 사실 자체가 무효화했다. 여행 중인 관리들에게 숙식을 제공하는 정부 기관 광혜원이 이미 있었기 때문이다. 제중원濟衆院은 '중생을 구제하는 원'이라는 뜻으로서 광혜원의 뜻과 별반 다르지 않았다.

조선 정부가 혜민서와 활인서를 혁파한 뒤 새로 설립한 관립 의료기관에 '제중원'이라는 이름을 붙인 것은, 의료기관의 본질에 대한 인식이 근본적으로 바뀌었음을 보여준다. '서'署는 경찰서, 세무서처럼 방문객 응대를 주로 하는 시설이다. 반면 조선시대에 승정원, 사간원, 사옹원, 홍제원 등 원院으로 명명命名된 관서들은 숙식宿食 등의 생활 시설이 완비完備된 건물군으로 이루어져 있었다. 문자 뜻대로라면 의원醫院은 의사가 상주하면서 환자를 치료하는 시설, 병원은 병

자가 숙식하면서 치료받는 시설이다. '서'署가 '원'院으로 바뀐 것은
외래 환자 진료 중심의 의료가 격리, 수용, 관찰 중심의 의료로 이행
했음을 의미한다.

대한제국 정부는 1899년 '병원관제'를 제정하고 내부 산하에 '병
원'을 설치했다. 일본인이 세운 한성병원에 이은 두 번째 '병원'이자,
한국 정부가 세운 첫 번째 '병원'이다. 그런데 의원과 병원을 나누는
일관적 기준이 있었던 것은 아니다. 메이지유신 이후 유럽 의료체계
를 수용한 일본은 관행적으로 군용 의료기관에 병원, 민간 의료기관
에 의원이라는 이름을 붙였는데, 이 관행은 식민지 조선에도 적용되
었다.

외국인 선교사들도 조선에 병원을 세웠다. 1882년 조미수호통
상조약이 체결된 뒤, 미국 선교회는 교육과 의료를 열쇠로 삼아 조
선 선교의 문을 열려고 했다. 1884년 알렌이 먼저 입국했고 스크
랜튼William B. Scranton, 언더우드Horace G. Underwood, 아펜젤러Henry
Gerhard Appenzeller, 헤론John W. Heron 등이 뒤따랐다. 어떤 이는 조
선 국왕과 정부의 환심을 얻어 선교의 자유를 얻으려 했고 어떤 이
는 위험을 무릅쓰고 내륙 깊이 들어가 직접 선교를 하려 했지만, 교
육과 의료를 주된 선교 수단으로 삼았다는 점에서는 같았다. 이들은
일단 제중원에 모였으나 정부 기관인 이곳을 선교에 이용하는 일이
쉽지 않자 따로 의료기관을 세우기 시작했다. 스크랜튼, 홀William J.
Hall, 존슨Woodbridge O. Johnson 등이 서울, 평양, 대구 등지에서 독자
적인 의료 사업을 개시했다. 호주 선교회와 영국 성공회도 인천, 서
울 등지에 의료시설을 만들었다. 그러나 이들이 세운 의료시설은 모
두가 작은 '개인 진료소들'이었다. 1899년 제중원 의사 에비슨Oliver
R. Avison은 미국의 부호 세브란스Louis H. Severance에게 대규모 선교
의료시설 건립비 지원을 얻는 데 성공했다. 이 의료시설은 1904년에

한성병원 갑오개혁 당시 의학 및 위생고문으로 부임해왔던 일본인 세와키 토시오瀨脇壽雄가 1895년 명동성당 옆에 설립한 것으로 '병원'이라는 이름을 사용한 국내 최초의 의료기관이었다. 1885년 조선 정부가 제중원을 설립할 때에는 '시의원', 즉 '의술을 베푸는 원'이라는 이름을 사용했다. 오늘날 병원은 '아프면 가야 하는 곳'을 넘어 '아프지 않기 위해 가야 하는 곳'이 되었다. 출처: 『경성부사』 제2권

완공되었고, 에비슨은 세브란스의 이름을 딴 이 시설에 '병원'이라는 이름을 붙였다.

1904~1905년 러일전쟁에서 승리하여 한반도에 대한 군사적 지배권을 확보한 일본은 전쟁 중에 쓰고 남은 의약품들과 제대한 군의관들을 활용하여 한국 주요 도시들에 '자혜의원'慈惠醫院이라는 의료시설을 만들었다. 한국인들에게 일본 천황의 자애로운 은혜를 베푸는 '의원'이라는 뜻이었다. 이 의원에서 치료를 받은 한국인들은 퇴원할 때 '천황폐하에게 올리는 감사의 편지'를 써야 했다. 일본이 한국을 강점한 후 자혜의원은 도립의원으로 개칭되었다. 한국 정부가 설립했던 광제원, 의학교 부속병원, 대한적십자병원은 1907년 통감부 주도로 통합되어 대한의원이 되었다가 식민지화 이후 조선총독부의원으로 개칭되었다. 경성제국대학 의학부가 설치된 1926년에는

조선총독부의원이 경성제국대학교 의학부 부속의원으로 개편되었
고, 조선총독부의원을 교육시설로 사용하던 경성의학전문학교는 새
로 경성의학전문학교 부속의원을 개원했다. 조선총독부가 지은 관
립 의료기관들은 모두 '의원'이라는 이름을 썼다. 하지만 공식 명칭
이야 어찌되었든, 사람들은 한의사가 진료하는 곳을 '의원', 양의가
진료하는 곳을 '병원'으로 구분해 불렀다. 서로 다른 것을 다르게 표
현하는 것이 단어인 만큼, 이는 당연한 현상이었다.

총독부가 병원 설립과 운영, 의학 교육 전반에 관한 통제권을 장
악한 탓에, 일제강점기 병원의 증가 속도는 매우 더뎠다. 1930년 시
점에 조선 내의 병원은 123개로 일본의 6퍼센트 미만, 병원당 인구
수는 171,213명, 병상당 인구수는 3,500명으로 각각 일본의 다섯 배
이상이었다. 병원의 진료비도 한국인들이 이용하기에는 너무 비쌌
다. 관공립병원이든 선교병원이든 개인진료소든 서양식 병원은 일
본인과 한국인 부자들을 위한 의료기관이었을 뿐이다. 한의사에게
치료받는 한국인도 많지 않았다. 서양식 병원이 출현한 지 60년이
지나도록, 한국인 환자의 대다수는 민간요법에 의존하거나 무당을
찾았다.

한국인 모두에게 '근대문명의 혜택'을 베푸는 것은 식민지 지배자
들에게 불필요한 일이었다. '근대성'을 한국인들의 손이 잘 닿지 않
는 곳에 놓아두고 한국인을 끊임없이 유혹하는 미끼로 삼는 편이 식
민 통치에 유리했기 때문이다. 눈에 보이기는 하나 손으로 만질 수
는 없는 것이어야, 신화의 대상이 될 수 있는 법이다. 게다가 태평양
전쟁 기간에 식민지 병원들의 상태는 아주 나빠졌다. 의약품 수입이
두절되었고, 구미 의학과 소통할 수 있는 통로도 사라졌다. 젊고 유
능한 일본인 의사들은 대거 입대했고, 낡은 병원 시설을 보수할 여
력도 없었다. 병원 설비를 군용으로 빼돌리는 경우도 드물지 않았

다. 1945년 9월, 한국에 진주한 미군 보건 담당자들이 본 것은 수도 적고 시설도 형편없으며, 약도 부족한 병원들, 그나마 의사들의 반 이상이 일본으로 돌아갈 준비를 서두르고 있는 병원들이었다.

해방 직후 미군이 보기에 한반도는 사실상의 '의료 공백지대'였다. 병원과 의사가 턱없이 부족했고, 의사의 자질도 신뢰하기 어려웠다. 사회 전반이 혼란한 와중에 가짜 의사가 횡행했다. 일본, 중국, 동남아시아 등지에서 귀환하는 한국인들을 따라 세균과 바이러스도 몰려왔다. 조선총독부의 방역, 위생행정은 중단된 상태였고, 1946년부터는 이념 대립이 '패싸움'으로 표출되는 일이 일상화했다. 이래저래 환자는 넘쳐나는데 의료비는 어지간한 부자도 감당하기 어려울 정도로 비쌌다. 이 무렵의 의사들은 누구나 "돈을 갈퀴로 쓸어 담는다"는 말을 들었다. 의사들에게는 유례없는 호시절이었으나, 환자들에게는 그 반대였다. 가난한 주제에 병원 문턱을 넘으려는 환자는 의사를 탓하기 전에 자신이 '무례했다'는 점을 자각해야 했다. 1949년 『자유민보』 기자와 대담한 한 노인은 이렇게 말했다. "요즈음에 의원이 있답니까? 도적놈 판인데 죽으면 곱게 죽지 병원에 가서 생배를 째고 죽게 하는 데는 더욱 질색할 일입니다."

한국전쟁 중 많은 한국인 군의관이 미군 군의관에게 새로운 의학 지식과 기술을 배웠고, 휴전 이듬해인 1954년부터는 미국 미네소타 대학이 서울대학교 의과대학에 소속된 젊은 의사들을 불러 재교육하기 시작했다. 이른바 '미네소타 프로젝트'다. 이후 의사와 병원은 빠른 속도로 늘어났고, 의학 수준도 높아졌다. 병원에 가서 '곱게 죽지 못할' 확률은 크게 줄었다. 수많은 '신약'新藥과 새로운 의료기기의 후원에 힘입어 현대의학은 자신의 유용성을 입증하는 데 성공했다. 하지만 병원 문턱은 여전히 높았다. 1989년 전 국민 의료보험 제도가 만들어진 뒤에야, 가난한 사람들도 병원 문턱 밟는 걸 크게 두려워하지 않게 되었다. 그로부터 불과 30여 년, "죽으려면 곱게 죽지. 군이 병원에 가서 생고생하다 죽을 일 있나?"라던 상식은 "아프면 병원에 가야 한다"라는 상식으로 바뀌었다.

현재는 병상 수 30개 이상을 병원, 그 이하를 의원으로 나누지만, 일상용어로는 병원으로 통칭된다. 병원이라는 이름이 생긴 지 120여 년 만에, 이 시설은 '병자를 치료하는 곳'을 넘어 '요람에서 무덤까지'이던 사람의 일생을 '병원 신생아실에서 병원 장례식장까지'로 바꾸었다. 현대인은 거의 모두가 병원에서 태어나서 병원에서 건강을 관리하며 병원에서 질병을 치료하고 병원에서 외모를 고치다가 병원에서 죽는다. 생로병사의 모든 계기에서 병원은 사람들 곁에 있다. 옛날 사제들이 신자들에게 행사하던 권력은, 오늘날 의사들이 환자들에게 행사하는 권력으로 바뀌었다. 어떤 의사를 만나느냐에 따라 얼굴 모습이 달라지고, 건강 상태가 달라지며, 수명이 달라진다. 심지어 장례식장도 종교시설에서 병원으로 바뀌었다. 현대의 병원은 옛날 신전神殿이 수행하던 역할 대부분을 떠맡았다. 한 가지 다른 점은, 현대인은 이 새로운 신전에 갈 필요가 없는 삶을 '복된 삶'으로 여긴다는 것이다.

신장계

57. 큰 키를
    향한
    욕망

　　1960~1970년대 프로 권투나 레슬링 경기에서는 장내 아나운서가 선수를 소개할 때 피트법을 사용했다. "홍 코너 ○○○ 선수, 신장 5피트 80, 체중 158파운드" 하는 식으로. 미터법이 국제 표준이 된 뒤에도, 영국인들은 이 단위를 프랑스에서 제정했다는 이유로 오랫동안 피트법을 고집했다. 이런 태도는 영국의 영향력이 컸던 스포츠 종목에도 영향을 미쳤다.

　중세까지 도량형의 기본 척도는 사람이었다. 영어 인치inch는 사람의 손가락 한 마디, 피트feet는 한 발자국, 야드yard는 사람이 팔을 수평으로 들었을 때 심장에서 손끝까지의 거리에 해당했다. 사람의 몸을 기준으로 세계의 크기를 재는 것은 동아시아에서도 마찬가지였다. 우리말 치·한자 촌寸은 손가락 한 마디의 길이, 우리말 자·한자 척R은 한 뼘 길이, 우리말 길·한자 장丈은 성인 남성의 키에 각각 해당한다. "열 길 물속은 알아도 한 길 사람 속은 모른다"는 속담이 나온 것도 이 때문이다. 사람의 크기를 중심으로 세계의 크기를 측정하는 문화에서는, 사람의 키가 변하면 세계의 크기도 달라졌던 셈이다.

　자의 길이를 재기 위해 별도의 자를 만들 이유는 없었다. 게다가 사람의 몸은 신의 형상으로 창조되었거나 부모에게 물려받은 것으로 간주되었다. 음식이나 생활습관에 따라 타고난 몸의 크기가 바

꿜 수 있다는 생각은 신성모독이거나 불효不孝에 해당했다. 사람들의 몸 사이에 크고 작은 편차가 있는 것은 강가의 조약돌 크기가 제각각인 것과 마찬가지로 자연스러운 현상이었고, 그런 자연스러움에 의문을 던지는 것은 대체로 무의미한 일이었다. 그러나 수집, 배열, 분류, 종합으로 이어지는 일련의 분석 과정이 근대적 학문 방법으로 자리 잡으면서, 사람의 신체 크기에 관한 정보를 수집하여 통계를 내고 표준치를 설정하는 것도 과학의 책무가 되었다. 이 정보들은 골상학이나 우생학 등 비非실용적이거나 비非윤리적인 연구에 이용되기도 했으나, 군대와 기업에는 실용적이었다. 사람의 신체 크기는 전투력이나 노동력과 무관하지 않았다. 일본에서도 메이지유신 이후 군대와 보험회사들이 남성의 신체에 관한 정보를 수집하기 시작했다.

강화도조약 이듬해인 1877년, 일본 해군은 부산 개항장에 제생의원이라는 서양식 병원을 설립하고 해군 군의관 야노 요시데츠矢野義徹를 파견했다. 병원의 1차 진료 대상은 부산에 거류하는 일본인이었으나, 가난한 조선인 환자들도 무료로 진료했다. 조선인들에게 일본의 문명 수준을 과시하기 위해서였다. 일본인 의사에게 무료 진료를 청한 조선인은 대개 하역 작업을 하다가 다친 부두 노동자였다. 한의학에는 본래 외과外科가 없었으니, 무료든 아니든 외과 치료를 받으려면 서양식 병원을 찾을 수밖에 없었다.

1883년 4월, 새 제생의원 원장으로 임명받은 육군 군의 고이케 마사나오小池正直는 신장계身長計를 가지고 부임했다. 고이케는 병원에 찾아온 조선인 환자들에게 무료 진료를 받으려면 먼저 신장계 위에 올라서라고 요구했다. 그 기계가 사람의 키를 재는 도구라는 사실을 안 환자들 태반은 치료받기를 포기했다. 고이케는 이에 대해 "한인은 마음속으로 그를 의심하여 혹은 성명性命을 단축시키기 위함이라고 했고, 혹은 나라를 빼앗을 전투를 준비하기에 앞서 그 힘을 측정하기 위함이라고 했다"라고 기록했다. 부산항에서 다친 조선인 노동자 '태반'은, 일본에 신체 정보를 넘기지 않기 위해 치료를 포기하는 용단을 내렸던 셈이다.

고이케가 조선인 노동자 75명의 신장 정보를 입수하는 데에는 6개월이 걸렸다. 그가 측정한 조선인 남성의 평균 신장은 무려 180센티미터로 일본인 농민 남성 평균 157센티미터는 물론 육군 병사 평균 161센티미터보다 월등히 컸다. 그가 가져온 신장계가 불량품이었을 가능성이 99.9퍼센트다. 어쨌든 고이케는 이 조사 결과를 조선에 와 있던 일본인 의사들에게 회람시켰다. 그런데 그들은 이 수치數値에 별다른 의문을 던지

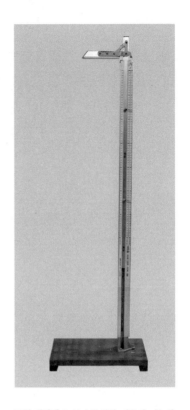

구형 신장계 눈금자에 상하 이동이 가능한 측정대를 부착한 이 간단한 기구는 '키 크려는 욕망' 또는 '키 큰 사람으로 인식되려는 욕망'을 자극했다. 초등학생들이 신장계 위에 올라서서 발뒤꿈치를 살짝 드는 건 흔한 일이었다. 출처: 한국도량형박물관

지 않았다. 그들의 관심은 조선인이 일본인보다 큰 이유에 집중되었다. 편지 왕래로 이루어진 토론의 내용은 고이케가 1887년에 발간한 『계림의사』鷄林醫事라는 책에 담겼다.

일본인 의사들은 한인이 위생법을 알지 못하여 약한 자들은 어릴 때 다 죽고 건장한 자들만 살아남기 때문이라는 둥, 한인은 머리를 쓰지 않아서 영양분이 몸으로만 가기 때문이라는 둥, 서양인은 문명

이 발달할수록 키가 크지만 동양인은 그 반대라는 둥, 오늘날의 과학 상식으로는 도저히 용납할 수 없는 해괴한 해석을 늘어놓았다. 유일하게 납득할 수 있는 해석은, '한인이 일본인보다 육식을 많이 하기 때문'이라는 것이었다. 일본인 의사들의 제국주의적 시선은 한인의 '큰 키'를 열등성의 표현이자 미개함의 증거로 포착하는 엽기적 발상으로 이어졌다.

고이케가 한국인들의 신장 정보를 수집한 지 20년 가까이 지난 1902년, 경의선 철도를 직접 부설하기로 결정한 궁내부 산하 서북철도국은 프랑스인 고고학자 에밀 부르다레Emile Bourdaret를 기사로 초빙했다. 그의 소지품 중에도 신장계가 있었다. 그는 서울-개성 간 철도 공사장에 나온 한국인 노동자들의 키를 쟀다. 프랑스인이 가져온 신장계에 거부감을 드러낸 한국인이 있었는지는 알 수 없다. 그의 신장계로 잰 조선인 성인 남성의 평균 신장은 162센티미터로서 당시의 중국인 평균보다 1센티미터, 일본인 평균보다 4센티미터 정도 컸다. 한국인이 일본인보다 크다는 것은 공인된 사실이었다. 미국인 작가 님 웨일스Nym Wales는 1941년 한국인 독립운동가 김산의 이야기를 담은 저서 『아리랑』에 "신체적으로나 지적으로나 동아시아에서 가장 우수한 민족이 다른 민족의 지배를 받는 현실이 안타깝고 이해하기 어렵다"라고 썼다.

100여 년 전에도 동아시아에서 가장 컸던 한국인의 평균 신장은 지난 반세기 사이에 10센티미터 이상 늘어났다. 그동안 한국의 어린이와 청소년들은 수시로 신장계 위에 올라섰다. 오늘날 체중계와 결합한 자동 신장계는 아주 편리하게 사람들의 신장과 체중, 그 비례의 적정성까지 보여준다. 현대의 한국인은 인류 형질의 변화 과정을 직접 목도한 사람들이다. 영토를 확장하는 것이 국가의 오랜 욕망이었다면, 자신과 자식의 키를 늘리는 것은 현대인의 보편적 욕망이다. 그 욕망을 충족시키기 위한 음식, 생활습관, 운동, 의약품 등에 관한 정보도 넘쳐난다. 현대인은 자기와 자식의 키를 인위적으로 늘리려는 욕망을 품고 그를 실현하기 위해 노력하는 특이한 인간이며, 신장계는 그 욕망의 충족도를 표시하는 물건이다. 그러나 한국인의 평균 신장이 커진 만큼, 그 품도 넓어졌다고 하기는 어렵다.

58. 노인의
　　　수명을
　　　늘리다

"인간은 살기 위해 먹는가, 먹기 위해 사는가?"는 아주 오래 된 우문愚問이지만, 이에 대해서는 영원히 현답賢答을 찾기 어려울 것 이다. 다만 한 가지 확실한 것은, 잘 먹기 위해서는 잘 씹어야 한다 는 사실이다. 잘 씹지 못하면 잘 먹을 수 없고, 잘 먹지 못하면 잘 살 수 없다. 이가 빠지기 시작하는 순간부터 쇠약해지고 삶의 질이 급 격히 떨어지는 것은 호랑이만이 아니다. 이가 빠지기까지의 과정도 매우 고통스러웠다. 오죽했으면 "앓던 이 빠진 듯하다"라는 말이 나 왔을까? 게다가 사람의 이는 무려 32개다.

인류는 먼 옛날부터 이가 빠지는 시점을 늦추기 위해 여러 방법을 찾고 실천했으나, 특별한 DNA의 은총을 받지 않는 한 온전한 이로 노년기를 보낼 수는 없었다. 이 빠진 자리에 상아나 소의 이빨로 의 치義齒를 만들어 심는 기술은 2,500년쯤 전에 개발되었고, 일본에서 도 무로마치시대 말기(16세기 중반)부터는 나무로 의치를 만들어 넣 는 입치사入齒師들이 전문직으로 대접받았다. 당시 일본에서는 목제 불상을 조각하던 장인들 일부가 입치사를 겸했다고 한다. 하지만 우 리나라에서는 19세기 말까지도 이런 시술이 있었다는 기록이 없다. 현대적인 틀니를 처음 만든 이는 프랑스인 피에르 포샤르Pierre Fau-chard(1678~1761)인데, 알렌의 기록에 따르면 1885년 한 미국인 선장 이 식사 후 이 물건을 입안에서 꺼내는 모습을 본 한국인들은 도깨비라도 만난 양 기겁했다. 1885년부터 제중원 의사로 시무한 알렌은 발치拔齒만 했을 뿐 입치入齒는 못했다.

한반도에 서양식 치과의원이 처음 문을 연 해는 1893년, 일본인 입치사 코모리小森가 서울 진고개에서 개업한 해는 1902년이다. 코모리가 신문에 광고한 바에 따르면, 당시 순금 입치 비용은 2~10원, 도기陶器 틀니는 6~10원이었다. 하급 관리 월급이 15원쯤 되던 시절이었으니, 서민들은 엄두를 내기 어려운 가격이었다. 고종은 만 51세 되던 1903년에 앞니 하나를 잃자 일본에서 개업 중이던 미국인 치과의사 소어스J. Souers를 초빙하여 사기질 의치를 해 넣었다. 이가 안 좋은 것이 대한제국 황실의 내력이었던지, 순종도 나이 40이 되기 전에 음식을 씹을 수 없을 정도로 치아 상태가 나빠졌다. 20년 가까이 '흐물흐물하게 익어서 죽이나 다름없이 된 것만' 입천장과 혀를 이용해 씹던 순종은 1917년 가을에 틀니를 해 넣었다. 당시 이왕직 고관은 기자에게 순종의 근황을 전하며 "음식을 마음대로 잡수실 수 있게 된 것을 비상히 만족하게 여기신다"고 말했다.

1906년 일본에서 치과의사법이 제정되어 치과 진료에 대한 단속이 심해지자, 입치사 일부가 한국행을 택했다. 1907년 당시 한국에서 개업한 입치사는 10여 명이었는데, 이들의 '영업장소'는 '이 해 박는 집', '잇방', '치방'齒房, '치술원'齒術院, '입치소'入齒所 등으로 불렸다. 한국인 중 처음 입치사 일을 한 사람은 최승룡으로, 그는 1907년 종로에 '이 해 박는 집'을 냈다. 이 빠진 자리에 금으로 의치를 만들어 넣은 모습이 보기 좋았던지, 잇방에 가서 멀쩡한 이를 갈아 금을 씌우는 사람도 많았다. 젊은 부호 자제나 기생들이 일부러 반짝이는 금니를 내보이며 웃는 행태에 대한 언론의 조소嘲笑는 1930년대까지도 계속됐다. 화장장 관리인이나 형무소 사형장 일꾼이 시신에서 금니를 챙기는 일도 빈번했다. 1925년 조선에서 사용된 금의 총액

1919년 종로를 통과하는 고종의 장례 행렬 상단에 한국인 최초의 입치사 최승룡이 1907년에 개업한 '이 해 박는 집' 간판이 보인다. 머리카락이 센다고 일상생활에 지장이 생기지는 않지만, 이가 빠지면 당장 음식물 섭취에 곤란을 겪는다. 백발이 노의 증거라면, 빠진 이는 쇠의 증거였다. 의치는 노인이 되어도 쇠약해지지 않는 현대의 노인을 만든 1등 공신이다. 출처: 『사진으로 보는 서울백년』

은 637,022원이었는데, 그중 장신구 비용이 273,060원, 금니 비용이 54,900원이었다. 조선에서 소비된 금 총량의 12분의 1, 장신구로 사용된 양의 5분의 1 정도가 치아에 쓰인 셈이다.

1905년경에는 치과대학에서 정규교육을 받은 치과의사가 한국에서 진료를 시작했다. 미국 감리회 소속 치과의사인 데이비드 한David E. Hahn(한국명 한대위)이 1906년 서울에 왔을 때, 이미 서너 명의 일본인 치과의사가 '영업 중'이었다. 1914년에는 일본 치과의학 전문학교를 졸업한 함석태가 서울 삼각동에 '한성 치과의원'을 열었다. 이 사람이 한국인 최초의 공인 치과의사다. 1911년에는 조선총독부의원 부설 의학강습소에서 치과 강의가 시작됐으며, 1916년 의학

강습소가 경성의학전문학교로 승격할 때 치과가 독립했다. 이에 앞서 1913년 조선총독부는 의사규칙, 치과의사규칙 등과 함께 '입치영업 취체 규칙'을 제정, 공포했다. 입치사 단속을 강화하고 치과의사의 권위를 높이려는 법령이었다. 하지만 입치사는 줄어들지 않았다. 1920년대 초 전국에 입치사는 200여 명이었는데 반해, 치과의사는 그 10분의 1에 불과했다. 게다가 어떤 직업이든 단속과 동시에 사라지지는 않는 법이다. 일제강점기 내내 '무면허 입치사'들은 치과의사나 정식 입치사들보다 훨씬 적은 돈을 받고 의치를 만들어 심어주었다. 개중에는 도금한 주석으로 의치를 만들어 넣어주고 '금니' 값을 받아 챙기는 자들도 있었다. 이른바 '야매'暗 입치 행위는 해방 후에도 오랫동안 근절되지 않았다.

한반도 최초의 치과의사 전문 양성기관은 1922년에 개교한 경성치과의학교다. 2년제 야간으로 시작한 이 학교는 1925년 경성치과학교로 승격했다가 1929년 4년제 경성치과의학전문학교가 되었다. 해방 직전까지 이 학교가 배출한 정규 치과의사는 조선인 555명, 일본인 1,080명에 달했다. 1920년에 20명 정도였던 한반도 내 치과의사가 1945년 1,500명 이상으로 50배 이상 늘어난 셈이다. 1930년대 중반에는 치과 재료를 전문으로 취급하는 상점도 서울에만 네다섯 곳 정도 있었다. 치과의사가 늘어나는 만큼 입치사의 입지는 좁아졌으나 그렇다고 사라지지는 않았다. 입치사 면허 갱신은 1959년에야 최종 중단되었다. 당시 보건사회부는 입치사들에게 면허를 재발급하려 했으나, "업자는 의사가 될 수 없다"는 치과의사들의 집단 반발을 꺾지 못했다. 이후 공식적으로 의치는 치과의사들만이 해 넣을 수 있는 물건이 되었다.

의치가 흔해지자 빠진 이를 방치하는 것은 '가난의 표상'이자 '불효자식을 둔 사람의 표상'이 되었다. 빠진 치아는 본인뿐 아니라 자식들까지 고통스럽게 만들었다. 턱뼈에 나사못을 박고 의치를 덧씌우는 '임플란트' 시술은 1980년대 초반 '첨단 의술'로 국내에 도입되었는데, 당시 시술비는 소형 자동차값에 버금갔다. 오늘날 의치 가격은 서민들도 그럭저럭 감당할 수 있는 정도가 되었으며, 국가가 노인으로 공인한 65세 이상의 사람 중에 의치 없이 사는 사람은 매우 드물다. 추사秋史 김정희는 말년에 '대팽두부과강채'大烹豆腐瓜薑菜라는 휘호를 남겼다. 최고의 음식은 두부, 오이, 생강, 나물이라는 뜻인데, 두부를 가장 앞에 놓은 것은 아마도 치아가 나빴기 때문일 것이다. 현대의 노인들이 고기를 씹어 먹을 수 있게 된 것은 전적으로 의치 덕이다. 의치는 노인의 수명을 늘리고 '삶의 질'을 높인 1등 공로자다.

네이팜탄

**59. 얼굴을 망친 무기,
얼굴을 고치는 의술**

　　이세돌과 알파고 사이에 '세기의 바둑대결'이 펼쳐진 뒤, 한동안 인공지능 기계로 인해 사라질 직업들에 대한 기사가 방송과 신문지면을 장식했다. 수납원, 요리사, 웨이터, 운동경기 심판, 운전기사 등이 앞 순위에 꼽혔는데, 군인이 없는 것이 신기했다. 장기, 체스, 바둑 등 인공지능 컴퓨터가 자기 능력을 시험하기 위해 인간에게 도전한 영역들은 모두 전쟁을 놀이화한 것이다. 게다가 인간은 언제나 새로 발명한 첨단 기술과 기계를 가장 먼저 군인들에게 주었다. 인정사정 보지 않고 명령에만 복종하는 기계의 미덕을 직업윤리로 삼는 것도 군인이다. 그럼에도 군인이 빠진 것은 기계가 인간을 죽이는 장면을 상상하기 싫어서였을 것이다.

　　과학혁명 이후의 역사에서는 첨단 기계와 물건이 먼저 인간을 살상하면 인간이 그 대응 방안을 찾는 패턴이 반복되어왔다. 독가스가 나온 뒤 방독면이 나오는 식이었지 그 반대는 아니었다. 20세기 이후의 모든 전쟁은 신무기의 실험장이기도 했고, 그때마다 이전까지 볼 수 없었던 새로운 유형의 사망자와 부상자가 나왔다. 피해를 줄이거나 극복하는 길을 찾는 것도 과학, 특히 의학의 몫이었으나 그 성과는 언제나 무기의 파괴력에 비해 미미했다.

　　제2차 세계대전 중인 1942년에 발명된 신무기로 네이팜탄이 있다. 네이팜이란 나프텐산Naphthenic acid과 팔미트산Palmitic acid에서 딴 이름으로, 이 지방산들이 알루미늄이나 마그네슘과 반응해 생긴 물질을 혼합해 만든 것이다. 미국 과학자들이 네이팜탄을 발명하도록 유도한 것은, 공교롭게도 일본군의 동남아시아 점령이었다. 1941년 겨울 하와이 진주만을 기습하여 태평양전쟁을 도발한 일본 군국주의는, 곧 싱가폴, 말레이시아, 인도차이나 등 남대평양 일대를 장악했다. 당시 세계 최대의 고무 생산지였던 말레이시아가 일본군 수중에 넘어가자, 미국의 기업과 연구소들은 대체 고무 개발에 열을 올렸다. 하버드대학의 루이스 피서Louis Fieser가 이끄는 연구팀도 대체 고무를 만들려다가 네이팜을 합성했다. 섭씨 3000도의 고열로 반경 30미터 이내의 모든 것을 태워버리는 이 물질이 폭탄으로 유용하다는 사실을 발견한 연구팀은, 여기에 인燐을 첨가하여 몸에 닿으면 피부 안으로 깊이 침투하는 속성을 추가했다.

1945년 3월, 미군은 일본 도쿄에 E-46이라는 이름의 네이팜탄을 대량 투하했다. 이 도쿄 대공습으로 도쿄는 말 그대로 '불바다'가 되었다. 일본으로서는 고무 생산지를 점령하고 환호한 대가를 네이팜탄으로 돌려받은 셈이다. 한자어로 소이탄燒夷彈이라는 이름을 얻은 이 폭탄은 서울 공간도 크게 변화시켰다. "일억총옥쇄"—億總玉碎를 구호로 내세우며 내선일체內鮮—體로 미국과 싸워야 한다고 주장하던 조선총독부는, 미군이 서울에 네이팜탄을 투하할 것에 대비해 불이 옮겨 붙지 않는 완충지대를 만들었다. 종묘 앞에서 남산에 이르는 구간의 집들을 모두 강제 철거하여 폭 30미터의 소개공지대疏開空地帶를 만들었고, 그 밖의 인구 밀집 지대 곳곳에도 소개소공지대疏開小空地帶를 조성했다. 해방 후부터 1960년대 중반까지 소개공지대는 거대한 판잣집 밀집 지대가 되었다가, 1968년 서울시의 이른바 '나비작전' 이후 세운상가로 변모했다. 소개소공지대의 일부는 '어린이공원'이 되었다.

세계에서 가장 유명한 네이팜탄 피폭 사진 1972년 1월 8일, AP 통신 기자 닉 우트는 네이팜탄을 피해 알몸으로 도망치는 베트남 소녀의 사진을 찍어 전송했다. 이 사진으로 그는 퓰리처상을 받았고, 네이팜탄은 '비인도적 무기'로 분류되었다. 하지만 한국전쟁 당시 네이팜탄으로 인해 심한 화상을 입은 사람들에 대한 기록은 거의 남아 있지 않다.

　한국전쟁 중 한반도에는 도쿄 대공습 때보다 훨씬 더 많은 네이팜탄이 투하되었다. 미 극동공군이 투하한 폭탄 50만 톤 중 네이팜탄은 3만 2,357톤이었다. 네이팜탄으로 사망한 사람이 얼마나 되는지는 알 수 없으나, 부상자들은 끔찍한 고통과 후유증에 시달렸다. 작은 파편이 몸에 닿으면 사람들은 손으로 털다가 본능적으로 눈을 가렸는데, 그러다가 대개 손과 얼굴에 심한 화상을 입었다. 이 잔인성 때문에, 네이팜탄은 베트남전 이후 비인도적 무기로 규정되어 사용이 금지되었다. 하지만 잔인한 무기에 당한 사람들도 어떻게든 치료를 받아야 했다. 이들을 치료하는 과정에서 이 땅에 처음 소개된 것이 성형외과술이다.

　유럽에서 성형외과술은 제1차 세계대전 이후 시작되었으나, 해방 당시 우리나라에는 성형외과라는 말조차 없었다. 국내에서 활동하던 구미인 선교의사들이 심한 화상 환자의 얼굴이나 손발에 신체 다른 부위의 피부 조각을 이식하거나 두창으로 곰보가 된 얼굴의 피부 일부를 벗기는 박피剝皮 수술을 한 사실이 성형외과학의 전사前史로 취급되는 정도이다. 한국전쟁 발발 후 미군은 수많은 의사를 군의관으로 징집했는데, 그들 중에는 산부인과, 피부비뇨기과, 성형외과 의사들도 있었다. 부천에 있던 미군의 121 전투지원 병원 등에서는 네이팜탄 파편으로 화상을 입은 환자들에게 성형수술을 시행했고, 한국인 의사들도 곁에서 그 모습을 지켜볼 수 있었다. 네이팜탄 피해자들이 현대적 성형외과술의 최초 수혜자였던 셈이다.

성형외과학을 전공한 한국인 의사가 국내 병원에서 성형외과 전문 진료를 시작한 해는 1961년, 의과대학에 성형외과학 강의가 개설된 해는 1964년이었다. 대한성형외과학회는 1966년에 창립되었다. 이로부터 55년, 성형외과는 의대생들이 가장 선호하는 학과가, 성형외과 의원은 서울 강남에 가장 많은 병원이 되었다. 시내버스 안에 붙은 광고의 20~30퍼센트 정도는 성형외과 광고이며, 고등학교 졸업식 직후 가장 붐비는 곳도 성형외과 의원이다. 성형수술은 대표적 한류 상품의 하나로 꼽히기도 한다.

오늘날 성형외과 의원은 사우나(찜질방), 이발소, 미용실, 네일아트숍, 헬스클럽, 실내 골프 연습장 등과 더불어 '몸 관련 산업'을 이루고 있다. 한국의 '몸 관련 산업' 밀도는 세계 제일이다. 현대인은 자기 정체성이 마음이 아니라 몸에 있으며, 그 정체성마저 바꿀 수 있다고 믿는 사람이다. 한국의 성형외과 의원들은 비록 전쟁의 상흔傷痕을 치유하는 과정에서 출현했지만, 이런 믿음을 이끌고 뒷받침하는 시설이다.

체온계

60. 몸 상태를
수치화하다

2019년 겨울부터 전 세계 인류를 괴롭히는 코로나19의 주요 증상은 고열, 권태감, 기침, 호흡곤란, 인후통, 두통, 설사 등이다. 여기에서 고열이란 심부 체온(직장이나 구강 내 체온) 38.5도 이상을 의미한다. 그런데 체온계가 없던 옛날에는 고열을 어떻게 판정했을까?

몸에서 열이 느껴지거나 코가 막히거나 기침이 나거나 머리가 아프거나 속이 쓰리거나 하는 증상들은 환자의 몸에서 일어나며, 당연히 이 증상들을 통해 몸의 이상을 판단하는 주체도 환자 본인이다. 옛 사람들은 자기가 느끼는 증상들을 통해 자기 몸에 생긴 질병의 종류를 추정하고 치료 방법을 정했다. 아는 병이면 아는 요법을 썼고, 모르는 병이면 알 만한 사람에게 물어 치료법을 찾았다. 그 '알만한 사람'이 다 의사는 아니었다. 집안 어른일 수도, 동네 노인일 수도, 무당일 수도 있었다. 그 '의료인'들은 대개 환자와 몇 마디를 나눈 뒤 바로 이마에 손을 대곤 했다. 이마의 온도는 환자 개인의 느낌과 타인의 지식이 소통하는 통로였으나, 미열과 고열 사이에 명확한 경계를 정할 수는 없었다.

사람 몸 안에서 일어나는 생리적 변화를 측정하여 숫자로 표시하는 기계로 처음 만들어진 것이 체온계다. 이 기계는 여러 차례의 시행착오를 거쳐 1867년에야 영국인 올벗Thomas Clifford Allbutt에 의해 실용화했다. 우리나라에는 19세기 말 서양식 병원 개원과 함께 도입

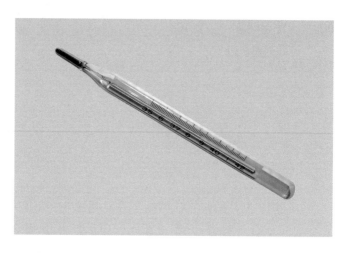

수은 체온계 현대의학은 인간의 건강 상태를 국소별, 부위별로 수치화하고 정상 수치와 비정상 수치의 경계선을 정했다. 현대인은 자기 신체 각 부위의 상태를 정상 수치 안에 묶어두려고 노력한다.

되었는데, 그 이후로도 오랫동안 보통사람들은 이 기계에 별 관심이 없었다. 병원에서 치료받을 경제적 여력이 없는 사람들에게 0.1도 단위의 체온 측정은 무의미했기 때문이다. 체온계는 청진기나 주사기처럼 의사와 간호사들의 전유물이었지, 일반인들이 소지할 물건은 아니었다. 게다가 때로는 체온계조차 조선인을 차별했다. 1924년 5월, 총독부의원 일본인 간호부가 조선인 환자의 체온을 재지 않고 임의로 기록한 사건이 발생했다. 조선인 환자의 몸에 손을 대기 싫었기 때문이다. 이 일은 환자가 신문사에 제보함으로써 세상에 알려졌는데, 이런 일을 당한 조선인이 한둘은 아니었을 것이다.

1926년 4월, 대한제국 마지막 황제 순종이 위독한 상태에 빠졌다. 신문들은 매일같이 '이왕'李王의 용태를 상세히 보도했다. 1926년 4월 9일자 보도에 따르면 그 전날 순종의 상태는 체온 37.3~37.6도, 맥박 분당 120~150, 호흡 분당 22~28, 소변량 710그램이었다. 이런 내용의 보도가 보름간 매일 계속되었다. 체온과 맥박과 호흡이 건강 상태를 측정하는 기준이라는 사실을 아는 사람이 크게 늘었다. 맥박과 호흡 측정은 시계로 할 수 있었지만, 체온을 재려면 체온계가 필요했다. 이 때문인지 체온계를 구입해 비치하는 가정이 급증했다. 1927년 4월 『매일신보』는 낡아 고장 난 체온계로 자기 체온을 재고서는 함부로 해열제를 복용하는 사람이 많아 '체온계병'이라는 신종 질병이 생겼다고 보도했다. 자기 느낌을 믿지 않고 체온계에 표현된 수치를 믿은 사람들이 걸리는 병이었다. 이 '신식 인간'들에게 질병이란 '자기 몸의 느낌'을 통해 아는 것이 아니라 의료기기와 의사들의 판단에 의해 비로소 알 수 있는 것이었다.

현대의학은 수많은 진단기기와 시약을 이용하여 인체를 수치들로 분해한다. 체온, 혈당, 혈압, 콜레스테롤 등의 수치는 환자 개인의 느낌과 무관하게 그의 몸 상태를 객관적으로 규정한다. 이 객관성은 사람들로 하여금 자기 몸 상태에 대한 판단의 주권을 기꺼이 의학 지식에 양도하게 만들 수 있을 만큼 압도적이다. 이들 수치는 또 정상 수치와 비정상 수치로 구분된다. 의학 용어에서 '비정상'非正常이란 '위험한 상태'와 동의어이다. 개인들을 정상과 비정상으로 구분하는 인습과 통념을 무너뜨리자는 움직임이 활발해진 뒤에도, 의학이 제시하는 정상과 비정상의 경계에 대한 신뢰는 더 커졌다. 현대인은 자기 체온, 혈압, 혈당, 콜레스테롤 수치에 관심을 기울이고, 그 수치를 '정상 범위' 안에 고정시키려 노력하는 사람들이다. 체온계는 이런 사람들이 사는 이런 시대의 문을 연 열쇠에 해당하는 물건이다.

주사기

61. 현대의 어린이가
가장 두려워하는
물건

　　　1920년대부터 1970년대까지 반세기 동안, 학교, 군대, 공장 등 오랫동안 다수가 모여 있어야 하는 곳에서는 매년 한두 차례씩 '단체 예방접종'이라는 행사를 치렀다. 한국전쟁 중 군의관으로 복무했던 어떤 의사는 전쟁 중 가장 두려웠던 게 '주삿바늘'이라고 회고했다. 그가 두려워한 것은 바늘에 찔리는 고통이 아니라 중대병력 전체의 팔뚝을 들락날락거린 주삿바늘 때문에 옮을 수도 있는 간염이었다. 반면 초등학생들의 두려움은 원초적이었다. 단체 예방접종이 있는 날이면, 누가 씩씩한 아이이며 누가 그렇지 못한 아이인지가 단박에 드러났다. 저학년 학생 다수는, 주삿바늘이 피부를 찌르기도 전에 울음을 터뜨리곤 했다.

　　동양 전통의학에 주사기로 혈관이나 피부 밑에 직접 약을 주입하는 치료법이 있었다면, '좋은 약은 입에 쓰나 병을 다스리는 데에는 이롭다'는 말은 생기지 않았을지도 모른다. 동양 전통의학에서 먹는 것 외에 '약성'을 체내에 주입하는 방법으로는 뜸 정도가 있었을 뿐이다. 반면 서양에서는 서기 1세기에 로마 의사 아우렐리우스 코넬리우스 켈수스Aulus Cornelius Celsus가 주사기를 이용했다는 기록이 있고, 9세기에 아라비아 의사들은 뼈나 상아, 은 등으로 만든 요도 주사기를 사용했다고 한다. 오늘날과 같은 형태의 주사기는 1853년 프랑스 외과의사 프라바츠C. G. Pravaz가 처음 만들었으며, 플라스틱 주사기는 1956년에 탄생했다.

1877년 2월 부산에 일본 거류민을 위한 서양식 병원인 제생의원이 개원했는데, 주사기도 이때 한반도에 들어온 것으로 추정된다. 지석영이 이 병원에서 배운 종두법은 형식면에서는 주사법이었다. 이후 조선 사람들도 우두를 맞거나 서양식 병원을 이용하면서 주삿바늘을 체험했다. 미국 북장로회가 파견한 선교의사로 제중원에서 근무했던 존 혜론은 1885년 8월 본국의 해외선교본부 총무 엘린우드F. F. Elinwood에게 보낸 편지에서 조선인들의 주사기에 대한 관심을 이렇게 묘사했다.

> 조선 사람들은 주사기에 주사액을 채우는 것과 주사 맞는 것에 흥미를 보였습니다. 한의사가 사용하는 바늘을 침이라고 부르는데, 우리에게도 침을 놓아달라고 부탁했습니다. 아마도 조선 사람들은 주사 바늘을 그들에게 익숙한 침의 일종이라고 생각하는 모양입니다.

침이나 주사기나 피부를 찌르는 것은 마찬가지였으니, 그렇게 인식할 만도 했다. '신'新과 '서'西가 같은 뜻으로 쓰이던 시대에, 서양 의학이 신식新式이자 진보된 의학이라는 믿음이 확산하는 것은 당연했다. 게다가 서양의학은 많은 영역에서 자신의 우수성을 스스로 입증했다. 주사기는 곧 서양의학의 상징이었다. 대한제국 시기와 일제강점기 신문지면에는 주사를 맞고 기사회생한 사람에 관한 기사가 종종 실렸다. 1903년 6월 『황성신문』은 내장원경 이용익이 중태重態에 빠졌으나 '근래 의학자 간에 가장 효과 있다고 알려진 신약新藥 주사를 맞고 완치'되었다고 보도했다. 1920년대 중반부터는 '캄플주사를 놓다'는 말이 '죽어가는 사람이나 단체를 살려내다'라는 뜻의 관용어로까지 쓰였다. 주사에는 '즉효'即效라는 개념이 따라 붙었고, 가벼운 병에 대해서는 '주사 한 방이면 낫는다'는 믿음이 널리 퍼졌다. 특히 세계 최초의 화학요법제인 살바르산은 주사의 신뢰도를 높이는 데에 큰 구실을 했다. 1910년에 발명된 이 약은 '죽는 병'이었던 매독조차 '주사 한 방이면 낫는 병'으로 바꿔놓았다.

1919년 고종이 갑자기 쓰러졌을 때도, 1926년 순종의 병세가 악화했을 때도, 신문들은 양의洋醫들이 '응급주사'를 놓았다는 사실을 빼놓지 않고 보도했다. 순종은 링거 주사도 맞았는데, 당시에는 이를 점적주사點滴注射, 즉 '점점이 적시는 주사'라고 했다. 하지만 일제강점기는 물론 해방 이후 1970년대까지도 치료용으로 주사를 맞는 한국인은 많지 않았다. 치료용 주사는 서양식 병원에서 양의에게 진료를 받아야 맞을 수 있었고, 진료비와 주사비 모두 보통사람이 감당하기에는 너무 비쌌다. 1934년 서민용 병원으로 개원한 경성부립부민병원의 경우 수술비가 최하 50전에서 최고 30원까지였는데, 주사료는 한 번에 50전에서 5원까지였다. 비싼 주사료는 산부인과 분만료와 같았다. 죽기 직전에 주사를 맞는 것은 경찰이 병원으로 이송한 환자나 큰 부자가 아니면 경험하기 어려운 일이었다.

일제강점기에는 병원에서 치료용 주사를 맞는 사람보다 자기 집이나 '마약굴'에서 마약 주사를 맞는 사람이 더 많았다고 해도 과언이 아닐 정도였다. 1908년 5월 『황성신문』은 압록강, 두만강 연안 주민 중 매약상賣藥商에게 주사기를 구매하여 모르핀을 맞는 사람이 적지 않다고 보도했다. 마약 주사에 대한 첫 보도였다. 당시 모르핀은 서양의 선교의사들이 흔히 쓰는 진통제여서 구하기 쉬웠고 값도 아편보다 훨씬 쌌다. 1909년 1월 평안남도 경찰은 관내의 모르핀 중독자가 49명이라고 보고했다. 물론 경찰에게 발각된 사람의 숫자일 뿐이었다. 조선총독부는 1910년 겨울부터 중국산 코카인과 주사기의 수입을 통제했고, 1916년 8월에는 의사만 모르핀 주사를 놓을 수 있게 하는 법령을 공포했다. 하지만 모르핀은 의약품으로 분류되었기 때문에 유통을 원천봉쇄할 수는 없었다. 치료용 주사 한 번 맞아본 적 없는 사람 수십 만 명이 수시로 제 몸에 모르핀 주사침을 찌르곤 했다.

치료제 주사나 마약 주사는 선택의 문제였지만, 예방주사는 필수였다. 우두 이외의 예방 접종에 관한 정보는 1900년 6월 『황성신문』을 통해 처음 알려졌다. 일본 오사카에서 흑사병 예방 접종이 진행 중이라는 소식이었다. 조선총독부는 1913년부터 장티푸스, 콜레라, 디프테리아 등 치명적 감염병이 유행할 때마다 예방 접종을 시행했다. 처음에는 신청자에 한해 유료로 접종했으나, 1910년대 말부터 무료 접종으로, 1920년대 초에는 다시 강제 접종으로 바뀌었다. 1920년 8월에 콜레라가 유행하자 총독부는 다중多衆이 드나드는 학교, 시장, 극장 등 30개 소에 '주사장'注射場을 설치했으며, 순회 접종반을 조직하여 막벌이꾼, 부랑자, 무직자 등에게 강제 접종하도록 했다. 이때 예방접종 증명서를 발급했는데, 이 증서가 없는 사람은 경성역에서 기차표를 살 수 없었다. 감염병이 돌 때 예방접종 증명서가 통행 허가증 구실을 하는 상황은 해방 후 1950년대까지도 계속되었다.

총독부가 조선인에게 공짜로 준 것은 예방 주사약이 사실상 유일했다. 세균은 부자와 빈자, 일본인과 조선인을 구분할 줄 몰랐기 때문이다. 가난한 조선인의 감염을 방치하는 것은 부유한 일본인의 감염 위험성을 높이는 일이었다. 감염병이 유행하는 때에는 모든 병원의 의사와 간호부가 예방 접종에 총동원되어 일반 환자가 치료받을 수 없을 정도였다. 총독부 경찰은 한의사인 의생醫生에게도 주사 놓는 법을 가르쳐 접종 작업에 동원했다. 예방약은 일본에서 가져오거

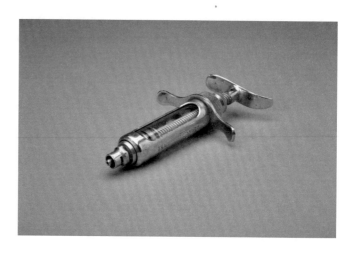

1992년까지 사용되었던 주사기 플라스틱 주사기는 1956년에야 발명되었고, 일회용 주사기 사용은 1992년에 의무화했다. 현대인은 태어나자마자 주사부터 맞으며, 대다수는 죽기 직전에도 주사를 맞는다. 현대인은 아플 때마다, 또는 아플까 봐 걱정될 때마다 주사를 맞는 사람이다. 출처: 부평역사박물관

나 조선총독부의원 예방주사액 제조소에서 만든 것을 썼다.

물론 주사로 인한 사고도 드물지 않았다. 1927년 봄, 함경남도 영흥과 전라남도 해남에서는 에메틴이라는 디스토마 예방약을 주사 맞은 주민 수십 명이 사망하는 사건이 일어났다. 총독부가 조선인을 상대로 모종의 실험을 하다가 생긴 사고라는 등의 흉흉한 소문이 돌았고 신간회와 조선인 의사 단체 등이 조사에 나섰지만, 사건은 유야무야되었다. 치료제 주사 부작용으로 사망한 사람도 적지 않았을 것으로 보이나, 이런 종류의 의료사고는 지금도 세상에 잘 알려지지 않는다. 게다가 반복 사용하는 주삿바늘로 인한 감염은 일상적이었다. 병원에서는 주삿바늘을 소독해서 썼으나, 단체 예방 접종에서 소독은 일종의 사치였다.

1938년, 조선 내 몇몇 도시에 주사기를 비롯한 의료기기 생산 업체가 출현했다. 해방 이후 일본인 업자들이 귀국하자, 시설과 기계

를 인계받은 한국인들이 곧 주사기 제조를 시작했다. 주사기는 필수 의료기기였기 때문에, 한시도 생산을 멈춰서는 안 되었다. 하지만 1950년대 말까지도 국산 주사기의 안전성은 의심의 대상이었다. 1959년 4월, 경찰은 국산 주사기 하나에서 유독 성분이 검출되었다고 발표했다. 국산 주사기는 일본 사양산업斜陽産業의 국내 유치 품목에 주사기를 포함시킨 1972년 4월 이후에 급증했다. 1992년, 정부는 일회용 주사기 외의 모든 주사기 사용을 금지했고, 이후 주사기를 통한 감염 위험성은 사라졌다.

주사기가 도입된 이후, 어린이들이 가장 무서워하는 말은 "호랑이가 물어간다"에서 "순사 온다"나 "의사 선생님이 주사 놓는다"로 바뀌었다. 현대인 다수는 초등학생 시절 예방 접종 순서를 기다리며 공포에 질렸던 기억을 공유하며, 주사 맞는 일이 일상이 되는 상황이 닥칠까 봐 걱정한다. 현대인은 주사기 덕에 질병의 위험성과 고통을 줄일 수 있었지만, 그래도 주사기를 두려워한다.

62. 질병을 예방하는
     시대를
     열다

　　생명체 탄생과 진화의 긴 역사에서 보자면, 바이러스, 박테리아, 세균 등은 인류보다 먼저 출현했다. 경위는 알기 어려우나, 일부 미생물과 기생충은 인류 탄생과 거의 동시에 인간의 몸 안팎에 서식하면서 인간과 함께 진화했다. 수십만 년에 걸쳐 인간과 공존하면서, 이들 중 일부는 인간의 면역 체계에 동화同化했고 다른 일부는 인간을 지속적으로 괴롭혔다. 예컨대 유산균이나 대장균은 인간의 몸에서 일정 농도 이상으로 증식하기 전에는 소화 기능에 도움을 준다. 무균無菌 상태의 인간은 존재하지 않는다. 오히려 인간은 적당량의 박테리아와 세균이 몸 안에 있어야 건강하다. 심지어 감기 바이러스조차도 인간에게 '쉴 때'를 알려주어 과로를 방지하는 긍정적 기능을 수행한다고 말하는 전문가들도 있다. 반면 피부에 기생하는 진드기, 이, 벼룩 등과 내장에 기생하는 각종 기생충은 인간을 계속 괴롭혔다. 그러나 이런 것들이 인간을 죽음으로까지 몰아가는 경우는 아주 드물었다. 숙주가 죽으면 기생하는 생명체도 죽기 때문에, 숙주를 죽이지 않는 것이 기생 생명체가 생존하면서 진화할 수 있는 길이었다. 이 점에서 인간과 인간의 몸에 기생하는 생명체가 면역적 긴장관계를 유지하면서 공존하는 것은 자연의 섭리라고도 할 수 있다.

　　물론 인류가 저항력을 확보하지 못한 미생물과 세균들도 가끔씩 인간을 공격했다. 하지만 이런 공격이 일상화한 것은 인간이 다른 동물들과 동거同居하기 시작한 뒤의 일이었다. 인류는 지금으로부터 대략 1만 년 전부터 가축을 기르기 시작했다. 현생인류가 20만 년 전쯤에 출현했으니, 인류 역사 전체로 보자면 아주 가까운 과거에 해당한다. 인류가 소, 말, 개, 돼지 등과 동거하면서 이들에 기생하던 미생물과 기생충들이 인간의 몸을 공격하는 일이 잦아졌다. 이른바 인수공통人獸共通 감염병들이 생겨난 것이다. 가축을 죽음으로 몰아가지 않는 병원체도 인간에게는 치명적이었다. 그중 대표적인 것이 일본식 용어 천연두天然痘로 알려진 두창痘瘡, smallpox이었다.

19세기 말까지 두창은 홍역처럼 누구나 평생에 한 번은 겪어야 하는 질병으로 인식되었다. 어린아이 열에 서넛은 이 병으로 목숨을 잃었고, 살아남은 아이 열에 너덧은 곰보가 됐다. 인류 역사상 가장 많은 인간을 살해한 '연쇄 살인마'가 두창균이다. 소는 이 세균에 감염되어도 가볍게 앓고 말았지만, 인간은 30퍼센트 정도가 목숨을 잃었다. 치사율 30퍼센트 내외는 그나마 수천 년간 사람과 소가 동거했던 지역에만 해당했다. 본래 소가 없었던 아메리카 대륙의 경우, 유럽에서 소가 들어간 지 수십 년만에 원주민 인구의 90퍼센트 가까이가 두창에 걸려 사망했다.

프랑스의 역사가 페르낭 브로델Fernand Braudel은 신석기시대 인류가 지표면에 정착하는 과정을 '최초의 선택'이라고 불렀다. 이는 특정한 인간 집단이 자기들과 동거할 병원체들을 '선택'하는 일이기도 했다. 인류는 이후 수천 년간, 병원체들의 반복적인 공격을 받으면서 다른 한편으로 그에 대한 면역력을 키웠다. 인류는 병원체별 면역력 정도에 따라서도 여러 부류로 나뉘었다. 대륙 간, 또는 문명권 간 인구 이동은 매우 제한적이었기 때문에 병원체의 이동도 자연히 억제되었다.

문명권 사이의 교류가 특정 병원체에 면역력이 취약한 인간 집단에게 치명적인 위해危害를 가하기 시작한 것은 기록상 대략 1,000년 전부터였다. 11세기 말에서 13세기 말에 이르기까지 200여 년에 걸쳐 유럽인들은 '성지 수복'이라는 명목으로 지중해 동쪽과 소아시아 지역을 공격했고, 일부는 점령지에서 장기 주둔했다. 인도, 중국, 서남아시아 일대 사람들에게 풍토병처럼 발생하던 한센병(나병, 또는 문둥병)이 귀환하는 십자군을 따라 유럽 전역으로 퍼졌다. 전염력은 높지 않으나 일단 감염되면 치료가 불가능했던 이 병은, 그 증상이 참혹하기까지 해서 '천형'天刑으로 취급되었다. 12세기부터 13세기에 걸쳐 유럽 전역에 수백 개소의 한센병 환자 격리수용소가 생겼으나, 격리된 환자보다 도시 안을 떠돌아다니는 환자 수가 훨씬 많았다. 그 시대 유럽인들에게 이들은 공포와 혐오의 대상이자 천형이 존재한다는 사실을 입증하는 살아 있는 증거였다. 뒤이어 더 심각한 질병이 유럽인들을 침습侵襲했다.

몽골제국이 여러 개의 칸국으로 분리된 뒤인 1345년, 킵차크 칸국의 자니베크 칸의 군대가 크림반도에 있는 제노바 공국의 식민도시 카파를 공격했다. 몇 달간 치열한 공방전이 벌어지는 와중에, 몽골군 진영에서 치명적인 감염병이 돌았다. 몽골군은 자기 병사들의 시체를 투석기로 성 안에 날려 보냈다. 성 안에는 제노바 및 그와 동맹을 맺은 여러 이탈리아 도시 공국公國 병사들이 있었는데, 그들은 이 시체가 무엇을 의미하는지 몰랐다. 몽골군은 물러갔으나, 그들이 던져 넣은 감염병은 흑해 연안 일대로 퍼져나갔다.

페스트는 아시아 북부 초원지대에 서식하는 들쥐에게서 옮는 병으로 알려졌다. 페스트균이 사람을 가리지는 않으나, 그래도 오랫동안 가까운 데에서 살아온 몽골인들에게 덜 치명적이었다. 페스트균에 대한 면역력은 평균적으로 몽골인들이 더 강했다. 1347년, 여덟 척의 갤리선이 카파에서 제노바를 향해 출항했으나 이들 중 네

척만이 목적지에 도착했다. 나머지 네 척에 승선한 사람들은 항해 중 전원 사망했다. 살아서 제노바에 도착한 사람들은 감염된 채 이탈리아 전역으로 흩어졌다. 유럽 인구의 4분의 1 내지 3분의 1을 격감시킨 페스트 대유행의 시대는 이렇게 시작되었다.

페스트가 유럽에 전파된 직후, 발칸반도의 항구도시 두브로브니크Dubrovnik 참사회는 입항하는 모든 선박을 인근 섬에 30일간 격리했다가 승선 인원 중에 환자가 없다는 사실을 확인한 뒤에야 상륙을 허가하는 조치를 취했다. 항만 검역檢疫의 시작이었다. 이 방식이 페스트 확산을 방지하는 데에 효과가 있다는 사실이 알려지면서 유럽 각 항구 도시들이 뒤를 따랐다. 1448년, 베네치아 의회는 격리 기간을 40일로 늘렸다. 그들은 격리 장소를 '40일간 격리하는 곳'이라는 뜻의 '콰란티나'quarantina라고 불렀는데, 검역을 의미하는 영단어 '쿼런틴'quarantine은 여기에서 유래했다.

'검역'이라는 말이 생긴 지 반세기쯤 지나 '대항해시대'가 시작되었다. 1492년 콜럼버스의 신대륙 발견은 수십만 년간 서로 격절隔絶된 채 다른 세계에서 살아왔던 인간 집단 사이에 교류의 통로를 열었다. 이후 범지구적 차원에서 인간과 물자의 교류가 확대되었는데, 그 당연한 결과로 세균과 질병 역시 함께 이동했다. 콜럼버스가 귀환한 직후, 스페인 바르셀로나에 유럽인들이 그때까지 겪지 못했던 감염병이 퍼졌다. 성 접촉으로 전염되는 매독syphilis이었다. 1494년, 프랑스의 샤를 8세는 독일, 스페인, 스위스 병사들로 연합군을 편성해 이탈리아 나폴리를 침공했다. 얼마 후 한센병보다 지독한 피부병을 앓는 병사들이 속출했다. 샤를 8세는 부득이 철수했고, 이후 프랑스인들은 이 병을 나폴리병이라고 불렀다. 병이 어디에서 시작되었는지 몰랐기 때문에 유럽인들은 한동안 이 병에 자기들이 가장 혐오하는 나라나 종교의 이름을 붙였다. 이탈리아인들과 영국인들은 프랑스병이라고 했고, 네덜란드인들은 스페인병, 투르크인들은 기독교병이라고 불렀다. 이후 20세기 초 '마법의 탄환'이라는 별명이 붙은 살바르산이 발명되기까지, 유럽에서만 매년 수만 명이 매독으로 사망했다. 이른바 대항해시대는 아메리카의 두창과 유럽의 매독이라는 쌍방 재앙의 시대이기도 했다.

매독은 1500년대 초에 우리나라에까지 들어왔다. 1614년 이수광은 『지봉유설』에 이 병이 명나라 정덕正德(1505~1521) 연간에 들어왔다고 기록했다. 처음에는 '천포창'天疱瘡 또는 '양매창'楊梅瘡으로 불렸으나, 그 전부터 있던 매독이라는 질병과 증상이 비슷해 이윽고 그 이름을 탈취했다. 조선인 대다수가 유럽인이나 아메리카인과 접촉하기는커녕 그 땅이 어디에 있는지도 모르던 시절에 질병이 먼저 들어온 것이다. 원 발생지에 거주하는 사람을 접촉하는 것과 바이러스나 세균을 접촉하는 것은 다른 문제였다.

매독 이후 세계인을 공포에 떨게 한 질병은 콜레라였다. 인도 북부 펀자브 일대의 풍토병이었던 콜레라는 18세기부터 동인도회사의 영국인 직원들을 매개로 전 세계에 확산했다. 1821년에는 우리나라에서도 콜레라 환자가 나왔다. 그 전까지 우리나라 사람들을 괴롭혔던 양대 역병은 마마(두창)와 염병(장티푸스)이었다. 옛날 우리나라 사람들은 두창이라는 병명을 입에 올리기조차 꺼려했다. 그래서 이 병에는 '마마'라는 극존칭을 붙였다. 반면 증상이 지독하기는 하나 치사율은 상대적으로 낮았던 염병은 '저주용 단어'로 자리 잡았다. 단순히 "염병하네"에서부터 "염병막 살이 3년에 똥물 한 바가지 못 얻어먹을 놈"에 이르기까지, 염병을 소재로 한 저주와 욕설은 무척 많았다. 마마와 염병은 위험하지만 토착화한 감염병이었고, 그런 만큼 한국인들에게 면역력이 축적되어 있었다. 그러나 콜레라는 전혀 새로운 감염병이었다.

중국인들은 이 질병을 '호열자'虎列刺로 번역했는데, 중국어 발음이 콜레라와 비슷했던 데다가 증상도 '호랑이 발톱에 찢기는 것'처럼 아팠기 때문이다. 우리나라에서는 콜레라가 1821년 이후 대략 10년마다 한 차례씩 창궐했고, 그때마다 전국적으로 10만 명 이상이 목숨을 잃었다. 1911년 대유행 때에는 서울에서만 1만 명 이상이 사망했다. 당시 서울 인구는 20만여 명이었다. 서울 인구의 5퍼센트가 콜레라에 희생된 셈이다. '호환 마마보다 무섭다'는 우리 속담도 19세기에 생긴 것으로 추정된다. 마마와 함께 거론되는 호환은 '호랑이에게 물린다'는 본래 뜻이 아니라 '호열자'라고 보는 것이 타당하기 때문이다.

1876년부터 10여 년에 걸쳐 독일의 로베르트 코흐Robert Koch가 탄저균, 결핵균, 콜레라균을 잇따라 발견하기까지, 감염병 확산의 원인에 대해서는 추측들만 난무했다. 세계적으로 가장 흔했던 주장은 천벌 또는 천형이라는 설說이었다. 특히 하늘이 '임금을 지명해 그로 하여금 자기 뜻을 지상에 펼치게 한다'는 천명설天命說을 믿은 유교 문화권에서는, 역병을 군주에 대한 하늘의 견책으로 이해하는 것이 일반적이었다. 그래서 역병이 돌면 왕이 직접, 또는 고관高官을 보내 여제厲祭를 지냈다. 신성권력과 세속권력이 분리되었던 중세 기독교 문명권에서는 사제들이 역병 퇴치를 위해 기도를 올리곤 했다.

두 번째는 장기설瘴氣說로 음습하거나 더러운 기운, 또는 원한을 품고 죽은 귀신의 기운 등이 한 곳에 쌓여 있다가 지나가는 사람들에게 병을 옮긴다는 견해다. 장기설은 코흐가 세균을 검출해낸 뒤에도 한동안 사그라들지 않았다. 장기설에 따르면 감염병 예방을 위한 최선책은 환자가 발생한 지역 또는 장소에 접근하지 않는 것이다. 격리와 검역은 장기설에 따른 것이다.

세 번째는 병독설病毒說 또는 병마설病魔說로 독성이 있는 물질이나 생명체, 또는 사람의 눈에 보이지 않는 귀신 같은 존재들이 병을 옮긴다는 견해다. '병마'病魔라는 말은 병의 원인 대부분이 과학적으로 규명된 현재에도 흔히 쓰인다. 용어는 신비주의적이거나 종교적이지만, 병의 원인에 대한 생각은 세균설과 통했다. 세균 발견에 앞서 백신이 개발된 것은 이런 생각 덕분이었다.

세계가 유럽인 중심으로 연결되는 과정에서 감염병에 대한 여러 가지 '설'들도 통합되었다. 대항해시대에 유럽인들은 도처에서 새로운 항로와 새로운 땅을 발견했다. 더불어 유럽인들의 세계에 관한 지식 목록도 크게 늘어났다. 그들은 새로 발견한 모든 것을 수집하여 유럽으로 가져갔고, 이미 그곳에 있던 것들과 대조하고 비교하여 새로운 종합 목록을 만들었다. 이렇게 세계에 관한 지식은 유럽인들의 기존 지식을 중심으로 통합되었다. 유럽의 근대 과학은 유럽 세계 내부에서만 만들어진 것이 아니라 유럽이 다른 세계와 주도적으로 교류하면서, 그 세계를 자신의 시선으로 재발견함에 따라 이루어진 것이다.

인체에 대한 과학, 인체와 자연 사이의 관계에 대한 과학인 의학도 예외가 아니었다. 유럽인들은 세계 도처에서 새로운 질병과 약물, 치료법을 발견했고, 그것들을 자신의 의학 체계 안에 끼워 넣었다. 1796년, 영국의 에드워드 제너가 '발견'한 우두법은 이미 인도와 중국, 중앙 아시아에서 사용되던 인두법人痘法을 토대로 한 것이었다. 인두법이란 두창에 걸린 사람의 얼굴에 생긴 딱지를 떼어 갈아서 코로 흡입하는 것이었는데, 기대 효과에 비해 위험도가 매우 높았다. 예방 효과를 본 사람이 있었던 반면 곧바로 두창에 걸리는 사람도 있었다. 하지만 통계적으로 보자면, 하는 편이 나았다. 아시아의 인두법에 대해 알았던 제너는, 소 젖 짜는 여성들이 두창에 잘 걸리지 않거나 걸리더라도 약하게 앓는 것을 보고는 인두人痘 대신 우두牛痘를 선택했다. 그는 자기가 개발한 예방법에 암소라는 뜻의 라틴어 단어 'VACCA'를 변형시켜 '백신VACCINE'이라는 이름을 붙였다. 이것이 인류 최초의 백신이었다. 이 백신은 안전성과 효력 양면에서, 역사상 인류가 발견한 최선의 전염병 예방책이었다.

제너의 종두법도 영국인들의 제국주의적 팽창 경로를 따라 전 세계로 확산했다. 중국에서는 1805년 동인도회사 소속 외과의사 피어슨Alexander Pearson이 광둥廣東에서 우두를 실시하여 큰 성과를 거뒀다. 1828년에는 우두법을 다룬 『신증종두기법상실』新證種痘技法詳悉이라는 책도 발간되었다. 일본에서는 페리의 흑선黑船이 도착하기 전인 1849년에 네덜란드인 의사가 나가사키에서 종두를 처음 시술했고, 이는 난학자蘭學者들에 의해 일본 전역으로 전파되었다. 1858년에는 에도江戶에 최초의 종두소가 설치되었으며 이는 곧 막부幕府 직영 시설로 바뀌었다.

우두법에 관한 정보는 조선에도 전달되었다. 정약용은 『신증종두기법상실』을 그가 저술한 두창 관련 종합 의서인 『마과회통』麻科會通 말미에 수록했다. 이규경은 이를 정약용의 '기방'奇方이라고 기록했는데, 1850년경에는 평안도, 황해도, 강원도 등지에서 우두법이 실행되었다는 소문이 돌았다. 하지만 책을 읽어서 아는 것과 직접 해보고 아는 것은 다른 '앎'이다. 1876년 수신사修信使 일원으로 일본에 간 박영선은 귀국하는 길에 『종두귀감』種痘龜鑑이라는 책을 구해 평소 의학에 관심이 많았던 지석영에게 건네주었다. 그 책을 보고 혼자 공부하던 지석영은 부산에 제생의원이라는 일본인 병원이 개원했다는 소식을 듣고 바로 달려가 원장 마쓰마에松前讓와 군의 도즈카戶塚積齊에게 두 달 동안 우두법을 배웠다. 1879년의 일이다. 그는 서울로 돌아오는 길에 충청도 덕산의 처가에 들러 갓 걸음마를 뗀 어린 처남들에게 우두를 접종했다. 접종 부위의 피부가 부풀어 오른

1900년경의 한성종두사 선글라스 쓴 사람은 소장 박진성이다. 뒤쪽에 송아지에서 혈청을 뽑아내는 사람들이 있다. 우두는 인류가 만든 최초의 백신이자, 특정 세균을 완전 소멸시키는 데에 성공한 유일한 백신이다. 현대인은 태어나자마자 10종에 가까운 백신을 맞는다. 그런 만큼 백신 없는 질병에 대해서는 치명률에 관계없이 극심한 공포감을 갖는다. 하지만 코로나19 이후에는 백신에 대한 공포감도 소생했다. 출처: 『고종의 독일인 의사 분쉬』

것을 확인한 그는, 서울에 '우두국'牛痘局을 내고 상업적 시술을 시작했다.

우두국의 영업 성적을 알 수는 없으나 적지 않은 사람이 접종을 받았던 듯하다. 만약 당시 사람들이 우두법에 대해 전혀 몰랐다면, 지석영이 아무리 신묘한 기술을 배웠다고 해도 우두를 상업화할 생각은 못 했을 것이다. 하지만 우두국은 '서양식, 신식, 왜식倭式'에 대한 반대 폭동이었던 임오군란 중 불타버렸다. 백신은 무엇보다도 무당들의 경쟁 상대였다. 백신으로 인해 고객을 잃을까 걱정한 무당들은 백신이 '호구별성'을 노하게 할 것이라며 백성들을 선동했다. 그 무렵에는 과학에 대한 신뢰가 귀신에 대한 신뢰보다 결코 깊지 않았다. 임오군란이 수습된 뒤, 우두 접종은 전주, 공주 등지의 지방관들에 의해 공적公的 사업으로 확대되었다. 그러나 무당들의 방해와 선동은 집요했다. 그들의 선동에 미혹되어 우두 접종원이 나타나면 아이를 들쳐 업고 산으로 숨는 부녀자도 많았다.

1895년 10월 7일, 우리나라 최초의 근대적 예방 접종 법령인 '종두규칙'이 내부령 제8호로 공포되었다. 접종 대상은 생후 7개월 이상, 만 1세 이하의 모든 소아와 두창을 앓지 않은 성인이었다. 두창이 유행할 때에는 언제든 관리가 지정한 기일에 종두를 행하도록 했으며, 특히 군인이나 경찰이 되려는 자는 반드시 접종해야 했다. 접종증명서를 위조하거나 고의로 종두를 기피하는 자에게는 벌금형 또는 구류형을 부과하도록 했다. 백신 접종 의무화 정책의 성과가 어느 정도였는지를 통계 수치로 알 도리는 없다. 다만 1908년 대한의원 교관 유병필은 『황성신문』에 게재한 우두 기념 취지서에서 "지석영이 우두를 소개한 지 30년 사이에 우두가 전국에 널리 퍼져 대개 30세 이하 사람은 모두 두창을 면하여 인구가 전보다 많아졌을 뿐더러 길가에 얼굴 얽은 자가 없다"고 썼다. 1980년 세계보건기구 WHO는 두창이 지구상에서 영구히 사라졌다고 공식 선언했다. 우리나라에 우두법이 도입된 지 100년만의 일이다.

하지만 두창을 제외한 다른 감염병에 대해서는 이후로도 반세기 넘게, 과학이 완벽한 승리를 거두지는 못했다. 콜레라, 장티푸스, 말라리아, 뇌염 등이 수시로 유행하여 수많은 목숨을 앗아갔다. 1910년에는 콜레라 사망자만 1만 3,570명이었고, 1918년에는 전국에서 10만 명 이상이 스페인 독감으로 사망한 것으로 추정된다. 1955년에는 뇌염 사망자만 761명이었으며, 1969년에도 콜레라 사망자가 125명이었다.

1950년의 한국전쟁은 한반도 전역을 전염병의 전시장으로 만들었다. 콜레라, 장티푸스, 파라티푸스, 디프테리아, 말라리아, 이질, 유행성 출혈열 등이 번갈아 또는 동시에 병영과 피란민 수용소를 덮쳤다. 전쟁 중에 한탄강 변에서 한탄바이러스가, 서울에서 서울바이러스가 처음 발견되기도 했다. 전염병이 돌 때마다 각각에 상응하는 백신이 미국에서 도입되었다. 북한군과 중국군은 여러 감염병을 한꺼번에 예방한다는 소련제 '슈퍼 백신'을 맞았는데, 그 부작용이 어느 정도였는지는 알 수 없다. 정부와 군 의무당국은 감염병을 예방하기 위해 군인들과 피란민들에게 예방주사를 놓았는데, 주사기를 소독하지 않고 여러 차례씩 사용했기 때문에 오히려 한국인들 사이에 간염을 확산시켰다. '예방접종증명서'를 소지하지 않은 사람의 이동은 제한되었다. 피란민들에게 예방접종증명서는 신분증과도 같았다.

전쟁 중 한반도에 들어온 감염병들은 대개 토착화하여 이후에도 꽤 오랫동안 한국인들을 괴롭혔다. 한국인들은 1970년대 후반이 지나서야 콜레라, 장티푸스, 뇌염 등의 전염병에 대한 공포에서 그럭저럭 해방되었다. 그런데 그로부터 얼마 지나지 않아 본격적인 '세계화' 시대가 열리면서 감염병에 대한 공포는 새로운 단계로 이행했다. 조류독감, 신종플루, 사스, 메르스, 에볼라 등 특정 지역에만 존재했던 바이러스 또는 변종 바이러스들이 인류의 건강을 위협하기 시작했다. 최근 몇 년간 인류를 위협하고 있는 코로나19도 그런 바이러스 가운데 하나다.

현대인은 출생 직후부터 10종에 가까운 백신을 맞고 성장한 '신종 인류'다. 백신이 DNA를 변형시킨다는 일각의 주장이 옳다면, 현대인은 이미 DNA가 변형된 사람이다. 그런데도 코로나 백신과 관련해서는 100여 년 전 무당들이 했던 것과 조금도 다르지 않은 주장들이 돌아다니며 사람들을 미혹迷惑시킨다. 백신은 '악마의 상징'이라는 사람, 백신보다 부작용이 더 심각한 문제라는 사람, 백신은 감염병에 효과가 없다는 사람 등이 바이러스와 싸우는 인간 공동체를 내부에서 흔든다. 백신 덕분에 인간이 멀쩡한 얼굴로 오래 살 수 있게 되었다는 역사적 사실을 잊은 사람이 무척 많다. 인간은 바이러스나 세균과 싸워 이길 수는 있었으나, 두창균을 제외하고는 그들을 없앨 수 없었다. 인간이 '무지'無知와 동거한 기간은, 바이러스와 동거한 기간보다 훨씬 길다.

63.   기생충
       없는
       몸

　　요즘에도 맛있는 음식을 앞에 두고 "회가 동한다"라는 말을 쓰는 사람이 더러 있는데, 이 말은 '뱃속의 회충이 움직인다'는 뜻이기 때문에 99퍼센트 거짓말이다. 그의 뱃속에 회충이 살아 움직이고 있을 가능성은 거의 없다. 의사가 환자의 장내腸內에서 회충, 편충, 십이지장충 등의 기생충을 발견하면 기생충학회에 보고할 정도가 된 지도 이미 수십 년이 흘렀다.

　　다른 동물들이 대개 그렇듯이, 인류 역시 생물종으로 존재한 대부분의 기간 동안 절대다수 개체가 몸 안에 다른 생명체, 즉 기생충을 두고 살았다. 조선시대의 한국인들은 회충을 '신체의 일부'라고까지 생각했다. 기생충 감염이 '질병'이라는 사실을 안 뒤에도, 사람들은 이를 토질병 또는 지방병으로 불렀다. 정부 수립 직후의 실태 조사에 따르면 회충 감염률은 전국 평균 50퍼센트 이상, 어떤 지역은 90퍼센트에 달했고, 십이지장충 감염률은 전국적으로 30퍼센트 내외였다. 민물고기를 자주 먹는 강변 지역에서는 디스토마 감염도 흔해서 1949년 당시 낙동강 유역 주민들의 간디스토마 감염률은 50퍼센트에 달했다.

　　1950년 10월 어느 날, 총상을 입은 국군 병사를 수술하던 미군 이동외과병원MASH의 간호장교가 기겁을 했다. 환자의 배 안에서 '징그러운 벌레들' 수십 마리가 꿈틀거리고 있었던 것이다. 손에 장갑을 끼고는 있었으나 차마 만질 수가 없어 머뭇거리다가 군의관의 호통을 듣고서야 마지못해 꺼내어 양동이 속에 집어 던졌다. 그러나 한국인 환자를 자주 접하다 보니 이 일에도 곧 이골이 났다. 하루에 양동이 하나가 벌레들로 가득 차는 날도 있었다. 미군 군의관과 간호장교들 대다수는 그때까지 기생충을 책에서만 본 사람들이었다. 1963년 겨울, 복통을 호소하는 아홉 살 여자 아이가 전주예수병원에 실려 왔다. 개복해보니 1,063마리의 기생충이 소장을 막고 있었다. 기생충 덩어리는 제거했으나 이미 소장이 썩어 아이는 결국 사망했다. 이 일은 전 세계에 해외토픽으로 알려졌고, 이 수치스러운 상황을 하루빨리 타개해야 한다는 여론이 끓어올랐다.

기생충을 죽이거나 몸 밖으로 내보내는 처방은 『동의보감』에도 실려 있고, 민간요법으로는 담배가 주로 사용됐다. 17세기 학자 성호 이익은 담배의 효능 중 하나로 '회를 가라앉히는 것'을 들었다. 담배 연기를 흡입하면 뱃속의 회충이 잠시 움직임을 멈추었는데, 이를 '가라앉는다'고 표현한 것이다. 1830년 독일에서 개발된 구충제 산토닌이 '회충산'蛔蟲散이라는 이름으로 국내에 들어온 것은 1890년대 말의 일이었다. 1898년 서울 구리개의 제중원은 『독립신문』에 미국 상품 회충산 광고를 여러 차례 실었다. 회충산에는 어지럼증, 복통 등의 부작용이 있었고, 심한 경우 회충이 입 밖으로 나오기도 했으나 효능은 나쁘지 않았다. 그러나 효과는 일시적·제한적이었다. 문제는 약이 아니라 다른 데에 있었다. 비료로 쓰인 분뇨에는 기생충 알이 득실거렸고, 사람들은 분뇨를 덮어쓴 채소를 대충 씻어 날로 먹었다. 구충제를 복용해 한 무리를 몸 밖으로 내보내더라도 또 다른 무리가 몸 안으로 들어오곤 했다.

기생충 감염을 '국가적 수치'로 인식한 정부는 1964년부터 군사작전을 방불하는 기생충 박멸운동을 펼쳤다. 1966년에는 「기생충질

20세기 대부분의 기간 동안 구충제로 쓰인 산토닌 시나꽃의 유효 성분을 추출한 것이다. 시나꽃(flore cina)이란 라틴어로 '중국의 꽃'이라는 뜻이다. 부작용이 적지 않았으나, 인간의 몸에 침투한 기생충을 골라 죽이는 데에는 뛰어난 효능을 발휘했다. 출처: 서울대학교병원 의학박물관

환예방법」도 제정되었다. 이후 10여 년간, 전국의 모든 학생은 같은 날 일제히 분변 검사를 받았고, 감염이 확인된 학생들은 같은 날 일제히 구충제를 먹었다. 이 동네 저 동네 돌아다니며 음악과 촌극, 마술 등을 곁들여 약을 팔던 '떠돌이 약장수'들이 주로 취급한 품목도 구충제였다. 1970년대 초, 내가 살던 동네에 떠돌이 약장수패가 찾아왔다. 그들은 사람들을 불러 모으기 위한 공연을 마친 뒤 구경하던 아이 하나를 불러내 약을 먹이고서는, 잠시 후 그 아이 항문에서 살아 꿈틀대는 벌레를 끄집어냈다. 마술인지 사실인지 판단하기 모호했지만, 사람들은 다투어 구충제를 사서 아이들에게 먹였다.

1970년대까지 한국 사회는 기생충과 전쟁을 치렀고, 마침내 이겼다. 농작물에 분뇨를 직접 뿌리는 행위도 빠른 속도로 줄어들었고, 상수도와 펌프 보급이 늘어나면서 고인 물에 채소를 씻을 이유도 없어졌다. 전체주의적 동원 체제도 보건위생행정에는 효과적인 면이 있었다. 수많은 사람이 '동시에' 기생충 검사를 받고 '동시에' 구충제를 먹을 수 있는 사회는 그리 많지 않았다. 농법 개선, 생활습관 변화, 구충제 복용 등의 결과 오늘날 한국인의 장내 기생충 감염률은 1퍼센트 미만으로까지 줄어들었다. 그렇지만 아직도 해마다 한두 차례씩 구충제를 복용하는 사람이 적지 않다. 기생충에 대한 공포는

'보이지 않는 것에 대한 공포'라는 점에서 귀신에 대한 공포와 비슷하다. 다만 귀신 쫓는 약은 없으나 기생충 없애는 약은 있다. 구충제는, 인간의 몸을 '기생충 없는 몸'으로 만든 1등 공신이다.

64. 벌레의 유전자에
    퇴적된
    발암물질

지구상에 인류가 출현한 이래, 사람 몸은 여러 벌레의 서식처이기도 했다. 이, 벼룩, 빈대, 진드기 등은 사람 몸 위에서 사람의 피를 빨며 신체의 당연한 일부인 양 행세했다. 이 중에서도 빈대는 사람을 매우 괴롭혀 '빈대 잡으려다 초가삼간 다 태운다'라는 속담이 생길 정도였고, 요즘도 남의 '피 같은 돈'을 빨아먹는 행위를 가리켜 '빈대 붙는다'라고 한다. 인류는 수십만 년 동안, 이 성가신 벌레들을 몸에서 내쫓으려 애썼으나, 뾰족한 수가 없었다. 온몸 구석구석을 깨끗이 씻어도 그때뿐, 옷, 베개, 이불 등으로 잠시 피신했던 벌레들은 곧 자기 영토를 수복하곤 했다.

오랫동안 함께 살다보면, 서로 용인하는 범위도 넓어지기 마련이다. 사람과 벌레, 또는 사람과 세균 사이에도 그런 일이 발생한다. 사람들의 원거리 이동이 아주 드물었던 시대에는, 사람들이 자기 몸에 달라붙는 벌레들을 그리 두려워하지 않았다. 유럽인들이 세계 정복의 야망을 품고 제국주의적 팽창을 시작한 이후, 사람과 벌레들 사이의 오래된 균형이 깨졌다. 그들에게는 자기가 정복한 땅에 사는 원주민보다, 그 원주민들 가까이에 살고 있는 벌레들이 더 성가시고 두려운 존재였다. 총칼에 맞아 죽은 원주민을 위한 복수는 그의 친척이나 후손이 아니라 벌레들이 했다. 유럽인들은 정복지를 안전하게 지배하기 위해 원주민뿐 아니라 벌레들도 복종시켜야 했다. 하지만 벌레들은 총칼로 다스릴 수 없었다. 총알보다 훨씬 작은 살상 도구가 필요했지만, 그것을 만드는 일이 녹록지는 않았다.

1874년 오스트레일리아의 화학자 오트마 자이들러Othmar Zeidler가 디클로로-디페닐-트리클로로에탄이라는 긴 이름의 유기염소화합물을 발견했다. 약칭 DDT였다. 1939년 스위스의 화학자 파울 헤르만 밀러Paul Hermann Müller는 이 물질에 강력한 살충 효과가 있다는 사실을 확인했다. 이 물질은 곧 대량 생산되어 제2차 세계대전 전장에 투입되었다. 이 물질 덕분에 외국 땅에서 야영하다가 낯선 벌레에게 물려 고생하는 병사들이 크게 줄었다. 일본군은 이 물질을 구하지 못한 상태에서 태평양전쟁을 도발했다. 동남아시아와 남태평양 일대에서 수많은 일본군이 말라리아에 걸려 사망했으며, 피해자 중에는 한국인 징용 노동자들도 있었다. 일본이 패망한 뒤, 동남아시아에 있던 한국인들을 태우고 부산항에 도착한 선박 안에는 말라리아 환자가 가득했다.

1945년 9월, 인천항에 도착한 미군 선발대는 상륙하기 전에 경성제국대학 의학부의 일본인 교수 세 명을 군함으로 불러들였다. 선발대장은 세 가지 질문을 던졌다. 물은 마실 만한가? 말라리아 걱정은 안 해도 되는가? 성병은 어느 정도인가? 일본인 교수들은 세 가지 모두 위험하다고 대답했다. 그 직후, 엄청난 양의 DDT가 미군과 함께 한반도에 상륙했다. 미군과 접촉할 가능성이 있는 한국인들은 어디에서나 DDT 세례를 받아야 했다. 여름이 끝나기 전이었기 때문에, 미군은 도시 곳곳에 있는 물웅덩이와 심지어 우물에까지 DDT를 뿌렸다.

한반도에 DDT가 상륙한 지 반년쯤 지난 1946년 2월, 서울 광화문에 있던 군정청 위생국 화학연구소는 DDT를 자체 생산하는 데 성공했다. 연구소 측은 이에 대해 일본 의약계에서도 오랫동안 만들

1961년 서울 상공에서 DDT를 살포하는 비행기 1945년부터 1970년대 초까지, DDT는 '공기의 일부'였다. 그 시절을 살아낸 사람들이 '1급 발암물질'에 대한 내성을 키웠는지는 알 수 없다. 출처: 『서울의 옛 모습』

려고 연구했으나 숙제로 남아 있던 것을 우리 연구진이 성공시킨 쾌거이며, 새 조선의 화학 연구진이 개가를 올렸다고 자찬했다. 이후 미군과 접촉할 가능성이 없는 한국인들도 DDT 세례를 받았다. 38선 이북에서 월남한 사람들은 검문소를 통과할 때마다 몇 차례나 온몸에 DDT를 뒤집어썼다. DDT가 모든 해충을 죽이는 기적의 약이라는 소문이 돌자, 시골의 어떤 한의사는 복통을 호소하는 환자에게 DDT 용액을 주사하기도 했다. 배 안의 해충을 죽이려는 의도였지만, 환자는 사망하고 한의사는 체포되었다.

특히 한국전쟁 중 국군 병사들은 물 목욕보다 DDT 목욕을 더 자주 했다. 미군 군의관들은 DDT가 인체에 유해하다는 사실을 알았으나, 벌레보다는 덜 해롭다고 판단했다. 하지만 이윽고 DDT를 겁내지 않는 벌레들이 나오기 시작했다. 1·4후퇴 이후 전선이 교착 상태에 빠지자, 미군 병사들은 몇 달간 목욕도 하지 못하고 참호 안에 있어야 했다. 그들의 몸에는 이, 벼룩, 빈대 등의 벌레가 들끓었다. 병사들에게 DDT를 뿌리고 경과를 관찰한 한 미군 군의관은 'DDT가 더 이상 효과를 내지 못한다'고 기록했다. 위험물질에 적응하는 능력 면에서는 인간보다 벌레가 더 유능했다.

DDT가 발암물질이라는 사실은 1970년대 초에야 널리 알려졌다. 이때부터 다른 화학물질들이 벌레 박멸 작전을 떠맡았지만, DDT 성분은 지금껏 토양 중에 잔류해 있다. DDT를 대체한 다른 화학물질들이 상대적으로 안전하다고는 해도, 아직까지 벌레 죽이는 '농약'은 스스로 죽음을 선택하는 사람들이 종종 복용하는 물질이다.

화학물질은 햇볕이 잘 들고 깨끗한 물이 나오는 집과 연합 작전을 펼쳐 몸에 벌레가 서식하지 않는 새로운 인간을 만드는 데 성공했다. 하지만 인간이 수십만 년 동안 공존했던 파트너와 결별하기 위해 새로 맞아들인 파트너가 앞으로 인간을 어떻게 변화시킬지는 예측하기 어렵다. 벌레들의 생리生理를 변화시킨 화학물질이 인간의 생리를 변화시키지 않으리라고 단정할 수는 없다. 인간이 화학물질과 친해진 지는 아직 100년도 채 안 됐다.

65. 학을
    떼준
    약

몇 해 전 메르스가 유행할 때, 어떤 유명 정치인이 한 대학교 특강에서 "원자폭탄은 겁내지 않으면서 낙타독감 따위에 난리인 대한민국 사람 웃긴다"라고 말했다. 하지만 인간이 전쟁보다 질병을 더 두려워하는 것은 세계 보편의 현상이다. 사람은 본디 자신이 통제할 수 있다고 믿는 상황보다 그렇지 못한 상황을 더 겁내는 법인데다가, 실제로 질병의 살상력이 전쟁의 살상력보다 더 컸다. 심지어 전시에도 전투로 인한 사망자보다 감염으로 인한 사망자가 더 많았으니, 전투 중 사망자가 감염으로 인한 사망자보다 많았던 최초의 전쟁은 1905년의 러일전쟁이다.

1492년 콜럼버스의 대서양 횡단 이후 새로운 약탈지를 획득하기 위해 열을 올렸던 유럽인들도 낯선 땅에서 조우한 적대적인 사람들보다 질병을 더 두려워했다. 사람을 굴복시키는 일은 우수한 무기를 이용해 쉽게 처리할 수 있었으나, 질병을 정복하는 일은 만만치 않았다. 아메리카 대륙에서 유럽인들을 가장 괴롭힌 것이 말라리아였다. 모기가 옮기는 이 병은 아열대와 열대지방에서 특히 심했다. 물론 유럽이든 아시아든 말라리아로부터 안전한 지대는 거의 없었다. 우리나라에서는 보통 '학질'瘧疾이라고 했고, 3일에 한 번씩 열이 올랐다 내렸다 한다고 해서 '삼일열'이라고도 했다. 상대를 모질고 잔인하게 대하는 것을 '학대'虐待라 하고 잔인하고 포악한 것을 '잔학'殘

瘧이라고 한다. 옛날 우리나라 사람들은 염병을 가장 치명적인 병으로 꼽았지만, 사람을 괴롭히기로는 학질이 더했다. 『동의보감』은 이 병에 대해 '처음 발작할 때는 먼저 솜털이 일어나고 하품이 나고 춥고 떨리면서 턱이 마주치고 허리와 잔등이 다 아프다. 춥던 것이 멎으면 겉과 속이 다 열이 나면서 머리가 터지는 것같이 아프고 갈증이 나서 찬물만 마시려고 한다'고 묘사했다. 속어俗語에 '학을 떼다'라는 것이 있는데, '학질을 앓고 나았다'는 뜻이다. 이 말만으로도 학질을 앓는 고통이 얼마나 끔찍했는지 미루어 짐작할 수 있다.

17세기 초, 스페인인 페루 총독 친촌Chinchon의 부인이 말라리아에 걸려 사경을 헤매다가 원주민들이 준 키나나무 껍질 달인 물을 마시고 극적으로 회복됐다. 이를 계기로 키나나무 껍질은 유럽으로 이동하여 열병 치료제나 예방제로 널리 쓰였다. 이 액체에 다른 향료와 탄산을 섞은 '토닉 워터'도 술에 타서 마시는 약으로 개발되었다. 천연자원에 대한 수요 폭증은 남획과 남벌을 초래하기 마련이다. 19세기에 들어 키나나무 품귀 현상이 나타났다. 1820년, 프랑스에서 키나나무 껍질의 약효 성분만을 추출하는 기술이 개발되었다. 이 분말을 '퀴닌' 또는 '키니네'라 했으며, 한자어 '금계랍'金鷄蠟으로 번역됐다. 퀴닌의 분자식은 1854년에 밝혀졌으며, 인공 합성은 1944년에 시작되었다.

금계랍은 1880년대 중반 서양의학과 함께 우리나라에 들어왔다. 서양식 병원 제중원에서 신문에 광고까지 내며 판매한 약품이 회충산과 금계랍이었다. 금계랍이 학질뿐 아니라 해열에도 뛰어난 효과가 있다는 사실을 안 사람들은 다투어 이를 가정상비약으로 구비했다. 황현은 학질과 금계랍에 대해 『매천야록』에 이렇게 기록했다. "이틀에 한 번 앓는 학질을 속칭 당학唐瘧이라고 한다. 우리나라 사람들은 이 병을 매우 두려워했다. 노인이 이 병에 걸리면 열에 네다

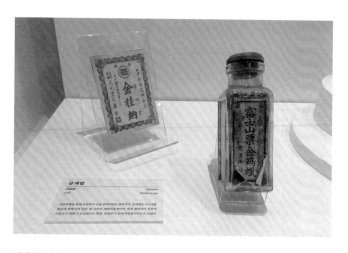

일제강점기에 판매된 금계랍과 광고지 금계랍은 1970년대 초까지 모든 가정의 상비품이었다. 열이 날 때면 입에 털어 넣은 이 약의 부작용도 만만치 않았지만, 이제는 그에 관한 기억조차 사라졌다. 출처: 인천시립박물관

섯은 죽었으며, 젊고 건강한 사람도 수년 동안 폐인이 되다시피 했다. 금계랍이 서양에서 들어온 뒤, 1전錢어치만 먹으면 낫지 않는 사람이 없었다. 이에 사람들이 노래하기를, '우두법이 나와 아이들이 잘 자라고 금계랍이 동쪽에 오니 노인들이 천수를 누린다'고 했다."

그런데 그 시절 사람들은 증상과 질병이 다르다는 사실을 잘 몰랐기 때문에, 이 약을 열이 나는 모든 질병에 통하는 만병통치약으로 여겼다. 열이 난다 싶으면 바로 금계랍을 입에 넣었고, 아이 젖을 떼기 위해 엄마 젖꼭지에 바르기도 했다. 그 탓에 근 한 세기 동안, 한국 아기들이 처음 접한 쓴맛은 금계랍 맛이었다. 두통, 현기증, 이명, 난청, 약시 등의 부작용이 종종 있었지만, 사람들은 그다지 개의치 않았다.

퀴닌보다 효능이 뛰어나고 부작용도 적은 말라리아 치료제 아르테미시닌Artemisinin은 1972년 중국 중의과학원 연구팀이 개똥쑥에서 추출했다. 이 치료제 덕에 많은 나라에서 말라리아는 별로 두렵

지 않은 병이 되었으나, 그래도 아직 전 세계에서 매년 60여 만 명이 말라리아로 목숨을 잃는다. 전 인류가 코로나19로 고통받는 와중에, 백신과 치료제에 관해 이런저런 의혹을 제기하는 사람이 많다. 부작용이 두려워 백신 접종을 거부하는 사람도 있고, 백신에 경천동지驚天動地할 권력자들의 음모가 담겨 있다고 주장하는 사람도 있다. 어떤 백신이나 치료제든 부작용이 있는 건 사실이다. 하지만 그 부작용까지 극복해왔기에, 현대인이 옛날 사람들보다 두 배 이상 오래 사는 것이다.

66.　　동도서기형
　　　　신약

　　　　동지 후 세 번째 미일未日을 납일臘日이라고 한다. 우리나라
에서는 고대古代부터 동지와 정월 초하루 사이에 날을 잡아 하늘에
제사 지내는 풍속이 있었는데, 고려 문종 때 그날을 동지 후 세 번째
술일戌日로 정했다. 조선 건국 후 태조는 이를 세 번째 미일로 바꾸
었다. 이에 관해 이수광은 조선이 동방東方에 있기 때문이라고 했다.
중국 한나라 사람 채옹蔡邕은 '동방의 청제靑帝는 미일을 납臘으로 삼
고, 남방의 적제赤帝는 술일戌日을 납으로 삼으며, 서방의 백제白帝는
축일丑日을 납으로 삼고, 북방의 흑제黑帝는 진일辰日을 납으로 삼는
다'고 했다. 요즘도 신문 방송들은 '구랍'舊臘이라는 말을 종종 쓰는
데, 이는 '작년 음력 섣달'이라는 뜻이다.

　　조선 후기에 왕은 매년 납일 종묘에 제사를 올렸고, 왕실 의료기
관인 내의원은 청심환淸心丸, 안신환安神丸, 소합환蘇合丸 등 상비약을
만들어 왕에게 바쳤다. 이 약을 납약臘藥 또는 납제臘劑라고 했다. 왕
은 납약을 다시 각 관청과 군문에 나누어주어 응급 환자가 발생할
때 쓰도록 했다. 조선시대에도 신약新藥이 발명되는 경우가 있어, 정
조 때에는 소합환 대신 제중단濟衆丹이나 광제환廣濟丸을 만들었다.
제 돈으로 청심환을 만들어두었다가 납일 전후에 '불우이웃'들에게
나누어주는 민간 독지가도 있었다.

　　개항 이후 금계랍, 회충산 등 효능이 뛰어난 구미산 약품들이 들

어와 시장을 확대하자, 의약에 식견이 있는 한국인 중에도 신약을 발명하려는 사람들이 생겨났다. 1897년 민병호가 체증 치료제를 새로 발명하고 '생명을 살리는 물'이라는 뜻의 '활명수'活命水라는 이름을 붙였다. 같은 해 그의 아들 민강은 이 약을 상품화하기 위해 동화약방同和藥房을 설립했다. 125년째 이 약을 판매하는 동화약품 측의 공식 설명에 따르면 '궁중에서만 복용되던 생약의 비방을 일반 국민에까지 널리 보급하고자 서양의학을 접목하여 개발한 것'이라고 하는데, 1909년 동화약품은 '본국 약재를 몸으로 삼고 서양 신법을 응용하여', 즉 '동도서기'東

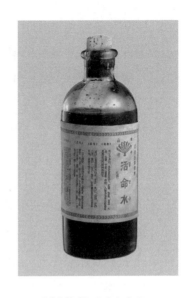

1910년대의 활명수 유리병 마개는 코르크로 만들었다. 이 약은 처음 '만병통치약'으로 팔렸으나, 1920년대 이후로는 '위장약'으로 그 효능을 확정했다. 그 점에서 '만병통치약'으로 개발되었다가 '음료수'로 위치를 변경한 코카콜라와 비슷하다. 현대 한국에서 가스활명수는 액상 소화제 시장의 70퍼센트를 점하고 있지만, 인류 보편의 약으로는 자리 잡지 못했다. 출처: 동화약품

道西器의 원칙에 따라 활명수 등 각종 약품을 만들었다고 광고했다. 그런데 그 무렵 일본인 약제사들이 조선에 들여와 팔던 서양식 소화제 중에는 '오타이산'活命散(활명산)이라는 가루약이 있었다. 한국인들이 가루약보다는 탕제湯劑를 선호한다는 사실에 착안한 민병호가 한방 소화제인 평위산平胃散에 몇 가지 약재를 첨가한 뒤 액상으로 만들어 활명산과 비슷한 이름을 붙였을 뿐이라고 보는 사람도 있다.

활명수가 내부 위생국의 공식 허가를 얻은 해는 1908년, 활명수가 인기를 끌자 여기저기에서 쏟아져 나온 활명회생수, 활명액, 생명수 등 '유사 활명수'에 대응하기 위해 동화약방이 '부채표'라는 상

표를 등록한 해는 1910년이다. 이 역시 우리나라에서 가장 오래된 상표商標다. 활명수에 탄산을 첨가한 '까스활명수'는 1967년에 발매되었다. 현재 까스활명수는 75밀리리터 한 병에 1,000~1,200원 꼴이지만, 1910년에는 한 병에 40전이었다. 당시 노동자 일당이 1원정도였으니, 꽤나 비싼 값이었다. 동화약방 주인 민강은 약을 팔아 번 돈으로 독립운동을 지원한 것으로 유명하다.

전통의학과 서양의학을 접목해 신약을 개발하려는 시도는 일본에서 먼저 시작되었다. 지금까지 사용되는 것 중 가장 오래된 '동서 절충 신약'은 에도시대 말기에 난학蘭學을 기반으로 만들어진 용각산龍角山이다. 난학이란 일본 에도시대 네덜란드 상인들이 체류하던 나가사키의 난관蘭館을 통해 전래된 서양 학문을 말한다. 러일전쟁 무렵에는 인단仁丹과 정로환征露丸이 발명되었다. 인단은 메이지 천황의 '인정'仁政을 상징하는 이름이었으며, 정로환은 문자 그대로 '러시아를 정벌하는 환약'이라는 뜻이었다. 이 약들은 바로 한국에 들어와 청심보명단, 사향소창단, 회생단, 만금단, 팔보단, 자양환 등 여러 국산 신약과 경쟁했다. 이 무렵부터 국산 신약들도 "육군 군의 모 씨가 효능을 입증했다"며 근대의학의 권위를 빌리기 시작했다.

아스피린과 같은 해에 개발된 활명수는 현존現存하는 우리나라 최초의 브랜드 상품이다. 동화약품은 이것이 '한국 최초의 신약新藥'이라고 주장한다. 다만 아스피린이 전 세계에서 판매되는 데 반해 활명수는 사실상 한국에서만 약효를 인정받는다. 19세기 말부터 20세기 초까지, 한국의 제약사들은 서양인과 동양인의 체질이 다르다는 데에 주목하여 '동도서기적' 약품들을 발명했다. 그 많던 약 중에 지금껏 남아 있는 것은 활명수 하나뿐이다. 이제 한국은 식민지도 아니고 세계의 '주변국'도 아니다. '인류는 하나'라는 생각에 기초해 세계인에게 인정받는 신약이 나올 때가 되었다.

67. 미생물에 대한
공포를
줄이다

1950년 11월 말, 압록강 남쪽 장진호에서 중국군에게 포위된 미군 병사들은 적군보다 먼저 날씨와 싸워야 했다. 혹한에 대비한 의복과 장비를 미처 갖추지 못한 상태에서 맞은 영하 30도의 강추위는 말 그대로 살인적이었다. 수통의 물이 얼어 눈을 퍼먹어야 하는 상황에서도, 위생병들은 앰플을 입 안에 넣어 얼지 않도록 했다. 그들이 입 안에 보관한 의약품 앰플은 페니실린과 모르핀이었다.

1928년 영국의 세균학자 알렉산더 플레밍Alexander Fleming은 페니실리움 속屬의 푸른곰팡이가 대사 과정에서 분비하는 화학물질이 박테리아를 죽이거나 그 증식을 억제한다는 사실을 확인하고, 이 물질에 페니실린이라는 이름을 붙였다. 이로부터 11년 뒤인 1939년, 영국 옥스퍼드의 연구원 하워드 플로리Howard Florey와 언스트 체인Ernst Chain이 페니실린을 대량으로 추출하고 정제하는 방법을 개발함으로써 비로소 항생제의 시대가 열렸다. 사실 체내의 미생물을 죽이거나 그 활동을 억제하는 항생제는 독일의 에를리히P. Ehrlich가 1907년에 개발한 매독 치료제 살바르산이 처음이었다. 1935년부터 연쇄상구균 감염 치료제로 발매된 프론토질도 항생제였다. 플레밍이 페니실린을 개발한 것도 프론토질의 작용기전作用機轉에서 아이디어를 얻은 덕이었다. 한편 미국의 농학자 왁스만S. Waksman은 1943년에 세균의 일종인 스트렙토마이세스streptomyces에서 스트렙토마

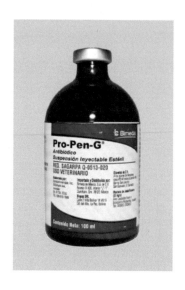

'Pro-pen-G'라는 상품명의 페니실린 1939년 부터 생산된 페니실린은 각종 세균 감염증에 특효를 보였다. 페니실린 개발 이후 스트렙토마이신, 오레오마이신, 테라마이신 등이 속속 출시되면서 항생제의 시대가 열렸고, 그 덕에 현대인들은 '세균 감염병'에 대한 걱정을 덜었다.

이신streptomycin을 추출하는 데 성공했다. 이 물질은 결핵의 특효약이 되었고, 이후 '○○마이신'은 미생물에서 추출한 항생제에 공통으로 붙는 이름이 되었다.

항생제는 제2차 세계대전 중 유럽 전장에서 널리 사용되어 2차적 감염으로 인한 사망률을 크게 낮췄다. 반면 미국, 영국 등 반反파시즘 연합국들과 적대 관계를 맺은 일본은 항생제의 혜택을 입지 못했으니, 식민지 조선의 사정이야 말할 것도 없었다. 우리나라에는 해방 이후 미군과 함께 항생제가 처음 들어왔지만, 그 당시에는 환자뿐 아니라 의사들조차도 이 약에 대한 지식이 거의 없었다. 합성 살균제인 설파제와 페니실린은 모든 감염증을 치료하는 '기적의 약' 정도로 알려졌고, 해방 후 가뜩이나 의약품이 부족했던 상황에서 엄청나게 비싼 값으로 유통되었다. 미군정은 본국에서 페니실린 등의 항생제를 가져와 한국의 병의원에 배급했으나, 그 과정에서 상상할 수 있는 모든 모리牟利 행위가 벌어졌다.

1946년 12월, 미군 사단 의무대에서 100만 단위의 페니실린이 도난당했다. 1947년 11월에는 인천 철도국 직원들이 보건후생부로 수송되는 의약품 화차 두 대분을 통째로 빼돌리는 사건이 일어났다. 이런 판국이었으니 일반 병원에서 의약품이 도난당하거나 유용되는 일은 다반사였다. 지정 배급기관에서 빼돌리는 일은 더 흔했다. 의약품 판매업자들은 군정청에서 배급받은 의약품 중 일부만 병의원에 '통제가격'으로 공급하고, 다른 일부를 비정상적인 경로로 시장에 반출하여 엄청난 폭리를 취했다. 1949년 미군정이 책정한 페니실린의 배급 가격은 단위당 180원이었으나 병원에서 주사 맞는 데에는 2,000원이 들었다. 판매업자와 의사들이 폭리를 취하는 한편에서, '만병통치약'에 마지막 희망을 건 환자들이 헛돈을 쓰고 죽는 일도 흔했다. 정작 세균 감염증에 걸린 환자들은 항생제 구경조차 하지 못하는 게 오히려 일반적이었다.

한국전쟁은 한국인들이 페니실린을 비롯한 항생제에 접근할 수 있는 길을 넓혀주었다. 페니실린은 부상으로 인한 감염병은 물론 성병에도 뛰어난 효능을 보였다. 전투 중 부상당한 사병들은 일단 페니실린부터 맞았으며, 후방에서 성병에 걸린 장교들도 의무사병을 닦달하여 페니실린을 구했다. 다치면 일단 항생제 주사부터 맞은 군인들의 경험은 곧바로 민간에 전파되었다. 다만 부상병들은 의사의 진료를 받을 수 있었지만, 절대다수 민간인은 그럴 수 없었다. 사람들은 의사의 처방 없이 아무 병에나 항생제를 함부로 사용했다. 사람들은 자기들 편한 대로 약에 관한 '상식'을 만들어갔으며, 어지간한 병은 약만 구하면 의사의 도움 없이도 스스로 고칠 수 있다고 믿게 되었다. 사람들은 예전에 민간요법에 따라 약초를 쓰던 방식으로 의약품을 썼다. 항생제, 소염제, 해열제, 진통제, 소화제 등 대부분의 약을 의사 처방 없이 약사나 약장수와 상의하여 썼고, 그에 따라 몸도 점차 항생제에 대한 내성耐性을 키워갔다. 의사 처방 없이 약국에서 항생제를 구입해 자기 마음대로 사용할 수 있던 상황은 2000년 의약분업 시행 이후에야 끝났다.

항생제가 나오기 전 의사들은 '의학적 허무주의'를 피하기 어려웠

3장 — 예방하고 치료하다

x

다. 의사가 치료할 수 있는 병보다 치료할 수 없는 병이 훨씬 많았으며, 병이 낫더라도 그것이 의사의 치료법 덕인지 환자의 운이 좋았기 때문인지 단정할 수 없었다. 항생제가 나온 뒤에야 의사들은 치료에 자신감을 가졌고, 환자들은 의학을 신뢰할 수 있었다. 항생제는 또 '열나고 헛소리하는' 질병을 귀신의 소행 탓으로 이해하던 무지無知도 분쇄했다. 항생제로 인해 세균과 미생물에 대한 두려움은 반감되었고, 무당의 위세도 쪼그라들었다. 그런데 항생제에 내성을 가진 슈퍼박테리아가 새로 출현한 건 필연적인 자연현상이지만, 지성知性에 내성을 가진 슈퍼샤머니즘이 출현한 건 어이없는 현상이다.

마약

68. 인간을
악마로 만드는
물질

인류는 신석기시대에 처음 술을 발견했다. 나무에서 떨어져 움푹 파인 구덩이로 굴러 들어가 자연 발효된 과일들의 즙이 최초의 술이었다고 한다. 그 맛과 향보다도 기분을 이상하게 만드는 효능을 잊지 못한 인류는 결국 술을 제조하는 데에 성공했다. 술의 발견과 발명은 인류 역사에 새 지평을 열었다. 사람들은 이 액체에 신비한 기운이 깃들어 있다고 믿었다. 이 액체는 사람을 '사람 아닌 다른 것'으로 바꿔주었다. 비록 남들은 '술 취한 개'라고 욕할지라도, 술 마신 당사자는 스스로 '신'이 된 듯한 느낌에 빠져들었다. 사람들은 술 덕에 '신성'神性을 직접 체험할 수 있었다.

청동기시대에는 술보다 훨씬 적은 양으로 훨씬 빠르게, 사람을 개나 신으로 바꿔주는 또 다른 물질이 발견되었다. 이 물질은 신비한 기운과 중독성 모두 술보다 훨씬 강했다. 고대 지중해와 남아메리카의 도시 주민들은 이 물질 덕에 얻은 집단 환각의 경험을 신이 실존하는 증거로 여겼다고 한다. 신이 아니고서야 어떻게 그 많은 사람을 동시에 환락과 희열의 궁극적 경지로 몰아넣을 수 있겠는가? 사람들이 인신공양이나 순장殉葬 같은 끔찍한 일들에 열광熱狂했던 데에는, 맨정신에서 이탈하여 신의 정신을 가질 수 있게 해준 물질들의 영향이 컸을 터이다.

맨정신을 뜨겁게 미친 정신으로 바꾸어주는 신비의 약이 마약이다. 마약은 현실의 고통을 잊게 해주고 행복한 환상 또는 환각을 제공한다. 일단 마약을 복용하거나 몸에 주입한 사람들은, 그 직후에 느낀 절대적이고 황홀한 행복감을 잊지 못해 중독자가 되곤 한다. 그 행복감은 흔히 자기가 신이 되었다는 착각으로 표현될 정도이다. 이런 착각에 빠진 사람들은 사람이 해서는 안 되는 짓을 저지르기도 한다. 신에게는 인간의 도덕이나 법이 적용되지 않는다.

19세기 중반까지는 양귀비나 코카나무 등이 절대적 행복감 또는 천연의 신성을 제공했다. 양귀비의 약성藥性에 관한 기록은 고대 지중해 문화권 사람들이 먼저 남겼다. 그리스신화에서 대지의 여신 데메테르는 저승의 신 하데스에게 납치당한 딸을 찾기 위해 먹지도 자지도 않고 돌아다녔다. 대지가 메마르고 작물이 자라지 않자 잠의 신 히포노스가 그녀에게 양귀비 수액을 주었다. 이 액체는 육체와 정신의 고통을 잊게 해주었다. 고통을 소멸시키는 것이 아니라 일시적으로 잊게 해주는 것이 이 액체의 약성이었다. 이 식물이 중국에 전래된 것은 당나라 때 일이었다. 당대의 중국인들은 요염하게 아름다운 꽃과 사람의 정신을 빼앗고 결국엔 말려 죽이는 성질에서 당 현종의 후궁 양귀비楊貴妃를 연상했다. 수액은 따로 아편鴉片이라고 했는데, 이는 '즙'을 뜻하는 그리스어 '오피온'Opion을 같은 발음의 한자로 표기한 것이다. 우리나라에는 고려를 침략한 몽골군에 의해 전래된 것으로 추정된다. 『세종실록지리지』에는 앵속각(말린 양귀비 열매)이 충청도와 강원도에서 재배되는 약재로 등재되었다.

양귀비 씨앗인 앵자속과 말린 양귀비 열매인 앵속각을 약재로 취급한 우리나라 최초의 의서醫書는 『동의보감』이다. 이 책은 앵자속에 대해 '성질이 평平하고 맛이 달며 독이 없다. 반위反胃와 가슴에 담이 막혀 음식이 내려가지 않는 것을 치료한다'고 적었으며, 앵속각에 대해서는 '설사와 오랜 이질을 치료하는 데 수렴 작용을 한다. 허로

虛勞와 오랜 기침도 낫게 한다. 약기운은 신장으로 들어가므로 골병骨病도 치료한다'고 기록했다. 사실 아편보다 뛰어난 진정·진통 효과를 지닌 천연물질은 없었기 때문에, 이것은 유라시아 전역에서 마취제나 진통제로 사용되었고, 만병통치약으로도 취급되었다. 물에 녹인 생아편을 증류, 농축한 뒤 말린 가루를 담배에 섞어 피우는 흡연법이 언제 창안되었는지는 정확히 알 수 없으나, 담배가 유라시아에 전래된 15세기 말 이후의 일일 것이다. 아편 흡연에 대한 우리나라 최초의 기록은 19세기 중반 이규경이 지은 『오주연문장전산고』에 담겼다.

아편은 아시아와 유럽 사이의 오래된 평형 관계를 깨는 구실도 했다. 명·청明淸시대 중국은 유럽에 막대한 양의 비단과 차, 도자기 등을 수출하고 그 대금 거의 전부를 금은으로 받았다. 18세기 초에는 유럽 제국이 아메리카 대륙에서 약탈한 금은의 대부분이 중국으로 들어갈 정도였다. 18세기 중반 대양의 패권을 장악한 영국은 대중무역 적자를 아편 수출로 만회하려 들었다. 인도산 아편이 동인도회사를 통해 중국에 밀려 들어갔으며, 수많은 중국인이 아편 중독으로 신음하다가 목숨을 잃었다. 아편의 심각한 해악에 놀란 청 정부는 아편 금지령을 내렸고, 이어 광둥에 파견된 흠차대신 린쩌쉬林則徐는 내외국 상인들이 소유한 아편을 몰수, 소각하고 영국 상인들을 추방했다. 영국이 이에 대한 보복으로 일으킨 전쟁이 '제1차 아편전쟁'이다. 이 전쟁의 승패가 수평이었던 동아시아와 유럽 사이의 관계를 수직으로 바꿨다. 참고로 프랑스의 역사학자 페르낭 브로델은 '긴 안목으로 보면 세계에서 유럽과 중국의 무게는 대략 같았다'고 쓴 바 있다.

인간 양귀비가 당나라를 망쳤다면, 식물 양귀비는 청나라를 망쳤다. 19세기부터 20세기 중반까지 중국인들은 아편 중독으로 심각한 고통을 겪었다. 영국 제국주의의 무역 역조 시정 정책은 중국을 아편 중독자들의 나라로 만들었다. 일본인들은 아편 중독으로 신음하는 중국인들을 '동아병부'東亞病夫, 즉 '동아시아의 병든 자'라고 조롱했다. 하지만 영국인들이라고 해서 아편의 해독害毒으로부터 자유롭지는 않았다.

1805년 독일의 약학자 제르튀르너F. W. A. Sertürner는 양귀비에서 진통과 진정 효능을 가진 성분을 추출하여 '모르핀'morphine이라는 이름을 붙였다. 그리스신화에 나오는 꿈의 신 모르페우스Morpheus의 이름을 딴 것이다. 1975년 동물의 뇌에서 모르핀과 유사한 성분을 발견한 과학자들은, 이에 내인성內因性(엔더저너스endogenous) 모르핀이라는 이름을 붙였다. 엔더저너스 모르핀을 줄인 말이 '엔도르핀'Endorphin이다. 1817년부터 상품으로 생산된 모르핀은 곧 전 세계 거의 모든 병원의 필수 의약품이 되었다. 1853년에는 영국 에든버러의 의사 알렉산더 우드Alexander Wood가 모르핀을 체내에 주입하는 피하주사기를 개발했다. 이 주사기는 모르핀의 약효가 발현되는 데까지 걸리는 시간을 크게 단축시켰다.

모르핀의 생산과 유통이 늘어남에 따라 중독자도 늘어났다. 영국을 비롯한 유럽과 미국의 부르주아지들은 모르핀을 환각제로 사용했다. 반면 아이를 두고 일터로 나가야 했던 프롤레타리아 부부들은 모르핀을 수면제로 썼다. 그들은 수면 상태와 마취 상태를 분간하지 못했다. 그 탓에 수많은 영유아가 모르핀 중독으로 죽었다. 전투 중 부상당한 군인들에게는 모르핀이 최상의 진통제였다. 미국 남북전쟁 중 수많은 병사가 모르핀을 맞았고, 그들 중 일부는 중독 상태에 빠졌다. 그 때문에 모르핀 중독에는 '군인병'이라는 별명이 붙었다.

우리나라에서는 1882년 임오군란 이후 아편으로 인한 해독이 사회 문제로 대두하기 시작했다. 조선 정부의 요청으로 군란을 진압하기 위해 조선에 진주한 청병淸兵과 그들을 따라온 상인 중에는 아편 중독자가 적지 않았다. 그들은 아편 흡연법을 조선인들에게 전수했다. 청상淸商들이 모여 살았던 지금의 을지로 주변과 서소문 안쪽에는 아편굴이 생겼고, 중국인 아편 행상도 전국을 활보했다. 처음에는 단순한 호기심에 아편 연기를 들이마셨던 사람들도 이윽고 중독자가 되었다. 아편을 자살 도구로 사용하는 사람도 많았다. 1890년대 후반에는 모르핀 주사도 전래되었는데, 당대인들은 이를 '아편침'이라고 불렀다.

아편과 모르핀으로 인한 중독자와 사망자가 빈발하자 정부도 1898년부터 대책을 논의했으나, 금지 입법에까지 이르지는 않았다. 법적 근거가 없는 상황에서도 경찰은 간간이 아편 판매와 흡연을 단속했는데, 그야말로 경찰 맘대로였다. 한반도 전역에서 만세운동이 벌어지고 있던 1919년 4월 1일, 조선총독부는 그 전해에 일본에서 제정된 '아편령'의 조선 적용을 결정했다. 이 법률은 아편의 재배와 수입, 사용 전반에 걸친 통제를 의도했지만, 아편만큼 효과가 빠르고 값싼 천연 진통제를 보급할 수 없는 데다가 단속 인력도 부족한 상황에서 실효를 거둘 수는 없었다. 또 의약품으로 공인된 모르핀이 제한 없이 유통되는 마당에, 아편만 금지하는 것도 모순이었다. 당시 대다수 조선 농가는 상비약이나 구급약 용도로 집안에서 약간의 양귀비를 키웠으며, 모르핀 중독 확산의 거점은 다름 아닌 병원이었다. 조선인 통역이나 조수들은 병원장의 양해(또는 사주)하에 모르핀을 병원 밖으로 빼돌려 농촌 마을로 가져가서는, '이 주사 맞고 일하면 힘드는 줄 모른다'거나 '이 주사만 맞으면 아픈 데가 없어진다'고 속여 싼값에 주사하곤 했다. 그러다가 중독자가 늘어나면 값을 수십 배로 올려 받았다.

식민지 통치 권력이 단속에 열의를 보이지 않는 상황에서, 아편

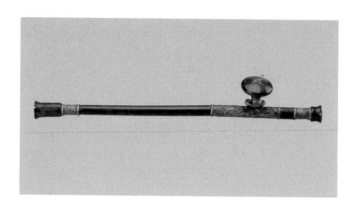

아편 흡연 파이프 일제강점기 아편과 모르핀에 중독된 조선인은 전체 인구의 1퍼센트에 달했다. 오늘날에는 필로폰, 헤로인, 코카인, LSD 등 온갖 종류의 마약이 유통된다. 대마초를 마약으로 규정한 나라도 있고 그렇지 않은 나라도 있다. 환상의 범위가 넓어진 것도, 환각을 유도하는 물건이 많아진 것도, 모두 현대적 현상이다. 출처: 국립민속박물관

중독자는 나날이 늘어갔다. 조선의 지식인들은 조선총독부가 의도적으로 아편 중독을 방치한다고 의심하기도 했다. 조선총독부는 아편 중독자 현황에 대해 발표할 때는 으레 조선인과 중국인에 대해서만 언급했다. 실제로도 인구 대비 중독자 비율은 조선인이 훨씬 높았다. 환각에 의지하지 않고서는 견딜 수 없을 정도로 식민지 원주민의 처지가 암울했기 때문일 수 있으나, 식민지 지배자들은 이 현상을 조선인과 중국인의 '민족성' 문제로 치환하곤 했다. 아편에 중독되는 것은 인성人性이 열등하기 때문이고, 아편 중독자 중에 조선인과 중국인이 많은 것은 그들의 집단적 인성, 즉 민족성이 열등하기 때문이라는 것이 그들의 주장이었다. 조선인들의 아편 중독을 방치하거나 조장하는 것은, 일본 민족의 우월성을 입증하는 정치적 방편이기도 했다.

1927년 3월, 『조선일보』는 아편 중독자를 '자신귀'刺身鬼, 즉 '자기 몸에 칼질하는 귀신'으로 표현하며 그들의 실태에 대해 아래와 같이 보도했다.

"늘어가는 아편쟁이 전국에 10만 — 백자천손百子千孫의 기세로 갈수록 늘어 방방곡곡이 집단생활을 한다 — 자신귀굴刺身鬼窟 탐방기"

가장 건강한 신체를 타고 났음에도 이것을 그대로 보전하지 못하고 자기 손으로 자기 몸을 찔러가며 조그만 흠결도 없는 자기의 운명을 일조일석에 망쳐버리는 아편중독환자가 백자천손의 세로 나날이 늘어가서, 전 조선을 통하여 어느 곳을 가든지 많으면 수백 명, 적으면 수십 명씩 몰려 있는 소굴이 없는 곳이 없게 되어 최근에 와서는 당국자 측의 소략한 조사에 비추어 추상적 계산으로 하여도 총수가 12만 이상에 달한다고 하며, 그 최대 소굴이 대경성大京城 한복판인 시내 서소문정西小門町에서 일대 부락을 형성하게 되었다고 하니 이것을 다만 그 자들의 잘못으로만 돌릴 것이 아니라 이에 대한 책임이 현 사회제도에 없다고 할 수 없다.

처음에는 자기 손으로 자기 개인을 망치고 일가정을 망치며 그리하여 전 사회의 영양분을 고갈시키고 전 민족적으로 멸망을 불러오게 되는 이 자신귀가 어떠한 동기로 생기며 어떠한 심리로 이것을 시작하게 되는가? 기자는 서소문정 자신귀굴 이야기를 하기 전에 먼저 이것을 말해두고자 한다. 모某 전문학자와 경험자의 말을 들으면 아편중독환자는 모두가 가장 영리한 두뇌의 소유자요, 또 두뇌가 극단으로 발전되어 말하자면 고능아高能兒가 대부분이라고 한다. 이같이 명석한 머리를 가진 자가 스스로 멸망의 길을 찾아가게 된다는 데 대하여는 그 무리들의 죄악을 여지없이 비난하는 일편으로 일종의 기현상임에 놀라지 않을 수 없으며, 따라서 새삼스럽게 그 원인에 대하여 생각해볼 필요가 있다.

아편을 처음 시작하게 되는 때는 세 가지 종류가 있는데, 첫째는 병고病苦를 견디지 못하는 것과 둘째는 화류계에 참혹한 것과 셋째는 낙망落望 비관悲觀 등으로 시작하게 된다는데, 첫째와 셋째는 다만 마취제痲醉劑니까 고통을 잊어버리자는 데 불과한 것이지만, 둘째는 놀랄 만한 원인이 있다. 남녀가 교합을 할 때에 남자가 주사注射나 혹은 흡연吸煙을 하면 1회에 6~7시간 이상을 계속할 수가 있으며 여자는 성능性能이 처음으로부터 사정射情할 때까지 동일한 기분으로 쾌감을 느끼게 됨으로 화류계의 추남추녀 사이에는 아닌 것이 아니라 필요할는지도 알 수 없다. 그러므로 아편쟁이에는 대부분이 명문대가와 백만장자의 자질子姪이나 기생 광대에 한한다고 하여도 과언이 아니요 외국에 있어서는 철학자나 의사, 약제사에 많다고 한다. 부호의 자질들이 이것을 많이 하게 된다는 것은 그 자들은 자기 몸이 이 세상 땅바닥에 떨어진 이후로 괴로움이라는 것은 받아본 적이 없는 관계로 보통 쾌락이 그네들에게는 생색이 없게 되므로 평상시보다도 더 큰 쾌락을 구하고자 하는 것이 무엇보다도 큰 원인이요, 기생 광대들로 말하면 본시부터 그네들 사이의 조직이 장래라든지 세상의 이목耳目과 같은 것은 문제가 되지 아니하고 그저 '먹자 놀자'주의이므로 광대나 기생으로도 가무歌舞라든지 모든 범절이 기생과 광대의 범절을 어느 정도까지 닦은 자는 모든 것이 찰나주의刹那主義요, 따라서 성욕性慾 기타 여러 가지 관계로 반드시 이 아편의 재미를 찾게 되는 것이다.

… 아편쟁이가 전국에 12만이나 된다 하는 것은 계산에 불

과하며 기실에 이르러서는 20만이 될는지 30만이 될는지 알 수 없다고 하는 것은 어떤 당국자의 말이다. 더욱이 경성으로 말하면 조선에서는 중앙 도시인 만큼 아편쟁이도 조선에서 제일 많을 것이 사실이요 경기도평의회 모 평의원이 조사한 바에 의하면 경성 시내만 4만 이상에 달한다고 하는 바, 그중에는 서소문정 아편쟁이 굴이 제일 대규모라고 한다. 경성부 신청사를 등지고 남대문 쪽을 향하여 가다가 대한문을 지나 다음다음의 남쪽 골목으로 들어가면 일종 미간지未墾地 지질地質 같은 좁다란 길바닥 양편에는 흡사 고대 건물 같은 허술한 벽돌집이 불규칙하게 늘어서 있고, 영양 부족에 걸린 듯한 청복靑服 입은 친구들이 천촉증喘促症 걸린 사람처럼 두 입술을 떡 벌리고 갔다 왔다 하는 일대 중국촌이 있으며, 그 길을 반이나 들어가면 전중환병원田中丸病院이 있는데, 그 병원 맞은 편인 북쪽으로 사람 하나는 겨우 들어갈 만한 좁다란 골목이 있으니 이 골목 안이 즉 서소문정 자신귀굴이다. 퇴창과 벽에 지붕은 이즈러지고 서까래는 나팔을 부는 움막살이 초가집이 40여 호나 즐비하게 늘어서고 걸레쪽 입은 산송장의 무리들이 이곳저곳에 몰려 앉아 '눈깔사탕' 연회가 벌어졌다. 이곳은 경찰당국에서도 방임하는 까닭에 자세한 통계는 얻어볼 길이 없으나 그 동리 사람들의 말을 들으면 호수로 40여 호요 인수人數로 300여 명에 달한다고 한다.

—『조선일보』 1927년 3월 11~12일 기사 중 일부를 현대어투로 수정

아편과 모르핀, 코카인, 대마초 등의 환각 물질은 1930년 '마약류 취체령' 제정 이후 '마약'麻藥으로 통칭되었다. '마약'을 글자 뜻대

로 풀면 '마비시키는 약' 또는 '마취시키는 약'으로서 해로움이 느껴지는 단어는 아니다. 게다가 이들 약물은 실제로 진통제와 마취제로 사용되었다. 문제는 이 약물이 육체뿐 아니라 정신까지 마비시키는 데에 있었다. 조선인 인구 전체의 1퍼센트에 육박하는 중독자들은 '마약'이라는 단어의 어감을 '마약'魔藥, 즉 '악마의 약'에 가까운 쪽으로 이동시켰다. 사람들은 아편이나 모르핀의 유혹을 '악마의 유혹'으로 인식했으며, 중독자들을 '악마에게 정신을 빼앗겨 실성한 자'로 취급했다. '마약'麻藥과 '마약'魔藥의 발음이 같은 것은, 아편과 모르핀 확산 억제에 도움이 되었다.

「마약류 취체령」 이후 식민지 조선에 밀반입된 아편은 대개 만주산이었고, 그것을 재배하거나 제조한 사람 가운데 상당수가 조선인이었다. 해방 직후에는 만주에서 귀국한 독립운동가들조차도 아편 밀수꾼이라는 의심을 받곤 했다. 아편 사업자들의 돈 일부가 독립운동 자금으로 흘러 들어가지 않았다고 단정하기도 어렵다. 일본 군국주의가 젊고 건장한 일본인 남성들을 전부 군대로 끌고 갔던 1930년대 말, 조선총독부는 여자 경찰 채용을 진지하게 검토했다. 몸에 마약을 숨기고 만주에서 조선으로 들어오는 여자가 많았기 때문이다. 남자 경찰들이 여자들의 몸을 수색하다 보면, 아무래도 민심에 악영향을 끼칠 소문이 퍼지게 마련이었다. 하지만 일본도에 '사무라이 정신의 정수'가 담겨 있다는 '무사武士주의'에 사로잡힌 총독부 경찰은 여자에게 칼을 주기보다는 나쁜 소문을 감수하는 편이 낫다고 판단했다.

그런데 오늘날 한국에서 마약의 대표 격으로 꼽히는 필로폰은 정작 제약 없이 유통되었다. 이 물질을 처음 발견한 사람은 도쿄대학 의학부 교수 나가이 나가요시長井長義였다. 1888년 그는 천식 치료제로 쓰이던 마황에서 에페드린을 추출하다가 흥분, 각성 효과가 있는 새로운 물질을 발견하고 '메스암페타민'Methamphetamin이라는 이름을 붙였다. 1893년 대일본제약회사는 이 물질을 합성하여 '필로폰'Philopon이라는 상품명으로 판매했다. 태평양전쟁 중 일본군은 군인과 군수공장 노동자들에게 필로폰을 함부로 투여했다. 필로폰은 혹사酷使를 견디는 노동자, 공포를 느끼지 않는 군인을 만들어냈다. 일본 정부는 1951년에야 필로폰 생산과 판매를 금지했다. 일본에서 필로폰 제조와 판매가 금지되자 한국인 '기술자'들은 국내에 생산 기지를 만들었다. 이들이 일본 수출용 국산 마약의 시대를 열었다. '일본인에게 마약을 파는 건 죄가 되지 않는다'는 비뚤어진 애국심이 그들의 행위를 정당화했다. 한국전쟁 후 이른바 공직 기강이 전반적으로 이완된 상황에서, 경찰도 수출용 마약에는 관대한 태도를 보이곤 했다. 일본인에게 마약을 파는 건 애국이고, 애국하고 돈 버는 건 나쁜 일이 아니라는 자기 합리화가 만연했다.

마약은 호기심과 경계심, 동경과 경멸이 뒤섞인 심리적 혼합물이기도 하다. 이 물질은 의사의 처방에 따라 꼭 필요한 만큼만 쓰면 약이지만, 남용하면 남을 해치고 자신을 망치는 치명적인 독이다. 세계의 일반적인 상황에 비추어보자면 우리나라는 '마약 청정국' 쪽에 가깝지만, 그래도 신문과 방송에는 마약과 관련한 사건 보도가 끊이지 않는다. 그 수와 비중이 얼마나 되든, 마약 중독도 일종의 현대병이다. 스스로 신이 되려는 욕망을 가진 사람들이 '신이 된 듯한 느낌을 갖게 해주는 물질'을 찾아내는 건 어쩔 수 없는 일이다. 마약은, '인간은 신이 될 수 없으나 악마가 될 수는 있다'는 사실을 일깨워주는 물질일 수도 있다.

69. 고통이라는
     감각을 줄여준
     물질

1950년 10월 19일, 환자의 다리 절단 작업을 잘못한 김일병
이 군의관 류대위의 호된 기합을 받고 있었다. 무릎 아래 중
간쯤에 머큐롬으로 표시한 곳을 자르라고 지시했는데 경험
없는 그가 그냥 나무토막 자르듯 절단해버린 것이 화근이었
다. 군의관이 메스로 피부를 5센티미터쯤 떠서 걷어 올리고
뼈가 하얗게 드러난 부분을 다시 자르라고 지시한다. 수술
대 위에 사지를 묶인 환자가 욕설을 퍼부으며 몸부림을 쳐
대니 수술대가 들썩거린다. 의무병이 맞고함을 지르며 허리
를 묶고 머리를 잡았다. 수술부 선임하사관이 자르고 피부
를 내려 봉합하니 수술은 끝났으나 환자는 여전히 땀을 뻘
뻘 흘리며 "내 다리 내놓아라" 울부짖고 있었다.

— 박남식, 『실낙원의 비극』에서

　　한국전쟁 중 의무병이었던 사람의 회고다. 당시 미군 군의관들은
한국군 동업자들을 '절단의 천재'라 불렀는데, 천재라는 단어의 어
감과는 달리 칭찬이 아니었다. 한국군 군의관들은 복합골절, 동상
등을 고민할 필요 없는 절단 수술 대상으로 취급했고, 대개는 마취
도 하지 않고 바로 잘랐다. 미군이 지원한 군수품 중에는 마취제가
있었고 한국군 군의관들도 마취술을 알기는 했으나, 어느 분야에서

든 '아는 것'과 '하는 것'은 다른 법이다. 그들에게 마취제는 환자의 생명을 구하는 약이 아니라 환자가 통증을 느끼지 못하게 만드는 약일 뿐이었다. 그들은 서툰 마취술로 환자를 죽이는 쪽보다는 끔찍한 고통을 겪게 하더라도 살리는 쪽을 선택했다.

1951년 봄 전선이 교착상태에 빠진 뒤, 영국군 소속 인도인 마취과 의사 팔머Palmar 대위는 한국 군의관 28명에게 체계적인 마취술을 가르쳤다. 1952년에는 육군 장교 도미 견학 교육 과정에 두 명의 군의관이 참가하여 마취술을 배우고 귀국, 다른 장교들에게 전수했다. 같은 해 부산의 스웨덴 적십자병원에서도 민간인 의사가 마취술을 배웠다. 전쟁은 의사들에게 초인적인 헌신을 요구했으며, 평시라면 상상하기 어려울 정도로 잦은 임상실습 기회도 제공했다. 마취술을 익힌 의사는 꾸준히 늘어 휴전 3년째인 1956년에는 대한마취과학회가 결성되었고, 1958년 1월에는 대학병원에 마취과가 생겼다.

외과 수술에서 에테르를 사용하여 환자를 미리 기절시키는 방법은 1846년에 처음 공개 시연되었다. 에테르는 1275년 스페인 사람 라몬 률Ramon Llull이 발견한 물질이었으나, 이를 의료용으로 쓸 수 있다는 데 생각이 미치기까지 600년 가까운 시간이 걸렸다. 에테르를 이용해 사람을 기절시키는 의료 기술을 '애너쎄시아'anesthesia라고 명명한 이는 미국의 의사이자 문필가인 올리버 홈스Oliver Holmes였고, 그 한자 번역어인 '마취'痲醉라는 단어는 20세기 벽두에야 우리나라에 전래되었다.

한의학에는 외과가 없지만, 『동의보감』에는 '당귀, 목별자, 목향 등을 섞어 만든 초오산草烏散을 술에 타서 먹이면 종기 부위를 칼로 째거나 부러진 뼈를 맞출 때에도 환자가 아픔을 못 느낀다'는 기록이 있다. 우리나라에서 에테르를 이용한 첫 번째 마취는 '마취'라는 말이 생기기도 전에 시행되었다. 1884년 서울에 있던 일본인 의사는

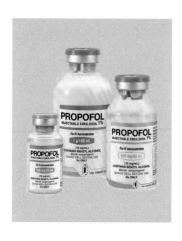

1989년부터 사용된 정맥주사용 전신마취제 프로포폴 중독성이 강해 마약으로 분류되지만, 의사의 특별한 배려하에 이 약물을 상습적으로 사용하는 부유층에 대한 이야기는 끊이지 않는다. 마취제는 현대인을 '고통을 덜 느끼는 인간'으로 만들어주었다. 자신의 고통을 덜 느끼는 인간에게 타인의 고통에 민감하기를 바랄 수는 없을 것이다.

한 아이의 다친 손을 수술하면서 마취를 시도했다. 이 마취는 사망 사고로 이어졌다. 서양근대의학은 일제강점기에 '표준 의학'의 지위를 얻었으나, 마취술의 발전 속도는 매우 더뎠다. 마취제로는 프로카인procaine과 에테르가 주로 사용되었고, 마취과 전문 의사는 없었다. 전신마취도 거의 불가능했다. 클로로포름chloroform과 티오펜탈thiopental 등의 전신마취제는 해방 후에야 접할 수 있었다. 그런 상황에서도 마취제를 악용해 환자를 무력화한 뒤 성범죄를 저지르는 의사에 관한 이야기는 신문에 종종 실렸다. 마취제라는 말은 사회 현상을 표현하는 데에도 사용되었다. 1920년대 초의 사회주의자들은 물산장려운동을 '노농 계급으로 하여금 현실의 고통에 무감각하게 만드는 마취제'라고 비판했다. '종교는 아편'과 같은 수사법이었다.

현대인들은 마취제 덕에 옛 사람들이 속수무책으로 견뎌야 했던 극한의 고통을 피할 수 있게 되었다. 꼭 필요하지 않은 수술을 자진해서 받는 사람이 늘어난 데에도 마취가 기여한 바 크다. 맨정신으로 수술을 견뎌야 한다면, 성형수술 받는 사람이 지금처럼 많을 수는 없을 것이다. 오늘날에는 마약인지 마취제인지 분간하기 어려운 약물도 많다. 마취제 덕에 고통을 덜 느끼게 된 탓인지, 현대인들은 타인의 고통에 대해서도 무감각해진 듯하다.

엑스선 촬영기

70. 몸 안을 들여다볼
수 있게 해준
기계

연산군 때 용하기로 소문난 홍계관이라는 점쟁이가 있었다. 소문을 들은 왕은 그를 궁궐로 불러들여 상자 하나를 내놓고는 안에 무엇이 들었는지 맞혀보라고 했다. 잠시 점괘를 짚은 홍계관은 '쥐 네 마리'라고 답했다. 왕은 코웃음치며 "분명 한 마리뿐인데 네 마리라고 하는 걸 보니 혹세무민하는 놈이 분명하다. 당장 사형시켜라"라고 지시했다. 잠시 후 혹시나 해서 쥐의 배를 갈라 보게 하니 그 안에 새끼 쥐 세 마리가 있었다. 급히 형 집행을 중지시켰으나 홍계관은 이미 죽은 뒤였다.

─『한거잡록』에서

사물의 겉을 꿰뚫어 그 안의 내용물을 보는 능력인 투시력은 미래에 벌어질 일을 미리 아는 예지력과 더불어 신통력神通力, 즉 신과 통하는 능력의 핵심을 이룬다. 동서고금에 수많은 사람이 스스로 투시력을 가졌다고 호언했으나, 절대다수는 사기꾼이었다. 인간에게 진짜 투시력을 선사한 것은 1895년 독일의 렌트겐Wilhelm Röntgen이 발견한 엑스선이다.

1910년 이광수가 지은 오산학교 교가 첫 소절은 "네 눈이 밝구나 엑스빛 같다. 하늘을 꿰뚫고 땅을 들추어 온가지 진리를 캐고 말련

375

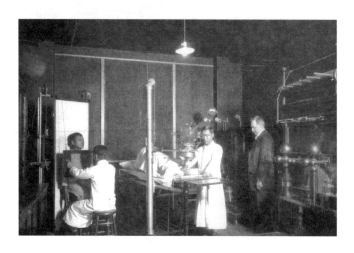

1920년대 세브란스병원의 엑스선 촬영 현대인들은 어떤 증상으로든 병원 응급실에 가면 일단 엑스선 촬영기 밑에 드러누워야 한다. 사람의 몸 안을 들여다보기 위해 만든 이 기계는, 몸 안에 마음의 자리가 따로 없다는 사실을 모두에게 확인시켜줬다. 출처: 연세대학교 의학박물관

다"였다. 물론 그는 엑스선 촬영기를 본 적이 없었고 광선光線과 빛도 분간하지 못했으나, 투시력이 인간을 진리로 이끌 것이라는 점은 알았다. 1920년대까지도 '엑스광선'이라는 말은 신문의 고정 칼럼난이나 잡지 제목으로 쓰였다. 당대의 지식인들에게 엑스빛은 진리를 보는 눈 그 자체였다.

일본에서는 1909년 시마츠島津 제작소가 엑스선 촬영 장치를 처음 생산했다. 이 엑스선 촬영기는 1914년 이 땅에 첫선을 보인 것으로 추정된다. 이해 5월, 조선총독부의원 내 '엑스광선실'에서 배뇨 장애가 있는 남녀 각 1명을 대상으로 엑스선 촬영이 진행되었다. 이 무렵 '엑스광선실'은 일본의 간인노미야閑院宮 친왕이나 조선의 왕세자 이은이 조선총독부의원을 직접 찾아가 구경할 정도로 최첨단 시설이었다. 이로부터 10년쯤 지난 뒤에는 각지 도립병원과 대형 선교병원들에도 엑스선 촬영기가 들어갔다. 일본의 시마츠 제작소는

1922년부터 매년 '렌트겐 강습회'를 열었으며, 식민지 의사들에게도 홍보했다. 이 행사에 참석한 의사도 적지 않았을 것이다. 엑스선 촬영기와 기계를 다룰 줄 아는 의사가 늘어남에 따라 1930년대 이후로는 조선인들에게도 병원에 가서 엑스선 촬영부터 하는 게 낯설지 않은 일이 되었다. 시마츠 제작소는 조선에도 출장소를 냈는데, 그 시점은 정확히 알 수 없다.

해방 이후 미군정이 가장 서두른 일 중 하나는 병원의 현황을 조사하는 것이었고, 엑스선 장비는 필수 조사 항목이었다. 총상, 파편상 환자가 속출할 수밖에 없는 한국전쟁 중에는 모든 군軍 병원에 엑스선 장비가 배치되었다. 노르웨이가 파견한 이동외과병원의 경우, 군의관 열네 명 중 한 명이 방사선과 전문의였다. 임상경험 없이 군의관으로 배속된 젊은 의사들은 유엔군 병원에서 엑스선 기계 사용법을 익혔다.

해방 직후 일본 시마츠 제작소 조선 출장소를 인계받은 박양규는 사명社名을 고려엑스선 기계공업사로 바꾸고, 1956년에 최초의 국산 엑스선 기계를 조립, 생산했다. 같은 무렵 성신엑스레이공업사도 비슷한 기계를 출시했다. 1960년대에는 10여 개 가까운 회사들이 엑스레이 기계를 생산했다. 하지만 1979년의 정부 조사 결과, 국산 엑스레이 기계의 70퍼센트 정도가 불량으로 밝혀졌다. 엑스레이 필름은 1975년에야 첫 번째 국산 제품이 나왔다.

엑스레이 덕에 의사들은 환자의 몸 안에서 일어나는 현상을 볼 수 있게 되었다. 시체를 해부하는 것과 산 사람의 몸을 엑스레이 필름으로 들여다보는 것은 전혀 다른 일이었다. 인체 내부와 외부의 관계, 병의 원인과 증상의 관계에 관한 지식은 의학적 담론을 넘어 사회 현상 전반을 이해하는 논리적 틀이 되었다. 모든 일을 내인內因과 외인外因, 본질과 현상으로 나누어 이해해온 이분법적 태도가 회의懷

疑의 대상이 되었다.

오늘날에는 초음파 진단기, CT, MRI, PET 등이 엑스선 촬영기보다 더 정밀하게 사람 몸'속'을 손바닥 보듯 들여다보고 찍어낸다. 이들 기계의 시선 앞에서 인간의 몸은 반투명이다. 하지만 엑스선으로 사람의 마음을 볼 수는 없다. 옛사람들은 마음이 심장에 있다고 믿고 자기 마음을 들여다보기 위해 애썼지만, 현대인들은 자기 몸 안 장기臟器들의 상태에 더 큰 관심을 기울인다. 현대인이 마음보다 몸을 중시하는 인간으로 진화한 데에는 엑스선 촬영기가 수행한 역할도 적지 않았을 것이다.

현미경

71.   위대한 존재보다
       미물을
       더 두려워하게 만든 물건

"근래 혹독한 독감이 전국에 만연하여 거의 모든 사람이 이 병으로 고생하고 있다. 우리나라뿐 아니라 서양, 아프리카, 동인도, 말레이반도 등 전 세계에 이 병이 유행하여 어떤 나라에서는 매일 수백 명 혹은 천 명까지 죽는다. 이 독감을 일으키는 것을 인플루엔자라고 한다." 전 세계에서 5천만 명 가까운 사람을 죽음으로 몰아간 스페인 독감이 유행했던 1918년 11월, 가톨릭교단에서 발행하던 잡지 『경향』에 수록된 기사 일부이다. 인플루엔자라는 말을 한국인들에게 소개한 첫 번째 언론 기사이기도 하다. 당연히 당시에는 인플루엔자 바이러스가 어떻게 생겼으며 어느 정도 크기의 물질인지 아는 사람은 거의 없었다.

인류의 종적種的 자의식은 보이지 않는 것의 존재를 믿음으로써 형성되었다고 해도 과언이 아니다. 그런데 신, 귀신, 괴물 등 '실재하나 보이지 않는 존재'들의 크기는 인간과 비슷하거나 훨씬 컸다. 다른 동물들과 마찬가지로 인간도 자기보다 큰 존재들에게는 두려움을 느꼈으나 작은 존재들은 겁내지 않았으며, 훨씬 작은 존재들은 하찮게 여겼고, 보이지 않을 정도로 작은 존재들에 대해서는 생각하지도 않았다. 인간의 인식 안에서 가장 작은 것은 먼지, 티끌, 벼룩의 간 정도였는데, '작은 것'이라는 뜻의 '미물'微物은 '하찮은 것'과 동의어였다.

작은 것을 크게 보는 확대경은 아주 먼 옛날에 만들어졌으나, 보이지 않는 것을 볼 수 있게 해주는 도구는 17세기에야 발명되었다. 근대의 많은 신발명품과 마찬가지로 이 물건 역시 여러 사람에 의해 여러 차례 개량을 거쳤는데, 현재 사용되는 것과 같은 구조의 현미경을 개발한 공은 네덜란드인 레벤후크Antonie van Leeuwenhoek(1632~1723)에게 돌리는 것이 보통이다. 그가 만든 현미경으로는 사물을 270배까지 확대해 볼 수 있었다. 인간이 세균을 발견하고 연구하며 공격할 수 있었던 데에는 현미경의 도움이 특히 컸다. 1878년 프랑스의 샤를 에마뉘엘 세디오Charles-Emmanuel Sédillot는 현미경으로만 볼 수 있는 생물에 '미생물'微生物, microbe이라는 이름을 붙였고, 이 이름은 곧 현미경 들여다보는 것을 일로 삼은 사람들에게 공유되었다. 로버트 훅이 세포cell 구조를 알아낸 것도, 루이 파스퇴르가 유산균을 발견한 것도, 하인리히 코흐가 세균의 생리를 구명한 것도, 모두 현미경 덕이었다. 코흐는 현미경 사진 촬영법도 창시했다.

우리나라에는 『한성순보』 1884년 4월 25일자를 통해 현미경에 관한 정보가 처음 알려졌다. 당시 한성순보는 1872년 중국에서 간행된 『중서문견록』中西聞見錄 중 현미경의 기능과 구조, 작동 원리, 현미경 사진 촬영법 등을 설명한 「현미경영등」顯微鏡影燈 항목을 전재轉載했다. 이 물건을 '견미경'이나 '관미경'이 아니라 '미물이 모습을 드러내는 거울'이라는 뜻의 '현미경'으로 번역한 것은 무척 적절했다. 인간이 존재조차 몰랐던 것들의 모습이 이 물건으로 인해 비로소 드러났기 때문이다.

실물 현미경이 언제 우리나라에 들어왔는지는 알 수 없으나, 식민지화 직전의 신문 기사들에는 현미경이라는 단어가 종종 사용되었다. 예컨대 『대한매일신보』 1909년 1월 20일자에 실린 친일 대신들

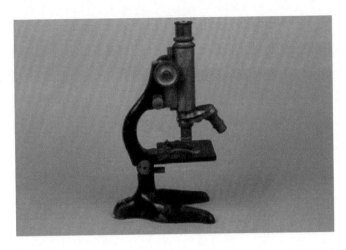

1920년대의 현미경 오늘날의 전자현미경은 사물을 최대 30만 배까지 확대해 볼 수 있게 해준다. 현미경 덕에 인간은 세상에 존재하는 모든 미물을 볼 수 있게 되었으나, 그 대신 '위대한 신'보다 '작디작은 미물'을 더 두려워하는 존재로 바뀌었다. 출처: 국립민속박물관

을 규탄하는 기고문에는 "열 길 물이 깊다 해도 맑고 보면 속 뵈는데 이런 자의 심상들은 보기 과연 어렵도다. 이런 일로 볼지라도 그 의사가 어떠한지 짐작하기 현황하니 현미경을 높이 들어 저 심장을 비춰볼까"라는 구절이 있다. '높이 든다'는 표현에서 현미경을 '고성능 확대경' 정도로 이해했음을 알 수 있다. 총독부 기관지『매일신보』는 1911년 10월부터 이듬해 1월까지「현미경」이라는 제목의 고정난을 두었는데, '자잘한 사건 기사'들을 모은 섹션이었다.

기록상 우리나라 최초의 현미경 검사는 1910년 4월에 잠업전습소에서 이루어졌다. 잠업蠶業(누에를 치는 사업) 개량을 위해 현미경으로 잠종을 검사하는 일은 1910년대 전반기 내내 계속되었다. 1915년 11월에는 경성의학전문학교가 교육, 연구 목적으로 일본산 현미경 40대를 구입했고, 1916년 4월에 시행된 약제사 시험에는 '현미경으로 약품을 감정하는 법'이 포함되었다. 이 무렵부터 전염병이 돌

때에는 환자의 토사물이나 우물물, 곤충의 다리 등을 현미경으로 검사하는 일이 관행화했고, 독지가들이 보통학교 등에 현미경을 기증하는 일도 흔해졌다. 하지만 일제강점기 내내 현미경은 귀한 물건이었고 성능도 그리 좋지 않았다. 이른바 '고성능 현미경'을 비치한 곳은 경성제국대학 의학부 등 몇 곳에 불과했다.

해방 직후 한국 의료 실태를 조사한 미군정은 '현미경이 태부족'하여 의학 연구와 질병 검사에 심각한 결함이 있다고 결론 내렸다. 1947년 11월, 군정청은 고성능 현미경을 다량 도입하여 군 의무학교, 도립병원 등에 보급했다. 한국전쟁 휴전 직후에는 미국 미네소타대학이 서울대학교 의과대학에 현미경 200대를 지원하기도 했다. 전자현미경은 1960년대 후반에야 한국의 의과대학과 대형 병원들에 들어가기 시작했다.

1916년 5월 3일자 『매일신보』에는 다음과 같은 기사가 실렸다.

> 만일 우리 눈이 현미경과 같이 밝았으면 우리의 주위를 에워싸고 백방으로 공격코자 하는 여러 버러지와 매균의 흉악하고 드러운 모양과 굼질거리는 꼴을 보고 신경병이 나서 하루도 편하게 지내지를 못할 터인데 그렇지는 아니하니 한편으로 생각하면 다행이라 하겠지마는, 또 한편으로 생각하면 당장 제 몸에 달려드는 위험을 보지 못하는 우리 인생은 참 불쌍하다 하리로다. 이를 우리가 불쌍하게 여기는 소경에다 비겨볼까. 소경은 눈이 보이지 아니하는 대신으로 귀가 밝으며 촉각이 예민하여 수연하게 보지는 못할망정 제 몸에 닥쳐오는 위험은 대개 피하는데 우리는 눈을 뜨고도 피할 줄을 모르니 소경보다 더 심한 불행이라.

사람의 눈에 보이지 않아 없는 것으로 취급됐던 미물들이 세상을 구성하는 요소로 인정받은 것은 거의 전적으로 현미경 때문이다. 오늘날 '마마'나 '염병' 등의 역병이 천벌이 아니라 세균이 옮기는 병이라는 사실을 모르는 사람은 거의 없다. 인간으로 하여금 천벌을 우습게 여길 수 있도록 해준 공로로 치자면, 현미경이 코페르니쿠스에 뒤지지 않을 것이다. 현미경으로 인해 현대인은, 위대한 존재보다 미물들을 더 두려워하는 인간으로 변했다.

산소호흡기

72. 숨넘어가는
사람을
살리다

1969년 1월 19일, 서울대학교 의과대학 부속병원은 고압산소치료기를 자체 개발하여 응급실에 설치했다. 당대 한국인 사망 원인 1위였던 연탄가스 중독증 치료에 적당하도록 고압산소기를 개량한 이 기계는 한국인이 독자 개발한 최초의 의료기기였다.

'숨지다' '숨이 끊어지다' '숨 넘어가다' 등은 모두 '죽다'와 같은 뜻으로 사용되는 말이다. 생명 활동의 징표는 호흡이고, 호흡에서 가장 중요한 원소는 산소酸素다. 산소는 1772년 스웨덴 화학자 칼 셸레Carl Scheele가 처음 발견했으나, 이에 관한 논문은 1775년 영국 화학자 조지프 프리스틀리Joseph Priestley가 먼저 발표했다. 1778년 프랑스의 화학자 앙투안 라부아지에Antoine-Laurent de Lavoisier는 이 원소에 물질을 산화酸化하는 성질이 있다는 것을 알아내고 그리스어로 신맛이라는 뜻의 '옥시스'oxys와 생성된다는 뜻의 '젠나오'gennao를 합쳐 '옥시건'oxygen이라고 이름 붙였다.

산소에 관한 정보가 우리나라에 처음 소개된 것은 1884년 5월 25일자 『한성순보』 논설 「양기養氣를 논함」을 통해서였다. 이 글에서는 산소를 양물養物로 표기하고, 이렇게 설명했다. "양기 중에 양물이라는 것이 있는데, 사람과 동물이 모두 이것 덕분에 생명을 유지한다. 무미무색無味無色이고 성질이 매우 짙으며 이것에 의지하여 불이 붙고 이것과 결합하여 피가 붉어지니 생기生氣 중에 으뜸이다." 양물이

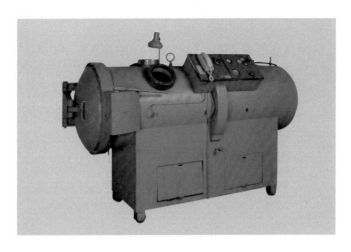

국내에서 개발된 최초의 고압산소치료기 산소는 생명의 근원이다. 산소호흡기는 생명 활동이 불가능한 극한의 조건에서도 생명을 유지할 수 있게 해주었다. 현대인의 활동 공간이 공중과 해저로까지 확장되고 그 생명 활동이 사실상의 사망 이후로까지 연장된 것은 산소호흡기 덕분이다. 출처: 서울대학교병원 의학박물관

란 세상 모든 생명체를 기르는 물질이라는 뜻이니 당대의 상식으로는 적합한 작명이었다고 할 수 있다. 산소를 사용하지 않고 성장하는 생명체가 있다는 사실은 나중에야 밝혀졌다.

대기 상태보다 산소의 농도를 높인 압축 공기를 통에 담아 보관했다가 수중에서 활동하는 잠수부나 호흡 곤란 상태에 빠진 환자에게 공급하는 산소호흡기는 19세기 말부터 개발되기 시작하여, 독가스가 사용된 제1차 세계대전 중에는 군대의 필수 의료기기로 자리 잡았다. 우리나라 사람들이 산소호흡기 또는 산소흡입기라는 이름의 장비에 대해 처음 알게 된 때도 제1차 세계대전이 발발한 1914년이었다. 이 물건은 1920년대 중반쯤 식민지 조선에도 들어왔다. 조선에서 발행된 신문들에는 이 무렵부터 산소호흡기의 용도에 관한 기사가 간간이 실렸다. 하늘 높이 올라가야 하는 비행사와 땅속 깊은 곳에서 일하는 광부는 물론, 술에 만취한 사람에게도 산소호흡기가

유용하다는 내용들이었다.

　이 땅에서 산소호흡기가 언제부터 의료용으로 사용되었는지는 확실치 않다. 극작가 박진은 1931년에 사망한 소파 방정환의 마지막 모습에 대해 이렇게 기록했다.

　　너무 육후肉厚(비만)해서 모세관이 압축되니 혈액의 전량이 순환이 안 되어 심장이 비대해졌으며, 신장과 방광이 압축되어 요독尿毒이 전신에 퍼져서 눈이 침침해지고 호흡이 곤란해지는 등의 증상이 나타났다. 입원한 지 1주일 만에 산소흡입기를 대고 실명실언失明失言한 채 33세로 절명했다.

　나무 사용이 줄고 연탄 사용이 늘어난 1930년대에는 '가스 중독' 사고가 빈번히 발생했다. 산소호흡기는 가장 효과적인 가스 중독 치료 기기가 되었다. 하지만 중독 즉시 큰 병원에 갈 수 있는 환자는 아주 적었기 때문에, 산소호흡기 치료는 대체로 실행하기 어려운 '의학 상식'일 뿐이었다.

　1937년 중일전쟁이 일어나자 산소호흡기는 다시 군사적 용도로 주목받았다. 연합군의 독가스 살포에 대비하여 산소호흡기에 대한 상식 수준을 높이려는 정책적 캠페인이 시작되었다. 1937년 일본에서는 비상시에 간편하게 사용할 수 있는 소형 산소호흡기도 개발되었다. 조선에서 발행된 신문들은 이를 '산소 통조림'으로 명명했다. 1939년 조선총독부는 기존의 소방조消防組와 수방단水防團을 통합하여 경방단警防團이라는 전시 재난 수습 단체를 조직했는데, 산소호흡기는 이 단체의 필수 비치품이었다.

　제2차 세계대전이 막바지로 치닫던 1943년, 프랑스 해군 대령 자크 쿠스토Jacques-Yves Cousteau와 에밀 가냥Emile Gagnan이 잠수부가 등에 지는 산소통을 개발하여 '물속의 폐'라는 뜻의 '아쿠아렁'Aqualung이라는 이름을 붙였다. 우리나라에서 아쿠아렁을 이용한 수중 탐사는 1967년에야 처음 이루어졌다. 1977년 7월 한국인 최초로 에베레스트 정상을 밟은 고상돈의 등에도 산소호흡기가 매달려 있었다. 오늘날 요양병원의 집중치료실에 입원한 환자들은 대다수가 산소호흡기에 의지하여 숨을 쉰다. 산소통과 산소호흡기는 현대인의 활동 공간을 높은 산과 깊은 바다로까지 확장했고, 환자의 숨이 끊어지거나 넘어가는 시기를 늦춰주었다. 그러나 인간이 산소를 발견한 이래 대기질은 계속 나빠졌다. 이대로 가다간, 가정용이나 휴대용 '산소 통조림'이 필요한 시대를 맞을지도 모른다.

휠체어

73. 장애인의
불편을 덜어준
물건

앉은뱅이, 절름발이, 곰배팔이, 벙어리, 귀머거리, 곱사등이, 장님, 애꾸, 언청이, 육손이… 얼마 전까지만 해도 아무런 도덕적 제약 없이 통용되던 단어들이다. 하지만 요즘에는 이런 말에 '장애인 비하' 혐의를 두는 사람이 많다. 몇 해 전에는 국회에서도 이런 단어가 논란의 대상이 되었다. 한 국회의원이 '정책수단이 절름발이가 될 수 있다'는 발언과 '외눈으로 보는 언론'이라는 발언을 두고 모두 '장애인 혐오'라고 질타했다. 이런 식이면 '벙어리 냉가슴'이나 '장님 코끼리 만지 듯한다' 같은 속담이나 '앉은뱅이 의자' 같은 고유명사도 모두 '장애인 혐오'가 되는 것 아니냐는 등의 반론反論이 거세지자, 국가인권위원회는 친절하게도 '혐오단어'가 맞다고 판정하기까지 했다.

'~이'는 '늙은이' '젊은이'처럼 '~한 사람'이라는 뜻이다. 1980년대 초에 '노인-늙은이' 논란이 있었다. 노인과 늙은이 사이에는 한자어 대 순우리말이라는 차이만 있을 뿐인데, 당사자들이 '노인'이라는 말은 수용하면서 '늙은이'라고 하면 기분 나빠 하는 것이 정당한가가 논점이었다. 당시 언어 전문가들은 노인들이 '늙은이'라는 말을 듣기 싫어하는 것은 '우리말 비하 의식' 때문이라고 결론 지었다. '절름발이'나 '벙어리', '외눈이' 등을 혐오단어로 '단정'하는 것도 마찬가지다. 실체가 존재하는 이상, 이름을 '부존재'로 만들 수는 없다.

388

이런 장애를 어떤 말로 바꿀 수 있을까? '하지체下肢體 장애인', '언어 장애인', '일안─眼 장애인'이라는 '한자어'를 쓰면 '장애인 비하'라는 혐의에서 벗어날 수 있을까? '절름발이'나 '외눈'이라는 말에 장애인 혐오감이 담겼다기보다는 '절름발이는 혐오단어'라고 주장하는 의식 안에 '우리말 혐오'가 담겼다고 보아야 할 것이다.

페리디낭 드 소쉬르Ferdinand de Saussure는 언어적 기호를 기표記標와 기의記意로 구분했다. 소리나 문자로 표현되는 단어가 '기표'이고, 그 안에 담기는 뜻이 '기의'다. 비유컨대, 기표가 '컵'이라면 기의는 '음료'다. 겉면에 '맥스웰'이라는 글자가 새겨진 컵이라고 해서 커피만 담으라는 법은 없다. 녹차를 담아 마셔도 되고 탄산음료를 담아 마셔도 되며, 빈 컵을 장식용으로만 쓸 수도 있다. 어떤 사람은 '바보'라는 단어에 '멸시감'만을 담지만, 어떤 사람은 '동정과 연민'을 담으며, 또 어떤 사람은 '사랑과 친밀감'을 담는다. 인류는 같은 단어에 다양한 의미를 담는 언어생활을 통해 풍요로운 문화를 가꿔왔다. '하나의 단어에는 하나의 의미만 담아야 한다'고 주장하는 건, 반지성적이며 반문화적이다. 문제는 단어 자체가 아니라 사람들이 그에 담는 의미와 감정이다. 특정 단어의 사용을 금지한다고 해서 혐오감이 소멸하지는 않는다.

'장애인'이라는 말은 '병신'病身이라는 말에 담긴 혐오감을 척결하자는 취지에서 만들어졌지만, 오늘날에는 이 역시 '혐오단어'라는 혐의에서 자유롭지 않다. 이 단어는 병신이라는 단어를 거의 그대로 대체했을 뿐이다. '병신 같다'는 말과 '장애인 같다'는 말 사이에는 아무런 차이가 없다. 병신은 '병든 몸'이라는 뜻으로 '저질'低質이나 '얼간이'처럼 처음부터 비하의식이나 혐오감을 담아 만든 말은 아니다. 조선시대에는 병든 신하가 자신을 '병신'이라고 지칭指稱하는 일도 흔했다. 다만 운명론과 윤회사상의 영향력이 컸던 시대 사람들은 장애를 '전생에서 지은 죗값'이나 '하늘이 내린 벌'로 이해했고, 그래서 '병신'이라는 단어에 경멸의 뜻을 담았다.

몸이 불편한 것도 서러운데 멸시까지 받았으니, 장애인의 삶은 자체로 '천형'天刑이었다. 특히 질병이나 부상으로 하반신을 자기 뜻대로 움직일 수 없는 사람들은 평생을 집안에 갇혀 살다시피 했다. 이런 사람들에게도 이동할 권리가 있다는 생각은 쉬이 뿌리내리지 못했다. 중국에서는 바퀴 달린 의자 그림이 있는 서기 6세기경의 석관石棺이 발견된 바 있으나, 이런 물건이 계속 만들어지지는 않았던 듯하다. 유럽 최초의 휠체어는 1595년 에스파냐 궁정의 한 신하가 펠리페 2세를 위해 만든 것이라고 하는데, 장애인용이 아니라 환자용이었다. 하반신 장애인을 위한 휠체어는 미국 남북전쟁 이후에 대량 생산되었다. 의술이 발달한 덕에 하체만 절단하고 생명을 건진 사람이 많았기 때문이다. 이 물건이 언제 이 땅에 들어왔는지는 확실치 않다. 만주사변 이후 일본 육군이 부상으로 퇴역한 군인들에게 휠체어를 지급했다는 기록이 있는데, 병원들에서는 이보다 먼저 사용됐을 가능성이 있다.

우리나라에서도 장애인에 대한 대중적 인식이 바뀌는 데에는 한국전쟁이 큰 구실을 했다. 총탄이나 포탄에 의한 하반신 복합골절을 치료하는 거의 유일한 방법이 절단이었다. 미군 군의관들은 한국군 군의관들을 '절단의 천재'라고 불렀다. 그들이 보기에 충분히 구할 수 있는 팔 다리도 무턱대고 잘랐기 때문이다. 이런 전시 의료 여건에서는 회복 불능의 장애인이 양산될 수밖에 없었다. 그런데 나라를 위해 싸우다가 신체 일부가 손상된 사람들을 혐오하는 것은 공동체 구성원의 도리가 아니었다. 이에 '병신'을 대체하는 용어로 '불구자', '지체 부자유자' 등이 사용되기 시작했다. 하지만 사람들의 인식이 바뀌는 데에는 오랜 시간이 걸렸다. 휴전 20여 년이 지난 뒤에

전동 휠체어를 탄 장애인들 전동 휠체어를 탄 장애인들이 이동권 보장을 요구하며 시위 중이다. 전동휠체어는 20세기 초 독일에서 실용화했지만, 한국에서는 그로부터 100년이 지난 뒤에야 보편화했다. '장애인 혐오'는 인류의 오랜 악습이자 편견이다. 요즘에도 장애인의 이동권을 둘러싸고 논란이 벌어지곤 하지만, 휠체어가 안경이나 혈압약과 다를 바 없는 물건이라는 사실을 인정하는 사람이 조금씩 늘어나는 것은 다행스러운 현상이다.

도 '전쟁 상이용사'들은 대체로 의심의 대상이었다. 노동력 대부분을 상실한 데다가 국가의 부조扶助도 변변치 않았으니, 그들 상당수가 불법적인 일로 생계를 유지할 수밖에 없었다. 이런 상황도 '지체부자유자'에 대한 대중적 혐오감을 지속시켰다. '장애인'이라는 호칭은 1980년대 중반 이후에야 일반화했다. 하지만 호칭을 바꾸는 것과 대우를 바꾸는 것은 다른 문제였다.

우리나라에서는 휴전 10여 년 후인 1960년대 초부터 장애인 이동용 휠체어가 보급되었다. 그런데 공교롭게도 휠체어가 보급될 무렵, 전국 각 도시들에서는 지하도와 보도육교 건설 붐이 일었다. 정권을 잡은 군軍 출신 인사들은, 장애인이 된 옛 전우들의 이동권을 배려하지 않았다. 비싼 휠체어를 장만해도 도심부에서는 쓸 데가 없

었다. 도로교통에서 장애인의 이동권을 배려하자는 담론은 1990년
대에 들어선 뒤에야 확산했다. 보도육교가 사라지고 횡단보도가 늘
어나는 데 비례해서, 휠체어를 타고 거리로 나오는 장애인도 늘어났
다. 엄밀히 따지자면, 선천적으로든 후천적으로든 신체나 정신에 장
애를 갖지 않은 사람은 없다. 옛날이라면 '당달봉사'라고 불렸을 사
람들이 오늘날에는 안경 덕에 불편을 덜 느끼며 산다. 휠체어도 장
애의 불편을 덜어주는 현대의 여러 물건 중 하나일 뿐이다.

74.　　병원 문턱을
　　　낮추다

"여보세요, 여보세요, 배가 아파요. 배 아프고 열이 나면 어떻할까요? 어느 어느 병원에 가야 하나요?" 대략 한 세대 전부터 유치원 아이들이 배우고 부르는 노래의 한 소절이다. 현대인들에게 '아프면 병원에 가야 한다'는 건 극히 초보적인 상식이다. 아픈데도 병원에 가지 않고 버티는 사람은 '미련한 사람'이며, 자식이 아픈데도 병원에 데려가지 않는 부모는 '나쁜 부모'다. 그런데 언제부터 상식이었을까?

병은 나기도 하고 들기도 하며 걸리기도 한다. 배탈은 '난다'고 하고, 감기는 '든다'고 하며, 코로나19는 '걸린다'고 한다. 물론 '감기 걸렸다'는 말도 병용倂用된다. 몸 안에서 저절로 생기는 것이 '나는 병'이고, 악귀나 병독病毒이 몸 안으로 들어와 앓게 되는 것이 '드는 병'이며, 당사자가 처신을 잘못해서 걸려드는 것이 '걸리는 병'이다. 법망法網에 걸리는 것과 병에 걸리는 것은 비슷하다. 옛날 사람들은 병의 원인이 여럿인 이상 그 치료법도 하나일 수 없다고 생각했다. 의원醫員이라는 직업이 있었지만 치료는 의원만 하는 일이 아니었다. 엄마나 할머니가 아픈 아이 배를 쓰다듬는 일, 환자의 이웃집 노인이 비슷한 증상에 효과가 있었다며 '약초'를 전해주는 일, 판수가 점을 치는 일, 무당이 굿을 하는 일, 의원이 침을 놓고 약을 처방하는 일이 모두 선택할 수 있는 치료법이었다. 치료 효과가 꼭 비용에 비례하지도 않았다. 마지막 단계에서 찾는 사람이 의원이었으나, 용한 의원이 영약靈藥을 써도 고칠 수 없는 병이 훨씬 많았다. 치유의 권능은 사실상 신神만이 가진 것이었으니, 병을 낫게 해주면 의원이든 무당이든 '신통神通하다'는 찬사를 들었다.

의술은 제국주의 시대에 이르러서야 다른 치료법들을 압도할 수 있었다. 제국주의는 세계를 지배하기 위해 먼저 세계의 질병들을 정복하거나 '치명적이지 않은' 것으로 만들어야 했다. 전 세계의 질병과 치료법, 약물에 대한 정보들이 유럽에 집적되었으며, 유럽의 의학자들은 이것들을 연구하여 새로운 의학, 즉 '근대의학'을 만들었다. 세계의 질병과 약물에 관한 정보를 집적한 데다가 근대 과학의 지원까지 받은 덕에 의학과 의술은 비약적으로 발전했다.

근대의학이 이 땅에 들어온 것도 제국주의의 조선 침략 과정에서였다. 19세기 조선에 들어온 파리 외방전교회 소속 선교사들도 기초적인 근대의학 지식은 가졌겠지만, 본격적인 전래는 일본 해군이 부산에 제생의원을 설립하면서부터 시작되었다. 1885년 4월에는 조선 정부도 제중원을 설립하여 미국인 선교의사 알렌에게 진료를 맡겼다. 조선 사람들은 근대의학을 배운 사람들을 백인이든 일본인이든 조선인이든 모두 '양의'洋醫라고 불렀다. 한국어에서 '양인'洋人은 아주 오랫동안 백인만을 의미했다. 그러나 의사에 대해서만은 '의술의 기원'을 따졌지, 그 시행자의 인종이나 민족을 따지지 않았다. '근대의학'이 비록 세계 보편 의학이었지만, 각 지역의 전통의학을 완전히 소멸시킬 정도로 압도적인 효능을 보이지 못했기 때문이다. 우리나라에서는 지금도 '의학'과 '한의학'이 병립한다. 이런 식의 구분법이 적용되는 학문 영역은 오직 의학뿐이다. 물리학은 물리학이고 화학은 화학이지 '양물리학'이나 '양화학'이라고 하지 않는다. 당연히 '한물리학'이나 '한화학'도 없다.

이 땅에서 '양의학'이나 '서양의학'이라는 이름을 얻은 '근대의학'은, 상대적으로 뛰어난 치료 효과를 입증함으로써 점차 전통의학에 대한 우위를 다져갔다. 오늘날에는 '양의'라는 말은 사라졌고, '의사'와 '한의사'라는 말만 남았다. 한의원이나 한의사라고 특정하지 않으면, 병의원은 모두 양의원이고 의사는 모두 양의사다. 보편 의학의 우위를 인정하면서 특수 의학의 존재를 용인하는 의식적·무의식적 타협의 결과라고 할 수 있다.

한국인들은 먼저 종두와 외과술을 통해 서양의학을 접했고, 그러면서 조금씩 그에 대한 신뢰감을 키웠다. 1879년부터 시행된 종두는 두창을 '귀신의 장난'으로 여겨온 오랜 인습에 파열구를 냈다. 제중원은 개원 공고문에서 이 병원의 미국인 의사가 "특히 외과에 강점이 있다"고 밝혔다. 한의학에는 외과가 아예 없었다. 제중원 의사 알렌은 백내장 수술을 가장 많이 했는데, 그때까지 백내장은 실명으로 이어지는 불치병이었다. 양의사 알렌은 신의神醫라는 말을 들을 만했다. 제중원 개원 직후 말라리아 치료약인 키니네가 수입되어 널리 보급되면서 내과에 대한 신뢰도 높아졌다. 사람들은 키니네를 모든 열병熱病에 잘 듣는 만병통치약처럼 이용했다.

1899년 대한제국 정부가 국립 의학교를 세우면서 이를 서양의학 전문 교육기관으로 정한 것은 이 무렵에 서양 근대의학이 질병 치료의 유일한 과학적 표준으로 자리 잡았음을 의미한다. 20세기가 시작될 무렵에는 이 땅에서도 과학을 기준으로 해서 서양과 전통을 재배치하는 과정이 급진전했다. 과학 지식이 새로 신의 지위를 얻었으며, 서양 학문은 과학, 전통 학문은 비과학이라는 생각이 퍼져나갔다. 의학도 과학적 의학과 비과학적 의학으로 구분되었다. 잠시나마 서양 근대의학의 독주에 맞서 전통의학의 맥을 이으려는 시도가 있었으나, 제국주의가 내세운 '문명의 힘'에 대적하지는 못했다.

일본이 한국을 강점한 뒤, 서양 근대의학의 전제적專制的 지위는 한층 공고해졌다. 메이지유신 이후 독일 의학을 받아들인 일본은 서양 근대의학만을 의학으로 인정했다. 일본 내 전통의사들은 자연 도태의 길을 걸었고, 전통 약재들도 효용 가치를 잃었다. 일제는 처음 식민지 조선에서도 서양 의학만을 인정하기로 가닥을 잡았다. 그러면서도 양의를 많이 양성할 계획은 세우지 않았다. 이 구상이 그대로 실현됐다면, 조선인들은 의사 없는 세상에서 늘 생명의 위협을 느끼며 살아야 했을 것이다. 아무런 대책 없이 조선의 의료 환경을 급속히 악화시키는 것은 식민 통치에 결코 유리하지 않았다. 이에 따라 일제는 '현지화'를 빌미로 유예적인 조치를 취했던 바, 이것이 식민지 의학의 제한성과 특징을 규정했다.

식민지를 비非문명, 또는 반半문명 상태에 두는 것은 제국주의자들에게 이데올로기적으로나 정치적으로나 유용했다. 지배 민족은 식민지에서 현대 문명을 체현體現한 존재로 인정받아야 했다. 식민지에서 지식은, 전통 사회의 그것보다는 '진보'했으나 식민 모국의 그것과는 비교할 수 없을 만큼 '낙후'한 지점에 묶여 있어야 했다. 당대 제국주의자들은 근대 과학이 식민지 원주민의 손에 잘 닿지 않는 곳에 있어야 신비로움을 유지할 수 있다는 생각을 공유했다. 신지식의 생산과 유통은 그런 기준에서 제약되었다. 인체와 생명을 다루는 의학에서 이 제약은 더 명료하게 표현되었다. 일제는 한국인들이 서양 근대의학을 배울 수 있는 기회를 아주 제한적으로만 허용했으며, 그나마 학문이 아니라 기술을 가르치는 데에 치중했다. 그 탓에 의사들이 너무 적었고, 의사를 재생산할 수 있는 기반도 취약했다. 일제는 그러면서도 무속巫俗과 주술에 의존하는 '종교적 치료 행위'는 조롱하고 배격했다.

뭐든지 부족하면 비싸지는 법이고, 정품이 너무 비싸면 가품이 나

오는 법이다. 조선총독부는 전통의학에 식민지 원주민만을 위한 하
등 의학이자 가품 의학의 지위를 부여했다. 전통의학은 원주민에게
는 여전히 의학이었으나, 식민지 지배자에게는 의학이 아니었다. 총
독부는 식민지 원주민을 치료하는 전통의사들의 지위를 의생醫生으
로 격하시켰다. 총독부의 관점에서, 의생은 조선인들에게 진료 서비
스를 제공하는 현지 의료인이자, 자격 있는 의사들의 지휘 아래 예
방의학 업무를 담당하는 하위 기능인이었다. 명칭에서 보듯 의사와
의생의 사회적 지위는 각각 '스승과 제자'로 규정되었다. 의생의 스
승이자 진짜 의사인 양의에게 진료받으려면 아주 큰돈이 필요했다.
일제강점기 내내, 의사들은 '갈퀴로 돈을 긁어 모은다'는 동경과 비
난을 함께 받았다. 부자가 아닌 사람들은 아플 때 의생을 찾아갔고,
가난한 사람들은 아예 치료를 포기했다.

　해방 후 의사 양성 기관은 크게 늘어났으나, 의사들의 특권은 줄
어들지 않았다. 오히려 1940년대에 페니실린, 스트렙토마이신 등
'기적의 항생제'들이 발명됨으로써 서양의학의 권위는 더 높아졌다.
서양의학만을 의학으로 인정한 미군정의 보건의료정책도 양의의 일
방적 우위 구조를 강화했다. 해방 직후 이념 대립과 내란 상황, 전쟁
을 겪으면서 외과 환자는 기하급수적으로 늘어났지만, 그들을 치료
할 양의는 태부족했다. 특히 전쟁 중에는 '실력 있는' 의사 대다수가
군의관으로 복무했다. 민간인을 진료하는 병의원이 많지 않았으니,
진료비는 부르는 게 값일 수밖에 없었다. 이런 상황은 휴전 이후에
도 오랫동안 계속되었다. 아픈 환자를 들쳐 업고 병원에 갔다가 돈
이 없어 발길을 돌리는 사람이 부지기수였다. 의사가 가난한 환자의
진료를 거부하는 것은 죄가 아니었다. 병원은 '사람 목숨이 돈보다
귀하다'는 인본주의적 통념을 전복시키고 '자본주의적 상식'을 사회
전체로 확산하는 대표적 장치였다. 가난은 말 그대로 '죽을 죄'였다.

5·16 군사정변 이태 뒤인 1963년, '의료보험법'이 제정되어 이듬해부터 시행되었다. 당시 군사정권이 의료보험법을 제정한 것은 무상의료를 자랑하는 북한에 맞서기 위해서였다. 하지만 원하는 사람만 가입하는 임의가입 방식이어서 명색만 의료보험이었다. 이보다는 1968년 장기려가 만든 청십자의료보험조합이 가난한 환자를 돕는 데에는 더 효과적이었다. 고용주와 피고용인이 보험료를 분담하는 강제 가입 방식의 의료보험 제도는 1977년에 만들어졌다. 이때는 공무원, 군인, 교사, 상시 500인 이상을 고용하는 대기업 노동자만 의료보험에 가입할 수 있었다.

1977년은 유신체제가 종말을 향해 치닫던 때였다. 특히 당시 정부가 주력 수출산업으로 육성하던 중화학 공업 분야 대기업 노동자들은 극단적인 저임금에 불만이 매우 높았다. 울산, 포항 등지의 대규모 중화학 공업단지 노동자들의 평균 임금은 서울 주변 봉제공장 여성 노동자들의 평균 임금보다도 낮았다. 대기업에서 파업이 일어나면 '국민경제'에 미치는 영향이 지대할 것이라 판단한 박정희 정권은 대기업 노동자들을 회유하는 한편, 공무원·군인·교사 등 정권의 중추를 이루는 사회세력의 환심을 사기 위해 '특권적 의료보험 제도'를 만들었다. 당시 의료보험증은 특권층의 신분증 구실을 했다. 의료보험증만 맡기면 어느 술집에서나 외상술을 먹을 수 있을 정도였다. 사회는 '의료보험증' 가진 사람과 '의료보험증' 없는 사람으로 나뉘었고, 남의 집 의료보험증을 빌려 진료받는 사람도 헤아릴 수 없이 많았다.

1987년 6월 항쟁 이후, 민정당 후보 노태우는 '전 국민 의료보험 혜택'을 대표 공약으로 내세웠다. 의료보험증이 우리 사회의 불평등 양상을 두드러지게 표현하는 증거물이었기 때문이다. 이 가시적인 불평등의 증거물을 없애지 않고서는 6월 항쟁으로 뜨겁게 분출한

민주화 열기를 가라앉힐 수 없는 상황이었다. 1989년부터 '전 국민 의료보험 제도'가 시행되었고, 이때부터 의료보험증은 누구나 가질 수 있는 물건이 되었다. 동시에 돈이 없어 병원에 못 간다는 사람도 크게 줄었다. '아프면 병원에 가야 한다'는 것이 확고부동한 상식으로 자리 잡은 것도 이때에 이르러서였다.

1990년대 의료보험증 의료보험증은 병원 문턱을 획기적으로 낮췄고, 서양근대의학의 특권적·배타적 지위를 한층 강화했다. 의료보험증이 없었다면, 서양근대의학은 '특수층을 위한 의학'으로만 존재했을 것이다. 그러나 오늘날의 의사들은 이 의료보험이 의료수가를 낮게 묶어둠으로써 의학 발전을 위한 투자를 제약한다고 주장한다. 출처: 태백석탄박물관

의료보험증은 2000년에 건강보험증으로 바뀌었는데, 그 즈음부터 빈부 간 세대 간 갈등을 압축적으로 표현하는 물건이 되었다. 병원 출입이 잦은 노년의 무직자와 병원 갈 일이 거의 없는 청년 직업인들의 건강보험료에 대한 생각이 같을 수 없다. 비싼 값을 치르더라도 고급 진료를 받고 싶다는 부자들의 욕망과 의료비가 더 싸지기를 바라는 가난한 자들의 욕망을 합치시킬 수도 없다. 건강보험으로 소득 재분배 효과를 노리는 것은 부당하다는 주장과 건강보험료로라도 가난한 사람들을 배려해야 한다는 주장이 팽팽히 맞선다. 건강보험을 둘러싼 논란은 앞으로도 계속될 것이다. 앞으로 어떤 변화가 일어나든, '사람 목숨이 돈보다 귀하다'는 생각이 의지할 곳은 남겨두어야 할 터이다.

75.   핏줄에 대한
       관념을
       바꾸다

한자어 혈관血管, 혈통血統, 혈연血緣이 우리말로는 모두 '핏줄'이다. 옛사람들은 '피'를 생명의 원천이며, 부계父系 가문을 지속시키는 질긴 끈이자, 수많은 사람을 연결하여 동포라는 공동체를 이루는 매개 물질로 생각했다. 사람의 피는 신성神性이 깃든 물질로서, 그 함유량에 따라 신분이 나뉘는 것으로 간주되었다. 사람의 피라고 해서 다 같은 피가 아니었다. 왕공 귀족의 피는 신성하나 노예의 피는 천했다. 사람들은 이 물질에 신과 교감하는 인간의 영혼이 깃들어 있다고 믿었다. 그래서 피를 관장하는 장기를 혈장血臟이라 하지 않고 심장心臟이라고 했다. 영혼과 마음의 장기라는 뜻이다. 같은 부모에게서 태어나지 않은 사람들끼리 의형제를 맺을 때는 서로의 피를 나누어 마시는 의례를 행하기도 했는데, 이 때에도 피의 '등급'은 같아야 했다. 간접적으로라도 귀한 피와 천한 피를 섞는 것은 불경한 짓이었다.

과다출혈로 죽어가는 사람에게 타인의 피를 주입해서 치료해보려는 시도는 옛날에도 종종 있었다. 그러나 성공 사례는 많지 않았다. 오히려 환자의 상태가 급격히 나빠져서 곧바로 죽음에 이르는 경우가 많았다. 사람의 피는 인종, 신분, 종교와 관계없이 순수하게 물질적인 차이만 있다는 사실은 20세기 벽두에야 밝혀졌다. 1901년 오스트리아 태생의 미국 생물학자 카를 란트슈타이너Karl Landsteiner는 사람의 혈구에 서로 다른 항원과 항체가 있어, 다른 것끼리 섞으면 응집 반응이 일어날 수 있다는 사실을 발견하고 ABO 세 가지 혈액형 분류법을 개발했다. 그 얼마 뒤 AB형이 추가되었으며, RH식 혈액형 분류법은 1940년에 만들어졌다. 혈액형 판정에 사용되는 것이 표준혈청이다.

혈액형 분류법은 1910년 전후 우리나라에도 알려졌을 것으로 추정되지만, 1960년대까지는 자기 혈액형이 뭔지 모르는 사람도 많았다. 나는 내 혈액형을 중학교 입학한 뒤에 알았다. 생물 시간에 혈액형의 유전에 대해 배운 뒤라서 부모님 혈액형이 궁금했다. 어머니께 여쭈었으나, 당신 혈액형을 모르신다며 한사코 알려주지 않으셨다. 그때는 그런가 보다 했는데, 몇 년 지나고 나서 모른다고 하신 이유를 알았다. 이웃에 나보다 한 살 위인 선배가 있었는데, 그 역시 부모에게 혈액형을 물어보았다. 부모의 대답을 들은 그는, 자기가 '친자식'이 아니라고 지레짐작하고서는 그때부터 본격적으로 비뚤어지기 시작했다. 군중 속에 섞어놓아도 단박에 부모와 자식 간임을 알수 있을 정도로 서로 닮았건만, 그는 외모의 유사성보다는 혈액형의 과학을 믿었다. 자식이 비뚤어지는 걸 '사춘기 열병' 탓으로만 여긴 그의 부모는 나중에야 이유를 알고 자식과 함께 병원에 가서 '혈액형 친자 확인'을 받았다. 하지만 사춘기 1~2년간 비뚤어진 그의 성정과 바닥까지 추락한 그의 성적은 회복되지 않았다. 누군가 혈액형을 잘못 판정했거나 혈액형 정보를 잘못 기재해서 일어난 해프닝이었지만, 그 개인에게는 평생 회복하기 어려운 상처를 남긴 셈이다.

한국전쟁 직전까지도 수혈이 필요한 경우 큰 주사기로 혈액 제공자의 피를 뽑아 환자에게 직접 주사하는 식이어서, 혈액형 분류법이 임상 치료에 기여하는 정도는 제한적이었다. 혈액형에 관한 지식은 범죄 수사나 친자 확인 소송에 더 자주 활용되었고, 대중적으로

교육용 표준혈청 오늘날 혈액형을 확인하기 위한 표준혈청은 누구나 쉽게 구매할 수 있다. 혈액에는 '유형'이 있으며, 가족 간에도 유형이 다를 수 있다는 사실은 현대의 상식 중 하나다. 혈액형이 인종별 우열을 반영하며 사람의 기질적 특성이 혈액형에 좌우된다는 믿음은 현대의 몰상식 중 하나다. 혈액형에 관한 지식은, 현대의 상식과 몰상식 모두에 큰 영향을 미쳤다.

는 새로운 믿음 또는 미신과 결합했다. 제1차 세계대전 중 독일의 의학자 힐슈펠트Ludwick Hirschzfeld는 유럽과 아프리카의 16개국에서 8,500여 명의 혈액을 채취, 혈액형별로 분류한 뒤 "A형이 B형보다 진화한 혈액형"이라고 주장했다. 물론 그가 얻은 샘플에서는 백인종의 혈액에 A형이 상대적으로 더 많았다. 그는 자기주장을 정당화하기 위해 '생화학적 인종계수'라는 것을 개발했는데, A형과 AB형인 사람의 수를 B형과 AB형인 사람의 수로 나누어 계수화한 것이다.

A형이 100명, B형이 80명, AB형이 10명이라면, '생화학적 인종계수'는 110÷90=1.22가 되는 셈이다. 그는 인종계수 2.0 이상을 유럽형, 1.3 미만을 아시아-아프리카형, 그 사이를 중간형으로 규정했다. 인종차별주의와 우생학에 입각한 그의 이 주장 또는 가설은 이후 통계적으로나 과학적으로나 터무니없는 내용이라는 사실이 입증됐지만, 오리엔탈리즘에 찌든 제국주의자들은 검증도 하지 않고 '당연한 진리'로 받아들였다. 뻔한 거짓말이라도 자기에게 유리하면 무턱대고 믿는 질병이 최근에만 유행하는 것은 아니다.

일본인 의학자들은 힐슈펠트의 가설을 '확정된 이론'으로 간주하고 조선인 제자들까지 동원하여 일본인과 조선인의 혈액형 사이에서 '유의미한 차이'를 발견하기 위한 연구를 진행했다. 1922년, 경성의학전문학교 교수 기리하라 마코토桐原眞와 그의 조선인 제자 백인제는 「일선인日鮮人 간에 있어서 혈액속별血液屬別 백분율의 차이 및 혈액속별 특유성의 유전에 대하여」라는 제목의 공동 논문을 『조선 의학회지』 제40호에 발표했다. 이는 백인제의 학계 데뷔 논문이기도 했다. 이 논문에 따르면 조선인의 인종계수는 평균 1.0 내외로 아시아-아프리카형에 속하고, 일본인의 인종계수는 1.5~1.7 정도로 중간형에 속했다. 같은 조선인이라도 북쪽의 평안도보다는 일본에 가까운 남쪽 전라도 사람들의 인종계수가 더 높았다. 이 연구 결과는 '조선인은 야만인'이라는 일본 군국주의의 침략 정당화 담론을 강화하기에 충분했다.

3·1운동 때 경성의학전문학교에서 퇴학당했던 백인제는 '학교 측의 배려'로 복학한 뒤 지도교수의 권유로 양 민족의 혈액형 차이 연구에 매달렸다. 일본인 지도교수는 '조선인의 유전적 열등성'을 입증하는 것이 백인제 본인의 앞날에 도움이 되겠다고 판단했던 듯하다. 백인제에게 들러붙은 '불령선인'不逞鮮人 또는 '불령학생'의 딱지를 떼어주려면, 그 자신이 '참회록'을 쓰도록 할 필요가 있었기 때문이다.

1930년에는 도쿄여자고등사범학교 교사 후루카와古川가 혈액형과 기질에 관한 가설을 발표했다. 이 가설은 신문과 잡지들을 통해 국내에도 널리 알려졌는데, 그 내용은 다음과 같았다.

O형 : 침착하며 감정에 휘둘리지 않고 주위 물정에 함부로 동하지 않으며 모르는 척하면서도 남에게 좌우되지 않으며 의지가 강하여 한번 결정한 일이면 다시 주저치 않고 얌전한 것같이 보여도 자신감이 강하다.

A형 : 조심성이 많고 수줍으며 온후하고 보는 것 듣는 것에

모두 주의를 기울이며 일을 결단함에도 주저가 많고 감동성이 많으며, 남과 다투기 좋아하지 않아 자기를 희생하는 일이 많다.

B형 : 가벼워 무엇이든 오래 생각하지 않으며 집착이 적고 쾌활하며 잘 지껄이고 감수성이 많아 조금만 자극이 오면 곧 거기 응하며, 사람과 잘 사귀고 남의 일도 잘해주며 모든 것을 잘 살핀다.

AB형 : 속살은 A형이고 외면은 B형으로 기질에 모순이 있어서 판단하기 어렵다.

그는 또 일본 육군대학 출신자 중에는 O형이 가장 많다고 주장했다. 그가 O형을 '일본 사무라이의 피'로, A형을 '여성이나 조선인의 피'로 상정했음은 쉬이 알 수 있다. 그런데도 이와 유사한 가설을 지지하는 사람이 아직도 많다. 몇 해 전 한국의 모 기업은 혈액형이 B형인 사람에게만 응시 자격을 주는 채용 공고를 내기도 했다. 영업 직원은 B형이어야 한다는 사장의 '소신'에 따른 일이었다.

한국전쟁은 한국인 개개인, 특히 군인들의 혈액형 정보를 필수 정보로 만들었다. 부상병을 신속히 수술하기 위해서는 혈액을 제공하는 사람이나 받는 사람의 혈액형을 미리 알아두어야 했기 때문이다. 1950년대 도민증 중에도 혈액형 기재란을 둔 것이 있었다. 다만 그 난을 비워둔 사람도 적지 않았다.

오늘날 한국에서 자기 혈액형을 모르는 성인은 전혀 없다고 봐도 무방하다. 부모자식 간, 형제자매 간에도 혈액형이 다를 수 있다는 사실을 모르는 사람도 없다. 혈연과 혈통에 관한 인간 의식의 심층에 균열이 생긴 데는 이 지식의 영향이 컸을 것이다. 혈액형이 같은 외국인과는 피를 공유할 수 있으나 혈액형이 다른 가족과는 그럴 수 없다는 것이 현대의 상식이다. 현대인의 마음에서 혈연의식과 동포애가 옅어지는 대신 보편 인류를 향한 지향이 커지는 것도 어쩌면 당연한 현상일 것이다.

다이어트 식품

76. 날씬한
     몸
     숭배

'신분'身分, 문자 그대로 사람의 몸이 등급에 따라 나뉜다는 뜻이다. 신분제도가 처음 생겼을 때부터, 귀족들은 의복과 장신구를 이용해 자기 몸이 특별하다는 사실을 입증하고자 했다. 그러나 그것만으로는 부족했다. 신에게 선택받은 자의 존귀함은 맨몸으로도 드러나야 했다. 안데르센의 동화 「벌거벗은 임금님」은 사기꾼에게 속은 어리석은 임금을 조롱하는 내용이지만, 그 사기꾼이 실존했다면 '임금이라면 응당 몸 자체로 권위를 드러낼 수 있어야 한다'고 믿었을지도 모른다.

왕과 귀족들에게는 다행하게도, 절대다수 사람의 일상이 굶주림과 고된 노동으로 채워지는 상황에서 '귀하신 몸'을 만드는 데에는 큰 수고가 필요하지 않았다. 잘 먹고, 적게 움직이고, 따가운 햇볕을 쬐지 않으면 되었다. 희멀건 피부의 뚱뚱한 체구가 바로 '귀하신 몸'을 뜻했다. 중세 유럽 농민들은 귀족들의 흰 피부 밑으로 비치는 푸른 핏줄이 '귀족의 푸른 피' 때문인 줄로 알았다. 신분제 시대에는 귀족의 몸이 좋은 몸이었다. 귀족은 평민과 피가 다르고(혈통), 뼈가 다르며(골품), 몸이 다른(신분) 사람들이었다.

우리나라 사람들에게도 1950년대까지는 뚱뚱한 몸이 좋은 몸이었다. 신문 광고란에는 비쩍 마른 몸을 뚱뚱한 몸으로 바꿔준다는 '영약'靈藥 광고가 자주 실렸다. 1925년 5월, 충남 공주기독의원 영아

1915년 『매일신보』에 실린 화평당 약방의 '자양환' 광고 오늘날의 다이어트 식품 광고들과는 화살표 방향이 정반대다. 현대의학, 패션산업, 영화와 드라마 등이 모두 날씬한 몸이 '좋은 몸'이라는 생각을 확산시켰다. 현대인은 날씬해지려는 욕망과 '식욕'이라는 본능 사이에서 갈등하는 인간이라고 해도 과언이 아니다.

부에서 '영아嬰兒 대회'를 열었다. 이후 선교사들이 운영하는 병원이나 신문사 주최의 '우량아 선발대회'가 각지에서 열렸는데, '우량한 아기 몸'의 기준은 몸무게, 키, 가슴둘레, 머리둘레 순이었다. '우량' 優良은 1910년대부터 일본인들이 가축과 작물, 과실水果實樹 등의 '품종' 앞에 붙이던 단어로서, 오늘날 이런 말을 아기에게 쓰면 크게 비난받을 것이다. 하지만 그 시절에는 이런 언사가 용인되었다. 낟알이 많이 열리는 벼 품종이 '우량품종'이었던 것처럼, 일차적으로 무게가 많이 나가는 아기가 '우량아'였다. 애초 외국 선교단체의 선교 활동으로 시작된 우량아 선발대회는 분유회사의 판촉 활동으로 바뀌어 1980년대 초까지 계속되었다. 1970년대 중반까지도 뚱뚱한 아이들은 어른들에게 흔히 '장군감'이라고 칭찬을 들었다. 물론 남자의 몸과 여자의 몸을 대하는 사회적 시선은 달랐다. 여자의 '좋은 몸'을 정의하는 주체는 남자들의 시선이었다. 양귀비가 뚱뚱했다는 이야기가 전하지만, 옛날 남자들이 뚱뚱한 여자를 더 좋아했다는 증거는 없다.

땡볕 아래에서 일하는 농민보다 실내에서 일하는 노동자가 많아지고, 필요한 만큼 먹을 수 있는 사람이 늘어나면서, 뚱뚱한 몸은 '존 귀한 몸'이라는 옛 지위를 잃었다. 뚱뚱한 몸은 과식, 나태, 자제력 없음, 질병 등 여러 악덕惡德의 표상으로 재배치되었고, 날씬하고 균형 잡힌 몸이 표준이자 모범의 자리를 차지했다. 몸을 대하는 관점의 변화는 유럽과 미국에서 먼저 일어났고, 영화와 잡지 사진 등을 통해 전 세계로 확산했다. '장군감'으로 불리던 아이들은 1970년대 말부터 '비만 아동'으로 지목되었다.

'다이어트'라는 단어는 1960년대 말쯤 우리나라에 소개되었다. 본래 '먹는 것을 줄이다'라는 뜻이지만, 1970년대 중반부터 '살을 빼다'라는 뜻으로 사용되었다. 같은 무렵, '마른 몸으로 만들어준다'고 선전하는 약들이 유통되기 시작했다. '없어서 못 먹던 시대'가 끝나기도 전에, '있어도 안 먹는 시대'로 돌입한 셈이다. 1975년 11월 26일자『동아일보』에는 '여자는 죽어도 좋으니 한번 날씬하게 말라보고 싶다고 하고, 남자는 죽기 싫으니 마르려 한다'는 이야기와 함께 살 빼는 약의 위험성을 지적하는 기사가 실렸다. 처음에는 식욕 감퇴제, 설사약, 갑상선 기능 항진제 등이 살 빼는 약으로 사용되었다. 당연히 이런 약들로 인해 건강을 해치는 사람도 생겼다. 1977년, 살 빼는 약 대신 다이어트 식품이라는 이름을 내건 저칼로리 감미료가 출시되었다. 그런데 제조업체는 식품회사가 아니라 제약회사였다.

1980년대 초에는 "한국 여성의 표준 허리 사이즈는 24인치"라는 광고 카피가 TV 화면과 신문지면을 꽤 오랫동안 장식했다. 1982년 국내의 한 속옷회사가 일본 속옷회사 부설 연구소와 공동으로 한국 여성 표준 체위를 조사한 결과라는데, 조사의 공정성이나 신뢰도와는 무관하게 이 광고 카피는 많은 사람에게 일종의 강박관념을 심어줬다. 멋진 품성, 아름다운 마음씨의 표준은 없지만, 멋진 몸, 아름다운 몸매의 표준은 이런 식으로 만들어져 유포됐다. 이후 식욕을 억제해준다거나 지방을 분해해준다거나 소화 흡수를 방해한다거나 하는 식품들이 속속 출시되어 날씬한 몸 또는 마른 몸을 원하는 사람들의 욕망을 자극했다. '표준=건강=아름다움'을 삼위일체로 하는 '몸 숭배 종교'는 개개인의 삶과 사회 전반에 심대한 영향을 미쳤다. 수많은 사람이 자신의 살과 몸무게에 일상적 스트레스를 느끼며 살고 있다. 하지만 다이어트 식품 광고 모델들 외에, 그런 식품을 먹고 날씬해졌다는 사람을 주변에서 보기는 어렵다.

오늘날 좋은 몸이란 영화배우나 패션모델들과 비슷한 몸이다. 예수는 사람들에게 복음을 전하기 전에 40일간 금식을 하고 광야로 가서 마귀에게 시험을 받았다. 현대인들은 날씬한 몸을 갖기 위해 단식을 하고 몸에 해로울지도 모르는 것들을 먹는다. 예수의 희생적 사랑은 모든 인간을 향했지만, 현대인의 헌신적 사랑은 자기 한 몸을 향한다.

77.   출산을
　　　　통제하다

　　　"또 임신한 사실을 안 그녀는 도저히 낳아 키울 자신이 없었다. 지금의 6남매도 제대로 못 먹이고 못 입히는데 더 낳아봤자 천덕꾸러기만 될 것 같았다. 모진 마음을 먹은 그녀는 부엌에서 간장 서너 사발을 들이켜고 뒷산으로 올라가 가파른 언덕에서 데굴데굴 굴렀다. 그러나 뱃속의 아이는 떨어지지 않았다." 초등학교 때 읽은 위인전 가운데 한 토막이다. 엄마 뱃속에서부터 강인한 생명력과 불굴의 의지를 보였고 천지신명의 보살핌까지 받은 그가 결국 온 백성을 빈곤의 구렁텅이에서 건져낸 훌륭한 지도자가 되었다는 내용이었다. 이 위인전에 따르면, 그 시절에 효과적인 피임약이 없었기 때문에 '유신체제'가 한국 현대사의 한 페이지를 장식한 셈이다.

　　인생의 길흉화복을 주관하는 신령들이 다 불공평했지만, 자식을 점지하는 삼신할미는 특히 심했다. 하나만 점지해달라고 지극정성으로 비는 집은 거들떠보지 않으면서 그만 낳을 테니 오지 말라는 집에는 계속 들락거리곤 했다. 20세기 초까지, 여성 한 명당 평생에 걸쳐 평균 6~7명의 아이를 낳았던 것으로 추정된다. "아들 딸 많이 낳아라"는 집안 어른들이 신혼부부에게 건네는 덕담이었고, 다산多産은 혼인한 여성의 미덕이었다. 그럼에도 인구가 급증하지 않은 것은 높은 영유아 사망률과 기근, 역병, 전쟁 때문이었다.

　　생활환경 개선, 의학 발전 등으로 사망률이 낮아지자 높은 출산율은 인구 급증으로 이어졌다. 자본주의 초기 단계에서 인구 증가는 노동력과 소비시장, 병역 자원의 증가를 의미했으니, 국가 차원에서는 좋은 일이었다. 그러나 개별 가족 차원에서는 심각한 문제를 야기했다. 양육비 부담이 늘었고, 자녀 1인당 상속분도 줄어들었다. 어린 자녀에게 돈벌이를 시키는 것은 법적·도덕적 죄악으로 재배치되었다. 신분제가 해체됨으로써 가족의 사회적 지위를 상승시키려는 욕망이 고조되었는데, 그러기 위해서는 교육비 지출이 필요했다. 교육 기회를 둘러싸고 자녀들끼리 대립, 갈등하는 일이 흔해졌다. 자녀를 많이 낳는 것은 가족의 생활수준을 떨어뜨리고 사회적 지위 상승의 전망을 어둡게 하는 일이 되었다. 상황이 바뀌자 출산을 통제하려는 가족 단위의 의지가 고조되었다.

근대는 또 여성을 집 밖으로 끌어내는 시대였다. 학교, 공장, 상점, 사무소 등으로 왕래하는 여성이 늘어나고 자유연애를 찬미하는 풍조가 확산하면서, 원치 않는 임신에 대한 두려움도 커졌다. 이래저래 성관계와 임신을 분리할 방법을 찾는 사람은 많아졌으나, 뾰족한 수가 없었다. 남성용 피임기구는 3,000여 년 전에도 있었지만, 정작 아이를 낳는 여성은 임신과 출산 여부를 스스로 통제할 수 없었다. 아이 만드는 약이 있었던 것처럼 피임약이라는 것도 있었으나 둘 다 효능은 의심스럽고 부작용만 컸다.

> 피임약을 썼을 때 그 목적을 달성치 못한 경우에는 낳는 아이가 발육 불완전이 되든지 바보가 되든지 혹은 병신이 되는 일이 많습니다. 이것은 어떤 독일 학자의 설입니다만, 과연 그것이 사실이라면 실로 피임에 대하여 여간 주의할 바 아닙니다. 즉 그는 피임약 24종에 대하여 실험해본 결과 그 중 네 가지만이 완전한 효력을 냈을 뿐이고 나머지는 전부

무효이며 또 효력 있는 것이라도 약이 충분히 들어가지 않으므로 정자가 그대로 살아 있는 것도 있었다 합니다. 그리고 수태할 때는 태아가 발육 도중에 여러가지 장애가 생긴다고 합니다. 여하튼 이런 설도 있다는 것을 알아둠이 좋습니다.

ㅡ『조선중앙일보』 1933년 7월 19일자

한의사 석이경은 『삼천리』 1935년 6월호에 「인공피임법논고」라는 논문을 기고했다. 이 논문에서 그는 '약물을 사용하는 피임법'에 대해 이렇게 적었다.

산성酸性 반응이 있는 약품이라든지 단백질에 작용하는 약품을 이용하여 정충精虫을 사멸시키는 방법인데, 자궁의 흥분으로 인하여 자궁 수축으로 정충이 침입치 못하나, 흥분이 정지될 때에는 약품을 사용하기 전과 같이 되므로, 이때에는 질내膣內에 사출射出된 정액이 다소 흡인吸引하는 작용이 있으므로 약품을 사용할 때에는 잘 주의함이 필요하다.

그가 이름을 밝히지 않고 소개한 피임약은 먹는 약이 아니었고, 잘 주의하지 않으면 효과를 보기도 어려운 것이었다. 게다가 그는 피임 방법보다 '피임할 자격'을 설명하는 데 더 많은 지면을 할애했다. 그는 ① 결핵 환자, ② 나병 환자, ③ 정신병 환자, ④ 심장병 환자, ⑤ 신장병 환자, ⑥ 각기병 환자, ⑦ 중병을 앓은 후 쇠약한 상태에 있는 사람, ⑧ 골반 협소자, ⑨ 알콜 중독자, ⑩ 매독 환자, ⑪, 임질 환자, ⑫ 암 환자, ⑬ 기타 간질, 색맹, 근시, 혈우병, 당뇨병, 요붕증, 기형증 환자들만 피임해야 한다고 주장했다. 피임을 '의료적 문

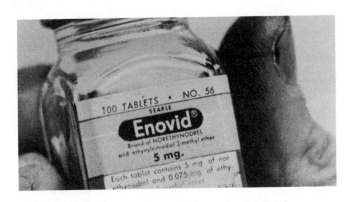

1960년 FDA의 승인을 받은 경구 피임약 에노비드 '효과적이며 안전한' 피임약을 원하는 사람은 언제나 있었다. 하지만 '필요는 발명의 어머니'라는 격언이 가장 늦게 적용된 것이 피임약이다. 여성이 임신과 출산에 대한 통제권을 가진 지 이제 겨우 60년, 인류는 저출산이라는 새로운 위기에 직면했다.

제'로만 다룬 것이다. 하지만 임신과 출산은 애초에 개인의 문제나 의료적 문제를 넘어 사회적 문제였다. 임신을 통제하는 것은 여성의 인권과 관련한 중요 문제이기도 했다.

1914년 잡지 『여성 반란』을 창간한 미국의 마거릿 생어Margaret Sanger는 "여성은 자기 신체의 주인으로서 생명을 생성시키거나 그 생성을 억제할 수 있는 권리를 가져야 한다"고 선언했다. '산아 제한'을 여성 인권의 핵심 문제로 파악한 그는 생화학자 그레고리 핀커스Gregory Pincus에게 효과적이고 안전한 피임약 개발을 의뢰했다. 1954년 '에노비드10'이라는 이름의 시제품이 개발되었고, 1960년 미국 식품의약국FDA의 승인을 얻었다. 이 약은 5·16 이후 산아 제한을 기본으로 하는 정부 주도의 가족계획 사업 과정에서 국내에도 널리 보급되었다. 이 약 덕에 여성은 임산과 출산을 스스로 통제할 수 있는 권리를 확보했고, 각 가정이 미래의 가족 규모를 계획하는 시대가 열렸다. 그러나 젊은이보다 노인이 더 많은 시대를 만드는 건, 계획에 없던 일이었다.

78. 인간인가,
물질인가?

TV 사극 등에는 종종 '물고'物故라는 말이 나온다. 표준국어사전은 '사회적으로 이름난 사람의 죽음'이라고 설명하지만, 본래는 '죽음' 또는 '시체가 되다'라는 뜻이었다. "무진년에 주살당한 사람들의 노비로서 공노비로 삼은 자들 중에 도망쳤거나 물고하여 대신 세운 자들의 역役을 면제하라고 명했다."(『정종실록』 1년(1399) 7월 16일). 시체를 '연고 있는 물건'으로 부른 셈이다.

인류가 먼 옛날부터 태아를 사람으로 취급했는지 아닌지는 단정하기 어렵다. 오늘날에는 가톨릭교회가 낙태 합법화 반대 운동의 선봉에 있지만, 중세 유럽의 가톨릭교회는 태아를 인간으로 인정하지 않았다. 모든 인간은 신의 심판을 받아야 했지만, 태아는 선악善惡과 무관한 존재였기 때문이다. 반면 조선시대 우리나라에서는 태아도 인간이라고 보았다. 1423년(세종 5년) 9월, 관비官婢가 다른 관비를 때려 낙태시킨 사건이 발생했다. 왕은 그에게 곤장 100대에 유배 3,000리의 중형을 내렸다. 본래 교형絞刑에 해당하는 살인죄였으나, 정상을 참작해 한 등을 감減한 것이다. 그러나 낙태落胎 또는 타태墮胎, 즉 태아 살해는 빈번히 발생했다. 뱃속의 아이를 '지우기' 위해 독초를 먹거나 산에서 구르는 사람을 일일이 적발해 처벌하기는 불가능했다. 게다가 이런 행위는 임신한 여성의 목숨까지 위협했다. 자기 목숨을 거는 사람들은 형벌을 두려워하지 않았다.

창경궁 안에 있는 성종대왕 태실 조선시대에는 왕손이 태어나면 태를 항아리에 담아 땅에 묻었다. 그 왕손이 세자가 되면 태실을 석실로 고치고 비석과 금표를 세웠다. 탯줄에 생명의 근원이 담겨 있다고 여겼기 때문이다. 하지만 오늘날에는 태반조차 의약품 원료 '물질'로 이용된다. 출처: 국가문화유산포털

영아 살해도 무척 흔했다. 태어나자마자 바구니에 담겨 강에 띄워진 건 구약성서에 나오는 모세만이 아니었다. 태아가 자기 자식이 아니라고 의심한 남편, 또는 의심받은 아내들이 자기 아이를 내다 버리는 일은 전 세계에서 일어났다. 의심받은 태아는 태어난 뒤에도 온전한 사람으로 취급받지 못했고, 그 엄마의 남은 일생까지 나락으로 끌어내렸다. 이런 현상 때문에 우리나라에서도 임진왜란 때 왜적의 아이를 임신했다고 의심받은 여성들이 모여 살아서 이태원異胎院이라는 지명이 붙었다는 속설이 생겨났다.

가문과 개인의 명예, 극심한 가난, 또는 불길한 예언 때문에 수많은 여성이 생명의 위험을 무릅쓰고 낙태를 강요받거나 스스로 선택했다. 여성의 자발적 낙태를 죄로 규정한 것은 기원전 1200년께 아시리아의 법전이 처음이라고 하는데, 우리나라에서는 대한제국 시기까지도 임신부를 구타하여 낙태케 한 자만 처벌했다. 사산死産과 영아 사망은 무척 흔했고, 고의에 따른 낙태인지 자연 유산流産인지 구별하기도 어려웠기 때문이다. 물론 미혼 여성이 임신했다가 낙태

하는 일이 있었으나 이런 일은 거의 발각되지 않았다. 이런 경우 낙태에 실패한 여성 중에는 자살하는 사람도 적지 않았다.

1912년 조선총독부는 '조선형사령'을 제정, 공포하여 자발적 낙태를 법적인 죄로 규정했다. 이후 한강 등지에서 태아 사체가 발견되면 경찰이 수사에 나서는 일이 반복되었다. 이들이 범인에게 적용한 혐의는 살인 및 사체 유기였다. 1921년 7월, 일본에 유학하다 일시 귀국한 조선인 고등여학생 한 명이 경찰에 체포되었다. 그는 폐병 치료차 병원에 입원한 사이 의사에게 부탁하여 낙태한 혐의를 받았다. 1937년 2월에는 유부녀, 간호부, 여급 등 세 명에게 낙태 수술을 한 일본인 의사와 간호부들이 체포되어 재판에 넘겨졌다. 하지만 이 부류 범인의 검거율은 극히 낮았다.

근대는 신의 뜻보다 인간의 의지가 더 중요하다는 신념이 확산한 시대다. 출산과 관련해서도 삼신할미의 뜻에 무작정 따를 것이 아니라 인간이 출산을 통제할 수 있어야 한다고 믿는 사람이 늘어갔다. 출산을 인위적으로 통제하려는 의지는 사실상 초역사적이었다. 믿을 수 있는 것이건 없는 것이건, 피임법과 낙태법에 관한 이야기들은 언제나 사람들 사이에서 은밀하게 떠돌아다녔다. 의학에 대한 대중의 신뢰가 높아진 근대 이후에는, 의사들에게 낙태를 부탁하는 일이 계속 늘어났다. 일제강점기에도 가족 단위 산아 제한을 위해 낙태를 합법화하자고 주장하는 사람이 있었다. 이 문제는 오늘날에도 뜨거운 감자다.

몇 해 전 서울의 한 유명 산부인과 병원에서 의료진 실수로 갓난아기를 떨어뜨려 죽게 한 뒤 은폐한 사고가 발생했다. 당시 담당 의료진은 이 갓난아기를 물건 취급했다고밖에 볼 수 없다. 이 사건 재판부도 의료진에게 업무상 과실 치사 및 사체 유기죄를 적용하지는 않았다. 태아의 법적 지위도 불명확했다. 우리나라 민법은 살아서 태어난 아이만 인간으로 인정한다. 반면 형법은 태아도 인간으로 보았다. 이 불일치는 2021년 낙태죄가 헌법에 불합치한다는 헌법재판소 결정이 나고서야 해소되었다.

　과학이 신의 자리를 대신한 시대라지만, 태아가 사람인가 아닌가를 둘러싼 논쟁은 과학적인 동시에 종교적이다. 종교와 과학 담론이 뒤섞인 논쟁에서 정답을 찾는 건 불가능하다. 다만 태아가 사람이라면, 낙태죄의 형량은 살인죄에 준해야 마땅하다. 최근 미국 대법원은 임산부의 '낙태권'을 폐지하는 결정을 내렸지만, 태아의 생명권보다 여성의 '임신 중단권'을 중시하는 것이 근래의 세계적 추세다. 현대의 태아는, 인간과 물질 사이의 진정한 경계가 무엇인지를 묻는 존재다.

4장

교류하고
나아가다

정치·경제

만국기

　여러 나라가
경쟁하며 공존하는
세계의 표상

> 광무 3년(1899) 4월 29일 토요일 오후 1시에 학부에서 각 어
> 학교語學校 학생들의 대운동회를 전 훈련원에다 연합하여
> 열었는데 이때에 마침 날씨가 화창하며 화초가 만발하여 경
> 치가 또한 절승하더라. 훈련원 대청 위에는 대한 태극 국기
> 를 한 가운데 깃대에다 높이 세우고 그다음에는 동서양 통
> 상通商 각국 국기를 차례로 세웠으며 각색 의자를 절차 있게
> 늘어놓고 청나라 사람이 요리를 각색으로 판매하더라.
> ─『독립신문』1899년 5월 1일자

　우리나라에서 운동회장에 각국 국기를 나란히 늘어세운 것은 기
록상 이때가 처음이다. 이 운동회에 참가한 학교는 영어, 러시아어,
프랑스어, 독일어, 중국어, 일어 학교였고, 이 밖에 1899년까지 통상
조약을 체결한 국가로 이탈리아, 오스트리아가 있었으니 태극기를
포함하면 8개국 내지 10개국 국기가 걸렸을 것이다. 영어는 영국과
미국에서 함께 사용하는 언어였다. 운동 종목은 100보 달리기, 200
보 달리기, 넓이뛰기, 높이뛰기, 철구鐵球 던지기(투포환), 씨름, 줄다
리기, 나귀 타고 달리기의 여덟 개였는데, 일부 종목에서는 체대인體
大人(덩치 큰 사람) 경기와 체소인體小人(덩치 작은 사람) 경기가 따로 치
러졌다.

유럽 각국의 명사들이 프랑스인 쿠베르탱의 제창에 호응하여 국제올림픽위원회(IOC)를 창설한 해는 1894년, 그리스 아테네에서 제 1회 근대올림픽이 열린 해는 그 이태 뒤인 1896년이다. 19세기 중후 반은 1853~1856년의 크림전쟁, 1866년의 프로이센-오스트리아 전쟁, 1870~1871년의 프로이센-프랑스 전쟁 등으로 유럽 전역이 전쟁의 참화에 시달리던 때였다. 쿠베르탱 등은 국제 스포츠 경기가 전쟁 위험을 줄이는 데에 도움이 되리라고 판단했다. 그들이 1,500년 전에 중단된 그리스의 고대올림픽을 부활시킨 이유는 '하던 전쟁도 중단하던' 관행을 되살리기 위해서였다. 올림픽 정신의 요체는 '가짜 전쟁을 함으로써 진짜 전쟁을 막는 것'이었고, 경기장에 나란히 걸린 참가국들의 국기는 이 '평화로운 세계대전'의 상징이자 '여러 나라가 공존하는 세계'의 표상이었다.

올림픽 대회 개막식에 각국 선수단이 국기를 앞세우고 입장하는 것, 대회 중 경기장에 참가국들의 국기가 나란히 걸리는 것은 근대의 전통이 되었다. 이 국기들은 국가들의 평화로운 공존과 선의의 경쟁을 표상했다. 2018년 평창 동계올림픽을 앞두고 한국 사회에서는 이른바 '올림픽 정신'을 둘러싸고 논란이 벌어졌다. 논란의 핵심은 남북 단일팀을 구성하여 '한반도기'를 앞세우고 입장하는 것이 '올림픽 정신'에 부합하는가의 여부였다. 이에 대해 어떤 언론사는 '정치 논리에 오염된 올림픽 정신'이라는 제목의 기사를 냈다. 그들은 '규칙을 지키며 공정하게 경쟁하고, 결과에 승복하는 자세'를 핵심으로 하는 '스포츠맨십'이 곧 올림픽 정신이라고 주장했다. 하지만 스포츠맨십은 스포츠의 정신일 뿐, 올림픽의 정신이 아니다. 올림픽에서 경쟁하는 주체는 개인이 아니라 국가다.

시상대에는 선수 개개인이 서지만 그 위로는 그 개인이 속한 나라의 국기가 올라간다. 올림픽 정신은 '하던 전쟁도 중단하는' 정신, 즉

1920년경의 운동회 운동장에는 트랙도 관중석도 없지만, 공중에는 만국기가 걸려 있다. 사람들은 만국기 아래에서 뛰면서, 세계인의 일원이자 국가의 대표라는 자의식을 키웠다. 출처: 『사진으로 보는 서울백년』

'휴전 정신'이지만, 실제로는 국가주의를 고취하는 구실도 했다. 올림픽은 스포츠를 '국민 만들기'라는 '정치' 행위의 핵심 요소로 만들었고, '체력은 국력'이라는 구호가 나올 수 있게 했다. 올림픽은 정치와 결합한 스포츠이며, 초등학교 운동회장에까지 내걸린 '만국기'는 스포츠의 정치성을 드러내는 상징물이다. 만국기가 가르친 것은 세계는 국가 단위로 경쟁하는 무대이며, 개인은 국민의 일원으로 존재한다는 생각이었다.

일본과 강화도조약을 체결한 직후, 미국의 국제법학자이자 외교관이었던 헨리 휘튼Henry Wheaton의 저서 『만국공법』Elements of International Law이 국내에 전래되었다. 중국인들은 '인터내셔널 로우'를 '만국공법'으로 번역했다. 세계를 구성하는 국가들은 만 개는커녕 천 개도 안 되었으나, 중국인들은 과장인 줄 알면서도 '만국'萬國이라는 말을 썼고, 조선인들도 그 말에 익숙해졌다. 후일 일본인들은 이 단어를 '국제법'으로 재번역했다. 만국공법에 이어 만국박람회, 만국우편연합 같은 번역어들도 사용되었다. 한국어 단어에 '만국기'가 추가된 것은, 한국인들이 만국이라는 개념에 익숙해진 뒤의 일이었다.

1907년 5월, 인천 인명학교仁明學校가 개교할 때 일본 상인 나카무라 겐지中村建二는 만국기 40폭을 기부했다. 이것이 '만국기'라는 단어의 첫 용례다. 1909년 5월 1일, 개성 소재 각 학교 연합운동회가 반구정反求亭 앞 광장에서 열렸다. 각 학교 학생들은 직접 만국기 600여 매를 만들어 창공에 걸었다. 이후 학교 운동회건 단체 운동회건, 운동장을 만국기로 장식하여 작은 올림픽 경기장처럼 만드는 것은 일반적 관행이 되었다. 전쟁을 향한 인간의 충동을 운동 경기로 억제하는 방식은 경쟁 중심의 사회에서는 어느 곳에서나 유효했다. 올림픽의 상징인 만국기는 많은 나라에서 학교, 직장, 지역 단위의 운동경기 대회가 벌어질 때마다 내걸렸다. 초등학생들조차도 만국기가 걸린 운동장에서 달리고 뛰면서, 국가와 세계를 인지했다. 현대인들에게 만국기는 자기가 국가의 일원인 동시에 인류의 일원이라는 사실을 가르쳐준 물건이며, 전쟁 없이 공존하는 세계를 향한 이상을 일깨우는 물건이다.

지구본

80.   지구와 세계의
       형상을 알려준
       물건

　　　　수업 참관 중이던 장학사가 한 학생에게 물었다. "이 지구본이 왜 기울어져 있는지 아니?" 학생은 쭈뼛거리다 대답했다. "제가 그런 거 아닌데요." 장학사는 어이없다는 표정으로 교사를 쳐다봤다. 교사는 즉시 학생을 위해 변명했다. "저건 사올 때부터 기울어져 있었습니다." 수업이 끝난 후 교장을 만난 장학사는 이 사실을 전했다. 교장은 태연히 말했다. "아시다시피 재정이 열악해서 싸구려를 살 수밖에 없습니다." 썰렁하지만, 이 이야기가 유머인 줄 알아야 현대인이다.

　지구본은 공처럼 생긴 땅덩어리가 23.5도 기운 상태로 회전한다는 사실, 그리고 각 나라의 위치와 크기, 그들 사이의 거리를 즉물적으로 표현하는 물건이다. 인류는 문명을 건설하고도 수천 년이 지나서야 겨우 자기 삶의 터전이 어떻게 생겼으며 어떻게 움직이는지를 알 수 있었다. 현존하는 세계 최고最古의 지구본은 1492년에 제작된 것으로 독일 뉘른베르크 박물관에 소장되어 있다. 그런데 이 지구본과 현대의 지구본 사이에는 닮은 점보다는 다른 점이 더 많다. 이후 수 세기에 걸쳐 지구본은 점점 정밀해지는 한편 놓이는 장소도 계속 늘어나 19세기 중반경에는 유럽 각국과 미국에서 국민 교육을 위한 핵심 교구敎具의 하나가 되었다.

　청나라에 볼모로 잡혀갔던 소현세자가 귀국하면서 독일인 선교사

최한기의 지구의 보물 제883호. 1850년 전후에 제작된 것으로 추정된다. 10도 간격으로 경선과 위선이 있고, 북회귀선과 남회귀선 그리고 황도가 표시되었다. 우주와 세계에 대한 인류의 관념이 변화한 결과로 만들어진 지구본은, 그 변화를 촉진하기도 했다. 현대인이 지구의 형상과 자기 나라의 지표상 위치를 아는 사람으로 진화한 데에는 지구본이 기여한 바 크다. 출처: 국가문화유산포털

벨베스트湯若望에게 받아 가져온 것이 우리나라에 들어온 최초의 지구본으로 추정되는데, 이 물건은 조선 사람들의 오래된 우주관, 즉 '하늘은 둥글고 땅은 모나다'라는 신념에 조금씩 균열을 내기 시작했다. 1669년(현종 10)에는 이민철 등이 혼천시계를 만들면서 지구의地球儀를 포함시켰고, 이 무렵부터 많은 지식인이 땅덩어리가 둥글다는 생각을 공유했다. 19세기 중반에는 최한기와 남병철 등이 각각 지구의만을 따로 만들었다. 이들 중 최한기가 만든 것이 현재 우리나라에 남아 있는 가장 오래된 지구의다. 땅덩어리의 모형을 본 사람이 늘어나면서 천하天下라는 말은 서서히 지구地球라는 말로 대체되었다. 더불어 천자天子가 천명天命을 받들어 천하天下를 다스린다는

고전적 정치 관념도 '만국이 각각 지구 표면을 나누어 갖고 있다'는 만국공법적 정치 관념으로 바뀌었다.

개항 이후 신식 학교들이 설립되면서부터 지구본은 극소수 지식인의 비장품秘藏品 지위에서 벗어나기 시작했다. 신식 학교들의 교탁에는 대개 지구본이 놓였고, 벽면에는 세계지도와 조선지도가 걸렸다. 이 교실 인테리어의 기본 형식은 지금껏 대체로 유지되고 있다. 20세기에 접어들 무렵 지구본이 세계 지리와 정세를 가르치기 위한 필수 교구라는 생각이 널리 확산했다. 1902년 사립 광성상업학교는 우등생들에게 상품으로 지구의를 주었다. 1907년 동소문 밖 흥천사興天寺에서 열린 청년 운동회의 상품 중 하나도 지구의였다.

지구의라는 말은 한국전쟁 이후 '지구본'地球本으로 바뀌었다. 값싼 플라스틱으로 만든 지구본은 초등학생들도 가질 수 있는 물건이 되었다. 덕분에 지구본을 보면서 인류가 사는 세계를 현실감 있게 상상할 수 있는 아이들도 늘어났다. 현대인은 지구가 어떻게 생겼는지, 자기 나라가 지구의 어느 위치에 어느 정도 크기로 자리하고 있는지, 자기 나라 주위에 어떤 나라들이 어떤 크기로 자리 잡고 있는지 잘 아는 사람이다. 하지만 지구본이 입체적인 것만큼 지구에 대한 현대인의 앎도 입체적이라고 하기는 어렵다. 현대 한국인 중에 르완다나 코트디부아르를 지구본에서 단박에 짚어내는 사람은 매우 드물다. 이 점에서는 다른 나라 사람들도 마찬가지다. 지구본에는 모든 나라 이름이 세세하게 쓰여 있지만, 세계에 대한 인간의 지식은 많은 부분이 비어 있다. 시간 관념에 공백이 있는 것과 마찬가지로 지리 관념에도 공백이 있는 셈이다. 지구상의 위치로 인해 자기 나라가 겪을 수밖에 없는 '특수 상황'을 이해하지 못 하는 사람이 많은 것도, 지구본의 교육적 효율성이 그리 높지 않다는 방증일 것이다.

81. 세계를
통합한
물건

조선 순조 16년(1816) 7월, 충청도 마량진(현재의 충남 서천군 서면 마량리) 갈곶에 이양선異樣船(이상한 모양의 배) 두 척이 정박했다. 마량진 첨사와 비인 현감이 급히 달려가 선원들과 필담筆談을 시도했으나, 그들은 한문도 아니고 한글도 아닌 이상한 문자를 사용했다. 선원들이 입은 옷도 그들이 일찍이 본 적 없는 이상한 모양이었다. 지방 관리들은 그들이 건네준 한문 문서를 받아 보고서야, 영길리국英吉利國(영국) 배라는 사실을 알았다.

증기기관으로 움직이는 선박을 발명하려는 시도는 1780년대부터 본격화했는데, 1807년에 이르러서야 미국인 풀턴Robert Fulton이 증기선을 상용화하는 데 성공했다. 증기선의 첫 번째 용도는 소항遡航이었다. 무거운 화물을 싣고 물살을 거슬러 상류로 올라가기 위해서는 수많은 노군櫓軍(노 젓는 사람)이 필요했다. 인간이 배를 만들어 타기 시작한 이래로 가장 힘든 일이 '노 젓기'였다. 고대 로마 갤리선의 노군은 노예들로 충당됐고, 조선시대 수군水軍의 노군직도 범죄자들에게 내리는 벌이었다. 증기기관은 배에서 노군들을 몰아내고 그 자리의 일부만을 차지했다.

증기기관은 곧 바닷배들에도 장착되기 시작했다. 증기기관은 한동안은 돛과 역할을 분담했으나, 노군을 축출한 것처럼 이윽고 돛도 축출했다. 1838년, 두 척의 증기선이 처음으로 대서양 횡단에 성공했고, 1845년에는 선체 대부분을 철로 만든 증기선이 출현했다. 조선 연안에 처음 나타난 이양선은 유럽식 대형 범선이었으나, 19세기 중반부터는 증기선, 또는 증기범선이 출몰했다. 1866년에는 대동강과 한강에도 미국과 프랑스의 증기선이 나타났다. 대동강을 소항한 미국 증기선 제너럴셔먼호는 평양 관민들이 침몰시켰고, 수심을 측량하며 양화진까지 소항했던 프랑스 극동함대 소속 군함들은 일단 중국으로 돌아갔다가 강화도를 침공했다. 1871년 신미양요 때에는 미군이 조선군 포로들을 군함에 승선시켜 사진을 찍기도 했다. 이 무렵 조선인들에게 증기선은 공포의 대상이었다.

우리나라에서 기선汽船이라는 단어는 1876년 개항 이후부터 사용되었다. 그해 11월 일본 미쓰비시 기선회사가 매월 나가사키-쓰시마-부산을 잇는 정기항로를 개설했다. 뒤이어 대판상선주식회사, 일본우선주식회사 등의 기선들도 조선의 개항장들과 일본, 중국을 잇는 항로를 왕복했다. 1876년 김기수를 대표로 한 수신사修信使 일행, 1881년 김옥균 등의 조사시찰단 일행, 같은 해 중국에 파견된 영선사 일행, 1883년 미국에 간 보빙사 일행도 모두 기선을 이용했다.

1882년에는 유길준이 「상회규칙」이라는 글을 통해 기선을 운항하여 상업을 진흥하자는 주장을 폈다. 1885년에는 서울 한강변 상인들이 대흥회사를 설립하고 미국 기선 대등리호大登利號를 사들여 강운江運과 해운海運에 투입했다. 조선 국적 기선이 생기자 '정부의 허가를 얻은 서양 선박의 미개항장未開港場 왕래에 관한 규칙'도 제정되었다. 같은 무렵 조희연은 서울에 삼산회사三山會社를 설립하고 용산호(16톤), 삼호호(13톤)의 기선 두 척을 마포-인천 간의 연안 운송에 투입했다.

1886년에는 정부 기관 전운국轉運局도 기선을 구입하여 조세곡 운송을 개시했다. 같은 해부터 낙동강에도 기선이 다니기 시작했다.

1887년 조세곡을 운반하기 위해 전운국에서 도입한 기선 창룡호 기선은 세곡 운송의 안정성을 획기적으로 높였으나, 기선값과 운영비를 조세에 부가함으로써 민중의 거센 저항을 초래하기도 했다. 세계인들은 기선을 타고 조선에 들어왔고, 조선인들도 기선을 타고 세계로 나갔다. 기선은 조선을 자본주의 세계의 일원으로 편입시켰고, 한국인의 활동 무대를 전 세계로 확장했다. 출처: 인천시립박물관

이해 부산항 통역관 박기종, 원산 감리서 서기관 정현철, 부산 감리서 서기관 민건호, 일본인 마츠오 겐노스케松尾元之助 등이 기선회사를 설립하고 일본에서 기선을 구입하여 작은 목선들을 끌고 낙동강변 포구들을 왕래했다.

조세를 배로 운반하는 조운제도로 인해 포구浦口와 나루가 잘 발달된 편이어서, 기선을 이용한 운수업은 개항 이후 가장 빨리 발전한 산업이었다. 기선의 출발 시각표는 한국인들에게 유럽식 시간(24시제와 시분제時分制)를 가르치는 구실도 했다. 외국의 신사상도 기선을 거쳐 도입되었다. 비행기 여행이 일반화하기 전까지, 나라 밖으로 나가는 여행은 말 그대로 해외여행, 즉 기선으로 바다를 건너는 여행이었다.

오늘날 증기선은 사라졌지만 다른 연료를 사용하는 동력선들이 전 세계 바다를 누빈다. 오늘날 배를 타고 대양大洋을 건너는 사람은 거의 없지만, 대신 전 세계의 생산물들이 배로 이동한다. 현대인의 식탁 위에 미국산 오렌지, 호주산 쇠고기, 벨기에산 삼겹살, 칠레

산 포도, 중국산 참깨, 이태리산 올리브 등 전 세계의 산물이 올라오는 것도 배 덕분이다. 현대의 주요 특징은 '세계화'이고, 세계화를 앞장서 이끈 물건은 '기선'이다. 기선은 육지 곳곳에 흩어진 채 나뉘어 있던 세계를 뒤섞어 하나로 만들었다.

컨테이너

82. 해로와
육로를
연결하다

"바다를 지배하는 자가 무역을 지배하고, 세계의 무역을 지배하는 자가 세계의 부를 지배하며, 마침내 세계 그 자체를 지배한다."(월터 롤리, 1552~1618)

인간은 자기 생존에 필요한 것보다 훨씬 많은 재화를 탐내고 모아두는 습성을 지닌 유일한 동물이다. 인간을 다른 동물과 구별되는 특별한 존재로 만든 요인은 '남는 것'에 대한 욕망과 '남기려는 의지'였다고 해도 과언이 아니다. 사냥은 사자도 하고 사람도 하지만, 사람이 하는 사냥만 '업'業이다. 남길 수 있을 만큼 구하는 일이어야 '업'이다. 인간은 이익을 위해 일하는 동물이다.

물론 남긴 것들을 영원히 보관할 수는 없었다. 다이아몬드나 금 같은 일부 광물질을 제외하면 인간이 일해서 얻은 어떤 것도 시간을 견디지 못했다. 인간은 자기가 남긴 것들을 남이 남긴 것들과 교환함으로써 더 많은 이익을 얻는 방법을 찾아냈다. 인류는 분업 체계를 발명한 이래 수많은 직업을 만들었지만, 가장 많이 남기는 일은 상업이었다. '남는 장사'라는 말은 있어도 '남는 농사'라는 말은 없다.

상업 중에서도 서로 멀리 떨어진 지역 사이를 연결하는 '원격지 무역'이 가장 많이 남는 장사였다. 자기 문화권에서 구할 수 없는 물건들에는 희소가치가 부가되었기 때문이다. 물론 원격지 무역에는 흔히 강도, 질병, 악천후 등의 위험이 수반되곤 했다. 예나 지금이나 고수익의 전제는 고위험이다. 그나마 길을 닦지 않고도 대량 수송이 가능한 해로가 육로보다는 나았다. 고대 로마가 지중해 세계를 제패한 것도, 근대 대서양 연안의 유럽 국가들이 세계시장 통합의 주역이 된 것도, 모두 해상 운송권을 장악한 결과였다.

그런데 아주 오랫동안 해상운송의 이점利點을 제한한 것은 육지를 만나면 물길이 끊긴다는 점이었다. 배에 실었던 화물은 목적지 가까운 항구에서 다시 수레나 마차, 또는 기차나 트럭에 옮겨 실어야 했다. 그 과정에서 화물이 파손되거나 잘못 분류되는 일도 드물지 않게 발생했다. 1956년 4월, 미국에서 트레일러와 바로 연결될 수 있는 대형 화물 상자인 컨테이너가 발명되었다. 컨테이너는 운송로가 해상에서 육상으로 교체되는 지점에서 화물에 변동이 생길 가능성을 없앴으며, 항해 중 폭풍우로 인한 침수 피해를 줄이는 데에도 유용했다. 이 박스 덕에 해로와 육로가 바로 연결되었고, 산업 입지조건이 바뀌었으며, 세계시장의 통합이 가속화했다.

하지만 컨테이너가 발명된 지 10년이 넘도록, 이 물건은 우리나라에 들어오지 못했다. '수출입국'輸出立國이라는 구호는 요란했으나 막상 트레일러가 다닐 만한 도로가 마땅치 않았기 때문이다. 경부고속도로 개통을 한 해 앞둔 1969년 2월, 한진상사(주)는 미국 매트슨 내비게이션 사와 합작으로 컨테이너 수송 방식을 도입하겠다고 발표했다. 얼마 후 부산과 인천항에서 컨테이너 터미널 공사가 시작되었고, 1970년부터는 컨테이너를 실은 트레일러가 운행을 개시했다. 컨테이너 전용 선사인 한진해운은 1977년에 설립되었다. 이후 한국 해운업의 수송 능력은 한때 세계 5위로까지 성장하며 세계 6위의 무역규모 달성을 뒷받침했다.

컨테이너 박스는 수출입품 수송 외에 다른 용도로도 사용되었다. 평면 면적이 대략 10평에 가까웠기 때문에, 낡은 컨테이너 박스는

컨테이너를 가득 실은 화물선 컨테이너는 대량 화물의 수륙 연결을 용이하게 해주었다. 화물들은 컨테이너째 트럭에서 선박으로, 다시 선박에서 트럭으로 옮겨져 도시와 도시를 연결했다. 컨테이너는 세계 각 도시들을 단일한 화물 운송권으로 통합하는 데에 혁혁한 공을 세웠다.

대개 가건물假建物로 재활용되었다. 컨테이너 박스로 만든 가건물은 주택, 창고, 사무실 등 다양한 용도로 쓰였다. 미국에는 컨테이너 박스 주택들만 모여 있는 빈민촌이 따로 있을 정도다. 우리나라에서는 시위대 행렬 차단용으로 컨테이너 박스가 사용된 예가 있다. 2008년 미국산 쇠고기 수입 반대 시위 때 경찰은 광화문 광장에 컨테이너 박스를 늘어놓아 차단벽을 만들었다.

2016년, 국내 1위 해운회사이자 컨테이너를 처음 도입한 회사이며 컨테이너선을 가장 많이 보유했던 한진해운이 파산했다. 한국 해운선사의 컨테이너 수송 능력은 급감했고, 한국 해운업의 지위도 하락했다. 컨테이너는 한국의 수출주도형 경제 성장을 뒷받침한 물건이자, 한국인들로 하여금 외국산 냉동·냉장 식품을 먹을 수 있게 해준 물건이다.

여권

83. 세계 시민의
     신분증

　　1900년대 말부터 1960년대 초까지 대한제국, 조선총독부, 대한민국 관보 말미에는 대개 '행려사망자'行旅死亡者 통계가 실렸다. 현재 각 시도 자치단체의 공고는 행려사망자를 무연고 시체와 동의어로 사용하나, 본래는 '행려병에 걸려 죽은 사람'이란 뜻이다. 정처 없이 떠도는 일이 행려行旅이며, 그러다 걸리는 병이 행려병이다. '여행'旅行의 글자 순서만 뒤집은 행려라는 단어가 생긴 것은, 목적지와 귀환지가 있는 이동이 상대적으로 훨씬 안전해졌기 때문일 수도 있다.

　인류 역사 대부분의 기간 동안 여행은 고통스럽고 위험한 일이었다. 교통, 숙박, 취식 등 어느 한 가지 편한 일이 없었으며, 강도와 맹수의 위협은 변수보다는 상수에 가까웠다. 자기 나라 안에서 돌아다니는 것도 위험했는데 하물며 풍습이 다르고 말도 통하지 않는 낯선 사람들의 세계로 들어가는 것이랴. 기독교 단일 종교권으로서 성지 순례 여행이 드물지 않았던 유럽에서조차, 이방인은 불운이 닥쳤을 때 가장 먼저 의심받는 존재였다.

　'여행'의 '여'旅는 본디 500명의 병사라는 뜻이다. 군대에서 사단師團 다음 규모의 부대가 여단旅團이다. 스스로를 보호할 수 있을 정도의 무리를 이루지 않은 채 홀몸이나 소수 인원으로 남의 나라에 들어가 돌아다니는 것은 죽기를 각오하는 것과 다를 바 없었다. 그래서 여행은 그걸로 먹고 사는 상인이나 국가로부터 안전을 보장받은 관리가 아니면 일부러 할 이유가 없는 일이었다. 안전 문제는 그럭저럭 해결한다 해도 고생까지 면할 수는 없었다.

세계 정복에 나선 제국주의가 가장 먼저 무찔러야 했던 것은 바로 여행의 위험성이었다. 여행자의 안전 보장을 요구하는 문서의 연원은 구약성서 시대로까지 거슬러 올라간다고 하지만, 이것이 전 세계에서 일반적으로 통용되기 시작한 것은 19세기 중반 이후의 일이다. 1882년 조미수호통상조약 이후 우리나라가 각국과 맺은 통상조약에는 상대국 인민의 여행권에 관한 규정이 빠짐없이 들어갔다. 당연히 우리나라에 들어온 외국인들은 자국 여권을 소지했으며, 조선 정부는 그들에게 오늘날의 비자에 해당하는 호조護照를 발급해주었다.

외국에 나가는 한국인들에게도 정부 발행의 증빙서 또는 보호 요청서가 필요했다. 조선에서는 이를 '집조'執照라고 했는데, 1887년 주차일본관리대신駐箚日本辦理大臣으로 출장하는 민영준에게 발급한 것이 최초이다. 현재 남아 있는 것 중에서는 1893년 주미공사관 서기관으로 부임하는 장봉환에게 외무독판 조병식 명의로 발급한 집조가 가장 오래되었다. 1902년에는 궁내부 산하에 수민원綏民院이라는 기관이 설치되어 여권 업무를 통할했다. 수민원은 유학이나 취업차 외국으로 나가는 자에게 집조를 발급하고 그들에 대한 단속 규정을 마련했는데, 이 기관 설립 이후 외부 발행 집조는 무효가 됐다. 그 무렵 궁내부 산하 기관들이 대개 그랬던 것처럼 여권 발급 수수료를 독점하기 위해서였을 것이다. 수민원에서 발급한 여권은 한지韓紙 한 장을 좌우로 나눠 오른쪽에는 여행인의 주소, 성명, 연령, 여행 목적 및 목적지와 보증인(1명)의 성명, 주소, 직업 등을 명기하고 소지자의 통행에 방해가 없도록 각국 관사에게 그 보호를 바란다는 내용을 한자로 기록했으며, 왼쪽에는 이 내용을 영문과 불문으로 번역해놓았다.

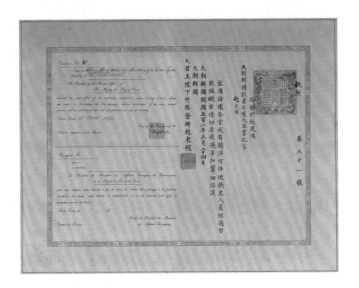

1893년 주미공사관 서기관으로 부임하는 장봉환에게 발급된 집조 집조번호는 제31호이다. 제1호는 1887년 1월 주차일본관리대신 민영준에게 발급되었다고 한다. 문서 오른편에는 "지나는 길의 각 관리는 혹시 부닥치는 일이 있으면 이 인원을 편하게 해주고, 만약 절박한 일이나 중요한 일이 생기면 별도의 도움을 주고 보호해주기 바람"이라는 내용의 한문이, 왼편 상단에는 그 영어 번역문이, 하단에는 불어 번역문이 쓰여 있다. 여권은 특정 개인이 소속된 나라의 정부가 다른 나라 정부에 '자국민과 다름없이 보호해달라'고 요청하는 문서로서, 세계 시민의 신분증이라고 해도 무방하다. 출처: 국외소재문화재재단

수민원에서 처음 여권을 발급받은 사람들이 향한 곳은 하와이였다. 사실 수민원 자체가 미국 이민 알선업체의 요청에 따라 만들어진 기관이었다. 여권을 소지하고 미국 하와이로 이주한 사람들은 사탕수수 농장에서 예전 흑인 노예처럼 일해야 했다. 이민 간 사람들이 신부를 구하는 장면도 비극적이었다. 이른바 '사진결혼'이라고 해서 신랑감의 사진만 보고 결혼을 결정하고 신붓감 혼자 외국으로 가는 배에 올랐다. 1910년대부터 1920년대 초반까지 700명에 달하는 여성들이 미국, 멕시코 등지로 이주했다.

수민원은 1903년 11월에 폐지됐으며, 수민원 집조도 더 이상 발

급되지 않았다. 이후 집조 발급은 각 항구를 관할하는 지방관의 업무가 되었다. 을사늑약 이후인 1906년 9월 12일 '한국인여권규칙'이 제정되었고, 이때 '여권'이라는 이름이 비로소 공식화했다. 당시 통감부는 '외교권 이양'에는 한국인의 외국 여행에 대한 통제권 이양도 포함된다고 주장했다. 한국 정부는 이런 억지 주장에 항의했으나 애초에 통할 일이 아니었다. 통감부는 국외 한국인의 독립운동을 막기 위해서는 여권 업무 장악이 우선이라고 판단했다. 이에 따라 외국에 나가려는 한국인들은 원칙적으로 통감부가 발급한 여권을 소지해야 했다. 통감부는 각 지방관이 이미 발급한 여권도 무효화했다.

1907년 5월 통감부는 직전 연도의 여권규칙을 폐지하고 새로 '외국여권규칙'을 제정했다. 여권 업무는 각 도시 일본영사관의 후신인 이사청理事廳으로 이관됐는데, 한국인이 여권을 발급받기는 무척 어려웠다. '외국여권규칙'은 식민지화 직후인 1910년 10월에 일부 개정되었는데, 핵심은 여권 발급 사무를 경찰에 맡기는 것이었다. 이에 따르면 '조선에서 직접 외국으로 여행하고자 하는 자'는 성명, 본적지, 신분, 연령, 직업, 여행지, 여행 목적을 기재한 서류에 호적이나 민적등본, 기타 신분을 증명할 수 있는 문서를 첨부하여 경찰의 허가를 얻어야 했다. 여권 관련 업무를 경찰에 맡긴 것은 국외로 망명하는 독립운동가들을 감시, 체포하려는 의도에 따른 것이었다고 봐도 무방하다. 당연히 여권을 신청해도 허가받기는 하늘의 별 따기였다. 여권 발급 권한은 1921년에야 도장관道長官(현재의 도지사)에게 이관되었다.

여권을 구하기 어렵다 보니 타인 명의의 여권을 구입해 사용하는 사람도 있었으나, 그보다는 여권 없이 국외로 나가는 사람이 훨씬 많았다. 망국亡國을 당해 수많은 사람이 간도와 연해주로 망명했던 1910년도의 공식 여권 발급 건수는 31건에 불과했다. 이런 사정은

일제강점기 내내 달라지지 않아 여권 발급 건수가 가장 많았던 1937
년에도 72건뿐이었다. 국외로 망명하는 독립운동가들이 일본 여권
을 사용할 이유는 없었다. 해방 당시 한민족 인구의 10퍼센트 이상
이 국외에 거주했지만, 그들 중 조선 땅을 떠나올 때 일본 여권을 소
지한 사람은 거의 없었다.

　여권 관리 체계는 밀항·밀수선 단속이 엄격해진 한국전쟁 이후에
야 그럭저럭 믿을 만해졌지만, 그래도 일본이나 미국으로 밀항하는
사람은 여전히 많았다. 1980년대까지도 여권은 공무 출장자, 유학
생, 사업가, 이민자 등이나 손에 쥘 수 있는 아주 특별한 신분증명서
였다. 서민이 여권을 받는 길은 간호사, 광부, 건설 노동자 등으로 국
외에 파견되는 것뿐이었다. 여권은 1989년 해외여행 전면 자유화 이
후에야 특별한 사람들이나 가질 수 있는 특별한 문서의 지위에서 벗
어나 대중화했다. 오늘날에는 한국인 대다수가 여권을 가지고 있으
며, 적어도 몇 년에 한 차례씩은 해외여행을 한다. 사람에 따라서는
그런 경험들을 통해 '보편적 인간성'을 직접 인식한다. 여권은 세계
시민의 신분증으로서, 개인들에게 일국의 국민인 동시에 세계 시민
이라는 이중 정체성을 실감시키면서 국경의 견고성을 흔드는 물건
이다.

호텔

84. 여행을
     고행에서 향락으로
     바꾸다

"TOUR는 관광을, 'TRAVEL'은 진정한 여행을 뜻한다." 어느 여행사의 광고 카피다. 맞는 정의인데, 이 여행사는 현명하게도 'TRAVEL'의 어원이 고생, 고역이라는 뜻의 'TRAVAIL'이라는 설명은 생략했다. 이 설명까지 추가하면, '진정한 여행 상품을 판매한다'는 말은 '사서 고생할 사람을 찾는다'는 말과 같은 뜻이 된다. 고생하는 여행자에게 먹을거리와 잠자리를 제공해주는 호텔의 어원은 라틴어 'HOSPITALE'로 병원hospital의 어원과 같다. 여행자와 환자는 본래 같은 부류였다.

물론 외교와 교역을 위해서는 외국 사절단이나 상단商團이 머물 숙소가 필요했다. 터키에서 괴베클리 테페 유적이 발견될 때까지 인류사상 최초의 도시로 알려졌던 예리코에도 여행자를 위한 숙소로 추정되는 건물터가 있다. 조선 전기 우리나라 서울에도 태평관, 동평관, 북평관이라는 시설이 있어 각각 중국 사신, 일본 사신, 여진족 사신의 숙소로 사용되었다. 하지만 공적 임무를 갖지 않은 여행객은 숙박업소를 찾아야 했고, 순례자 등 숙박비를 지불할 형편이 못 되는 사람들은 종교시설이나 '인심 좋은 이방인'의 신세를 지는 수밖에 없었다.

제국주의가 세계를 정복하자, 부호들이 나라 밖으로 나가는 일이 흔해졌다. 남의 나라에서는 그들이 이방인이었다. 1829년, 미국에서 숙박과 식사, 여흥을 함께 제공하는 트레몬트Tremont 하우스가 문을 열었다. 이것이 현대적 호텔의 효시이다. 이후 미국과 유럽 각지에서 '귀족의 저택'과 흡사한 호텔들이 속속 생겨났다. 귀족의 저택에서 일하다 해고된 집사, 요리사, 하녀들이 호텔에서 새 일자리를 구했다. 이 호화로운 '복합 소비 공간'들은 고객들에게 귀족의 침실, 귀족의 식탁, 귀족의 연회장을 제공했다.

호텔이라는 명칭을 사용한 우리나라 최초의 숙박업소는 1888년 일본인 호리 리키타로堀力太郎가 인천에 세운 대불大佛호텔이다. 대한제국 시기 인천에는 중국인 이타이怡泰가 세운 스튜어드호텔Steward's Hotel, 오스트리아계 헝가리인 스타인벡Joseph Steinbech이 세운 꼬레호텔Hetel de Coree도 있었다. 그런데 당시 한국인들은 호텔이라는 시설의 성격을 이해하는 데 애를 먹었다. 『독립신문』 영문판은 '객줏집'을 'HOTEL'로 번역했으나, 이는 참새를 독수리라고 하는 격이었다. 그 무렵 일본인들은 자국민을 위한 숙박업소에 여관旅館이라는 이름을 붙였는데, 1890년대 말부터는 한국인이 운영하는 여관들도 생겼다.

1896년 5월 2일자 『독립신문』 영문판에는 서울 거주 서양인들을 대상으로 하는 안내문이 실렸다. 공사관거리 동쪽 끝에 어떤 회사가 지은 벽돌 건물이 있는데 호텔로 쓰기에 적합하며, 향후 철도가 개통되면 호텔이 꼭 필요하리라는 내용이었다. 서양인들끼리 돈을 모아 호텔을 설립하자는 제안이었으나 당장 실현되지는 못했다. 이듬해 4월, 중국 해관 직원으로 근무하다 퇴직한 후 한국으로 건너온 이탈리아인 펠릭스 비이노F. Bijno가 경운궁 옆에 서울호텔을 차렸다. 그가 '공사관거리 동쪽 끝 벽돌 건물'을 구입했는지는 알 수 없다. 호텔은 서양인을 위한 식료품상과 잡화상을 겸해 버터, 우유, 위스키, 담배, 육혈포, 서양식 가구와 식기, 키니네 등을 팔았고, 식당에서는 '프랑스 요리'를 제공했다. 이 때문에 서양인들은 이 호텔을 '프렌치 호텔'이라고 불렀다. 『독립신문』은 이를 '비이노 주막'이라고 표기했다. 비이노는 1898년 6월 22일 명동성당에서 라바고트Ravagot라는 여성과 결혼했는데, 이날 하객들을 자기 호텔로 초청해 만찬을 베풀었다. 이것이 호텔에서 열린 우리나라 최초의 결혼식 피로연이다. 1899년 비이노는 대안문 동북쪽 모퉁이에 있던 고살기 상점을 매입하여 헐고, 새로 2층 양옥을 지어 호텔을 옮겼던 것으로 추정된다. 이듬해 대한제국 정부는 이 건물을 1만 원의 거액을 들여 매수했다. '쌍대경절雙大慶絶 칭경예식稱慶禮式' 준비에 박차를 가하던 시점이었으니, 법궁 정문 바로 옆에 있는 외국 호텔이 나라의 체모를 손상시킨다고 여겼기 때문인 듯하다. 호텔은 원수부元帥府가 되었고, 비이노는 서울 생활을 접고 인천에 새 비이노상점을 열었다가 얼마 후 귀국했다.

오랫동안 서울 최초의 호텔로 알려졌던 손탁호텔은 비이노의 호텔보다 한 해 늦게 생겼다. 설립자 손탁Antoinette Sontag은 알사스 로렌 출신 독일인으로 러시아 공사 베베르Carl Waeber의 처형이었다. 러시아공사관에 머무는 동안 그의 도움을 받았던 고종은 감사의 표시로 1898년 경운궁 옆에 방 다섯 개짜리 서양식 벽돌 건물을 지어 하사했다. 손탁은 그 건물을 호텔로 사용하다가 1902년 2층 건물을 새로 짓고 신장개업했다. 욕실이 딸린 객실 25개와 크고 작은 연회장을 갖추고 주로 프랑스 요리를 제공한 이 호텔은 대한제국의 관용官用 호텔로도 이용되었으며, 서울 거주 외국인과 대한제국 관료·지식인의 모임인 정동구락부의 집회장이기도 했다.

1900년에는 영국인 엠벌리W. H. Emberley가 서대문정거장 옆, 현재의 농협중앙회 뒤편에 있던 벽돌조 한옥 기와집을 구입하여 스테이션호텔을 차렸다. 엠벌리는 서재필이 미국으로 간 뒤 독립신문사를 인수한 사람이다. 1905년 프랑스인 마르탱L. Martin이 이 호텔을 인수하여 애스터하우스Astor House로 개칭했는데, 마전여관馬田旅館이라고도 했다. 『대한매일신보』 사장 어네스트 베델Ernest Bethell이 여기에서 사망했다. 마르탱은 1901년 경운궁 대안문 옆에 팔레Palace호텔도 세웠다. 같은 해 대안문 건너편에서는 임페리얼호텔이 문을 열었다. 1902년 '황제어극 40년 망육순 칭경 기념예식'이 예정된 시점에서 정동에는 서양인 여행자를 받을 수 있는 서양식 호텔 네 곳이 있었던 셈이다. 손탁호텔은 1917년 이화학당에 매각되었고, 팔레 호텔은 1905년 화재 이후 프랑스인 보에르J. Boher에게 양도되었다가 1909년경 다시 통감부 소유로 넘어가 경성호텔로 개칭되었으며, 나머지 호텔들이 어떻게 되었는지는 알 수 없다.

일본이 한국을 강점한 후, 1914년 조선호텔이 문을 열 때까지 경성호텔은 서울 유일의 관용官用 호텔이자 컨퍼런스홀 구실을 했다. 일본 정부와 총독부의 고관, 일본인 사업가, 유럽과 미국에서 온 선교사와 사업가 등이 경성호텔에 투숙하고 이 호텔에서 환영회, 송별회, 만찬회, 간친회懇親會 등을 열었다. 1913년 8월 경성일보사 주최로 경성호텔에서 꽃 품평회가 열렸는데, 이것이 호텔 전시회의 효시이다. 그런데 이 호텔 만찬장의 최대 수용 인원은 100명 정도에 불과했다. 언제인지는 확실치 않으나, 경성호텔은 남산 기슭에 새 건물을 짓고 이주했다. 새 호텔에는 한꺼번에 200명 정도를 수용할 수 있는 홀이 있었다. 경성호텔은 조선호텔보다 조금 싼 가격으로 연회와 회의 장소를 제공했다. 일제강점기 호텔 컨퍼런스의 반 정도가 경성호텔에서 열렸다.

1912년, 조선총독부 철도국은 조선 내 주요 역 주변에 철도호텔들을 짓기로 결정했다. 기차를 이용하는 귀족과 고관, 부호들에게 지위에 걸맞은 숙박시설을 제공할 필요가 있다는 이유에서였다. 이

계획은 곧 실현되어 1912년 부산과 신의주, 1914년 경성, 1915년 금
강산, 1925년 평양에 각각 철도호텔이 들어섰다. 물론 이들 중 최고
는 전前 원구단 부지에 지은 경성의 철도호텔이었다. 철도국은 이 호
텔에 '조선호텔'이라는 이름을 붙였다. 이것이 현 웨스틴조선호텔의
전신前身이다.

철도국이 원구단 터에 조선호텔을 지은 것은 제국주의적 '공간정
치'의 일환이었다. 웅장하고 화려한 건물로 원주민들의 성소聖所를
위압, 모욕하는 것은 제국주의자들의 상투적 수법이었다. 그들은 건
조물들 사이의 대비를 통해 자기들과 원주민들 사이의 문명적 격차
를 가시적으로 드러내고자 했다. 경복궁과 총독부, 경운궁과 경성부,
남대문과 경성역이 서로 대비되는 한 쌍이었던 것처럼 원구단과 조
선호텔도 한 쌍이었다.

천원지방天圓地方, 즉 '하늘은 둥글고 땅은 모나다'는 것은 인류의
오래된 우주관이다. 그래서 동양에서는 하늘에 제사 지내는 제단은
원형으로, 땅에 제사 지내는 제단은 방형方形으로 만들었다. 하늘에
제사 지내는 제단이 천단天壇 또는 원구단圜丘壇이다. 하늘에 제사 지
낼 권리는 하늘의 아들인 천자天子만이 가졌으니, 천단도 천자만이
지을 수 있는 건물이었다. 우리나라에도 고려시대까지는 천단이 있
었다. 그러나 유교적 천하관에 따라 중국 천자의 독점적 권리를 승
인한 이후 원형이나 팔각 건조물은 이 땅에 지을 수 없는 것이 되었
다. 조선 세조가 원구단을 짓고 제천 의례를 부활시킨 적이 있지만,
이는 이윽고 폐지되었다.

고종은 1897년 10월 국호를 대한大韓으로 하는 제국을 선포하고
스스로 천자의 위에 올라 연호를 광무光武로 정했다. 칭제건원稱帝建
元에 앞서 경운궁 정면, 전 남별궁 터에 천단, 즉 원구단이 건립되었
다. 고종의 즉위식은 천자가 천명을 받드는 방식으로 원구단에서 거

행되었다. 그로부터 2년 뒤, 원구단 옆에 3층짜리 황궁우皇穹宇가 건립되었다. 맨 아래층에 지신, 가운데 층에 인신人神인 태조 이성계, 맨 위층에 천신의 위패를 모신 건물이다. 그렇기 때문에 각 층의 높이가 다르다. 기단과 기둥, 건물 모두 팔각형을 취했다. 팔각형은 하늘을 상징하는 원형과 땅을 상징하는 방형의 중간 도형이다. 원구단과 황궁우는 대한제국이 천자국임을 상징하는 건조물이었고, 이 두 건물이 들어선 장소는 이 나라에서 가장 존엄하고 신성한 곳이었다.

일본은 한국을 강점하기에 앞서 제국의 자취를 지우려 들었다. 헤이그 밀사 사건을 빌미로 고종의 제위帝位를 박탈한 일본은, 순종의 즉위식을 경운궁 돈덕전에서 치르게 했다. 대한제국의 법대로라면 원구단에서 천자 자리에 올라야 했으나, 일본은 순종에게 천자의 상징을 허용하지 않았다. 통감부의 압력에 따라 원구단 제사는 폐지되었고, 그 부지는 한동안 토관土管 제조장으로 쓰였다. 1913년, 총독부는 원구단 본 건물을 헐고 황궁우만 남겨둔 채 호텔 건설 공사를 진행했다. 1914년 조선호텔이 개관하자, 황궁우는 호텔의 부속 건물처럼 되었다. 조선총독부 신청사와 경복궁의 관계가 그랬던 것과 마찬가지로 조선호텔과 황궁우는 각각 근대와 전 근대, 신식과 구식, 문명과 야만, 일본과 조선을 대표하는 공간정치 요소로 작동했다. 게다가 원구단은 천자와 그 대리인만이 출입할 수 있는 국가의 성소였으나, 호텔은 돈만 내면 아무나 들어가 자고 먹고 쉴 수 있는 곳이었다. 총독부는 황궁우만 남겨두고 호텔을 지음으로써 한국에서 가장 신성한 곳을 가장 세속적인 곳으로 바꾸었고, 일본의 세속이 한국의 신성을 내려다보는 구도를 만들었다.

1914년 10월 10일에 개관한 철도국 직영 조선호텔은 명실상부한 조선 제일의 호텔이었다. 설비는 순전히 서양식이었고 엘리베이터가 설치되었으며, 귀빈실 4실, 특별실 10실, 상등실 27실, 보통실

1914년에 완공된 조선호텔 오른쪽에 황궁우가 보인다. 조선총독부 철도국은 '프랑스 파리에 갖다 놓아도 손색없다'는 세평을 들은 호텔의 입지를 대한제국의 성소였던 원구단 자리로 정했다. 경복궁 앞에 총독부를 지은 것과 마찬가지로 조선/대한제국의 역사를 능욕하려는 의도에서였다. 일제강점기 사람들은 조선호텔에서 '하늘 아래 최고의 호사'를 누렸는데, 그 호사는 천신이나 지신이 아니라 돈이 제공했다. 출처: 서울역사아카이브

13실로 객실 총수는 54실이었다. 부대시설로는 로비와 라운지, 250석 규모의 대식당과 보통식당, 특별식당, 콘서트홀, 독서실, 바, 끽연실, 당구장, 세탁실, 이발소 등이 있었다. 1921년부터는 효창원 골프장도 운영하면서 전속 차량으로 고객들을 실어 날랐다. 일본식 표현으로 조선호텔은 1류, 경성호텔은 2류였다. 일본인이든 조선인이든 외국인이든, '1류급 인물'은 조선호텔을 이용해야 했고, '1류 단체'는 조선호텔에서 회합會合해야 했다. 1916년 5월 2일, 조선총독부 철도국이 주최한 '일본 중국 러시아 철도 연락회의'가 조선호텔에서 개최되었다. 이것이 한반도 호텔에서 열린 최초의 국제회의다. 참고로 '국제회의'란 3개국 이상의 대표들이 참가하는 회의를 말한다.

1917년 8월 3일, 남만주철도주식회사가 조선철도를 운영하게 된 것을 기념하는 성대한 연회가 조선호텔에서 열렸다. 연회에는 귀족, 관리, 군인, 실업가, 기자 등 조선 내 '초일류 신사' 300여 명이 참석

했다. 참석자들은 휴게실에서 일본 명인의 무용 공연을 관람한 후 식당으로 자리를 옮겼다. 다수의 선풍기와 꽃을 장식한 얼음덩이, 서늘한 빛을 발하는 전등이 한여름의 열기를 식혀주는 가운데, 참석자들은 음악대의 연주를 들으며 식사를 했다. 주 메뉴는 아마도 프랑스 요리였을 것이다. 식사가 마무리될 즈음, 초청자와 주빈主賓들이 환영사와 축사를 했고 일동은 샴페인으로 건배했다. 식사 후 황궁우 앞으로 나온 참석자들을 기다린 것은 여흥과 후식이었다. 참석자들은 철도 모형이 설치된 현장에서 일본인과 조선인 예기藝妓 100여 명의 시중을 받으며 팥죽, 국수, 조선과 만주의 요리, 커피, 아이스크림, 샌드위치, 각종 음료, 과일 등을 골라 먹었다. 행사가 진행되는 내내, 호텔 로비에서는 전속 연주자들이 피아노와 바이올린을 연주했다. 오늘날 정부나 대기업에서 주최하는 대규모 행사의 모습과 다르지 않았다.

1920년대 중반 조선호텔의 숙박비는 보통실 기준 9원, 조식 값은 1원 70전, 점심 값은 2원 50전, 저녁 값은 3원이었다. 1일 숙박과 조식을 합한 비용이 10원 70전이었으니, 보통의 월급쟁이 열흘치 임금에 해당했다. 현재 서울 웨스틴조선호텔의 숙박비와 조식비를 합하면 40만 원 정도이니, 상대적으로 지금보다 훨씬 비쌌던 셈이다. 당연히 이런 호텔을 이용할 수 있는 사람은 많지 않았다. 1926년 1년간 조선호텔 투숙객은 4,068명으로 하루 평균 11.4명이었다. 최대 숙박 인원이 100여 명이었기 때문에 90퍼센트 가까운 공실률을 기록했던 셈이다. 다른 철도국 직영 호텔들도 사정은 마찬가지여서 연간 투숙객은 부산호텔이 1,011명, 신의주호텔이 506명, 평양호텔이 2,008명, 금강산 장안사호텔이 444명에 불과했다. 철도국의 호텔 경영은 미국과 유럽인들에게 식민지 조선의 발전상을 보여주려는 일종의 '전시성 사업'이었던 셈이다. 만성 적자에 허덕이던 철도국은

1932년 4월 조선호텔을 민영으로 전환했고, 새로 호텔 경영을 맡은 회사는 '민중본위'라는 슬로건을 내걸고 요금 인하를 단행했으나 사정은 그리 나아지지 않았다.

물론 철도국 직영 호텔 외에 민간인들이 세운 호텔이라는 이름의 숙박업소들도 있었다. 1910년대에 인천호텔과 경성 패밀리호텔이 개업했고, 1920년에는 조선 귀족과 실업가들이 서울호텔을 지으려다가 실패했다. 1928년에는 하야시야林屋호텔이, 1929년에는 경성 중앙호텔이, 1931년에는 명동明東호텔이, 1934년에는 혼마치本町호텔이 각각 문을 열었는데, 이 가운데 중앙호텔은 요릿집 명월관과 식도원을 경영했던 안순환이 세운 것이다. 하지만 조선호텔과 경성호텔 외에는 호텔이라는 이름에 걸맞은 '복합 소비 공간'을 제공하지 못했다.

1936년의 어느 날, 함경도 일대를 주 무대로 삼아 일본 유수의 재벌로 성장했던 일본질소비료 콘쩨른 대표 노구치 시타가우野口遵가 조선호텔 정문 앞에서 수위에게 수모를 겪었다. '민중본위'를 표방한 뒤에도 양복 입은 사람만 입장시킨다는 조선호텔의 원칙은 변하지 않았으나 그는 공사 현장에서 입던 작업복 차림 그대로 호텔에 들어가려 했다. 당연히 수위는 그를 잡인雜人 취급했다. 분기탱천한 그는 조선호텔을 압도할 만한 새 호텔을 짓기로 결심했다. 1938년 지금의 서울 롯데호텔 자리에 지하 1층 지상 8층 규모의 반도호텔이 들어섰다. 당시 한반도에서 가장 높은 건물이었다. 6~8층은 호텔이고 1~5층은 임대사무실이었는데, 노구치는 조선호텔이 내려다보이는 5층에 자기 사무실을 두었다. 모든 층을 호텔로 쓰기에는 당시 조선의 시장 규모가 너무 작았다.

해방 후 미군은 조선호텔과 반도호텔, 기타 남한의 철도국 직영 호텔들을 모두 몰수하여 군정청 시설로 사용했다. 대한민국 정부 수립 후 민간에 불하된 이들 호텔은 1970년대까지도 한국 최고의 호텔이라는 명성을 유지했다. 한국에 '호텔다운 호텔'은 한국전쟁 휴전 4~5년 뒤에야 다시 생기기 시작했다. 5·16 직후에는 쿠데타 주도세력이 한국전쟁 중 사망한 워커Walton Harris Walker 장군의 이름을 딴 워커힐에 초특급 호텔을 지었다. 호텔 건립의 명목은 휴가 중 일본으로 놀러가는 주한미군을 유치한다는 것이었으나, 주한미군은 거의 이용하지 않았고 호텔 건립은 결국 '4대 의혹 사건'의 하나가 되었다. 1965년 한일협정 이후에는 재일동포 사업가들도 한국 땅에 대규모 호텔을 짓기 시작했다.

현대인들에게 호텔은 숙박시설에 머물지 않는다. 근래 각종 국제회의, 포상 관광 여행, 전시회와 박람회 등을 하나로 묶은 MICE meeting, incentive travel, convention, exhibition and event라는 신조어가 생겼는데, 그 주 무대는 대개 호텔이다. 호텔은 상견례, 결혼식, 회갑연이나 고희연 등 가족 단위 행사장으로도 널리 이용된다. 여름 휴가철에 타지로 가지 않고 호텔에서 여행 기분을 즐기는 '호캉스'가 유행한 지도 꽤 오래되었다. 호텔 덕에, 무거운 진실이었던 '집 떠나면 고생'이라는 말이 입에 발린 소리로 바뀌었다. 오늘날에는 많은 사람이 여행 중에 자기 집 방보다 더 좋은 방에서 자고, 자기 집 음식보다 더 좋은 음식을 먹는다. 호텔은 여행의 진정한 의미를 고행에서 향락으로 바꿔 놓은 주역이다.

85. 지구촌 만들기의
      단초를
      열다

　　　신라 눌지왕 때 사람 박제상은 고구려와 왜倭에 볼모로 잡
혀간 왕의 동생들을 잇달아 구출하곤 왜왕倭王에게 살해당했다. 그
의 아내는 집 가까운 언덕 위에 올라가 남편이 돌아오기를 하염없이
기다리다가 선 채로 굳어 돌이 되었다. 그녀를 돌로 만든 것은 잔인
한 왜왕이나 무정한 남편이 아니라 '소식을 전할 길 없음'이었다.

　신라 진평왕 때 사람 설씨녀는 자기 아버지 대신 군대에 간 가실
과 3년 후에 결혼하기로 약속했으나, 가실은 기한 내에 돌아오지 않
았다. 그녀의 아버지는 딸이 나이 들어가는 것을 걱정하여 다른 사
람과 혼인시키려 했다. 그러나 그녀는 아버지의 명을 거역하고 3년
을 더 기다리다가 가실을 다시 만나 혼인했다. 그녀를 대책 없이 기
다리게 만든 것 역시 '소식을 전할 길 없음'이었다.

　자신이 직접 가지 않고 다른 사람을 통해 소식과 물건을 전달하는
제도는 '영역국가' 형성과 동시에 출현했다. 왕권이 미치는 범위는
국가 통신망이 미치는 범위와 일치했다. 왕이 내리는 명령서와 왕에
게 올라가는 보고서가 제대로 전달되지 않으면 국가가 유지될 수 없
었다. 그러나 하인을 둔 사람이 아니고서는, 민간인 사이의 통신은
아주 어려웠다. 타지에서 우연히 만난 고향 사람에게 가족 친지의
안부를 묻고 전하거나, 자기 집 부근으로 가는 장사꾼이나 통신병에
게 사정하는 것 말고는 달리 방법이 없었다.

민간인 사이를 연결하는 상업적 통신망은 1516년 프란체스코 데 타시스Francisco de Tassis가 신성로마제국의 막시밀리안 1세Maximilian 1로부터 제국 내 우편사업의 독점권을 부여받음으로써 출현했다. 우편요금을 선납했다는 증지인 우표는 1840년 영국에서 처음 발행되었다. 당시 우편 배달료는 수취인 부담이었기 때문에 수신受信을 거부하는 사람이 적지 않았고, 이 때문에 배달부와 수취인 사이에 다툼도 흔했다. 교사였던 로렌드 힐Rowland Hill은 이 문제를 해결할 방법으로 '요금 선납'과 '선납 증지=우표' 제도, 전국 균일 요금제 등을 생각해내고 1837년에 논문으로 발표했다. 힐의 아이디어는 1839년 영국 의회에서 채택되어 1840년 5월 6일부터 시행되었다. '선납 증지'인 우표에는 빅토리아 여왕의 얼굴이 인쇄되었고, 가격은 1페니였다. 색상이 검은색이었기 때문에 이 우표에는 '블랙 페니'Black Penny라는 별명이 붙었다.

세계 최초의 우표가 발행된 지 44년 뒤인 1884년 11월 17일, 한성 우정총국과 인천 우정분국이 각각 문을 열고 서울과 인천 사이에 우편 사무를 개시했다. 우표는 일본 대장성 인쇄국에 의뢰하여 미리 만들어두었고, 우편인郵便印은 우정국 개국 직전에 도안을 확정했다. 발행된 우표는 5문, 10문, 25문, 50문, 100문짜리의 5종이었는데, 앞의 2종은 실제 우편 업무에 사용되었으나 뒤의 3종은 우정국이 폐지된 뒤에야 일본에서 도착한 관계로 사용되지 못했다. 이때는 화폐 단위가 '문'文이었기 때문에 이 우표를 '문위우표'文位郵票라고 한다. 태극무늬를 당초문으로 둘러싼 모양에 'COREAN POST'라는 영문과 '대조선국 우초郵鈔'라는 한자를 병기했다. 우표만 사서 붙이면 원하는 곳까지 배달해준다는 소식을 들은 인천 사람들이 쌀가마니나 굴비두름을 들고 우정국에 가서는 서울 어느 댁에 보내달라고 떼를 썼다는 우스개가 전하나 사실 여부는 알 수 없다.

1884년 '대일본제국 정부 대장성 인쇄국'에서 제조한 5문, 10문짜리 대조선국 우초 우표는 '우푯값'이 '왕명'을 대신하는 시대를 열었으며, 한걸음 더 나아가 국경을 넘는 통신망을 만들었다. 현대의 세계를 '지구촌'이라고 부를 수 있다면, 이 '마을'을 만드는 데 결정적 역할을 한 것이 우표다. 출처: 우정사업본부

문위우표의 수명은 매우 짧았다. 우편 업무 개시 보름 남짓만에 다른 곳도 아닌 우정국에서 갑신정변이 일어났고, 우표를 사용할 일도 없어졌다. 우푯값을 받을 길은 없는데, 일본 대장성 인쇄국은 인쇄비를 달라고 독촉했다. 난감한 처지에 있던 조선 정부를 구해준 것은 독일계 무역회사인 세창양행이었다. 세창양행은 인쇄비를 대납하고 남은 우표를 몽땅 독일로 가져가서는 '코리아 최초의 우표'라는 글자를 새긴 포장지에 담아 유럽의 우표 수집가들에게 팔았다. 조선에서는 처치 곤란의 쓰레기가 된 문위우표였으나, 유럽에서는 '수집품'이 되었다.

우편업무는 갑신정변으로부터 10여 년이 지난 1895년 6월에 재개되었다. 이때는 5푼, 1돈, 2돈 5푼, 5돈짜리 우표 4종이 발행됐다. 인쇄는 미국에 의뢰했다. 가운데에 태극기 문양을 넣고 '조선우표'를 한자와 한글로, 우푯값을 역시 한자와 한글로 인쇄했다. 네 모퉁이에는 황실을 상징하는 이화李花 문양을 두었다. 우편업무가 빠른

속도로 대중화하는 데에는 신문이 기여한 바 컸다. 당시 신문사들은 지금처럼 전국 각지에 지국을 두고 직접 신문을 배포할 수 없었기 때문에 우편제도를 이용했다. 우편 업무가 재개되지 않았다면 전국적 배포망을 가진 신문은 출현할 수 없었다. 나라에 무슨 일이 있는지 궁금해도 쉬 알 도리가 없던 시골 지식인들에게 체전부遞傳夫라는 이름의 우편물 배달부는 그 궁금증을 풀 수 있게 해주는 반가운 손님이었고, 신문물을 직접 전파하는 '근대의 메신저'였다. '근대의 메신저'들은 왕의 명령이 아니라 우푯값의 명령에 따라 전국 곳곳을 누볐다. 게다가 왕의 명령이 도달하는 범위보다 우푯값의 명령이 도달하는 범위가 훨씬 넓었다.

조선에서 우편 업무가 재개된 지 얼마 되지 않아, 서울 거주 일본인들의 우편국이 문을 열었다. 1897년, 전권위원 민상호가 인솔한 대한제국 대표단은 미국 워싱턴에서 열린 제5차 만국우편연합 총회에 참석하여 협약에 서명했다. 이에 따라 1900년 1월 1일부터 대한제국 우표가 전 세계에서 통용되었다. 같은 해, 처음으로 국내의 농상공부 인쇄국에서 인쇄한 '이화 보통우표' 14종이 발행됐다. 1902년 10월 8일에는 '황제 어극 40년 망육순'을 맞아 전환국에서 '기념우표'를 발행했다. 황제의 보관寶冠을 마름모 모양의 띠로 두른 도안으로, 띠에는 '대황제폐하 어극 40년 경축'이라는 한자 글귀와 프랑스어 번역문을 넣었다. 이것이 우리나라 최초의 기념우표다.

1905년, 일본 군국주의는 을사늑약으로 대한제국의 외교권을 박탈했다. 대한제국은 만국우편연합의 회원국 자격을 잃었고, 우표를 발행할 권리도 잃었다. 이후 1945년 해방될 때까지, 한국인들은 일본 우표를 사용하는 수밖에 없었다. 해방 직후에는 한동안 일본 우표 위에 '조선우표'라고 가쇄假刷한 것을 사용했다. 해방 후 최초의 우표는 1946년 5월 1일에 발행된 '해방조선' 기념우표인데, 이름에 부끄럽게도 일본에서 인쇄했다. 같은 해 8월 15일에는 분단된 남북에서 각각 '해방 1주년 기념우표'가 발행되었다. '대한민국'이라는 국호가 새겨진 첫 번째 우표는 1948년 8월 15일 대한민국 정부 출범 당일에 발행되었다.

현대인은 전 세계 어디로든지 편지와 소포를 보낼 수 있는 사람이다. 한국인들에게 북한은 예외지만. 우표는 어느 나라 것이든 국경을 넘는 통신망의 징표다. 우표는 발행 빈도가 너무 길지도 짧지도 않은데다가, 도안만으로 특정 시기, 특정 사건에 대한 기억을 보존하는 매체 역할을 했으며 가격도 상대적으로 쌌기 때문에 수집품으로도 인기를 끌었다. 이메일이 생긴 뒤 우표에 대한 관심이 크게 줄기는 했으나, 현대인의 시공간에 대한 기억은 전 세계에서 수시로 발행되는 '기념우표'들에 결부되어 있다.

사진엽서

86.   세계의
       이미지

1890년대에 중국에서 제작된 세계지도 중에는 제국주의 열강을 동물로 묘사한 것이 있다. 영국은 사자, 미국은 독수리, 러시아는 곰, 프랑스는 개구리, 일본은 원숭이였다. 스스로 만든 상징 동물로 묘사된 나라가 있었는가 하면, 적대적 타자가 만든 상징 동물로 묘사된 나라도 있었다. 영국인과 미국인이라면 이 지도를 보고 흡족했을 테지만, 프랑스인과 일본인이라면 분노했을 것이다. 참고로 그 시절 영국인들은 개구리frog의 앞 철자 두 개가 프랑스France의 앞 철자 두 개와 같다는 이유로 프랑스인들을 개구리로 비하하곤 했다. 일본인들이 원숭이로 묘사된 이유는 확실치 않다. 일본에 원숭이가 많기 때문일 가능성이 크지만, 제국주의 시대 유럽인들은 아시아인을 흔히 원숭이로 부르곤 했다. 태평양전쟁 중 일본군을 '노란 원숭이'yellow monkey라고 불렀던 미군은, 한국전쟁 중에는 북한군과 중국군을 같은 이름으로 불렀다.

세계 각국, 각 민족을 특정 동물에 비유하는 관행이 완전히 소멸하지는 않았으나, 현대인들에게는 동물보다는 건조물이 훨씬 더 익숙하다. 콜로세움, 빅벤, 자유의 여신상, 크렘린궁, 에펠탑, 자금성, 에도성, 타지마할, 예수상 등의 건조물은 각 나라의 역사와 문화, 각 국민의 가치관과 미적 감각을 대표하는 것으로 간주된다. 현대인들은 어떤 나라에 가보거나 그 나라 사람을 만나보기 전에, 먼저 건조

455

물 사진을 통해 그 나라를 인지한다. 건조물 사진 한 장에 한 나라를 통째로 담는 마술이 가능해진 것은 주로 사진엽서 덕분이었다.

그림엽서는 1871년 오스트리아 빈에서 처음 발행됐다. 사진 인쇄술이 발달함에 따라 엽서 안의 그림은 곧 사진으로 대체되었고, 1894년 영국 정부는 민간 발행 사진엽서에 정부 발행 엽서와 같은 자격을 부여했다. 출장이나 여행차 타지를 방문한 사람들은 그 도시의 전경이나 주요 건조물을 담은 사진엽서에 자기 근황과 여행 소감을 짧게 적어 고향의 가족, 친지, 연인에게 보내곤 했다. 발신인과 수신인은 사진엽서를 통해 일종의 시각적 공감대를 형성할 수 있었다. 사진엽서는 현지에 있다가 귀환한 사람과 고향에 있던 사람이 함께 대화할 소재도 제공해주었다. 한동안 헤어져 있다가 다시 만난 사람들이 그동안 주고받은 사진엽서를 보며 이야기를 나누는 것도 작은 행복이었다. 이런 이유로 인해 사진엽서는 아주 빠르게 전 세계로 확산했다. 1898년부터 유럽 전역에서 사진엽서 박람회가 열리기 시작했다.

우리나라 최초의 공식 엽서는 1900년 대한제국 농상공부 인쇄국이 발간한 1전짜리 엽서다. 이해에 대한제국이 만국우편연합에 가입했기 때문에, 엽서 발행은 국제적 의무에 해당하는 일이었다. 그 직후 대한제국 정부는 관립 불어학교 교사 프랑스인 알레베크Charles Alévêque가 촬영한 40여 장의 궁궐 사진과 풍속 사진을 프랑스에 의뢰해 사진엽서로 제작, 파리 만국박람회장에서 판매했다. 일본인 사진사들이 한국에 대거 진출하여 사제私製 사진엽서를 제작, 판매한 것도 이 무렵의 일이다. 1900년 일본 정부가 영국과 마찬가지로 사제엽서를 공인公認한 것도 일본 사진엽서 제작업자들의 한국 진출에 영향을 미쳤다.

대한제국 정부 발행 사진엽서든 일본인 업자가 만든 사제엽서든,

사진 촬영자는 거의 외국인이었다. 그들이 한국과 서울을 보는 시선은 오리엔탈리즘에 영향받을 수밖에 없었다. 당시의 필름은 값비싼 기록매체였기 때문에, 촬영자들은 '기록할 가치가 있다'고 판단한 것들만 기록했다. 그들은 스스로도 의식하지 못한 채 '한국에 고유한', 곧 '자신과 자국민이 보기에 신기한' 대상들을 골라 찍었다. 그들은 별다른 악의 없이 낙후한 한국에 주목했고, 그것들이 오늘날 대한제국 시기 한국 모습에 관한 권위 있고 사실적인 사진 기록의 지위를 차지하고 있다.

일제강점기 조선총독부의 공식 사진엽서와 일본인 민간 업자들의 사제 사진엽서들은 더했다. 일본인은 주체였고, 조선인은 타자였다. 조선의 경관과 시설, 인물을 담은 사진엽서들은 주체와 타자의 관계를 명료히 표현했다. 조선총독부에 고용된 사진사, 또는 민간인 사진사들은 시선의 방향으로 권력 관계를 드러냈다. 그들에게 조선인은 관찰 대상이자 감시 대상이었다. 일본인들의 차별적 시선은 헤아릴 수 없을 정도로 많이 생산, 유포된 사진엽서들을 통해 조선인들에게도 내면화했다. 그것들은 의도적으로 조선의 '구관'舊慣과 일본의 식민 통치가 제공한 '문명'을 대비시켰다. 일본인들은 조선의 옛것을 '전통'으로 인정하지 않았다. 그들은 자기들의 '전통'에 해당하는 조선의 문화에 '오래된 관행'이라는 뜻의 '구관'이라는 이름을 붙였다. 식민지 지배자들은 사진엽서가 한 지역 또는 민족에 관한 정형화한 이미지를 만들어 수많은 사람에게 공유시킨다는 사실을 잘 알았다. 식민지 지배자들에게 사진엽서는 식민모국의 자국민과 식민지의 원주민 모두가 공유할 수 있는 '식민지의 이미지'를 구축하는 수단이었다.

일제강점기 조선산 사진엽서를 대표한 건조물 모델은 성문과 궁궐이었고, 인물 모델은 노인과 기생이었다. 늘 열린 상태인 성문은

Séoul (Corée)

4. — Dame galante coréenne offrant une tasse de vin à un jeune citadin
pour indiquer qu'elle accepte ses propositions.

대한제국 정부 발행 사진엽서 대한제국 정부는 법어학교 교사 알레베크가 촬영한 필름을 프랑스 파리에 보내 사진엽서로 제작, 1900년에 열린 파리 만국박람회장에서 판매했다. 손님에게 술을 먹여주는 여인의 모습을 담은 이 사진엽서는 20세기 초 프랑스인들의 한국 인식에 상당한 영향을 주었다. 엽서 옆에 "알레베크 법국교사 서울 대한"이라는 한글이 씌어 있다. 출처: 한국학중앙연구원

함락된 도시를 표상했고, 수많은 전각이 헐린 채 마당에 잔디가 깔린 궁궐은 무덤이 된 왕조를 상징했다. 노인은 노쇠하고 낙후하며 희망 없는 민족을, 기생은 권력과 금력에 무기력하게 굴복하는 피정복 민족을 표상했다. 모두 독립성과 진취성과는 거리가 먼 상징이었다. 그 무렵 제국주의 국가들의 상징물은 모두 하늘을 향해 우뚝 솟은 마천루나 타워였다. 발전하는 제국의 수직 이미지와 식민지가 된 왕국의 수평 이미지는 사람들의 의식 안에 지배와 피지배, 문명과 야만, 발전과 정체의 표상으로 자리 잡았다. 사람들은 사진엽서 안에 각자의 추억을 담았지만, 그 추억조차도 제국주의 이미지 정치의 산물이었다.

삼일빌딩, 남산타워 등 하늘을 향해 치솟은 마천루와 타워가 차례

로 한국산 사진엽서의 새 주인공 자리를 차지한 것은 1970년대 이후의 일이었다. 이런 관광 사진엽서들도 외국인과 자국민들에게 '나날이 발전하는 한국'을 알리기 위한 '이미지 정치'의 수단이었다. 휴대폰으로 찍은 사진을 상대방에게 곧바로 전송할 수 있게 된 후, 사진엽서의 시대는 저물었다. 그러나 이 물건이 현대인의 자기 인식과 세계 인식에 끼친 영향은 지대하다.

87.   원한과 동경의
      경계선상에 있는
      외국기

1960년 8월 12일 제2공화국 정부가 수립되자, 다음 달 6일 일본 외무상 고사카 젠타로小坂善太郎가 축하 사절로 서울에 왔다. 다음 날 한 신문은 고사카의 방한 장면을 이렇게 묘사했다. "공항에 일본기는 게양되어 있지 않았다. 그러나 양국 외상이 탄 승용차 양 켠에 두 나라 국기를 꽂고 나부끼며 서울 시내로 들어올 때 연도에 나섰던 수많은 시민은 처음으로 대하는 한 쌍의 태극기와 일본기를 관심 깊게 주시하고 있었다." 그들은 일장기를 보며 무슨 생각을 했을까?

태극기와 일장기가 '한 쌍'이 된 것은 이때가 처음이 아니었다. 을사늑약 이후 경술국치까지 태극기와 일장기는 주로 한 쌍이었다. 그 시절 태극기 옆의 일장기는 '보호국으로 전락한 한국' 또는 '곧 일본에 병합될 한국'을 상징하는 물건이었다.

대다수 일본인은 일장기의 역사가 일본 국가 성립과 동시에 시작되었다고 믿는다. 천조대신天照大神이 곧 태양신이고 태양이 원圓 모양이니, 이런 믿음에 시비를 따질 이유는 없다. 다만 원 모양은 일본뿐 아니라 전 세계에서 두루 사용되었기 때문에, 옛날에도 일본 고유의 상징은 아니었다. 붉은 원을 그린 깃발은 7세기의 일본 아스카 시대 쇼토쿠 태자聖德太子가 처음 사용했다고 하는데, 민간에서 부채나 옷감 등에 붉은 원을 사용한 예를 찾으면 이루 헤아릴 수 없을 것이다. 임진왜란 때에도 둥근 태양 깃발을 사용한 일본군 장수가 있었다고 하나, 누구인지는 밝혀지지 않았다.

깃발로 함선이나 군대의 소속 국가를 표시하는 것이 국제 통례라는 사실을 알게 된 일본 막부幕府는 안정安政 원년(1860) 7월 11일에 이른바 '히노마루日ノ丸'를 국기 도안으로 결정했다고 한다. 일본 정부가 이를 국기로 공식화한 날은 메이지明治 3년(1870) 1월 27일이다. 1875년 5월, 일장기를 내건 일본 군함 운요호가 부산 앞바다에 모습을 드러냈다. 일장기가 한국인들에게 처음 모습을 보인 사건이었다. 이후 일본이 한국의 주권을 침탈하는 역사의 현장에는 늘 일장기가 있었다.

경인철도 개통식 등 한일 공동 행사 때 태극기와 교차 게양되곤했던 일장기는 을사늑약 이후 일본 국경일마다 각 관청에 태극기와함께 걸렸다. 1907년 일본 황태자 방한 때에는 서울 시내의 모든 관청에 한일 양국기가 걸렸으며, 연도에 동원된 학생들도 양국기를 들었다. 1908년 개국기원절에는 농상공부에 태극기 대신 일장기가 게양되는 사건까지 일어났다. 1910년 8월 29일 이후, 한반도에서 태극기는 공식적으로 자취를 감추었다. 한반도에 사는 '조선인'들에게는일장기가 새 국기였다. 하지만 일장기가 표상하는 국가는 조선인들의 국가가 아니었고, 그 국가도 조선인들을 온전한 국민으로 취급하지 않았다. 일장기는 조선인들에게는 굴복과 복종의 표지였고, 재조선 일본인들에게는 정복과 지배의 표지였다.

조선총독부도 '국민이되 국민이 아닌' 조선인들에게 일장기가 '사랑과 존중'의 대상이 될 수 없다는 사실을 곧 깨달았다. 1910년 9월 24일은 일본의 한국 강점 이후 처음 맞는 일본 제일祭日이었다. 이때 총독부는 조선인들에게도 모두 일장기를 게양하도록 지시했고, 『매일신보』는 "창덕궁 전하의 궁전 및 박영효 씨 등 각 대신大臣 집 문

461

앞에도 대부분 일장기를 게양했다"고 보도했다. 하지만 천황에게 은 사금을 받은 귀족 중에도 차마 일장기를 게양하지 못하는 자가 있는 판에, 일반 가정이 모두 일장기를 게양할 리 없었다. 더구나 일장기 를 갖춘 조선인 집은 거의 없었다. 총독부도 일장기 게양을 강요하 지 않았다. 아직은 조선인들을 '국민화'하는 것보다는 일본인들에게 충분히 즐길 시간을 주는 것이 더 중요하다고 판단했기 때문일 터이 다. '일본의 혼魂'을 담은 일장기는 '일본의 혼'을 지닌 사람들에게나 어울리는 것이었다. 일제강점 초기의 일장기는 국민 통합의 상징이 아니라 통합과 배제의 경계선상에 어정쩡하게 놓인 기이한 상징이 었다.

1910년 11월 5일, 일본 천황의 생일인 천장절天長節을 맞아 서울 의 일본인들은 대규모 국기 축제를 벌였다. 3만~4만 명의 일본인 군 중은 크고 작은 일장기를 들고 북 치고 나팔 불며 경성부 내를 순회 했다. 1914년 일본군이 산동반도에서 독일군에 승리하자, "일본 사 람들은 미친 듯 취한 듯 만세를 부르며 여러 학생들은 만세 만세 만 만세로 이에 화답을 하여 국기의 바다"를 이루었다. 이런 일이 있을 때마다, 조선인들은 그들의 모습을 물끄러미 바라봐야 했다. 일장기 를 흔들며 광분하는 일본인들을 바라보는 당시 조선인들의 마음속 에, 선망, 동경, 분노, 울분, 원한 등의 감정이 각각 어느 정도의 비율 로 섞여 있었는지는 알 수 없다.

3·1운동 과정에서 한반도에 태극기가 다시 등장한 뒤, 조선인들 은 종종 일장기에 대한 적대감을 표출했다. 1921년 7월 충남 공주 에서 '국기 파기破棄 사건'이 일어났다. 공주 진남루에서 남선흥업주 식회사 주주총회가 열렸는데, 지나던 젊은이들이 식장에 걸린 일장 기를 보고는 "조선인은 일장기를 사용할 것이 아니다"라고 소리치며 깃대를 넘어뜨리고 일장기를 짓밟았다. 이들은 보안법 위반, 기물

손궤, 경찰범처벌규칙 위반죄로 1심에서 각각 징역 4개월의 '처분'을 받았다. 1927년 7월에는 충북 괴산에서 태극 문양을 넣어 청년회 깃발을 만든 사람들이 체포되었다. 총독부로서는 일장기에 적대감을 보이는 조선인들에게 '일본의 혼'이 깃든 일장기를 마음 놓고 맡길 수 없었다.

그러나 만주사변을 계기로 사정이 달라졌다. 조선총독부는 조선인을 전쟁에 동원하려면 '국민화'가 시급하다고 판단했다. 일장기에 대한 조선인의 태도를 변화시킬 수 있느냐의 여부가 국민화의 성패를 가르는 요건이었다. 1932년 1월, 정무총감은 "조선에서는 종래 왕왕 국기게양을 태만히 하는 경향이 있다"며 '국기게양을 힘써 행하는 방안에 관한 건'을 각도에 통첩했다. 이 통첩에 따라 전국 각지에서 '국기게양의 대운동'이 벌어졌다. 이어 대일본국기선양회 조선본부의 활동이 본격화했고, 관제 언론의 국기게양 홍보도 활발해졌다. 조선총독부는 또 1936년 7월 조선민력朝鮮民曆을 개정하면서 '국기게양에 관한 사항'을 넣고 축제일을 일장기로 표시하도록 했다.

1936년 8월 새 총독으로 부임한 미나미 지로南次郎는 국체명징國體明徵을 시정의 최우선 순위에 두고 내선일체內鮮一體를 강조했다. 그에게 내선일체는 조선인들이 일본인의 혼을 갖는 것이었다. 국기게양은 국체명징의 수단이자 목표였다. 일장기는 조선인에게 스며든 일본 '혼'을 측정하는 척도가 되었다. 1938년 9월, 조선연합청년단 결성식을 앞두고 조선신궁에서 '국기입혼식'國旗入魂式이 거행되었다. 일장기를 국가를 표상하는 사물이 아니라 일본의 혼이 담긴 신물神物로 대하라는 신호였다. 조선총독부는 조선인을 국민화하고 그들의 삶을 일장기에 속박하기 위해 일장기 게양 횟수를 늘렸다. 1927년 칙령 제25호 '휴일에 관한 건'으로 규정된 공식 국기게양일은 연중 10일이었으나 중일전쟁 이후에는 초혼제일, 진혼제일, 전승기념일,

선전봉고제宣傳奉告祭, 함락기념일, 만주사변 기념일, 장고봉사건 기념일, 항공일, 바다의 날 기념일 등 온갖 명목의 기념일을 수시로 지정하여 국기게양을 일상적인 의례로 만들었다.

일제의 '국기 신격화' 정책에 발맞추어 상응하는 광기狂氣를 발산하는 조선인들이 생겨났다. 처음 조선인 일부는 국기 보급과 게양에 협조하는 것으로 황국신민의 자격을 인정받으려 했다. 중일전쟁 발발 직후 한동안 국기를 못 사는 빈민들에게 '주어달라고' 국기 값을 경찰서에 맡기거나 사비를 털어 국기게양대를 설치하는 일이 성행했다. 하지만 전국 각 면, 학교, 교회에 국기게양대 설치가 완료되고 국기 보급률이 100퍼센트에 육박하자 이런 짓을 더 하려야 할 수 없었다. 게다가 기부는 희생에 비해 이벤트성이 약했다. 중일전쟁 발발 다음 달인 1937년 8월 24일, 강원도 홍천 농민훈련소 생도 11명이 각각 손가락을 베어 '혈염국기'血染國旗, 즉 피로 그린 일장기 11매를 만든 뒤 군 사령부 애국부에 보내달라고 경찰서에 맡겼다. 이들은 안중근이 태극기에 했던 맹세의 의식을 일장기에 했다. 혈염기 제작은 이윽고 조선인 학도들이 일본에 적성赤誠을 표시하는 특별한 의례가 됐다. 심지어 국민학생들까지 자기 손가락을 베어 혈염기를 만들어 바쳤다.

조선인들에게 일장기는 일본의 혼이 담긴 신물이고 그 깃발 아래는 '천황폐하의 어전'御殿이어야 했다. 일장기의 의미가 달라짐에 따라 이 깃발을 대하는 의례 동작도 변했다. 일본 신도神道 의식이 국기에 대한 새 의례 동작의 모델이었다. 1937년 일본군 전승 기념제는 국기게양, 신관의 수불修祓(일본 신도의 재계齋戒 의식), 국가 합창, 동방요배, 대일본제국 만세 삼창 순으로 진행되었다. 신관이 없는 행사에서는 '신관의 수불'만 빼고 나머지 의례를 행했다. 일장기는 독립된 배례 대상은 아니었으나 동방요배 시에 깃발을 동쪽에 둠으로써

2023년 5월, 일본 기시다 수상 방한 환영 행사에 등장한 일장기 일제강점기에 겪은 차별과 고통에 대한 집단 기억이 흐릿해지자, 그 시기를 '행복했던 시절'로 재규정하면서 '친일이 곧 애국'이라고 주장하는 사람들도 생겨났다. 그들에게 일장기는 '애국'의 또 다른 상징이다. 사진: 연합뉴스

자연스레 '천황의 궁성'과 함께 배례받았다. '황국신민의 서사'가 제정된 뒤에는 궁성요배 뒤에 '황국신민의 서사' 낭송이 추가되었다. 1939년 중일전쟁 2주년 기념행사 때부터는 '전몰영령'戰歿英靈 또는 '호국영령'護國英靈에 대한 묵도가 궁성 요배 뒤에 붙었다. 황국신민의 서사 낭송은 행사 마지막 순서인 '천황폐하 만세' 삼창 바로 앞으로 배치되었다.

해방이 되자, 일장기는 다시 적국의 깃발이자 원수의 깃발이 되었다. 하지만 일장기를 대하던 태도는 완전히 사라지지 않고 일부가 태극기에 들러붙었다. 혈서로 태극기를 그려 유력 정치인에게 바치는 자들도 다시 생겨났다. 다만 해방 이후 15년 가까이, 한국인들에게 일장기는 다시 볼 이유가 없는 물건이었다. 일장기는 1965년 한일 국교 '정상화' 이후 다시 한국에서 공개적으로 휘날리기 시작했

다. 주한 일본대사관이 문을 열고, 손에 손에 일장기를 든 일본인 관광객이 서울과 경주, 부산 등지를 활보하자 한국인 일부는 20년 전 일장기를 대하던 기억을 소환했다. 1965년 가을, 인사동의 한 골동품 상인이 태극기와 일장기를 그리고 '대동아공영권 만세'라는 글귀를 새긴 광고물을 만들어 일본인 관광객들에게 뿌렸다. 경찰은 국민 일반의 감정을 고려하여 그 상인을 체포했다.

한일 국교 정상화 이후 일장기는 흔히 볼 수 있는 물건이 되었지만, 일본 정치인의 망언이 있을 때면 그에 항의하여 일장기를 불태우는 퍼포먼스가 벌어지기도 했다. 반면 근래에는 자칭 '애국 단체'들이 집회 때마다 태극기와 성조기, 일장기를 함께 들고 나온다. 지난 100여 년 동안, 한국인들에게 일장기는 침략자의 표상에서 제국의 표상으로, 다시 적국과 우방의 경계선상에 있는 이웃 나라의 표상으로 바뀌었다. 현대의 한국인들에게 일장기는 '특별한 외국기'이며, 한국인 내부의 역사관 차이를 표상하는 물건이다.

욱일기

88.	일본
군국주의 침략사의
상징

　　2018년 10월, 제주에서 열릴 예정인 국제 관함식을 앞두고 우리 정부는 일본 해상자위대에 한국 국민 정서를 고려하여 욱일기 旭日旗 대신 일장기를 걸어달라고 여러 차례 부탁했다. 그러나 일본 측은 이 요청을 묵살하고 불참하는 쪽을 택했다. 일본 측 주장의 요지는 "욱일기는 일본의 오랜 전통으로서 전 세계 어느 나라도 문제 삼지 않는데 오직 한국만 과민 반응을 보인다"는 것이었다. 당시 일본 내에서는 "다시 침략하지 않을 테니 공연한 걱정 말라"는 조롱까지 나왔다. 한국 내 여론은 "욱일기는 전범기이니 용납해서는 안 된다"는 쪽과 "이웃 나라 전통이니 존중해야 한다"는 쪽으로 나뉘었다.

　　국제 스포츠 경기에서 일본 응원단이 욱일기를 드는 일은 근래 당연한 관행처럼 되었다. 2021년 도쿄 올림픽 때에도 이 문제가 한국 내에서 쟁점이 되었다. "일본인들이 자국 선수들을 응원하면서 욱일기를 드는 것에 대해 제3국 국민이 왈가왈부할 이유가 없다"는 견해와 "평화의 제전祭典인 올림픽에서 침략전쟁의 상징인 욱일기를 흔드는 것은 국제규범에 위배된다"는 견해가 대립했다. 국제올림픽위원회(IOC)에 욱일기 사용 금지를 촉구하는 메일을 보낸 한국인도 많았다.

　　욱일기를 '존중'하자는 한국인들은 제국주의 시대에 헤아릴 수 없을 정도로 많은 식민지 원주민을 학살했던 영국, 프랑스, 미국 등의 국기는 문제 삼지 않으면서 욱일기만 시빗거리로 만드는 것은 편협한 '반일감정'의 발로라고 주장했다. 하지만 욱일기는 일본의 국기가 아니라 군기軍旗다. 현대 한국인 중에 미국, 영국, 프랑스 등의 군기가 어떻게 생겼는지 아는 사람은 거의 없다. 대한민국 육해공군의 군기를 아는 사람도 별로 없다. 일본인들을 제외하면 '평화의 제전'인 올림픽 경기장에 자국 군대의 군기를 들고 나와 응원하는 사람은 없다. 문제는 일본인들의 자국 군기 사랑이 유별난 데에 있다.

일본의 국기인 일장기가 언제 처음 만들어졌는지에 대해서는 정설이 없다. 많은 일본인이 거의 태초부터 사용되었다고 믿기 때문이다. 하기야 인류가 언제부터 동그란 문양을 사용했는지 따지는 것은 무의미하다. 일본 정부는 1868년 3월 23일 '태정관포고'太政官布告로 일장기를 국기로 공식화했으며, 1870년에는 일본 육군이 일장기를 기본으로 삼아 태양 빛이 온 세상으로 뻗는 모양을 형상화한 욱일기를 군기로 정했다. 군기이니 만큼, 일본군의 전 세계 침략을 상징하는 모습이라고 보아도 무방하다. 1889년에는 일본 해군이 '해군기장조례'를 공포하여 뱃머리에는 일장기를, 배의 중앙에는 해군의 욱일기를 달도록 했다. 해군의 욱일기라고 한 것은 태양의 위치가 육군의 욱일기와 달랐기 때문이다. 일본군이 군기와 국기를 함께 거는 '오래된 전통'은 이때부터 시작되었다.

일장기와 욱일기를 함께 거는 전통은 일본 군국주의의 특수성과 관련이 있다. 조슈와 사쓰마 군벌이 각각 장악한 일본의 육군과 해군은 일본의 대외 침략뿐 아니라 자국 내 정치에도 깊이 개입했다. 조슈 군벌과 사쓰마 군벌은 육군대신이나 해군대신을 사임시키는 방법으로 내각 구성을 좌우했으며, 두 군벌에서 배출한 수상도 많았다. 역대 조선총독은 모두 일본의 육해군 대장 출신이자 두 군벌 소속이었다. 일본군이 욱일기와 일장기를 나란히 걸었던 것은, 자체로

1894년 일본군의 경복궁 점령 장면을 묘사한 우키요에浮世繪 우키요에는 일본 에도시대
에 유행했던 풍속 목판화다. 일본군을 지휘하는 오토리 공사 뒤에 흥선대원군이 있고,
그 위로 욱일기가 휘날리는 모습이다. 일본군이 한국을 침략하고 한국인들을 학살한 현
장에는 언제나 욱일기가 있었다.

군軍과 국國이 병립한다는 '군국주의'軍國主義의 상징이었다.

욱일기는 일본군이 한반도에서 벌인 모든 침략 행위의 상징이었
다. 일본군은 동학 농민군과 의병들을 학살했을 때도, 경복궁을 점
령하고 을미사변을 일으켰을 때도, 을사늑약을 앞두고 무력시위를
벌였을 때도, 만주에서 독립군과 싸웠을 때도, 독립군에게 진 분풀
이로 경신참변을 일으켰을 때도, 늘 욱일기를 앞세웠다. 일본군 위
안부로 끌려간 사람들이 주둔지에서 처음 본 것도 욱일기였다. 욱일
기는 일본의 한국 침략과 한국인들에 대한 반인륜 범죄의 상징물이
었다.

1954년 일본 자위대가 창설될 때 욱일기도 부활했다. 일본의 전
후戰後 개혁을 주도했던 미국이 욱일기의 상징성을 문제 삼지 않았
던 이유는 알 수 없다. 욱일기의 부활은 일본인들이 군국주의 의식
을 청산하지 않았다는 증거이자, 청산하지 않겠다는 의지의 표현이
었다. 일본 군국주의 침략전쟁으로 피해를 입은 사람들이 욱일기를
용납하지 못하는 것은, 침략당한 기억을 잊지 않았다는 증거다.

89. 태극기의
     짝

1883년 음력 4월, 초대 주조선 미국 공사 루셔스 H. 푸트 Lucius H. Foote(한국명 복덕福德)가 서울에 들어와 고종을 알현하고 국서 國書를 봉정奉呈했다. 당시 푸트의 나이는 쉰여덟 살, 연륜을 중시하던 조선인들에게 그의 나이는 미국이 조선에 표시한 성의로 보였을 것이다. 성의라고까지 할 수 있을지는 모르나, 이 무렵 미국 정부가 조선을 경시輕視하지 않은 것은 분명하다. 캘리포니아주 재판장과 칠레 영사를 역임한 푸트의 경력은 뉴욕 교육국장을 지내고 초대 주일 미국공사가 된 타운젠드 해리스Townsend Harris에 뒤지지 않았다. 공사로 부임했을 때의 나이는 푸트가 해리스보다 세 살 더 많았다.

푸트가 상주常駐 공사로 서울에 들어오자, 조선 정부는 당장 그의 공관과 사택 자리를 지정해주어야 했다. 당시 일본 공사관은 예장동에, 청 상무공서는 남별궁에, 서울에 상주하는 유일한 서양인이던 묄렌도르프의 저택은 수송동에 있었다. 한동안 묄렌도르프 저택에서 신세를 지던 푸트는 공사관과 사택을 정동 경운궁 옆, 지금 미국 대사관 관저인 하비브하우스가 있는 자리에 마련했다. 당시에는 강원도 관찰사 민치상의 아들 민계호의 집이었다. 조선식 기와집 건물을 공사관으로 삼아 입주하면서, 푸트는 대문 옆에 미국 국기를 걸었다. 서울에서 휘날린 세 번째 외국 국기이자 첫 번째 비非아시아 국가 국기였다. 당시 조선에는 태극기가 내걸린 건물이 하나도 없었다. 미국인들이 'Stars & Stripes'라고 부르는 미국기를 '성조기'星條旗로 번역한 사람이 중국인인지 일본인인지는 모르나, 1914년경부터는 한국인들도 이 단어를 쓰기 시작했다.

대다수 미국인이 '세계에서 자국기를 가장 사랑하는 국민은 미국인'이라는 믿음을 공유한다. 민간인이 국기에 경례하는 문화와 국기 문양을 상품 도안으로 쓰는 관행을 가장 먼저 만든 나라도 미국이다. 미국의 노예제 폐지 운동가 헨리 워드 비처Henry Ward Beecher는 남북전쟁이 발발한 1861년, "우리 국기는 미국의 아이디어, 미국의 역사와 미국의 감정을 표상한다. 그것은 색칠한 헝겊이 아니다. 그것은 국가의 전체 역사이다. 그것은 헌법이다. 그것은 정부이다. 그것은 인민 주권의 상징이다. 그것은 국가다"라고 썼다. 합중국 탈퇴를 선언하고 별도의 국기를 만든 '남부'를 비난하면서 쓴 글이지만, 남북전쟁이 끝난 뒤 이 글은 모든 미국인이 인정하는 '국기에 대한 명언'이 되었다.

미국 독립전쟁을 소재로 한 영화들 중에는 조지 워싱턴 부대가 성조기를 들고 싸우는 장면을 넣은 것들이 있는데, 이는 고증考證에 무관심했다는 점을 자백하는 일이다. 당시 연방군이 사용한 깃발은 콘티넨털 컬러스Continental Colors라는 것으로 현재 50여 개의 별이 그려져 있는 자리에 영국 국기인 유니언잭을 넣고 흰색과 적색의 가로줄 열다섯 개를 그은 것이었다. 이 깃발은 1670년 이래 영국 동인도회사의 깃발이기도 했다. 미국 의회가 성조기를 연방의 상징으로 삼은 해는 1777년이었고, '국기법'이 제정되어 성조기가 미국 국기로 공인된 해는 1794년이었다. 이때 스트라이프는 열다섯 줄이었다. 1818년 미국 의회는 성조기의 줄을 열세 개로 줄이고 별은 주州의 수에 맞추는 안을 의결했다. 하지만 이때까지만 해도 성조기가 국기인 줄 아는 미국인은 아주 적었다.

미국인들은 남북전쟁 이후에야 성조기를 일상적으로 접할 수 있었다. 전쟁 중 관공서뿐 아니라 학교들에도 성조기가 내걸렸다. 전쟁이 끝난 뒤에는 종천 축하 행사장마다 성조기가 나부꼈다. 성조기는 다시 통합된 미국을 의미하는 새로운 상징성을 획득했다. 특히 흑인들에게는 성조기가 '해방의 깃발'이기도 했다. 전쟁 후 남군이었다가 제대한 병사들은 성조기 앞에서 모자를 벗었다. 재통일된 연방 정부에 대한 복종의 표시였다. 이 의례는 곧 대다수 미국인 남성에게로 확산했다. 1865년부터 남북전쟁 퇴역군인회는 '국기에 대한 의례' 보급 운동을 벌였다. 이 단체는 모든 학교와 교회에 성조기를 게양하고, 학생들에게 성조기를 경배하도록 가르치자고 제안했다. 이로부터 20여 년이 지난 뒤인 1888년에는 뉴욕주의 공립학교들이 이 제안을 공식 수용했다.

1877년은 미국 독립 100주년, 1892년은 콜럼버스의 아메리카 대륙 발견 400주년이었다. 이 기간 중 미국의 국기 제조업자들은 공전空前의 호황을 누렸다. 남북전쟁 중에 미국 의회는 '성조기는 미국산 재료로 미국 공장에서만 만들어야 한다'는 법을 제정한 바 있었다. 독립 100주년 기념일을 맞아 미국 의회는 모든 공공건물에 국기를 게양하도록 권고하는 결의안을 채택했다. 1892년에는 미국 전역에서 대대적인 '국기 축제'가 벌어졌다. 이 축제는 애초 성조기 제조업자들이 '판촉 행사'로 기획했으나, 결과적으로 엄청난 성공을 거두었다. '국기 축제'는 크고 작은 국기들을 혼자, 또는 여러 사람이 나누어 들고 흔들며 국가 연주에 맞춰 행진하는 행사였다. 이런 행사가 국민의 애국심 고취에 상당한 효용이 있다는 사실을 알게 된 다른 나라들도 다투어 '국기 축제'를 수입했다. 한반도에서 벌어진 최초의 국기 축제는 1910년 일본 천황의 생일을 축하하는 '천장절 축제'였다. 1919년의 3·1운동도 '국기 축제'와 유사한 방식으로 벌어졌다.

　서울에 성조기가 처음 내걸린 1883년은 미국에서 국기 사랑 운동
이 최고조에 달한 때였다. 조선에 온 군인, 외교관, 정부 고문, 교사,
선교사, 사업가 등의 미국인들은 모두 애국주의의 세례를 흠뻑 받은
사람들이었다. 그들의 소지품과 거처에서는 성조기 문양을 흔히 볼
수 있었다. 그들이 의도했든 아니든, 조선인들은 점차 성조기 문양
을 문명과 부강의 상징으로 이해하기 시작했다. 특히 기독교인들에
게 성조기는 두 번째 국기라고 해도 좋을 정도였다.

　　이번 감독이 나오신 후 5월 9일 예배를 처음 드릴 것인데 배
　　재학당은 좁아서 능히 여러분이 움직일 수도 없는지라 정
　　동 새 회당이 아직 완성은 되지 못하였으나 대강 수리는 하
　　였으니 거기서 주일예배를 드렸는데 여러 도시 각처의 교
　　중 형제자매들이 다 모였는데 남녀노소 합하여 1,000여 명
　　이었다. 서대문 위에 대조선 국기와 대미국 국기를 보기 좋
　　게 높이 달고 전도소 앞에는 각색 화초로 아름답게 단장하
　　고 마루 한가운데는 흰색 포장을 길게 치고 남녀 교우가 좌
　　우로 장소를 나누어 앉았다.
　　─『조선그리스도인회보』 1897년 5월 12일자

　성조기를 대하는 미국인의 태도는 태극기를 대하는 한국인의 태
도에 곧바로 영향을 미쳤다. 국경일 행사장에 태극기를 게양하고 그
를 향해 '천세'千歲를 부르는 의례는, 미국식 의례를 배운 독립협회
회원들이 먼저 시작했다. 국기에 대해 경례하고 국가를 부르는 '배
기창가례'도 기독교도이자 독립협회 회원이었던 안창호가 도입했
다. 19세기 말에도 제 나라를 미국처럼 만들려는 욕망, 스스로 미국

473

인처럼 살려는 의지에 불타는 한국인은 적지 않았다.

하지만 성조기의 이미지가 모두에게 친숙하고 우호적이지는 않았다. 1898년 고종은 한성전기회사를 설립하여 한성 내 전기와 수도 부설권을 독점시키고 은행 설립권까지 부여했다. 1902년으로 다가온 '황제 어극 40년 망육순 칭경 기념예식'을 준비하기 위해서였다. 회사의 첫 사업은 전차 부설이었다. 한성전기회사는 부지를 제공하고 미국계 콜브란-보스트윅 상사는 공사와 전차 운행을 담당하며, 수익금은 반씩 나누기로 하는 계약이 체결되었다. 1899년 전차 운행 개시 직후, 어린아이가 치어 죽는 사고 때문에 이른바 '전차소타사건'이 일어나기는 했으나, 이후 전차 사업 확장은 순조로웠다. 노선과 승객이 계속 늘어났으며, 전등 사업도 시작되었다. 그런데 막상 칭경예식 예정일을 석 달 앞둔 1902년 7월 초, 콜브란-보스트윅 상사는 느닷없이 한성전기회사에서 받지 못한 돈이 있다고 주장하면서 담보권을 행사하겠다고 나섰다. 칭경예식 준비로 인해 황실 재정에 여유가 없던 사정을 간파한 행동이었을 것이다. 이어 7월 21일부터 서울 전차에는 태극기 대신 성조기가 걸렸다. 외국 특사特使들의 참석이 예정된 칭경예식을 앞두고 서울 한복판을 달리는 전차에 성조기를 내건 것은 명백한 도발이었다. 전차에 태극기 대신 달린 성조기는 한국 황제를 능멸하는 미국인 사업가의 표상이었다. 하지만 고종은 그들의 요구에 굴복했고, 한성전기회사는 1904년 한미전기회사로 바뀌었다.

이런 일이 있었으나 미국과 성조기에 대한 한국인들의 인식은 대체로 우호적이었다. 러일전쟁 뒤에는 앞으로 한국을 도와줄 수 있는 나라는 미국밖에 없다는 생각이 팽배했다. "제3국이 한쪽 정부에 부당하게 또는 억압적으로 행동할 때에는 다른 한쪽 정부는 원만한 타결을 위해 주선한다"는 조항이 들어간 것은 조미수호통상조약뿐이

1905년 미국 대통령 시어도어 루즈벨트의 딸 앨리스 루즈벨트의 방문을 기념해 태극기와 성조기를 교차 게양한 경상북도관찰부 정문 앞 문루에는 '영남포정사'嶺南布政司라는 현액이 있다. 각국이 국기로 표상된 이후 대다수 한국인에게는 일장기가 '적대적 상징'이었던 반면, 성조기는 '우호적 상징'이었다. 출처: 코넬대 도서관

었다. 게다가 일본의 다음 전쟁 상대는 미국이 될 것이라는 기대감도 있었다. 을사늑약 이후 고종은 미국에 특사를 보내 도움을 요청했고, 미국 거주 독립운동가들은 미국인들의 호의를 얻기 위해 각자 나름대로 노력했다. 1914년 하와이에서 한인 국민군단이 창설되었다. 식장에는 태극기와 성조기가 나란히 걸렸다. 미국 정부의 승인을 받은 행사가 아니었으나, 행사에 참석한 사람들의 마음속에 미국은 한국과 동맹국이었다.

일제강점기에도 성조기는 조선인들의 눈에 특별히 자주 띄는 외국 국기였다. 교회와 학교, 병원에는 성조기를 사랑하는 미국인들이 많았고, 그들은 조선인들에게 무의식적으로 미국식 가치관을 전파했다. 1941년 일본이 미국을 상대로 전쟁을 일으킨 뒤, 성조기는 한국인 절대다수에게도 적대국 국기가 되었다. 한반도에 거주하던 미국인들은 추방당했고, 미국 물건은 수입되지 않았으며, 미국에 유학했던 사람들조차 직장에서 쫓겨났다. 하지만 일본이 패망하자, 사정

은 완전히 달라졌다. 한국인들은 성조기를 흔들며 미군을 맞았고, 미군정 중앙청사로 이름이 바뀐 구 조선총독부 청사에는 성조기와 태극기가 함께 걸렸다.

1948년 8월 15일 성조기는 중앙청 국기게양대에서 내려왔으나, 뒤이은 한국전쟁과 원조 경제 체제 아래에서 계속 특별한 지위를 유지했다. 전쟁 후 미군이 지어준 건물 외벽이나 미국이 지원한 원조 물자 포대에는 성조기와 태극기가 나란히 그려지곤 했다. 영화나 TV 드라마도 성조기가 휘날리는 장면을 일상적으로 내보냈다. 성조기 문양의 옷을 입은 미국의 원더우먼은 한국인들에게도 히로인이었다. 일장기와 태극기를 함께 들고 일본의 보호에 감사했던 사람들에게, 이런 장면은 조금도 낯설지 않았다.

2002년 12월, 미군 장갑차에 치어 숨진 여중생 두 명을 추모하는 대규모 촛불집회가 서울 광화문 네거리에서 열렸다. 이듬해 삼일절, '애국세력'을 자처한 사람들이 성조기와 태극기를 함께 들고 거리에 나와 미군에게 책임을 묻는 것은 이적행위라고 주장하며 시위를 벌였다. 이후 성조기와 태극기를 함께 드는 것은 자칭 '애국세력'의 관행이 되었다. 한국인 상당수 또는 다수에게 성조기는 다른 어떤 나라의 국기와도 비교할 수 없는 제2의 국기이거나 제1의 국기이다. 국기에 대한 경례, 국기에 대한 맹세 등 한국인들이 국기를 대하는 태도도 미국인들이 성조기를 대하는 태도에서 배운 것이다. 성조기는 한국인들이 지닌 세계에 대한 차별적 시선을 상징하는 물건이다.

개인용 컴퓨터

90.　세계와
　　　통하는
　　　개인

　　　"대한민국 대통령 집무실 책상 위에 처음 놓였던 개인용 컴퓨터는 지금 어디에 있습니까?" 대통령 기록관 직원에게 물었을 때도, 국립민속박물관 직원에게 물었을 때도, 대답은 "모른다"였다. 기밀 자료가 들어서 폐기했는지, 일반적인 관용 물품 취급 절차대로 연한이 다해 불용처리 후 폐기했는지는 알 수 없으나, 이 물건에 얼마나 큰 역사적 의미가 담겼는지는 미처 고려하지 못했던 듯하다.

　　나는 1970년대 말, 고등학교 기술 시간에 컴퓨터에 대해 처음 배웠다. 컴퓨터는 0과 1, 예스yes와 노no의 이진법으로만 작동한다는 사실을 알고는, 쉬운 것을 어렵게 만들고 다채로운 것을 흑백으로 처리하는 기계라고 생각했던 기억이 난다. 물론 실습이 불가능했기 때문에 포트란FORTRAN이니 코볼COBOL이니 하는 프로그래밍 언어는 이름만 기억날 뿐이다. 나는 이 물건을 1980년대 초에 처음 보았는데 그때만 해도 이공학이나 의학 전문가들만 쓰는 물건인 줄 알았다. 내가 이 물건을 처음 구입한 해는 1989년. 당시 내게 이 물건을 조립해 판매한 사람은 40메가바이트 용량의 하드디스크에 대해 "하루에 8시간씩 문서 작업을 해도 평생 다 못 쓸 용량"이라고 설명했다. 그 후로 30년, 나는 이 물건 앞에서 가장 많은 시간을 보냈고, 전자제품 중에서는 이 물건을 가장 자주 바꿨다. 그사이에 진보된 문서 작성기 겸 고성능 전자계산기 정도로 생각했던 이 물건에는 게임

1980년대의 x86컴퓨터 1980년대 말 이후 출생자들은 컴퓨터와 함께 살아왔다. 컴퓨터 없이는 못 사는 인간, 다시 말해 컴퓨터에 종속된 인간이 현대인이자 미래인이다. 출처: 국립민속박물관

기, 통신기, 노래방 기기, 사진 앨범, TV 겸 VCR 등의 기능이 추가됐다. 그럴 때마다 새로운 기능들을 익혀야 했으니, 이 물건은 내 소유물이자 도구라기보다는 교사에 가까웠다.

개인용 컴퓨터는 1974년 미국에서 처음 만들어졌고, 한국 정부는 1976년에 이를 전략적 육성 품목으로 지정했다. 국산 개인용 컴퓨터는 1980년부터 생산되었다. '국제 컴퓨터 통신망'을 의미하는 인터넷internet이라는 단어는 1991년 우리나라에 소개되었고, 1993년에는 개인용 컴퓨터로 인터넷에 접속할 수 있게 되었다. 인터넷과 결합된 개인용 컴퓨터는 세상의 거의 모든 문제들에 빠르고 정확한 해답을 주었다. 특정한 정보를 필요로 하는 사람들은 알 만한 사람에게 묻거나 자료를 뒤지거나 고민하는 대신, 컴퓨터 앞에 앉아 키보드를 두드렸다. 노래방 기기가 가사 외우는 능력을 감퇴시키고 휴대

전화기가 전화번호 외우는 능력을 감퇴시켰듯이, 컴퓨터는 홀로 생각하고 고민하는 능력을 감퇴시켰다. 컴퓨터는 '고민하는 사람'을 '검색하는 사람'으로 바꾸었다.

인터넷과 컴퓨터에 익숙해진 사람들은 TV 앞에 앉아 보고 싶은 프로그램이 방송되기를 기다리지 않았다. 인터넷을 통해 전 세계에서 생산된 컨텐츠를 접할 수 있었기 때문에, 그들은 방송사나 신문사들이 제 맘대로 만들어 내놓는 컨텐츠들에 연연하지 않았다. 사람들은 자기가 원하는 때에, 원하는 컨텐츠를 찾아서 소비했다. 컴퓨터는 현대인을 '보고 싶은 것만 보고 듣고 싶은 것만 들으며 믿고 싶은 것만 믿는 사람', 즉 자기 욕망을 절대화하는 사람으로 만드는 데에 중요한 구실을 했다. 게다가 그들은 정보와 컨텐츠 소비자에 머물지 않았다. 수백만, 수천만 대의 컴퓨터가 인터넷으로 연결되었기 때문에, 그들은 컴퓨터로 온갖 정보를 만들거나 가공하여 자신과 연결되어 있는 수백만, 수천만의 사람들에게 동시다발적으로 쏘아 보냈다. 그것이 또 다른 정보로 수정되거나 가공되어 인터넷 공간을 떠도는 속도는 '실시간'이었다. 이들은 세계를 남과 북이나 동과 서로 나누는 대신, 온라인과 오프라인으로 구별했다.

온라인 세계, 즉 사이버 세계는 컴퓨터 안에 만들어진 가상의 세계에 머물지 않았다. 그것은 어느덧 현실의 일부가 되었고 현실 못지않게 중요해져서 모든 사람의 삶과 의식에 영향을 미쳤다. 사람들은 사이버 세계에서 물건을 사거나 은행 거래를 할 수도 있었고, 신문을 보거나 지식을 얻을 수도 있었다. 또 보이지도 만져지지도 않는 사람과 사랑을 나눌 수 있었고, 현실에서는 도저히 가능하지 않은 초인적인 힘도 얻을 수 있었다. 사이버 세계를 통해 사람들은 인간의 한계를 뛰어넘었다.

사이버 세계는 실제로는 고립되어 있는 개인들을 실시간으로 결합시킴으로써 새로운 인간 공동체를 만들어냈다. 이 새로운 공동체는 인간이 그때까지 경험했던 어떤 공동체와도 달랐다. 이 공동체는 구성원들에게 혈연, 지연, 언어, 종교 등의 생래적生來的 또는 비자발적非自發的 동일성을 요구하지 않았다. 결속력이 강하지도 않고 수많은 작은 공동체들로 분할되어 있지만, 이 공동체는 자신의 선택에 따라 자발적으로 참여하는 사람들로 구성된다. 이 공동체는 평등한 공동체고, 그 안에서 사람들은 자유롭게 그들의 생각과 느낌을 교환한다. 이른바 '네티즌'이라는 '세계 시민 공동체'가 만들어진 것이다. 이 공동체는 현실 세계의 정치, 경제, 사회, 문화의 모든 부문에서 엄청난 힘을 발휘했다. 이들은 정치 담론의 유통을 지배했으며, 상품의 판매량을 좌우했고, 언론의 지형을 바꿨으며, 대중 스타들을 만들어냈다. 네티즌 공동체 구성원들이 공유하는 동일성同一性은 '욕망'이다. 모든 공동체가 구성원들에게 공동체를 위한 헌신과 희생을 요구하지만, 이 새로운 공동체는 그러지 않았다. 구성원들은 어떤 책임감이나 부담감 없이 자기 욕망에만 충실하면 되었다. 사이버 세계는 '욕망의 주체'인 인간에게 자아실현의 수단도 제공한 셈이다.

지금의 인류는 컴퓨터에 익숙한 부류와 그렇지 못한 부류로 나뉜다. 특히 OECD 국가 사람들은 컴퓨터 없이 못 사는 사람이 되었다. 머지않은 미래에, 컴퓨터에 익숙하지 않은 인간은 소멸할 것이다. 컴퓨터에 익숙한 사람들은 이 물건을 책상 위에 올려둘 뿐 아니라 상시 휴대한다. 이 물건 자체가 사람들의 상시 휴대품이 될 수 있게끔 여러 형태를 취한다. 공책만 한 크기의 노트북, 수첩만 한 크기의 태블릿, 손바닥만 한 크기의 스마트폰 등. 이 물건이 출현한 이후 태어난 아이들은 "무인도에서 홀로 살아야 한다면 가져갈 물건은 무엇인가?"라는 질문에 주저 없이 PC 또는 스마트폰이라고 답한다. 현대인은 PC 없이는 못 사는 사람이다. 그들은 컴퓨터를 조작하는 데에 능숙하든 아니든, 이 물건과 관련해 수많은 기억을 쌓아왔다. 사람들의 일과 놀이와 사교와 기억 모두에서 중심적인 위치를 차지한다는 점에서, 현대를 대표하는 물건으로 개인용 컴퓨터보다 더 적격인 것은 없다.

현대인의
공포감이 향하는
무기

인류는 동굴 생활을 청산한 직후부터 공동체의 생활공간 주변을 흙이나 나무, 돌로 둘러쌓는 독특한 습성을 형성했다. 인간은 '성城 쌓는 동물'이라고 해도 지나친 말이 아니다. 인류가 개간과 경작耕作에 투입한 노동력과 성을 쌓고 보수하는 데 들인 노동력 중 어느 쪽이 더 많은지는 단정하기 어렵다. 농경은 인간 노동력의 배분 방식을 결정적으로 변화시켰다. 인구 대비 농지가 충분한 경우, 성인 남성 한 명이 연간 60일 정도만 노동하면 한 가족의 생존에 필요한 식량을 얻을 수 있었다. 나머지 300일 동안 그들의 노동력은 국가가 통제했다. 성인 남성들에게는 치산치수治山治水, 치도治道, 세곡稅穀 운반, 군역軍役, 왕릉 조성 등 숱한 노역이 부과되었는데, 대다수 나라에서 가장 많은 사람이 동원된 공적公的 사업은 축성築城이었다.

성은 방어 시설일 뿐 아니라, 인간 집단을 나누고 그들 사이의 위계를 정하는 시설이기도 했다. 단군신화에서 환웅이 무리 3,000을 이끌고 하늘에서 내려와 건설한 것은 '신시'神市라는 도시였다. 이 도시를 기반으로 후일 환웅의 아들 단군이 조선이라는 나라를 세웠다. 고대의 모든 도시가 그랬던 것처럼, 신시에도 성벽이 있었을 것이다. 환웅이 하늘에서 내려다보고 '널리 이롭게 해야겠다'고 생각한 '인간'들은 신시의 성벽 바깥에서 살았다. 신시의 성벽은 환웅을 따라 하늘에서 내려온 무리와 본래 땅에서 살던 무리를 나누는 경계선이었다.

　나라를 뜻하는 한자 '국'國은 본래 성벽과 그 안의 왕궁, 길들을 형상화한 글자다. 인류는 도시를 건설함으로써 정치 생활을 시작했고, 도시를 기반으로 국가를 만들었다. 고대의 중국인들도 도시 안에 사는 인간과 그 밖에 사는 인간을 구별해서 인식했다. 『논어』에는 '큰 나라를 다스릴 때에는 일을 삼가고 믿을 수 있게 해야 한다. 비용을 절감하고 인人을 아껴야 하며, 민民을 부림에 때를 맞춰야 한다'道千乘之國, 敬事而信, 節用而愛人, 使民以時는 구절이 있다. '인'人은 군주가 '아끼는 사람'이고 '민'民은 '부리는 사람'이다. '인'은 도시에 살면서 왕을 보필하는 사람이었고, '민'은 농촌의 땅에 속박된 사람이었다. '인'은 지배자이자 교육받은 자였고, '민'은 피지배자이자 못 배운 사람이었다. '인민'은 대립하는 두 부류를 한데 묶은 말이다. 오늘날에도 도시 주민들은 정치인, 경제인, 문화예술인, 언론인, 군인, 상인 등으로 불리지만, 농어촌 거주자들은 농어민으로 불린다. 고대 중국에서도 성벽은 '인'과 '민'을 나누는 경계선이었다.

　우리말에서는 성벽이나 담장, 성벽이나 담장으로 둘러싸인 공간, 그 공간 안에 함께 거주하는 공동체를 모두 '우리'라고 한다. '돼지 우리'의 '우리'와 '우리나라'의 '우리'가 같은 '우리'이고, 한 담장 안에 모여 사는 가족이나, 한 성벽 안에 모여 사는 주민들이나, 한 국경 안에 모여 사는 백성들이나 모두 '우리'다. 나는 백제의 첫 도성 '위례'나 서울의 '울'이 모두 '우리'라는 의미였으리라고 본다. 물론 혼자만의 생각은 아니다. 19세기 다산 정약용도 '위례'가 성곽城郭을 뜻한다고 했다. 우리를 구성하는 낱낱을 '나', 우리 안에 들어오지 못하고 남은 자들을 '남'이라고 불렀을 가능성도 배제할 수 없다.

　국가의 중심이자 지배자들의 생활공간이 도시였고 성벽이 도시를 보호하는 시설이었기 때문에, 모든 전쟁은 한 도시의 성벽 밖에서

483

시작하여 다른 도시의 성벽 안에서 끝났다. '함락'陷落이란 성벽을 무너뜨린다는 뜻이자 도시를 정복한다는 뜻이다. 치열한 전투는 대부분 성벽 주변에서 벌어졌고, 영토를 확장하려는 국가들은 성벽을 무너뜨리기 위한 무기를 만드는 데 열을 올렸다. 화약 발명 이전에는 투석기, 운제雲梯, 충차衝車 등을 만들어 썼고, 화약이 발명된 뒤에는 대포가 가장 효율적인 공성 무기였다. 공성 무기가 발달하는 데 따라 성벽은 더 견고하고 복잡한 구조로 발달했다. 하지만 18세기 중엽 곡사포가 개발됨으로써 성벽의 효용은 크게 떨어졌다. 성벽을 날아 넘어 성 안으로 떨어지는 곡사포탄으로 인해 성을 쌓고 보수하는 일은 무의미해졌다. 성벽이 없어 끝없이 팽창하는 현대도시를 만든 공로는 1차적으로 곡사포에 돌려야 한다.

도시와 농촌을 나누는 경계선이 사라졌지만, 만족을 모르는 것이 인간의 고유 습성이다. 성벽을 날아 넘는 무기 다음 차례는 국경을 날아 넘는 무기였다. 제2차 세계대전 중이던 1942년, 독일은 V1이라 명명한 비행기형 순항 미사일을 개발하여 프랑스 땅에서 도버 해협 건너편의 영국 땅으로 발사했다. 대당 1톤씩의 폭약을 탑재한 미사일 8,000여 개가 런던 시내에 떨어졌다. 런던 시민들로서는 지하 방공호에 몸을 숨기는 것 말고는 대응할 방도가 없었다. 1944년에는 역시 독일에서 날개를 없애고 속도를 비약적으로 향상시킨 탄두형 미사일 V2가 개발되었다. 독일이 개발한 미사일 기술은 종전 이후 미국과 소련 양국에 이전되었고, 냉전 기간 중 엄청난 속도로 발전했다. 인공지능, 인공신경, 인공감각기관까지 두루 갖추게 된 이 무기는, 제2차 세계대전 종전 후 10여 년 만에 대륙의 경계까지 허물 능력을 확보했다. 주한 미군이 사용하는 미사일이 한국 언론에 처음 공개된 해는 1958년이며, 최초의 한국산 미사일은 1977년에 개발된 '현무-1'이다.

1944년 나치 독일이 개발한 미사일 V2 V1은 날개가 달린 무인비행기 형태였으나, V2는 날개 없이 유도 장치에 따라 비행하는 포탄형이었다. V2 개발 이후 80년 가까이 지난 지금까지도 미사일의 기본 형태는 변하지 않았다. 전쟁에 대한 현대인의 공포감은 1차적으로 미사일 공격을 향한다. 현대 한국인들을 수시로 놀라게 하는 것도, 북한의 미사일 발사 실험이다.

미사일은 비행기와 함께 '전선'戰線의 개념을 흩어놓았다. 하지만 하나의 선이 지워지면 다른 선이 생기는 법. 이 무기는 국경 밖의 적보다 국경 안의 적에 대한 불안감과 적대감을 증폭시켰다. '우리' 안에 적과 내통하여 미사일 타격 목표 지점을 알려주는 자들이 있을지도 모르며 그들 때문에 '우리'가 위태로워질 수 있다는 생각은, '우리'가 일상적 감시 대상이 되어야 한다는 생각으로 이어졌다. 더군다나 '이념'은 외모나 언어, 생활습관을 가리지 않았다. 미사일 기술은 이념에 따른 냉전 시대에 급속히 발달했다. 국경에 그어진 전선보다 '우리' 안에 그어진 이념의 전선이 더 중요해졌다. '우리' 안에는 당연히 '나'가 포함된다. '우리' 안의 적을 찾으려는 의지는 자기가 적으로 지목될지도 모른다는 공포와 결합했다. 사람들은 그 공포를 극복하기 위해, 자기가 적이 아니라는 증거들을 계속 만들어 표현해야 했다. 국경 없는 이념 전쟁과 결합한 미사일 시대의 전선은 적대적인 국가들 사이의 국경선만이 아니다. 현대의 전선은 국가 공동체 내부에, 심지어는 개개인의 내면에 그어진 심리적 경계선이기도 하다.

원자폭탄

92. '인류 최후의 날'을
현재로 끌어온
물건

     도교, 불교 등 동양 종교들의 우주관에는 '조화의 무궁'이나 '윤회의 반복'이 있을 뿐 종말은 없다. '말세'는 한 시대의 종결을 의미하는 시간 개념이지 세계 자체의 소멸을 의미하는 공간 개념이 아니다. 이들 종교에서 역사는 시작이 있을 뿐 끝은 없다. 반면 1,000년 이상 서구 세계를 지배한 기독교는 역사에 시작과 종말이 있다고 분명히 밝혔다. 인류 역사는 천지창조의 마지막 날 에덴동산에서 시작되어 '최후의 심판'이 있을 그날까지만 전개된다. 옛 동양에서 하늘이 무너지면 어디로 피해야 할지 걱정하는 것은 어리석은 짓이었으나, 같은 시기 서양에서는 '최후의 심판'에 대한 근원적 공포가 개인의 삶 전반에 심대한 영향을 미쳤다. 수많은 사람이 두려움 속에서 심판의 날을 기다렸으며, 예언자들은 그날이 언제일지, 그 방식은 무엇일지에 대해 얘기하곤 했다. 소돔과 고모라를 잿더미로 만든 불, 노아 시대의 땅을 덮어버린 물은 최후의 심판에 대한 예언이기도 했다.

     1945년 8월 6일 일본 시각 오전 8시 15분, 미군 B29 전폭기가 히로시마 상공 9,750미터에서 '리틀 보이'로 명명된 원자폭탄 하나를 투하했다. 이름은 꼬마였으나, 그 파괴력은 상상 이상이었다. 57초 후, 폭탄은 상공 580미터 위치에서 당시까지 인류가 보지 못했던 엄청난 섬광과 함께 폭발했다. 섬광을 직접 본 사람들은 즉시 눈이 멀

히로시마 나가사키에 투하된 원자폭탄 폭발 사진 원자폭탄은 '인류 최후의 날'을 현재로 당겨놓은 물건이다.

었고, 뒤이어 생명체가 감당할 수 없는 열기에 휩싸였다. 히로시마 인구 25만 5,000여 명의 30퍼센트에 해당하는 7만여 명이 즉시, 또는 며칠 지나지 않아 사망했다. 폭발 지점을 중심으로 반경 1.6킬로미터 이내의 모든 생명체와 인공물이 완전히 소멸했으며, 11제곱킬로미터 이내의 건물 90퍼센트가 파괴되었다. 폭발로 생긴 거대한 버섯모양의 먼지구름은 상공 18킬로미터까지 솟은 뒤 하늘 가득 퍼졌다가 서서히 땅으로 떨어졌다. 이 먼지를 뒤집어쓴 사람들 중 7만여 명도 반년 안에 사망했다. 살아남은 사람 다수도 불치병에 걸려 여생을 고통 속에서 보냈다. 일부 사람의 고통은 유전자를 통해 대를 이어 전해졌다. 사흘 뒤, 다른 방식으로 제작된 원자폭탄 하나가 나가사키에도 떨어져 27만 인구 중 2만 4,000여 명이 사망했다.

원자폭탄을 사용한 미군도 먼지의 살상력에는 주의하지 않았다. 8월 15일 일본이 항복을 선언하자, 그들은 아무 거리낌 없이 히로시마와 나가사키에 진주했다. 그들은 점령군이었으면서도 방사능 피폭자가 되었다. 두 도시에 살았던 한국인들도 몸에 닿은 먼지가 남은 평생을 얼마나 괴롭힐지 몰랐다. 히로시마와 나가사키에서 피폭 당한 한국인은 7만여 명에 달했고, 그들 중 4만여 명이 사망했다. 피폭된 뒤 귀국한 한국인들은 오랜 세월 동안 자기 몸이 왜 아픈지도, 자기 아이가 왜 이상한 병을 안고 태어났는지도 모르고 살았다.

'인류 최후의 날', 또는 '지구 종말의 날'에 대한 생각은 기독교와 함께 전 세계로 퍼져나갔다. 하지만 '그날'에 대한 공포는 종교와 상상의 영역 안에 있었으며, 그런 점에서 비현실적이었다. 원자폭탄을 경험한 뒤, 최후의 심판은 종교의 문제가 아니라 현실의 문제가 되었다. 현대의 수많은 소설과 영화들이 인류와 지구의 종말을 가져올 물건으로 원자폭탄을 첫 순위에 꼽았다. 소행성 충돌, 제2빙하기, 외계인 침공 같은 것들은 아직 상상 속에 있으나, 원자폭탄은 현실에 있다.

그런데 '최후의 심판'을 내리는 주체는 악마가 아니라 신이다. 사람들은 원자폭탄에 새로운 신격神格을 부여했다. 그들은 이교도에게는 냉혹하나 '믿는 자'들에게는 은총을 내리는 신처럼, 원자폭탄도 악으로부터 '선한 자들의 공동체'를 지켜줄 것이라고 믿었다. 원자폭탄의 파괴력은 계속 커졌고, 원자폭탄을 가진 나라들은 '은총 받은 특별한 공동체'인 것처럼 행세했다. 오늘날 UN 안전보장이사회 상임이사국은 모두 '핵 보유국'이며, '핵 확산 금지'란 핵 보유국의 기득권을 공고히 하는 것과 사실상 같은 의미다.

하지만 전지전능全知全能하고 지고지선至高至善한 신과는 달리, 인간은 실수투성이에 때로 악하기까지 한 존재다. 원자폭탄이 전쟁광戰爭狂이나 테러리스트의 수중에 들어가지만 않으면 된다고 생각하는 사람이 많지만, 인간이 만든 '합리적 의사 결정 구조'가 언제나 합리적 결정을 하는 것은 아니다. 일본군의 진주만 공습에도, 미군의 원자폭탄 투하에도, 각각 '합리적 이유'는 있었다. 원자폭탄은 신이 아니며, 신이 통제하는 물건도 아니다. 원자폭탄은 현대의 새로운 신이 아니라 '인류 최후의 날'을 결정할 권한을 인간에게 부여한 물건일 뿐이다. 대다수 현대인이 걱정하는 '심판의 그날'은 핵전쟁이 일어나는 날이다. 원자폭탄 이후의 역사가, 인류의 현대사다.

인공위성

93.   지구를
       보는
       신의 눈

우리나라 사람들은 세상에서 가장 쉬운 일의 예로 '식은 죽 먹기', '누워서 떡 먹기', '땅 짚고 헤엄치기' 등 몇 가지를 꼽지만, 가장 어려운 일로는 '하늘의 별 따기' 하나만을 든다. '마음만 먹으면 세상에 못 할 일이 없다'와 '하늘의 별을 딸 수는 없다'는 서로 모순되는 말이 아니었다. 하늘의 별은 세상에 속한 물건이 아니기 때문이다.

인류 문명사는 '불가능'을 '가능'으로 바꾸기 위해 끊임없이 도전한 역사다. 하지만 별이 하늘이라는 원형 판에 매달려 도는 것이 아니라 지구가 무한한 허공 안에서 돈다는 사실을 깨달은 이래, 하늘의 별 따기는 완전하고 검증 가능하며 불가역적인 '불가능'이 되었다. 인류는 하늘의 별을 따려는 도전을 포기하고 그 대신 하늘에 별을 만드는 과제를 택했다.

1957년 10월 4일, 소련이 지름 58센티미터, 무게 83.6킬로그램의 둥근 알루미늄제 물체를 성층권 밖으로 쏘아 올려 지구 주위를 돌게 하는 데에 성공했다. 스푸트니크 1호Sputnik 1로 명명된 이 인공위성은 우주 기준에서는 별보다 먼지에 훨씬 가까운 물체였으나, 인간에게 지구 밖에서 지구를 볼 수 있는 눈을 선사했다. 사회주의 국가 소련이 먼저 인공위성을 지구 밖 궤도에 안착시켰다는 사실에 충격받은 미국은 이듬해 1월 31일 익스플로러 1호Explorer 1로 명명된 인공위성을 발사했다. 그 얼마 후 아이젠하워 대통령의 지시에 따라 미

세계 최초의 인공위성 스푸트니크 1호의 모형 인류는 인공위성 덕에 우주에서 지구를 보는 눈, 즉 '신의 눈'을 얻었다. 하지만 인공위성의 시선은 결코 지고지선하지 않다. 인공위성은 국가들 사이의 불평등을 확대했을 뿐, 세상을 공정하게 만드는 데에는 아무런 도움이 되지 않았다. 출처: 미국 국립항공우주박물관

합중국 항공우주국(NASA)이 설립되었다. 이로써 열강의 경쟁 무대는 우주로까지 확장했다.

1961년 4월 12일 소련의 유리 가가린은 우주선 보스토크1호 Vostok 1에 탑승하고 우주에서 108분 동안 지구 둘레를 한 바퀴 돈 뒤 귀환했다. 이 사람이 인류 역사상 최초의 '우주인'이다. 8년 뒤인 1969년 7월 16일, 미국 플로리다주 케네디 우주센터에서 아폴로 11호가 발사되었다. 이 우주선은 나흘 뒤 달 표면에 착륙했고, 달 위를 걸은 최초의 인간 닐 암스트롱은 "이 첫걸음은 한 인간에게는 작은 발걸음이지만 인류 전체에게는 커다란 도약"이라는 말을 남겼다. 그로부터 반세기 남짓 지난 오늘날 4,000여 개의 작은 인공 별들이 '살아서' 지구 주위를 돌고 있다. 수명이 다한 것들을 합하면 지구 궤도를 도는 인공 물체는 4만 7,000여 개에 달한다.

우리나라는 1992년 8월 11일 '우리별 1호'를 가이아나 쿠르 우주

센터에서 발사하는 데에 성공함으로써 인공위성 보유국이 되었다. 이후 무궁화, 천리안, 아리랑 등의 이름을 붙인 여러 종류의 위성을 쏘아 올렸으며, 2005년에는 전남 고흥 나로도에 우주발사기지를 건립했다. 2022년 6월 21일에는 한국형 발사체 누리호가 지구 밖으로 날아가 궤도에 안착했다. 현재 우주에서 떠도는 인공위성 잔해 중 20여 개가 한국 소속이라고 한다. 북한은 1998년부터 자기 땅에서 인공위성 발사를 시도했으나 번번이 실패하다가 2012년과 2016년의 두 차례 발사 때에야 성공했다는 평가를 받았다. 북한의 인공위성 발사 기술 폐기 문제는 이른바 '북핵문제' 중 하나이기도 하다.

오늘날 자체 기술로 인공위성을 발사할 수 있는 국가는 10여 개이며, 미국 등에서는 민간기업도 우주 산업에 뛰어들었다. 인공위성의 용도도 군사 및 기상 정보 수집과 방송 중계, 통신에서 과학 실험, 우주 관측 등 시간이 갈수록 확대되고 있다. 인공위성에 달린 카메라는 지구상의 작은 물체들도 촬영한다. 인공위성에서 발사한 전파는 방송 기기는 물론 각 개인의 휴대전화기나 시계에까지 도달한다. 과거 지구 밖에서 지구를 볼 수 있는 존재로 상정된 것은 신神뿐이었다. 오늘날 지구 밖에서 지구를 보는 눈, 즉 인공위성을 가진 나라는 세계의 주체이며 그렇지 못한 나라는 타자他者다. 열강이 경쟁적으로 우주 개발에 뛰어드는 이유도 '세계사의 주체'가 되려는 의지 때문일 것이다.

지구에 사는 사람들은 육안으로 인공위성을 볼 수 없다. 사람들은 인공위성의 존재를 의식하지 못하며 산다. 인공위성의 눈으로 보자면, 인간은 티끌보다도 작은 존재다. 어쩌면 현 단계에서 인간을 가장 객관적으로 보는 것이 인공위성인지도 모른다. 현대인은 하늘에 별을 쏘아 올리는 법은 배웠으나, 별의 눈으로 자기를 보는 법은 아직 배우지 못했다.

94. 현대를
    바꿀
    물건

1985년, 국내의 모 전자회사가 '스마트폰'이라는 이름의 전화기를 출시했다. 하지만 여기에서 스마트가 '맵시 있는'이라는 뜻인지 '똑똑한'이라는 뜻인지는 불분명했다. 이 스마트폰이 고유명사에서 일반명사로 바뀌는 데에는 채 10년도 걸리지 않았다.

1992년 1월, 미국의 과학 월간지 『디스커버』는 미국 전신전화회사(AT&T)가 개발한 스마트폰을 자세히 소개했다. 휴대전화기보다 약간 큰 몸체에 16비트 컴퓨터를 내장하고 터치스크린을 적용하여 정보 검색과 홈뱅킹 등을 할 수 있는 기계였다. 여기에서 '스마트'는 의심할 바 없이 '똑똑한'이라는 뜻이었다. 개발자들이 전화기와 컴퓨터의 혼종인 이 물건에 왜 '핸디컴' 대신 스마트폰이라는 이름을 붙였는지는 알 수 없으나, 아마도 손에 쥐는 컴퓨터보다는 컴퓨터 기능을 가진 전화기의 수요가 훨씬 크리라고 판단했기 때문일 것이다. 스마트폰과 거의 같은 기능을 갖췄으면서 덩치만 더 큰 물건을 태블릿 PC라고 하는 데에 비추어 보면, 핸디 PC라고 해서 안 될 것도 없었다. 사실 국내에서 이 물건이 생산되기 전에는 일시 '핸드 컴퓨터'로 불리기도 했다. 스마트폰이라는 이름이 붙은 데 대해서는 당시 미국에서 스마트티, 스마트버거, 스마트건 등 제품명에 '스마트'를 붙이는 것이 유행이었기 때문이라는 분석도 있다.

한국에서는 1999년 3월 말, LG전자와 삼성전자가 거의 동시에 각

스마트폰 시대의 지하철 풍경 대다수가 스마트폰에 시선을 고정하고 있다. 현대인은 타인과 눈을 맞추는 시간보다 스마트폰을 보는 시간이 더 긴 '신인류'이다. 이런 행태가 인간의 신체와 의식에 어떤 변화를 초래할지는 더 시간이 지나야 알 수 있을 것이다. 그런 점에서 스마트폰은 현재보다는 미래에 속한 물건이다.

각 '싸이언 스마트폰'과 '애니콜 인터넷폰'의 시제품을 공개하여 스마트폰 시대를 열었다. 그로부터 약 20년이 지난 2021년 기준으로 한국은 스마트폰 보급률 95퍼센트로서 압도적인 세계 1위 국가가 되었다. 스마트폰 없이 생활하는 한국인은 100명 중 다섯 명에 불과한 셈이다. 2위 이스라엘은 88퍼센트, 3위 네덜란드는 87퍼센트, 4위 스웨덴은 86퍼센트, 공동 5위 오스트레일리아와 미국은 81퍼센트였다. 전 세계 인구의 절반 정도가 스마트폰을 사용하며, 그 비중은 계속 늘고 있다.

기업체 면접시험의 단골 질문 중 하나는 "부득이 무인도에서 혼자 생활해야 한다면, 꼭 가져갈 물건 세 가지를 골라라"이다. 예전 수험생들은 칼, 라이터, 곡물의 씨앗 등을 꼽았지만, 오늘날의 수험생들은 전파가 전달되고 배터리 충전이 가능한 곳이라면 첫 번째로 스마트폰을 꼽는다. '전파가 전달되지 않는 곳'이나 '배터리 충전이 불가능한 곳'에 관한 개념이 아예 없는 젊은이도 많다. 스마트폰은 출현한 지 겨우 20년만에 인간과 세계 사이의 관계는 물론 인간 자신을 바꿨다. 역사상 스마트폰보다 더 빠른 속도로 인간과 세계의 관계를 바꾼 물건은 없었다.

전화기, 전신기, 계산기, 시계, 캘린더, 지도, 전화번호부, 사전, 카메라, 캠코더, 팩시밀리, 은행 송금 단말기, 증권 거래 단말기, 신용카드, 가계부, 라디오, TV, 동영상과 음악 재생기, 나침반, 만보기, 전자오락기 등 현대를 만든 숱한 물건의 기능이 스마트폰이라는 이름의 손바닥만 한 기계 하나에 통합되었다. 현대인의 사회관계와 경제생활 대부분이 이 기계 하나만으로 가능하며, 이 기계 하나에 기록된다. 게다가 스마트폰과 스마트폰들을 연결하는 네트워크는 전 지구적 범위에서 사람들 사이의 의사소통을 비약적으로 늘렸다. 서로 일면식도 없는 사람들이 스마트폰으로 사회 관계망Social Network을 구축하고 의견을 교환한다. 세계 도처에서 일어나는 일들이 세계 도처의 사람들에게 '실시간'으로 전달되며, 그 일들에 관한 사람들의 의견이 '실시간'으로 집결된다. 트위터, 페이스북, 인스타그램 등 스마트폰을 핵심 도구로 삼는 SNS는 혈연, 지연, 종교 등과 무관하게 정치적 견해, 취미 생활, 경제적 이익을 공유하는 새로운 '인간 공동체'를 만들었다.

오늘날 한국인 대다수는 식사 중에도, 대중교통 수단으로 이동하는 중에도, 횡단보도를 건너는 중에도 스마트폰에 시선을 고정한다. 심지어 단 둘이 마주앉아서도 각자 자기 스마트폰만 쳐다보다가 간간이 대화하는 일이 흔하다. 그들은 스마트폰에 자기의 건강 상태, 인간관계, 소비 지출 내역, 신용, 취미, 관심사 등 '거의 모든 것'을 담아두고 산다. 스마트폰으로 인해 현대인은 다른 사람보다 기계와 더 가까운 인간, 타인과 눈을 맞추고 타인의 말에 귀를 기울이는 대신 스마트폰에 눈을 맞추고 귀를 기울이는 인간이 되었다. 스마트폰은 현대를 만든 물건보다는 현대를 바꿀 물건에 가깝다.

자율주행자동차

95. 미래를
이룰
물건

자동차가 처음 거리에 나왔을 때, 이 물건이 세상을 어떻게 바꿀지 온전히 예상한 사람은 아무도 없었다. 이 물건에 대한 사람들의 경탄은 말이 끌지 않는데도 혼자 달린다는 점에만 집중되었다. 그러나 이 물건은 사람들이 의식하지 못하는 사이에 엄청나게 많은 것을 바꾸었다. 사람의 동선動線이 광역화하고 이동 시간이 단축된 것은 의심할 바 없는 혜택이었지만, 이 혜택을 누리기 위해서 사람들은 많은 것을 양보하고 막대한 재원을 쏟아부어야 했다. 사람은 대로를 활보할 수 없게 되었고, 길에는 선이 그어졌으며, 길 중간중간에 횡단보도, 지하도, 육교 등이 생겼다. 길을 가로지르는 곳에는 신호등이 놓였으며, 길가 상점들의 간판이 커졌다. 길을 잘못 들어도 바로 돌아 나올 수 없었고, 목적지에 다 도착한 뒤에도 주차할 곳을 찾아 헤매야 했다. 자동차를 세워두기만 하는 데 드는 비용도 만만치 않았다. 사람들은 하루 평균 한두 시간만 쓰고 20시간 이상을 세워두어야 하는 이 물건에 서슴없이 막대한 비용을 지출했다. 그 덕에 '마이카' 시대가 열렸다. 현대인은 자동차 안에서 운전할 때 가장 많은 스트레스를 겪는다고들 하지만, 그래도 자동차에 대한 대중의 욕망은 수그러들지 않는다.

사람이 조종하지 않아도 저 혼자 알아서 움직이는 문자 그대로의 '자동차', 자율주행자동차에 대한 상상은 미국 드라마《나이트 라이

서울 거리에서 시범운행 중인 자율주행자동차 인간과 소통하며 인간보다 훨씬 뛰어난 운전 능력을 가진 자동차에 대한 상상은 거의 실현 단계에 와 있다. 이런 자동차가 인간의 '사유욕'을 키울 것인지, '공유문화'를 확산시킬 것인지는 단정하기 어렵지만, 내연기관 자동차가 세상을 바꾼 것만큼이나 많은 것을 바꿀 것이다.

더》Knight Rider(한국에서는 《전격 Z작전》이라는 제목으로 방영되었다)에서 구체적으로 표현되었다. 드라마의 주인공 가운데 하나 '키트'라는 이름의 인공지능 자동차였다. '그'는 '파트너'의 말을 알아들을 뿐 아니라, 위기 상황에서는 스스로 판단하여 행동할 수 있는 자동차형 로봇이었다. 이로부터 고작 40여 년이 지난 오늘날, 드라마 속 주인공이 현실에 모습을 드러내기 시작했다. 지난 2019년, 자율주행자동차 분야의 선두 주자 테슬라의 CEO 일론 머스크는 2020년부터 운전자 없는 로보택시를 운행할 수 있을 것이라고 장담했다. 2022년 5월 3일, 미국 로보택시 회사 크루즈는 샌프란시스코에서 자사의 영업망을 시내 70퍼센트로까지 확대했다고 발표했다. 이 추세대로라면 앞으로 몇 년, 늦어도 10년 이내에 우리나라에서도 사람이 운전하는 택시를 보기 어렵게 될 것이다. 현대인은 이미 '전자동화' 과정

499

의 한가운데에 있다.

자율주행자동차는 인간의 삶과 공간을 또 어떻게 바꿀까? 당장 버스와 택시 운전수, 대리 운전수 등 자동차 운전을 직업 활동의 전부, 또는 주요 구성 요소로 삼는 사람들의 일자리가 사라지거나 크게 줄어들 것이다. 신호등과 차선 등의 도로시설물은 사람보다 기계가 쉽게 인식할 수 있는 체계로 바뀔 것이며, 방향 안내 표지판과 과속 감시 카메라는 자취를 감출 것이다. 내비게이션은 탑승자와 대화하면서 목적지에 가장 빨리 도착할 수 있는 경로를 스스로 찾을 것이다. 교통법규 위반은 '사람의 문제'에서 '프로그램의 문제'로 바뀔 것이며, 당연히 교통경찰이 할 일도 사라질 것이다. 교통사고가 발생할 경우 그 책임 소재 역시 운전자에서 차량 제작자 또는 운행 프로그램 제작자에게로 이동할 것이다. 자동차 보험회사들은 이런 변화에 어떻게 대응할까?

자율주행자동차 시대에도 사람들의 자동차 소유욕은 그대로일까? 현대인은 자기 자동차에 막대한 비용을 지불한다. 차량 값, 세금, 보험료, 연료비, 정비 및 수리비, 범칙금, 주차비 등. 게다가 차량 한 대당 두 곳씩의 주차 공간이 필요하다. 땅값이 비싼 도시에서는 자기 집에 주차장을 마련하는 것도 보통 일이 아니다. 차량 소유 및 유지에 필요한 비용을 절약할 수 있고, 운전자가 따로 없으며, 호출하면 1분 안에 도착하는 자율주행 택시가 일반화한다면 그때도 모두가 자동차를 소유하려 할까? 물론 "우리는 뒷좌석에 앉는 고객을 위해 차를 만들기 때문에, 인공지능보다는 재떨이에 더 신경을 쓴다"라고 호언豪言하는 롤스로이스 같은 자동차 회사도 있다. 하지만 30년 후에도 이 회사가 살아남을지는 알 수 없다.

우리는 자동차가 무엇을 어떻게 바꿨는지 이미 경험했다. 그런데 자율주행자동차가 무엇을 어떻게 바꿀 것이며, 그 변화에 어떻게 대처해야 할 것인지에 대해서는 별 생각이 없는 듯하다. 인간은 기계와 싸워 이긴 적이 없다. 사회혁명에는 반동이 있지만, 산업혁명에는 반동이 없다. 모든 혁명은 사회관계를 재편하고 인간관 자체를 변화시킨다. 기계의 속도를 기준으로 한 대량생산 시스템인 포디즘과 인간을 기계 부품의 하나로 취급한 나치즘은 아주 밀접한 관계에 있었다. 자율주행자동차는 기술적 문제만을 던지는 것이 아니다. 사회-정치적 대책과 철학적 대책이 모두 시급한 상황인데, 그 대책이 마련된 시대는 '현대 이후'일 것이다.

참고문헌

1. 문서, 일기, 관보, 신문, 잡지류

『各司謄錄』,『開闢』,『舊韓國官報』,『舊韓國外交文書』,『宮內府案』,『圭齋遺藁』,
『대조선독립협회회보』,『大韓每日申報』,『뎨국신문』,『독립신문』,『獨立新聞』,,『東
光』,『東亞日報』,『萬機要覽』,『萬歲報』,『每日申報』,『梅泉野錄』,『別乾坤』,『備邊
司謄錄』,『三千里』,『續陰晴史』,「承政院日記」,『時代日報』,『新東亞』,『新民報』,
『新韓民報』,『新天地』,『育英公院謄錄』,『尹致昊日記』,「外部來文」,『議定存案』,
『日槎集略』,「日省錄」,『朝鮮公論』,『朝鮮王朝實錄』『朝鮮日報』,『朝鮮中央日
報』,『朝鮮之光』,『朝鮮總督府官報』,『周禮』,『駐韓日本公使館記錄』,『中央日報』,
『中外日報』,『統監府文書』,『統理交涉通商事務衙門日記』,『通商彙纂』,『八道四
都三港口日記』,『漢京識略』,『한국민족문화대백과사전』,『漢城』,「漢城府來去案」,
『漢城旬報』,『漢城周報』,『海潮新聞』,『皇城新聞』,『訓令照會存案』

2. 단행본, 사진집

Albert E. Cowdrey, 2005, *The Medic's War*, University Press of the Pacific Honolulu, Hawaii.

John T. Greenwood, 2005, *Medics at War: Military Medicine from Colonial Times to the 21st Century*, US Naval Institute Press.

가현문화재단 한미사진미술관 편, 2012, 『대한제국 황실의 초상 1880~1989』.

강만길, 1995, 『일제시대 빈민생활사 연구』, 창작과비평사.

강명관, 1999, 『조선시대 문화예술의 생성공간』, 소명출판.

_____, 2003, 『조선의 뒷골목 풍경』, 푸른역사.

강영희, 2008, 『생명과학대사전』, 아카데미서적.

見市雅俊 외 편, 2001, 『疾病, 開發, 帝國醫療 – 아시아에서 病氣와 醫療의 歷史學』, 東京大學出版會.

京城居留民團役所, 1912, 『京城發達史』.

京城府, 1934-1341, 『京城府史』(1-3), 京城府.

京城電氣株式會社, 1929, 『京城電氣株式會社二十年沿革史』.

경향신문사 편집부, 1995, 『격동 한반도 새 지평』, 경향신문사.

고동환, 1998, 『조선후기 서울상업발달사연구』, 지식산업사.

_____, 2007, 『조선시대 서울도시사』, 태학사.

_____, 2013, 『조선시대 시전상업 연구』, 지식산업사.

고려서림 편집부, 1989, 『한국경찰사』(1~5), 고려서림.

高山峰三郎, 1940, 『支那國民性と其の由來』, 古今書院.

국가보훈처, 2005, 『6·25전쟁 미군 참전사』, 국가보훈처.

국립민속박물관 편, 1994, 『한국의 상거래』, 국립민속박물관.

국립민속박물관, 1999, 『추억의 세기에서 꿈의 세기로: 20세기 문명의 회고와 전망』, 국립민속박물관.

국립중앙박물관, 2002, 『조선시대 풍속화』, 국립중앙박물관.

국방군사연구소, 1997, 『한국전쟁』(상·하), 국방군사연구소.

국사편찬위원회, 2004, 『한국독립운동사』, 국사편찬위원회.

_____, 2008, 『여행과 관광으로 본 근대』, 두산동아.

기창덕, 1995, 『한국근대의학교육사』, 아카데미아.

김경일, 2004, 『여성의 근대, 근대의 여성: 20세기 전반기 신여성과 근대성』, 푸른역사.

김동춘, 2006, 『전쟁과 사회 – 우리에게 한국전쟁은 무엇이었나』, 돌베개.

金斗鐘, 1966, 『韓國醫學史』, 탐구당.

김메리, 1996, 『학교종이 땡땡땡』, 현대미학사.

金富子·金榮, 2018, 『植民地遊廓: 日本の軍隊と朝鮮半島』, 吉川弘文館.

김영상, 1996, 『서울 육백년』(1~5), 대학당.

김원모·정성길 편, 1986, 『사진으로 본 백년 전의 한국(1871~1910)』, 가톨릭출판사.

김윤환·김낙중, 1990, 『한국 노동운동사』, 일조각.

김은신, 2008, 『여러분이시여 기쁜 소식이 왔습니다: 쇼가 있는 경성 연예가 풍경』, 김영사.

김인수, 2002, 『언더우드 목사의 선교편지』, 장로회신학대학교 출판부.

김진균 외, 2003, 『근대 주체와 식민지 규율권력』, 문화과학사.

김진송, 1999, 『서울에 딴스홀을 허하라』, 현실문화연구.

김형민, 1987, 『김형민 회고록』, 범우사.

까를로 로제티, 1996, 『꼬레아 꼬레아니』, 서울학연구소 옮김, 숲과나무.

니토베 이나조, 2005, 『일본의 무사도』, 양경미·권만규 옮김, 생각의나무.

다니엘 푸러, 2005, 『화장실의 작은 역사 ─ 요강과 뒷간』, 선우미정 옮김, 들녘.

대한상공회의소, 1984, 『상공회의소 백년사』, 대한상공회의소.

도미타 쇼지, 2008, 『호텔-근대문명의 상징』, 유재연 옮김, 논형.

루스 베네딕트, 2008, 『국화와 칼』, 김윤식 외 옮김, 을유문화사.

루이스 멈포드, 2001, 『역사 속의 도시』, 김영기 옮김, 명보문화사.

마귈론 투생-사마, 2002, 『먹거리의 역사』(상, 하), 이덕환 옮김, 까치.

마이크 새비지, 1996, 『자본주의 도시와 근대성』, 김왕배 옮김, 한울.

마크 기로워드, 2009, 『도시와 인간』, 민유기 옮김, 책과함께.

문화재청, 2007, 『근대 문화유산 교통(자동차) 분야 목록화 조사보고서』, 문화재청.

_____, 2007, 『근대 문화유산 전기통신(우정포함) 분야 목록화 조사보고서』, 문화재청.

미셸 푸코, 2000, 『지식의 고고학』, 이정우 옮김, 민음사.

_____, 2003, 『광기의 역사』, 이규현 옮김, 다락원.

_____, 2004, 『성의 역사 1 ─ 앎의 의지』, 이규현 옮김, 나남출판.

_____, 2004, 『성의 역사 2 ─ 쾌락의 활용』, 문경자 옮김, 나남출판.

_____, 2004, 『성의 역사 3 ─ 자기에의 배려』, 이혜숙 옮김, 나남출판.

_____, 2006, 『임상의학의 탄생』, 홍성민 옮김, 이매진.

_____, 2009, 『감시와 처벌』, 고광식 옮김, 다락원.

_____, 2012, 『담론의 질서』, 이정우 옮김, 중원문화.

박남식, 2004,『실락원의 비극』, 문음사.

박대헌, 1997,『서양인이 본 조선』, 호산방.

박도 편저, 2010,『한국전쟁 2: NARA에서 찾은 6.25전쟁의 기억(1950-1953)』, 눈빛.

박윤재, 2005,『한국 근대의학의 기원』, 혜안.

박은경, 1999,『일제하 조선인관료 연구』, 학민사.

박은숙, 2008,『시장의 역사』, 역사비평사.

박은식, 2008,『韓國獨立運動之血史』, 소명출판.

발레리 줄레조·티에리 상쥐앙 외, 2007,『도시의 창, 고급호텔』, 양지윤 옮김, 후마
니타스.

白寬洙, 1929,『京城便覽』, 弘文社.

버나드 로 몽고메리, 2004,『전쟁의 역사』, 송영조 옮김, 책세상.

빌 브라이슨, 2003,『거의 모든 것의 역사』, 이덕환 옮김, 까치.

杉山平助, 1938,『支那と支那人と日本』, 改造社.

서울대학교 한국의학인물사 편찬위원회, 2008,『한국의학인물사』, 태학사.

서울대학교60년사 편찬위원회, 2006,『서울大學校 60年史』, 서울대학교 출판부.

서울대학교병원 병원역사문화센터, 2007,『동아시아 서양 의학을 만나다』, 태학사.

─────────────────────, 2009,『사진과 함께 보는 한국 근현대 의료문
화사 1876-1960』, 웅진지식하우스.

서울사회과학연구소, 2012,『근대성의 경계를 찾아서』, 중원문화.

서울시정개발연구원 서울학연구소, 2001,『서울 20세기 공간 변천사』, 서울시정개
발연구원.

─────────────────────, 2001,『서울 20세기 생활문화 변천사』, 서울시
정개발연구원.

─────────────────────, 2002,『서울 20세기: 100년의 사진 기록』, 서
울시정개발연구원.

서울역사박물관, 2009,『세 이방인의 서울 회상: 딜쿠샤에서 청계천까지』, 서울역
사박물관.

──────────, 2010,『1950, 서울 폐허에서 일어서다』, 서울역사박물관.

──────────, 2011,『1901년 체코인 브라즈의 서울 방문』, 서울역사박물관.

_____, 2011~2013,『서울시정사진기록총서』, 서울역사박물관.

_____, 2012,『격동의 시대 서울: 8.15 해방에서 4.19 혁명까지』, 서울역 사박물관.

_____, 2014,『잘 가, 동대문운동장』, 서울역사박물관.

서울특별시 문화재위원회, 1993,『서울민속대관』, 서울특별시.

서울특별시, 1948,『서울특별시 시세일람』.

_____,『서울특별시통계연보』.

_____, 2013,『하늘에서 본 서울의 변천사: 40년간의 항공사진 기록』, 서울특별시.

서울특별시사편찬위원회, 1977~1996,『서울 육백년사』(1~9), 서울특별시.

_____, 2002~2008,『사진으로 보는 서울』(1~5), 서울특별시사 편찬위원회.

_____, 2007,『서울의 시장』, 서울특별시사편찬위원회.

_____, 2009,『서울 抗日獨立運動史』, 서울특별시사편찬위원회.

_____, 2011, 2011,『서울 사람이 겪은 해방과 전쟁』, 서울특별 시사편찬위원회.

_____, 2012,『서울 사람들의 죽음 그리고 삶』, 서울특별시사편 찬위원회.

서울학연구소 편, 1998,『조선후기 서울의 사회와 생활』, 서울학연구소.

_____, 2001,『청계천: 시간, 장소, 사람』, 서울학연구소.

_____, 2002,『종로: 시간, 장소, 사람』, 서울학연구소.

_____, 2003,『서울 남촌: 시간, 장소, 사람』, 서울학연구소.

소래섭, 2011,『불온한 경성은 명랑하라』, 웅진지식하우스.

손경석, 1986,『사진으로 보는 근대한국』(상·하), 서문당.

孫仁銖, 1971,『韓國近代敎育史』, 延世大學校 出版部.

손정목, 1986,『한국 개항기 도시 변화 과정 연구』, 일지사.

_____, 1986,『한국 개항기 도시 사회 경제사 연구』, 일지사.

_____, 1988,『조선시대 도시사회 연구』, 일지사.

_____, 1990,『일제강점기 도시계획 연구』, 일지사.

_____, 1996,『일제강점기 도시 사회상 연구』, 일지사.

_____, 1996, 『일제강점기 도시화 과정 연구』, 일지사.

_____, 2009, 『서울 도시계획 이야기』(1~5), 한울.

松岡壽八, 1940, 『支那民族性の硏究』 日本評論社.

스티븐 컨, 2006, 『시간과 공간의 문화사』, 박성관 옮김, 휴머니스트.

신동원, 1997, 『한국근대보건의료사』, 한울.

_____, 2004, 『호열자 조선을 습격하다』, 역사비평사.

신명직, 2003, 『모던뽀이, 경성을 거닐다』, 현실문화연구.

신용하, 2006, 『獨立協會硏究: 독립신문·독립협회·만민공동회의 사상과 운동』
  (상·하), 일조각.

신현규, 2010, 『기생, 조선을 사로잡다: 일제 강점기 연예인이 된 기생 이야기』, 어문학사.

安津素彦, 1972, 『國旗の歷史』, 櫻楓社.

알프 뤼드케, 2002, 『일상사란 무엇인가』, 나종석 옮김, 청년사.

앤서니 애브니, 2007, 『시간의 문화사』, 최광열 옮김, 북로드.

앨버트 S. 라이언즈, R. 조지프 페트루첼리, 1994, 『세계의학의 역사』, 황상익·권복
  규 옮김, 한울,

에두아르트 폭스, 2001, 『풍속의 역사』(1~4), 이기웅 옮김, 까치.

에드워드 사이덴스티커, 1997, 『도쿄이야기』, 허호 옮김, 이산.

에드워드 사이드, 2000, 『오리엔탈리즘』, 박홍규 옮김, 교보문고.

에릭 홉스봄, 1998 『자본의 시대』, 정도영 옮김, 한길사.

_____, 1998 『혁명의 시대』, 정도영 옮김, 한길사.

_____, 1998 『제국의 시대』, 정도영 옮김, 한길사.

_____, 2008 『폭력의 시대』, 정도영 옮김, 민음사.

_____, 2009 『극단의 시대』(상·하), 이용우 옮김, 까치.

에릭 홉스봄 외, 2004, 『만들어진 전통』, 박지향·장문석 옮김, 휴머니스트.

역사학회, 1986, 『露日戰爭 前後 日本의 韓國侵掠』, 일조각.

연세대학교 국학연구원, 1999, 『한국 근대이행기 중인 연구』, 신서원.

_____, 2004, 『일제의 식민지배와 일상생활』, 혜안.

鈴木敬夫, 1990, 『法을 통한 朝鮮植民地 支配에 관한 硏究』, 高麗大學校民族文化
  硏究所出版部.

올리버 에비슨, 1984, 『舊韓末秘錄』, 에비슨 기념사업회 옮김, 대구대학교 출판부.

위르겐 하버마스, 2001, 『공론장의 구조변동: 부르주아 사회의 한 범주에 관한 연
구』, 한승완 옮김, 나남출판사.

윤경로, 1995, 『새문안교회 100년사』, 새문안교회.

이 푸 투안, 1999, 『공간과 장소』, 구동회 외 옮김, 대윤.

이경재, 1993, 『서울 정도 600년』(1-4), 서울신문사.

李光麟, 1969, 『韓國開化史研究』, 일조각.

_____, 1986, 『韓國開化史의 諸問題』, 일조각.

이규헌 외, 1986, 『사진으로 보는 근대한국』, 서문당.

_____, 1987, 『사진으로 보는 독립운동』, 서문당.

이만열 편, 1985, 『아펜젤러 – 한국에 온 첫 선교사』, 연세대학교 출판부.

이문웅 외, 2008, 『서울대학교박물관 소장 식민지 시기 유리 건판』, 서울대학교출
판부.

이사벨라 버드 비숍, 1994, 『한국과 그 이웃나라들』, 이인화 옮김, 살림.

이순우, 2012, 『손탁호텔』, 하늘재.

이우성, 1990, 『이조한문단편집』(상·중·하), 일조각.

이재영, 1993, 『사진으로 본 서울의 어제와 오늘』, 서지원.

이종석, 2014, 『북한 중국 국경 획정에 관한 연구』, 세종연구소.

이종찬, 2004, 『동아시아 의학의 전통과 근대』, 문학과지성사.

이중연, 2007, 『고서점의 문화사』, 혜안.

이철, 2011, 『경성을 뒤흔든 11가지 연애사건』, 다산초당.

이태진 외, 2000, 『서울상업사』, 태학사.

이학래, 2003, 『한국체육백년사』, 한국학술정보.

이해준 외, 2011, 『전통사회와 생활문화』, 한국방송통신대학교 출판부.

李憲昶, 1999, 『韓國經濟通史』, 법문사.

장 앙텔므 브리야 사바랭, 2004, 『미식예찬』, 홍서연 옮김, 르네상스.

장세윤, 2007, 『봉오동 청산리 전투의 영웅』, 역사공간.

長野末喜, 1932, 『京城の面影』, 內外事情社.

재컬린 더핀, 2006, 『의학의 역사』, 신좌섭 옮김, 사이언스북스.

전우용, 2008,『서울은 깊다』, 돌베개.

_____, 2011,『현대인의 탄생』, 이순.

_____, 2012,『한국 회사의 탄생』, 서울대 출판문화원.

_____, 2015,『우리 역사는 깊다』(1~2), 푸른역사.

_____, 2017,『한양도성』, 서울연구원.

_____, 2019,『내 안의 역사』, 푸른역사.

_____, 2022,『민족의 영웅 안중근』, 한길사.

전택부, 2005,『양화진 선교사 열전』, 홍성사.

정승모, 2005,『한국의 가정신앙』, 국립문화재연구소.

정연식, 2001,『일상으로 본 조선시대 이야기』(1~2), 청년사.

정옥자, 1998,『조선후기 조선중화사상연구』, 일지사.

정재정, 1999,『일제침략과 한국철도』, 서울대학교 출판부.

제레드 다이아몬드, 2013,『총균쇠』, 김진준 옮김, 문학사상사.

조귀례, 2008,『전장의 하얀 천사들』, 한국문화사.

조기준, 1985,『한국 자본주의 성립사론』, 대왕사.

朝鮮地方行政學會, 1937,『京畿地方의 名勝史蹟』.

朝鮮總督府, 1937,『朝鮮社會教化要覽』.

조성훈, 2010,『한국전쟁과 포로』, 선인.

조지 윌리엄 길모어, 1999,『서울풍물지』, 신복룡 옮김, 집문당.

_____, 2009,『서양인 교사 윌리엄 길모어 서울을 걷다: 14개의 주제
   로 보는 1894의 조선』, 이복기 옮김, 살림.

조풍연, 1986,『사진으로 보는 조선시대』, 서문당.

조현일·구재진 외, 2007,『'조선적인 것'의 형성과 근대 문화 담론』, 소명출판.

주식회사신세계백화점, 1987,『新世界25年의 발자취』.

_____, 1992,『韓國의 市場商業史 - 小賣商業 發達의 歷史的 研
   究』.

중앙일보·동양방송, 1979,『남기고 싶은 이야기들』, 중앙일보·동양방송.

崔南善, 1947,『朝鮮常識問答續編』, 삼성문화재단(1972 복간).

최병두·한지연 편역, 1989,『자본주의 도시화와 도시계획』, 한울.

최석로 해설, 1994~2007, 『민족의 사진첩』(1~4), 서문당.

최인진, 1999, 『한국사진사(1631-1945)』, 눈빛.

파냐 이사악꼬브나, 1996, 『1945년 남한에서』, 김명호 옮김, 한울.

페르낭 브로델, 1995~1997, 『물질문명과 자본주의』(1~3), 주경철 옮김, 까치글방.

필립 아리에스, 2004, 『죽음 앞의 인간』, 고선일 옮김, 새물결.

_____, 2003, 『아동의 탄생』, 문지영 옮김, 새물결.

필립 아리에스·조르주 뒤비 외 엮음, 2002~2006, 『사생활의 역사』(1~5). 새물결.

하시야 히로시, 2005, 『일본제국주의, 식민지 도시를 건설하다』, 김제정 옮김, 모티브.

한국고문서학회, 1996~2006, 『조선시대생활사』(1~33), 역사비평사.

한국사회사연구회, 1990, 『한국사회의 신분계급과 사회변동』, 문학과지성사.

한국생활사편찬위원회, 2004, 『한국생활사박물관』(10~12), 사계절.

한국역사연구회, 1996, 『조선시대 사람들은 어떻게 살았을까』(1~2), 청년사.

_____, 1998, 『우리는 지난 100년 동안 어떻게 살았을까』(1~3), 역사비평사.

한국일보사, 1975, 『사진으로 본 해방 30년』 한국일보사.

한국전력공사, 1989, 『한국 전기 백년사』(상·하), 한국전력공사.

한국정신대문제대책협의회, 1997, 『일본군 위안부 문제의 진상』, 역사비평사.

한국학중앙연구원, 2020, 『한국학 학술용어』, 한국학중앙연구원.

한상일·한정선, 2006, 『일본 만화로 제국을 그리다』, 일조각.

한영우 외, 2006, 『대한제국은 근대국가인가』, 푸른역사.

한홍구, 2006, 『대한민국사』(1~4), 한겨레출판사.

홍성철, 2007, 『유곽의 역사』, 페이퍼로드.

홍순민, 1999, 『우리 궁궐 이야기』, 청년사.

和田重義, 1937, 『大京城都市大觀』, 朝鮮新聞社.

3. 논문

高岡裕之, 2004, 「전쟁과 건강 – 근대 '건강 담론'의 확립과 일본 총력전 체제」, 『당대비평』 27.

고길섶, 1995, 「문화와 질병」, 『문화과학』 8.

고석규, 1999, 「18·19세기 서울의 왈짜와 상업 문화」, 『서울학연구』 13, 서울학연구소.

권도희, 2009, 「20세기 기생의 가무와 조직 – 근대기생의 형성과정을 중심으로 –」, 『韓國音樂硏究』 45.

권보드래, 2002, 「1910년대 '신문(新文)'의 구상과 『경성 유람기』」, 『서울학 연구』 18.

권태억, 1980, 「한말·일제 초기 서울 지방의 직물업」, 『한국문화』 1, 한국문화연구소.

김경일, 1995, 「중세의 정신, 근대의 '문명'」, 『역사비평』 29, 역사문제연구소.

_____, 2002, 「일제하 여성의 일과 직업」, 『사회와 역사』 61, 한국사회사학회.

金光宇, 1990, 「大韓帝國時代의 都市計劃 – 漢城府 都市改造事業」, 『鄕土서울』 50, 서울시사편찬위원회.

김기란, 2004, 「근대 계몽기 연행의 매체적 기능과 대중문화의 형성」, 『대중서사연구』 12.

김동우, 2010, 「개항기 및 식민지 초기 도시 경험의 내면화 과정」, 『서울학연구』 40, 서울학연구소.

김미영, 2006, 「일제하 한국 근대소설 속의 질병과 병원」, 『우리말글』 37.

김소현, 2002, 「서울의 의생활 연구: 20세기 전반기를 중심으로」, 『배화논총』 21.

김승태, 1987, 「일본 神道의 침투와 1910·1920년대의 神社問題」, 『韓國史論』 16, 서울대학교 국사학과.

_____, 2012, 「일본 천황제와 일본 기독교」, 『인문과학논집』 23.

김연옥, 1987, 「조선시대의 기후환경」, 『지리학논총』 14.

김영희, 2007, 「일제강점 초기 기생제도에 관한 연구 – 일제의 왜곡과정을 중심으로」, 『韓國舞踊史學』 7.

김용범·박용환, 2006, 「개항기 학회지를 통해 본 생활개선의 근대적 인식에 관한 연구」, 『대한건축학회논문집 계획계』 22-11.

김용직, 1994, 「한국 민족주의의 기원 – 정치운동과 공공영역 –」, 『사회비평』 11, 나남출판사.

김정기, 1993, 「淸의 조선政策(1876-1894)」, 『1894년 농민전쟁연구』 3, 역사비평사.

김정화·이경원, 2006, 「일제 식민지 지배와 조선 洋醫의 사회적 성격」, 『사회와 역사』 70.

김태우, 2009, 「한국전쟁기 미 공군에 의한 서울 폭격의 목적과 양상」, 『서울학연구』35, 서울학연구소.

나까무라 리헤이(中村理平), 1997, 「한국의 이왕조 궁정음악교사 에케르트(Frana Eckert)」, 민경찬 옮김, 『계간 낭만음악』 10-1.

노명구, 2008, 「조선후기 군사 깃발」, 『육군사관학교 학예지』 15.

노재명, 1992, 「한국 음반사」, 『월간핫뮤직』 11월호.

마정미, 2006, 「근대의 상품광고와 소비 그리고 일상성」, 『문화과학』 45.

목수현, 2011, 「대한제국기의 국가상징 제정과 경운궁」, 『서울학연구』 40.

문태준, 2000, 「한국전쟁이 한국 의료에 미친 영향」, 『의사학』 9-2.

박명규·김백영, 2009, 「식민지배와 헤게모니 경쟁: 조선총독부와 미국 개신교 선교세력 간의 관계를 중심으로」, 『사회와 역사』 82.

박애경, 2010, 「기생을 바라보는 근대의 시선 – 근대 초기 신문 매체에 나타난 기생 관련 기사를 중심으로 – 」, 『한국고전여성문학연구』 24.

박윤재, 2001, 「1876-1904년 일본 관립병원의 설립과 활동에 관한 연구」, 『역사와 현실』 42.

박찬승, 2018, 「일제하 공립보통학교의 일본인 교원 임용을 둘러싼 논란」, 『동아시아문화연구』 75.

박현, 2015, 「일제시기 경성의 창기업(娼妓業) 번성과 조선인 유곽 건설」, 『도시연구: 역사, 사회 문화』 14.

서지영, 2005, 「식민지 시대 기생 연구(1) – 기생집단의 근대적 재편 양상을 중심으로 – 」, 『정신문화연구』 28-2.

소현숙, 2000, 「일제시기 출산통제담론 연구」, 『역사와현실』 38.

송인호·김제정·최아신, 2014, 「일제강점기 박람회의 개최와 경복궁의 위상변동 – 1915년 조선물산공진회와 1929년 조선박람회를 중심으로」, 『서울학연구』 55, 서울학연구소.

신동원, 2001, 「한국의료사에서 본 민중의료」, 『사회비평』 29.

신현균, 1998, 「신체화의 문화 간 차이」, 『심리과학』 7-1.

염복규, 2004, 「1910년대 일제의 태형제도 시행과 운용」, 『역사와 현실』 53, 한국역사연구회.

왕현종, 1998, 「대한제국기 한성부의 토지·가옥 조사와 외국인 토지침탈 대책」,

『서울학연구』 10.

원제무, 1994, 「서울시 교통체계 형성에 관한 연구: 1876년부터 1944년까지의 기간을 중심으로」, 『서울학연구』 2, 서울학연구소.

柳芳蘭, 1991, 「小學校의 設立과 運營 : 1894-1905」, 『教育理論』 6-1.

유선영, 2003, 「극장구경과 활동사진 보기: 충격의 근대 그리고 즐거움의 훈육」, 『역사비평』 가을호.

_____, 2009, 「일제 식민 지배와 헤게모니 탈구: '부재하는 미국'의 헤게모니」, 『사회와 역사』 82.

윤상인, 2012, 「호텔과 제국주의 – 우리 안의 '반도호텔'들에 대해」, 『일본비평』 6.

윤택림, 2011, 「서울 사람들의 한국전쟁」, 『구술사연구』 2-1.

윤해동, 2000, 「식민지 인식의 '회색 지대' – 일제하 '공공성'과 규율권력」, 『당대비평』 13, 삼인.

이규철, 2009, 「대한제국기 한성부 군사관련 시설의 입지와 그 변화」, 『서울학연구』 35, 서울학연구소.

이봉범, 2009, 「해방공간의 문화사 – 일상문화의 實演과 그 의미」, 『상허학보』 26.

이영아, 2011, 「선교의사 알렌(Horace N. Allen)의 의료 활동과 조선인의 몸에 대한 인식 고찰」, 『의사학』 20-2.

이종대, 2006, 「근대의 헤테로토피아, 극장」, 『상허학보』 6.

李憲昶, 1996, 「民籍統計表의 檢討」, 『古文書』 9·10, 韓國古文書學會.

李惠恩, 1988, 「大衆交通手段이 서울시 發達에 미친 影響 : 1899~1968」, 『地理學』 37.

전우용, 1999, 「대한제국기 – 일제 초기 서울 공간의 변화와 권력의 지향」, 『典農史論』 5.

_____, 1999, 「대한제국기 – 일제 초기 선혜청 창내장의 형성과 전개」, 『서울학연구』 12, 서울학연구소.

_____, 2001, 「종로와 본정 – 식민도시 경성의 두 얼굴」, 『역사와 현실』 40, 한국역사연구회.

_____, 2001, 「한말 – 일제 초의 광장주식회사와 광장시장」, 『典農史論』 7.

_____, 2003, 「일제하 서울 남촌 상가의 형성과 변천」, 『서울 남촌: 시간, 장소, 사

참고문헌

람』, 서울학연구소.

_____, 2003, 「한국 근대의 화교 문제」, 『한국사학보』 15.

_____, 2004, 「근대 이행기(1894~1919) 서울 시전 상업의 변화」, 『서울학연구』 22, 서울학연구소.

_____, 2004, 「역사인식과 과거사 문제」, 『역사비평』 69.

_____, 2005, 「근대 이행기 서울의 객주와 객주업」, 『서울학연구』 24, 서울학연구소.

_____, 2005, 「서울의 기념인물과 장소의 역사성 ― 가로명 및 공공부지 조형물을 중심으로」, 『서울학연구』 25.

_____, 2005, 「식민지 도시 이미지와 문화현상 ― 1920년대의 경성」, 『한일역사공동연구보고서』 5.

_____, 2007, 「일제하 경성 주민의 직업세계(1910~1930)」, 『한국 근대사회와 문화 3』, 서울대학교 출판부.

_____, 2007, 「한국에서 근대 서양의학의 수용과 국가: 1876-1910년」, 『동아시아 서양의학을 만나다』, 태학사.

_____, 2007, 「한말·일제 초 서울의 도시행상(1897~1919)」, 『서울학연구』 29, 서울학연구소.

_____, 2008, 「대한제국기 서울의 공공시설과 公衆 ― 공원, 시장, 극장을 중심으로」, 『사회적 네트워크와 공간』, 태학사.

_____, 2009, 「서울 양화진이 간직한 근대의 기억」, 『서울학연구』 36.

_____, 2011, 「1902년 皇帝御極 40년 望六旬 稱慶禮式과 皇都 정비 ― 대한제국의 '皇都' 구상에 담긴 만국공법적 제국과 동양적 제국의 이중 表象」, 『鄕土서울』 81, 서울시사편찬위원회.

_____, 2014, 「한국인의 국기관과 "국기에 대한 경례" ― 국가 표상으로서의 국기를 대하는 태도와 자세의 변화 과정 ―」, 『동아시아문화연구』 56, 한양대학교 동아시아문화연구소.

_____, 2015, 「한국 전통의 표상공간, 인사동의 형성」, 『동아시아문화연구』 60, 한양대학교 동아시아문화연구소.

_____, 2017, 「저자로 나온 궁중 ― 한국 요정의 표상 명월관」, 『동아시아문화연구』 71, 한양대학교 동아시아문화연구소.

전정해, 1999, 「광무년간의 산업화정책과 프랑스 자본·인력의 활용」, 『국사관논 총』 84.

정근식, 1996, 「일제하 서양의료체계의 헤게모니 형성과 동서 의학 논쟁」, 『사회와 역사』 50.

정승모, 1979, 「의례를 통한 의미의 구상화 과정」, 『한국문화인류학』 11-1, 한국문 화인류학회.

정영효, 2010, 「'조선호텔' – 제국의 이상과 식민지 조선의 표상」, 『동양어문학』 55.

조규태, 2021, 「일제강점기 돈암리 이주민 히라야마 마사쥬와 평산목장」, 『숭실사 학』 46.

조한상, 2006, 「헌법에 있어서 공공성의 의미」, 『公法學硏究』 7-3, 한국비교공법 학회.

주영하, 2011, 「조선요리옥의 탄생 : 안순환과 명월관」, 『東洋學』 50, 단국대학교 동양학연구소.

주윤정, 2003, 「조선물산공진회와 식민주의 시선」, 『문화과학』 33.

주진오, 1993, 「1898년 독립협회 운동의 주도세력과 지지기반」, 『역사와현실』 15.

천정환, 2009, 「해방기 거리의 정치와 표상의 생산」, 『상허학보』 26.

최석만, 2002, 「公과 私 – 유교와 서구 근대사상의 생활영역 비교」, 『동양사회사 상』 5, 동양사회사상학회.

테어도어 준 유, 2008, 「식민화된 신체: 조선인 여성의 性과 건강」, 『아세아연구』 51-3.

편나영·박윤미, 2018 「우리나라 근대 직기에 관한 연구」, 『복식』 68-8.

홍순민, 2004, 「일제의 식민 침탈과 경복궁 훼손 – 통치권력의 상징성 탈취 –」, 『문 명연지』 5-1, 한국문명학회.

황병주, 2007 「식민지 시기 '공' 개념의 확산과 재구성」, 『사회와역사』 73, 한국사 회사학회.

황상익, 2003, 「현대문명과 전염병」, 『문화과학』 35.

DDT	3	골프채	2	기선	3
MSG	1	공소장	3	기성복	1
TV	1	공원	2	기차	2
		공중변소	2	기타	2
ㄱ		광장	2	깡통	3
가계부	1	교과서	2	ㄴ	
가로수	2	교복	1	나일론	3
가방	1	구두	1	내신성적표	2
간판	2	구멍가게	3	냄비	1
감시카메라	3	구세군 자선냄비	3	냉장고	1
강모래	2	구속영장	3	네온사인	2
강철	3	구충제	3	네이팜탄	3
개인용 컴퓨터	3	국기게양대	3	넥타이	1
건강보험증	3	군용담요	1	ㄷ	
경기장	2	궁중요리	1	다다미	1
경운기	3	권총	3	다이너마이트	3
고무	3	극장	2	다이아몬드	1
고무신	1	금계랍	3	다이어트 식품	3
고속도로	2	기념탑	2	단무지	1
고춧가루	2	기상 관측 기기	2	달력	2

댐	2	만년필	1	백두산	3	산소호흡기	3
도량형 원기	3	만화책	2	백신	3	상표	3
도로표지판	2	맥주	1	백화점	3	생수	1
돈	3	메리야스	1	벚나무	3	생활계획표	2
동상	2	면허증	3	병원	3	샴푸	1
동화책	2	명품	1	보신탕	1	서점	2
드론	2	명함	1	보험증권	3	석유	3
등기권리증	3	모발염색제	1	복권	3	선거벽보	3
등산화	1	몸뻬	1	복덕방	1	선풍기	1
ㄹ		문화재	2	부대찌개	1	설탕	1
라디오	2	미니스커트	1	분유	1	성냥	1
라면	1	미사일	3	불도저	2	성조기	3
레이더	2	밀가루	1	불온서적	3	세면대	1
로봇	2	ㅂ		비누	1	소독저	1
리모컨	1	바나나	1	비행기	2	소방차	2
ㅁ		바코드	3	빵	1	손목시계	1
마약	3	박물관	2	삐라	3	손수레	2
마천루	2	발전기	3	ㅅ		손톱깎이	1
마취제	3	배지	3	사전	2	수갑	3
만국기	3	배터리	3	사진엽서	3	수능시험지	2

수도꼭지	1	아파트 분양권	3	우표	3	㉦	
수영복	1	안경	1	욱일기	3	자격증	3
수제비	1	양변기	1	운동기구	1	자동차	2
스마트폰	3	양초	3	원자폭탄	3	자동판매기	2
스케이트	1	양파	1	위문편지	3	자율주행자동차	3
슬리퍼	1	에어컨	1	위인전	2	자전거	2
승강기	2	엑스선 촬영기	3	유곽	2	장바구니	1
시내버스	2	여권	3	유리거울	1	재래시장	3
시멘트	2	역직기	3	유리창	1	재봉틀	3
신문	2	연애편지	1	유치원	2	전기 세탁기	1
신용카드	3	연탄	1	의자	1	전기밥솥	1
신장계	3	연필	2	의치	3	전등	1
신호등	2	영사기	2	이발기계	1	전봇대	2
십자가	2	예식장	1	이태리타올	1	전자오락기	2
싱크대	1	온도계	2	인감도장	1	전화기	2
쓰레기	2	온수보일러	1	인공기	3	전화번호부	2
㉥		올림픽 금메달	3	인공위성	3	족보	1
아스팔트	2	요리책	1	인조 수세미	1	졸업장	2
아이스케이크	1	요정	2	일장기	3	주민등록증	1
아파트	1	우유	1			주사기	3